로마서 강해 1

복음과 인류의 죄

기독교문서선교회(Christian Literature Center: 약칭 CLC)는 1941년 영국 콜체스터에서 켄 아담스에 의해 시작되었으며 국제 본부는 미국의 필라델피아에 있습니다.

국제 CLC는 59개 나라에서 180개의 본부를 두고, 약 650여 명의 선교사들이 이동도서차량 40대를 이용하여 문서 보급에 힘쓰고 있으며 이메일 주문을 통해 130여 국으로 책을 공급하고 있습니다.

한국 CLC는 청교도적 복음주의 신학과 신앙서적을 출판하는 문서선교 기관으로서, 한 영혼이라도 구원되길 소망하면서 주님이 오시는 그날까지 최선을 다할 것입니다.

An Exposition of Paul's Epistle to the Romans:
The Gospel and Man's Sin

Written by
Duk-Kyu Im

Korean Edition
Copyright © 2022 by Christian Literature Center
Seoul, Korea

저자 서문

임 덕 규 목사
충성교회 담임

 이 『로마서 강해』는 충성교회에서 2년 넘게 매일 새벽기도 시에 각 절마다 깊이 있게 연구하고 묵상하여 선포한 말씀입니다.
 오직 신성의 하나님의 아들 예수 그리스도, 십자가 대속의 피를 믿는 믿음으로만 의롭게 된다는 '이신칭의' 복음을 중심에 담고 전심으로 성령님을 의지하면서 선포한 말씀입니다.
 판단은 독자 제위께서 하실 일입니다. 바라건대, 이『로마서 강해』 (1, 2, 3, 4, 5권)를 읽는 분마다 "오직 그리스도, 오직 믿음, 오직 은혜, 오직 성경, 오직 하나님께 영광"으로 답이 나오기를 간절히 소원하며 기도합니다.
 변화무쌍한 세상에서 변하지 않는 진리의 복음을 끊임없이 강조하는 것이 이 시대의 '진정한 개혁'입니다.
 나이가 많은 저에게 건강과 시간과 환경을 주시고 특히 귀중한 동역자들을 주신 하나님께 감사와 찬송을 드립니다. 그분들 가운데 염성호

목사님, 임웅석 집사님, 그리고 제 가족인 김정희 권사님이 있습니다.

"오직 하나님께 영광을!"(*Soli Deo Gloria!*)

목차

저자 서문	4
로마서 총론: 이신칭의 복음의 책	7
제1부 서론 (1:1-17)	36
제1장 하나님의 복음 (1:1-6)	37
제2장 바울과 로마 교인들 (1:7-15)	137
제3장 복음의 요약 (1:16-17)	186
제2부 교리 편 (1:18-11:36)	237
제1장 죄악론 (1:18-3:20)	238
1. 이방인의 죄 (1:18-32)	244
2. 유대인의 죄 (2:1-3:8)	329
3. 전체 인류의 죄 (3:9-20)	427
제2장 구원론 (3:21-8:39)	482
1. 칭의의 교리 (3:21-5:21)	488
후기	552

로마서 총론:
이신칭의 복음의 책

1. 로마서 서론(1)
   로마서의 중요성

2. 로마서 서론(2)
   로마서의 주제: 이신칭의

3. 로마서 서론(3)
   로마서의 저자, 수신자, 시기, 장소, 동기와 목적, 각 장의 개요

4. 로마서 서론(4)
   루터의 "바울의 로마서에 붙인 서문"

5. 로마서 개관(槪觀)

1

롬 1:17

- 로마서 서론(1) 로마서의 중요성.
  로마서는 기독교 본질을 나타냄.
- 교회사에서 중요한 인물들이 변화된 책.

> **17** 복음에는 하나님의 의가 나타나서 믿음으로 믿음에 이르게 하나니 기록된바 오직 의인은 믿음으로 말미암아 살리라 함과 같으니라

 예수님은 그리스도시요 살아계신 하나님의 아들입니다. 예수님이 하나님의 아들 그리스도라는 증거로 십자가에서 우리 죄를 대신해서 피 흘려 죽으시고, 죽은 자들 가운데서 부활하셨습니다.

 이 예수님이 하나님의 아들, 예수님이 그리스도, 예수님이 우리 죄를 대신해서 십자가에서 피 흘려 죽으시고 부활하셨다는 복음으로 우리 인생 모든 문제가 처리되고 해답을 얻습니다. 이 복음은 모든 믿는 자에게 구원을 주시는 하나님의 능력이 됩니다. 이 하나님의 아들 예수 그리스도의 복음, 그리스도 십자가 대속의 피의 복음으로 깊이 뿌리내리기를 기원합니다.

 예수님의 신성의 하나님 되심과 십자가 대속의 피의 복음을 마음 중심에 믿을 때 그 시점에서 죄 사함을 받고 하나님과 화해가 이루어지며 그리스도와 연합됩니다. 이 그리스도와 연합 시에 칭의와 성화가 동시에 이루어집니다. 이 말을 더 요약해서 말하면 죄인 된 우리가 오

직 예수 그리스도를 믿음으로 의롭다 함을 받는다는 것입니다. 이것이 16세기 종교개혁의 실질적 원리입니다.

이런 기독교 원리는 로마서에서 가장 밝히 드러나 있습니다. 종교개혁가 칼빈은 "성경은 로마서에 비춰볼 때 비로소 완전히 이해될 수 있다"라고 하였습니다. 유명한 종교개혁가 루터도 "로마서는 신약성경의 중심부요 순수한 복음이다"라고 하였습니다.

신약성경 중에서 복음서는 신약이면서도 구약과 신약의 교량적 면모를 가지고 있습니다. 마침내 기독교가 그 본질을 구현한 것은 신약의 서신, 그중에서 바울의 서신에서도 이 바울 서신의 대표적인 것이 로마서입니다.

우리가 주목해야 하는 첫 번째 요점은 로마서가 신약에 포함된 여러 서신 중에 첫 번째 서신이라는 것입니다. 이 로마서는 사도행전 바로 뒤에 나옵니다.

그러면 어째서 로마서가 서신서 중에서 맨 처음에 나온 것입니까?

바울 사도가 맨 처음 쓴 서신이기 때문에 그런 것이 아닙니다. 성경에 나타난 사도 바울의 서신 중 맨 먼저 쓰인 것은 데살로니가전서였습니다. 그러므로 로마서가 연대적인 순서로 첫 번째이기 때문에 맨 먼저 나오는 것은 아닙니다.

어떤 사람은 로마서가 가장 길므로 앞에 나왔다고 합니다. 물론 그럴 수도 있으나, 로마서가 기독교 전반적인 문제를 다루는 탁월성 때문이라고 볼 수 있습니다. 그리스도 교회가 성령을 통해 얻은 지혜로 로마서가 가장 중요함을 인식하였기 때문입니다.

로마서는 성경에 나오는 어떤 다른 책보다 교회사에서 더 중요하고 중차대한 역할을 해 왔다고 말해도 과언이 아닙니다. 이 점은 매우 큰 의미를 지닙니다. 우리는 전체 성경을 읽고 연구해야 합니다. 그러나 교회 역사를 통해 보아 어떤 특별한 책이 예외적으로 두드러지게 사용된 것처럼 보이는 것이 명백하다면 그 책에 대하여 더 특별한 관심을 기울이는 것이 당연한 일입니다.

서로 다른 세기에 살았던 몇몇 유명한 교회 지도자들은 로마서가 그들의 삶에 끼친 영향에 대해 증거하였습니다. 그중의 중요인물을 언급하면 다음과 같습니다.

첫 번째 실례는 성 어거스틴의 로마서 말씀에 의한 회심입니다. 어거스틴은 로마서 13장 11-14절에서 고뇌의 생활을 청산하고 새사람이 되었습니다.

> [13] 낮에와 같이 단정히 행하고 방탕하거나 술 취하지 말며 음란하거나 호색하지 말며 다투거나 시기하지 말고 [14] 오직 주 예수 그리스도로 옷 입고 정욕을 위하여 육신의 일을 도모하지 말라 (롬 13:13-14).

거기서 그리스도 안에 있는 하나님의 진리가 그를 강하게 비추었고, 그는 회심하여 구원받아 기독 교회의 등대가 되었습니다. 다음에 마틴 루터가 회심하여 종교개혁의 실질적 선봉이 되는데도 로마서가 중요한 역할을 하였습니다. 루터는 가톨릭의 수도사 생활로는 그의 고통받는 양심을 평안하게 할 수 없었습니다.

그는 로마서 1장 17절 "복음에는 하나님의 의가 나타나서 믿음으로 믿음에 이르게 하나니 기록된바 오직 의인은 믿음으로 말미암아 살리라 함과 같으니라"라는 말씀에서 "하나님의 의"라는 말씀을 이해하기를 원했습니다. 그는 처음에는 '그것을 하나님이 의로우시며 불의한 자들을 벌주실 때 의롭게 행동하시는 그 의를 의미한다'라고 생각했습니다. 낮이고 밤이고 그는 곰곰이 생각했습니다. 그리고 마침내 '하나님의 의는 은혜와 순전한 자세로 말미암아 믿음으로 우리를 의롭게 해 주시는 그 의라는 진리를 파악했습니다.'

그러자 그는 그가 중생했으며 낙원에 이르는 열린 문을 통과했다는 것을 느꼈습니다. 그는 이렇게 말했습니다.

> 성경 전체는 새로운 의미를 두게 되었으며 바울의 로마서 1장 17절 본문은 내게 하늘나라로 이끄는 통로가 되었다.

약 200년 후에는 하나님의 은혜에 의하여 믿음으로 말미암아 의롭게 된다는 진리에 대한 하나님이 루터에게 주신 통찰로 인해서 존 웨슬리가 이와 유사한 깨달음을 얻게 되었습니다. 웨슬리는 루터의 로마서 주석 서론을 누군가 읽는 가운데 중생하게 된 것입니다.

또한, 『천로역정』의 저자 존 번연도 하나님께서 그를 회심시키실 때 로마서와 갈라디아서와 루터의 주석들을 사용하셨습니다.

우리가 아는 시대로 넘어와서 20세기의 최대 신학자 칼 바르트도 『로마서 주석』을 통하여 일약 신학계에 군림하게 되었습니다. 물론 개혁주의 입장에서 우리는 그와는 다른 관점을 갖습니다.

실로 사람들이 로마서를 연구하기 시작할 때 어떤 일이 일어날지 알 수 없습니다. 우리는 모두 앞으로 진행될 로마서 강해를 기대하면서, 동시에 이 로마서를 통해 어떤 결과들이 나타날지에 대해 각오를 하도록 해야겠습니다.

오직 그리스도, 오직 믿음, 오직 예수 보혈 신앙으로 날마다 구원을 얻고 살고, 예수 그리스도로 말미암아 성령 충만 받아 하나님 사랑과 이웃 사랑의 율법을 지키는 전도자로 살기를 바랍니다.

살아계신 아버지 하나님!

하나님 은혜를 감사합니다.

신약성경 중에서 가장 중요한 로마서 강해를 오늘부터 시작하게 하심을 감사합니다. 로마서는 기독교의 본질을 나타낸 대단히 중요한 책이요, 동시에 로마서는 교회사에서 중요한 인물들을 변화시킨 책입니다. 어거스틴을 변화시키고, 루터를 변화시키고, 존 번연과 존 웨슬리, 심지어 칼 바르트까지도 로마서를 통해서 중요한 인물로 등장하게 한 책입니다. 그러므로 우리가 로마서를 연구하기 시작할 때 어떤 일이 일어날지 알 수가 없습니다. 우리가 크게 기대하면서 이 로마서를 통해서 우리도 변화되게 하시고, 또한 교회도 변화되도록 하나님의 은총과 복을 내려 주옵소서.

예수님의 이름으로 기도하옵나이다. 아멘.

2

롬 1:17

- 로마서 서론(2) 로마서의 주제: 이신칭의.
  로마서는 예수 그리스도를 우리의 의로 묘사하고 있다.
- 이신칭의의 역사상 부침. '바울새관점파'의 도전.
  오직 그리스도, 오직 믿음, 오직 은혜, 오직 예수 보혈 신앙이다.

> **17** 복음에는 하나님의 의가 나타나서 믿음으로 믿음에 이르게 하나니 기록된바 오직 의인은 믿음으로 말미암아 살리라 함과 같으니라

예수님은 그리스도시요 살아계신 하나님의 아들입니다. 예수님이 하나님의 아들 그리스도라는 증거로 십자가에서 우리 죄를 대신해서 피 흘려 죽으시고, 죽은 자들 가운데서 부활하셨습니다.

이 예수님이 하나님의 아들, 예수님이 그리스도, 예수님이 우리 죄를 대신해서 십자가에서 피 흘려 죽으시고 부활하셨다는 복음으로 우리 인생 모든 문제가 처리되고 해답을 얻습니다. 이 복음은 모든 믿는 자에게 구원을 주시는 하나님의 능력이 됩니다. 이 하나님의 아들 예수 그리스도의 복음, 그리스도 십자가 대속의 피의 복음으로 깊이 뿌리내리기를 기원합니다.

예수님의 신성의 하나님 되심과 십자가 대속의 피의 복음을 마음 중심에 참되게 믿을 때 구원을 얻습니다. 하나님과 일체 되신 예수님이 우리 죄를 대신해서 십자가에서 피 흘려 죽으시고 부활하셨다는 복음

을 믿을 때 구원을 얻습니다.

이것을 신학적으로 '이신칭의'(以信稱義)라고 합니다. 십자가에서 대속의 죽음을 당하시고 부활하신 예수 그리스도를 내가 믿을 때 그 예수 그리스도가 나의 의가 됩니다. 우리의 의는 다 더러운 옷 같습니다. 예수 그리스도의 의, 하나님의 의, 하나님께서 그 아들을 보내서 만들어 주신 십자가 대속의 보혈의 의를 힘입고 하나님 앞에 나갈 때만 하나님 앞에 설 수 있습니다.

그래서 오직 그리스도, 오직 믿음, 오직 은혜, 오직 예수 보혈입니다. 절대로 나의 의를 내세우는 자율주의는 허락되지 않습니다. 기독교는 자초지종 예수 보혈의 종교입니다.

이렇게 오직 예수 보혈을 믿는 믿음으로 구원을 얻는다는 이신칭의의 복음은 그리스도 교회가 서고 넘어지는 기초석입니다. 이 이신칭의 복음이 없어지면 그리스도 교회는 기초석을 잃고 무너지는 것입니다.

그런데 오늘날 이 이신칭의에 도전하는 무리가 많이 생겼습니다. 소위 유보적 칭의론이 생겼습니다. 16세기 종교개혁 원리를 뒤집고자 하는 비진리의 반동입니다.

우리는 로마서의 주제가 바로 '이신칭의'인 것을 믿습니다. 로마서는 예수 그리스도를 우리의 의로 묘사하는 책입니다.

본문 로마서 1장 17절을 보면 "복음에는 하나님의 의가 나타나서 믿음으로 믿음에 이르게 하나니 기록된바 오직 의인은 믿음으로 말미암아 살리라 함과 같으니라"라고 하였습니다.

여기서 "믿음으로 믿음에"라는 말을 여러 가지로 설명하나, '오직 믿음으로만 의를 받는다'라는 믿음의 강조라고 볼 것입니다. 그래서 로마서의 주제는 믿음으로 의롭게 된다는 이신칭의의 교리로서 신약 시대의 교리요 기독교의 대기반이 되었습니다.

이 이신칭의의 교리는 바울의 창작이 아니라 구약에 그 뿌리를 두고 있습니다. 하박국 2장 4절에 보면 다음과 같습니다.

> 보라 그의 마음은 교만하며 그 속에서 정직하지 못하나 의인은 그의 믿음으로 말미암아 살리라(합 2:4).

이 말씀은 선지자 하박국이 불의가 강성하고 의인이 고난을 받으며 이스라엘이 범죄하매 더 악한 바벨론을 통해 징계하심에 대해 하나님께 항의할 때에 받은 계시입니다. 요는 육적인 고난이 과중해질 때 의인의 마음은 믿음에 기울이게 되고 하나님은 이런 믿음을 원하셔서 불의의 강성을 용납하신다는 것입니다.

이 구절은 예수 그리스도의 가르치심에서 성장하여 사도 바울에게서 이신칭의 교리로 결실하였습니다. 그리고 그 후 로마가톨릭에서 유린당하다가 16세기 종교개혁가 마틴 루터에 의해서 부활한 교리입니다.

이 로마서의 주제 이신칭의 교리는 아마 앞으로도 기독교 역사가 계속하는 한 그 유린과 갱신을 반복할 것입니다. 과연 20세기에 들어와서 '바울새관점파'의 이신칭의 교리를 유린하는 도전이 나타났습니다.

적어도 종교개혁 이래 로마서에서 사도 바울이 주로 강조한 점은 하나님이 그리스도 안에서 믿음을 통해 은혜로 죄인들을 의롭게 하신다는 것이라는 사실이 오랫동안 당연시 되어 왔습니다.

예를 들어, 칼빈은 "바울의 로마서의 주제"에 대한 그의 서론적 글에서 "이 서신서의 전체 주제는 … 우리가 믿음으로 의롭게 된다는 것이다"라고 하였습니다.

그렇다고 바울이 5장의 신앙의 확신, 6장의 성화, 7장의 율법의 위치, 그리고 8장의 성령의 사역, 9-11장의 유대인과 이방인을 위한 하나님의 계획, 12-15장의 그리스도인의 삶의 다양한 책임들과 같은 다른 주제들도 계속 다루고 있다는 사실을 부인하는 것은 아닙니다.

그럼에도 바울이 주로 관심이 있는 것은 칭의 문제이며, 다른 주제들은 단지 칭의와 관련해서 전개하고 있다는 것이 일반적인 가정이었습니다. 그런데 20세기 들어와 이신칭의 교리는 도전을 받아 왔는데 그 대표적인 것이 소위 바울새관점파의 도전이었습니다.

그들은 전통적인 이신칭의 교리는 잘못되었다고 주장하였습니다. 칭의는 바울의 충만하고도 조직화된 교리적 원리가 아니라 "이방인 회심자들의 권리", 곧 그들에게도 이스라엘에게 주신 하나님의 약속들을 유업으로 받는 완전하고도 진정한 후사가 될 권리가 있다는 것을 수호해 준다고 주장하였습니다.

그리고 그들은 한 걸음 더 나아가 유대교가 율법주의가 아니라 "언약적 율법주의"라고 규정했습니다. 그러나 바울의 복음을 이런 식으로 재구성할 때, 우리는 거기에 인간의 죄와 죄책, 하나님의 진노, 공로 없이 은혜로만 의롭게 된다는 것, 그리고 그 결과 얻게 되는 하나님과의 평화가 없다는 사실을 보게 됩니다.

우리는 사도 바울이 하는 말에 귀 기울여야 하며, 바울이 "율법의 행위로 그의 앞에 의롭다 하심을 얻을 육체가 없나니"(롬 3:20)라는 부정적인 결론이나 죄인들이 "하나님의 은혜로 값없이 의롭다 하심을 얻은 자 되었다"(롬 3:24)는 그의 긍정적 진술을 교묘히 둘러대어 다른 식으로 설명해서는 안 됩니다. 그리하여 그들의 "유보적 칭의론"은 이신칭의론을 다시 중세 가톨릭 교리로 회귀시키는 개혁주의 진리 파괴운동입니다.

오직 그리스도, 오직 믿음, 오직 예수 보혈만이 우리의 의가 되며, 우리는 모두 예수 그리스도로 말미암아 성령 충만 받아 하나님 사랑과 이웃 사랑의 율법을 지키는 전통적 진리를 굳게 파수해야 할 것입니다.

살아계신 아버지 하나님!
하나님 은혜를 감사합니다.
오직 "의인은 믿음으로 말미암아 살리라"라는 이신칭의 교리가 우리 기독교의 주제이며 로마서의 주제이고, 로마서는 예수 그리스도를 우리의 의로 묘사하고 있는 책으로서 이 이신칭의 교리를 교회와 우리가 굳게 붙들고 보존해야 한다고 믿습니다.
이것을 부정한 바울새관점파의 도전이 있고 유보적 칭의론자들이 나타난바 그것은 비진리인즉, 오직 그리스도, 오직 믿음, 오직 은혜를 구하면서 하나님의 영광을 위하여 살아가는 자들이 되도록 오늘도 예수 그리스도로 말미암아 하나님의 성신을 충만히 부으셔서 하나님 사랑과 이웃 사랑의 전도자로 살아가며, 예수 보혈만이 오직 우리의 의가 된다는 이 진리를 굳게 파수하며 사는 자들이 되게 하여 주옵소서.
예수님의 이름으로 기도하옵나이다. 아멘.

3

롬 1:1

- 로마서 서론(3).
  로마서의 저자, 수신자, 시기, 장소, 동기와 목적, 각 장의 개요.
- 로마서는 일종의 기독교 선언.
  예수 그리스도를 통한 자유 선언의 책이다.

> ¹ 예수 그리스도의 종 바울은 사도로 부르심을 받아 하나님의 복음을 위하여 택정함을 입었으니

예수님은 그리스도시요 살아계신 하나님의 아들입니다. 예수님이 하나님의 아들 그리스도라는 증거로 십자가에서 우리 죄를 대신해서 피 흘려 죽으시고, 죽은 자들 가운데서 부활하셨습니다.

이 예수님이 하나님의 아들, 예수님이 그리스도, 예수님이 우리 죄를 대신해서 십자가에서 피 흘려 죽으시고 부활하셨다는 복음으로 우리 인생 모든 문제가 처리되고 해답을 얻습니다. 이 복음은 모든 믿는 자에게 구원을 주시는 하나님의 능력이 됩니다. 이 하나님의 아들 예수 그리스도의 복음, 그리스도 십자가 대속의 피의 복음으로 깊이 뿌리내리기를 기원합니다.

예수님의 신성의 하나님 되심과 십자가 대속의 피의 복음을 참되게 마음 중심에 믿을 때 그리스도인은 의롭다 함을 얻게 됩니다. 이런 구원의 복음이 신약성경에서 명료하게 제시된 책이 로마서입니다. 그래

서 루터는 "로마서는 신약성경의 중심부요 순수한 복음이다"라고 하였습니다.

사도 바울이 쓴 로마서는 일종의 기독교 선언입니다. 또한, 그것은 하나의 서신서로서 당시 그 사도와 로마인들이 처한 특정한 상황에 따라 내용이 결정되었습니다. 그런데도 그것은 여전히 영원한 선언, 예수 그리스도를 통한 자유의 선언입니다.

오직 예수 그리스도를 믿음으로 의롭게 된다.

이것은 신약의 복음에 대한 가장 온전하고, 가장 명백하며, 가장 웅대한 진술입니다.

우리는 앞서 로마서의 중요성 혹은 영향력과 로마서의 주제로서 '이신칭의론'에 관한 개요를 각각 정리한 것을 먼저 들었습니다. 오늘은 로마서의 서론적 서술인 로마서의 저자, 수신자, 시기, 장소, 동기와 목적 및 각 장의 개요에 관한 내용을 일견하고자 합니다.

로마서 오늘 본문 1장 1절을 보면 "예수 그리스도의 종 바울은 사도로 부르심을 받아 하나님의 복음을 위하여 택정함을 입었으니"라고 합니다.

본문은 로마서 저자를 "바울"로 부르고 있습니다. 물론 개혁주의 입장에서 성경의 저자는 성령님이십니다. 동시에 유기적 영감설을 취할 때 인간도 오류가 없도록 성령님의 감동 아래 그의 개인적 경험과 사고를 통해 기술하기 때문에 인간 편에서 저자는 인간이며 그런 점에서 바울 사도는 로마서 저자로 볼 수 있습니다.

오늘날 어떤 진지한 학자도 바울이 로마서를 기록했다는 것을 의심하는 사람은 없습니다. 다만 대필자는 더디오가 대필하였습니다(롬 16:22).

로마서의 수신자는 로마 교회입니다. 구체적으로는 로마 교회에 있던 유대인과 이방인 모두를 상대로 하여 썼다고 봅니다. 이 로마서의 수신자인 로마 교회의 기원에 대해서는 확실한 자료가 남아 있지 않습니다.

가톨릭 학자들은 베드로의 설립을 주장하나 다수의 개신교 학자들은 예루살렘으로 왔던 순례자의 설립, 모여 온 유대인과 이방인 신자들의 자연스러운 시작 등의 견해가 있습니다. 우리는 로마 교회가 예루살렘을 방문한 유대인 개종자들로 말미암아 설립되었다는 것이 가장 근거로서 분명하다고 봅니다(행 2:10). 그러나 유대인 외에 이방인 신자에게서 기원한 듯한 바울 사도의 편지 내용도 있습니다(롬 15:14-16). 그러므로 로마서는 유대인과 이방인을 다 같이 상대하고 있다고 보입니다.

로마서가 쓰인 시기와 장소는 추정해 볼 수 있는 근거가 로마서 본문과 사도행전의 바울 전도 여행 결과를 대조하면 알 수 있습니다.

이때는 바울이 "예루살렘으로부터 일루리곤"에 이르는 전도를 마치고(롬 15:19), 로마를 거쳐 서바나에 이르는 전도를 계획할 때(롬 15:23)였습니다. 이것은 바울의 제3차 전도 여행의 말기로 보는 것입니다.

사도행전 20장에는 이때 바울이 고린도에 석 달 간을 머문 후 빌립보, 드로아 등을 거쳐 해로로 예루살렘에 간 것을 기록하고 있습니다. 그렇다면 "라고린도에 머문 석 달"이야말로 로마서 같은 웅대한 내용의 서신을 기록하기에 적정한 시기였을 것입니다.

아마도 그 시기는 55-56년에 고린도에서 로마서는 쓰였을 것으로 봅니다.

로마서가 쓰인 동기는 분명합니다. 그것은 땅끝까지 복음을 전하려는 바울의 사명이었습니다. 바울은 3차 전도 여행을 끝내면서 새로운 복음 전도의 일터를 바라보았습니다. 그것은 당시의 수도인 로마였습니다. 그래서 그는 "후에 로마도 보아야 하리라"(행 19:21)고 말했었습니다.

바울은 로마뿐만 아니라 로마를 거쳐 당시 땅끝으로 보였던 서바나까지 가려는 것이었습니다(롬 15:28). 당시 바울은 이방 교회의 헌금을 모아 가난한 예루살렘 성도들을 구제하고자 예루살렘을 방문하고 그 후에 로마로 가고자 한 것입니다.

그러나 로마서를 쓴 목적에 관하여는 주요한 두 가지 학설이 주장됐습니다. 모두 의미가 있다고 봅니다.

첫째, 교리적 목적으로 보는 견해입니다.

로마서는 로마에 있는 사람들에게 필요하다고 느꼈던 복음의 중요한 진리들에 관하여 언급하고 있는 교훈의 편지라고 봅니다. 이 로마서가 광범위한 영향을 미쳤던 큰 이유는 그리스도인이라면 그들의 영원한 운명을 실현할 진리를 이해할 수 있도록 하나님께서 바울에게 영감을 주셨기 때문이라는 것입니다.

둘째, 로마의 유대인과 이방인 사이의 갈등을 조정하여 교회를 하나되게 하려고 로마서를 기록했다는 견해입니다.

로마 교회는 유대인과 이방인들로 구성되었으며 이방인이 다수를 차지하고 있던 혼합공동체였습니다(롬 1:5-6, 1:13, 11:13). 그리하여 이

두 집단 사이에는 상당히 알력이 있다는 사실을 알게 됩니다.

이것은 인종적인 것이 아니라 신학적이었습니다. 바울은 중립적인 입장에서 진정한 화해자로 나섰습니다. 바울은 이 화해의 사역에서 두 개의 중요한 주제를 전개하였습니다.

첫째 주제는 죄인들이 그들의 신분이나 공로와 관계없이 오직 믿음을 통해, 오직 그리스도 안에서, 하나님의 은혜로 의롭게 된다는 것입니다.

둘째 주제는 하나님의 백성을 재정의하는 것입니다. 곧 더 이상 혈통이나 할례나 문화에 따라서가 아니라 예수 그리스도를 믿는 믿음에 따라 하나님의 백성을 정의하며, 따라서 모든 신자는 인종의 기원이나 종교적 관습에 상관없이 참된 아브라함의 자손이라는 것입니다. 유대인과 이방인의 대통합입니다.

이런 바울의 두 주제(복음의 완전성과 그리스도 안에서 유대인과 이방인의 결속)는 로마서 첫 번째 장부터 나타납니다. 먼저 로마서 1장 1-4절의 하나님의 복음에 이어, 1장 18절-3장 20절의 하나님의 진노, 3장 21절-8장 39절의 하나님의 은혜(구원론), 9-11장의 하나님의 계획(이스라엘의 거부와 회복), 12-15장의 신자의 의의 실천으로 나타납니다. 이것을 더 요약하면 1-11장까지는 복음적인 교리, 12-16장까지는 실천 부분으로 볼 수 있습니다.

그러므로 하나님의 복음, 곧 신성의 하나님의 아들 예수 그리스도와 십자가 대속과 부활의 복음을 믿을 때 의롭게 된다는 기독교 대강령에 깊이 뿌리를 내릴 것입니다.

　오직 그리스도, 오직 믿음, 오직 예수 보혈 신앙으로 살고, 성령 충만 받아 하나님 사랑과 이웃 사랑의 전도자로 살기 바랍니다.

　살아계신 아버지 하나님!
　하나님 은혜를 감사합니다.
　오늘 로마서 서론의 세 번째에 관한 내용을 읽게 됨을 감사하옵나이다. 로마서는 일종의 기독교 선언으로서 예수 그리스도를 통한 자유 선언의 책임을 오늘 우리가 보게 됩니다.
　특별히 교회적인 목적으로 복음의 중요한 진리들에 대하여 언급하고 있는 이 로마서는 큰 영향력을 미치며 인간의 영원한 운명을 실현할 진리를 이해할 수 있도록 하나님께서 바울에게 영감을 주셔서 쓴 책이기 때문에 이 로마서를 통해서 많은 사람이 변화되고 신령한 은혜를 얻었던 책이므로 우리가 로마서를 공부해 가는 동안에 신구약에 대한 확신과 그 진리를 실천하는 삶을 살고자 하오니 우리에게 예수 그리스도로 말미암아 하나님의 은혜와 축복을 베풀어 주옵소서.
　예수님의 이름으로 기도하옵나이다. 아멘.

4

롬 5:5, 7:14

- 로마서 서론(4).
  루터의 "바울의 로마서에 붙인 서문".
  예수 그리스도를 믿음으로 성령을 받는다.
- 성령은 인간을 율법에 맞도록 하신다. 그러므로 신앙만이 사람을 의롭게 하며 율법을 성취하게 한다. 신앙은 그리스도의 공로로 성령을 임하게 하기 때문이다. 신앙과 행위는 분리시킬 수 없다. 선행은 신앙 자체에서 나온다. 이런 신앙의 역사를 일으켜 주시도록 기도하라.

> ⁵ 소망이 우리를 부끄럽게 하지 아니함은 우리에게 주신 성령으로 말미암아 하나님의 사랑이 우리 마음에 부은 바 됨이니
> ¹⁴ 우리가 율법은 신령한 줄 알거니와 나는 육신에 속하여 죄 아래에 팔렸도다

예수님은 그리스도시요 살아계신 하나님의 아들입니다. 예수님이 하나님의 아들 그리스도라는 증거로 십자가에서 우리 죄를 대신해서 피 흘려 죽으시고, 죽은 자들 가운데서 부활하셨습니다.

이 예수님이 하나님의 아들, 예수님이 그리스도, 예수님이 우리 죄를 대신해서 십자가에서 피 흘려 죽으시고 부활하셨다는 복음으로 우리 인생 모든 문제가 처리되고 해답을 얻습니다. 이 복음은 모든 믿는 자에게 구원을 주시는 하나님의 능력이 됩니다. 이 하나님의 아들 예수 그리스도의 복음, 그리스도 십자가 대속의 피의 복음으로 깊이 뿌리내리기를 기원합니다.

예수님의 신성의 하나님 되심과 십자가 대속의 죽음과 부활의 복음을 마음 중심에 참되게 믿을 때 성령을 받게 됩니다. 성령님은 오직 예수 그리스도를 믿는 신앙 안에서, 신앙으로, 그리고 신앙에 의해서만 주어집니다. 물론 이 신앙은 하나님의 말씀이나 십자가 대속의 피의 복음을 통해서만 주어집니다.

그리고 예수 그리스도를 믿는 신앙으로 주어진 성령은 인간을 율법에 맞도록 하십니다. 그리하여 인간은 그의 마음 가운데 율법에 대한 욕망을 가지게 되며, 따라서 두려움과 강제에 못 이겨 행하지 않고 기꺼운 마음으로 행하게 됩니다.

그러므로 신앙만이 사람을 의롭게 하며 율법을 성취하게 합니다. 왜냐하면, 신앙은 그리스도의 공로로 성령을 임하게 하기 때문입니다. 신앙은 성령의 역사로 선행을 행합니다. 신앙은 성령의 역사로, 하나님의 은총에 대한 모험적이고 생생한 확신입니다.

인간은 성령의 역사로 말미암는 신앙으로 인하여 자신에게 은총을 보여 주신 하나님에 대한 사랑과 찬양의 마음에서 자발적으로 모든 사람에게 아무 때고 기꺼이 선을 행하고, 도와주고, 모든 것을 참습니다. 이리하여 신앙과 행위는 분리시킬 수 없습니다.

하나님께서 우리 가운데서 이러한 신앙의 역사를 일으켜 주시도록 기도해야 합니다. 그리고 의(義)란 이러한 신앙입니다.

지금까지 제가 조금 어려운 십자가 피의 복음을 믿는 신앙과 신앙을 통해 임하시는 성령님과 그 성령님의 역사로 인한 율법의 성취를 말하고, 그리하여 성령의 역사로 인한 신앙만이 율법을 성취하게 한다는 긴 과정을 말씀드렸습니다. 이것은 제 개인의 견해가 아니라 마틴 루터의 "바울의 로마서에 붙인 서문"의 글을 요약한 것입니다.

저는 이 루터가 쓴 "바울의 로마서에 붙인 서문"을 우리 모든 복음의 동역자들이 모두 암송해야 한다고 굳게 믿습니다. 루터의 글 중에서 이보다 더 중요한 진리 해석이 없다고 봅니다. 물론 그의 '이신칭의' 복음은 위대한 발견이나, 그 이신칭의 복음의 역사에 대한 바른 이해는 루터가 쓴 "바울의 로마서에 붙인 서문"의 바른 이해와 확신에서 나타나기 때문입니다.

이 "바울의 로마서에 붙인 서문"은 감리교 창시자 존 웨슬리를 회심시킨 메시지로 유명합니다. 1738년 5월 24일 웨슬리가 런던의 앨더스게이트가에서 모라비안들의 모임에 참석하였을 때 누군가가 바로 루터의 "바울의 로마서에 붙인 서문"을 읽고 있었던 것입니다. 웨슬리는 자기 일기에서 이렇게 썼습니다.

> 아홉 시 십오 분 전, 그가 하나님이 그리스도를 믿는 믿음을 통해 마음속에서 이루고 계시는 변화를 묘사하고 있는 동안, 나는 마음이 이상하게 뜨거워지는 것을 느꼈다. 내가 구원받기 위해 실로 그리스도를, 오직 그리스도만을 믿는다고 느꼈다. 그러고 나자 그분이 나의 죄들, 바로 나의 죄를 제거해 주셨고, 죄와 사망의 율법에서 나를 구원해 주셨다는 확신이 느껴졌다.

루터는 "바울의 로마서에 붙인 서문"을 이렇게 시작하였습니다.

바울의 로마서는 신약성경 가운데서 가장 중요한 부분이며 가장 순수한 복음이다. 이것은 마땅히 모든 그리스도인이 한 마디 한 마디 외워두어야 할 것일 뿐만 아니라 영혼의 일용할 양식으로 날마다 사용하지 않으면 안 될 것이다. 우리가 이 서신을 아무리 많이 읽고 깊이 생각한다고 할지라도 이를 지나치다고 말할 수 없다.

루터는 죄, 율법과 복음, 신앙, 은혜, 의, 육과 영의 말들에 대한 이해를 로마서의 철저한 주해를 통해 형성했습니다. 예컨대 율법이란 인간적인 방식으로 이해할 수 없다고 생각했습니다. 하나님은 속마음에 따라서 심판하시는데, 하나님의 율법도 역시 가장 깊은 속마음을 요구한다고 하였습니다. 보통 인간은 율법에 대한 두려움 때문에 지키나 내심은 율법을 미워한다는 것입니다.

특히, 로마서 7장 14절에서 "율법은 신령한 것이다"라고 말합니다. 율법은 영적인 것이기 때문에 모든 행위를 내심으로부터 하지 않고는 아무도 수행할 수 없는 것입니다. 그러나 이러한 마음은 하나님의 영에 의해서만 주어집니다. 하나님의 영은 인간을 율법에 맞도록 하십니다.

그리하여 두려움과 강제에 못 이겨 행하지 않고 기꺼운 마음으로 행하게 합니다. 율법에 대한 이러한 즐거움과 사랑은 오늘 본문 로마서 5장 5절에서 말하는 것과 같이 성령에 의하여 마음속에 주어집니다.

그러나 성령은 예수 그리스도를 믿는 신앙 안에서, 신앙으로, 신앙에 의해서만 주어집니다. 그리고 이 신앙은 하나님의 말씀이나 복음을 통해서만 주어집니다. 십자가 대속의 피의 복음을 믿는 신앙에 의해 성령은 주어지는 것입니다. 그러므로 선행은 신앙 자체에서 나오는 것입니다.

성령의 역사를 동반하는 신앙은 우리를 변화시키고, 하나님에게서 새로 나게 하며, 우리 가운데서 일어나는 하나님의 역사입니다. 신앙은 옛 아담을 죽이고 마음과 영과 정신과 능력에 있어서 전혀 새사람이 되게 합니다.

이런 신앙은 살아 있고, 분주하고, 활동적이고, 힘찬 것입니다. 신앙은 끊임없이 선행을 행하지 않을 수 없게 합니다. 이 신앙은 하나님의 은총에 대한 모험적이고 생생한 확신입니다. 물론 이것은 성령님께서 신앙 가운데서 행하시는 역사입니다. 그러므로 신앙과 행위는 분리시킬 수 없는 것입니다.

우리는 다 같이 참된 그리스도 십자가 대속의 피의 복음을 마음 중심에 믿고 하나님께서 우리 가운데서 이러한 신앙의 역사를 일으켜 주시도록 기도해야겠습니다.

오직 그리스도, 오직 믿음, 오직 예수 보혈 신앙으로 살고, 성령 충만 받아 하나님 사랑과 이웃 사랑의 율법을 기꺼이 지키고 그리스도의 증인으로, 그리스도의 복음 전도자로 살도록 기도하겠습니다.

살아계신 아버지 하나님!
하나님 은혜를 감사합니다.
오늘 우리는 루터의 "바울의 로마서에 붙인 서문"에 관한 말씀을 요약해서 들었습니다. 제 개인적으로는 바울의 "바울의 로마서에 붙인 서문"을 우리 모든 교역자가 깊이 이해하고, 인식하고, 중요한 부분은 암송해야 한다고 믿습니다.

그에 의하면 예수 그리스도를 믿음으로 성령을 우리가 받게 되며, 성령은 인간을 율법에 맞도록 하신다는 것입니다. 그러므로 신앙만이 사람을 의롭게 하며 율법을 성취해 간다고 합니다. 신앙은 그리스도의 공로로 성령을 임하게 하기 때문에 신앙과 행위는 분리시킬 수가 없고 선행은 신앙 자체에서 나온다는 것입니다. 그러므로 우리는 이런 신앙의 역사를 일으키시도록 기도할 것입니다.

예수 그리스도로 말미암아 성령을 우리 심령 속에 충만히 부으셔서 하나님의 사랑이 우리 마음에 부음 바 됨으로 이 위대한 하나님의 사랑의 심령으로 하나님 사랑과 이웃 사랑의 율법을 기꺼이 즐거운 마음으로 지키게 해 주옵소서.

예수님의 이름으로 기도하옵나이다. 아멘.

5

롬 1:1, 16:27

- 로마서 개관(槪觀).
- 이신칭의 복음의 책.
- 교리편(1-11장), 실천편(12:1-15:13). 결론과 송영(15:14-16:27).
- 오직 그리스도, 오직 믿음, 오직 하나님께 영광을!

> **1:1** 예수 그리스도의 종 바울은 사도로 부르심을 받아 하나님의 복음을 위하여 택정함을 입었으니
> **16:27** 지혜로우신 하나님께 예수 그리스도로 말미암아 영광이 세세무궁하도록 있을지어다 아멘

예수님은 그리스도시요 살아계신 하나님의 아들입니다. 예수님이 하나님의 아들 그리스도라는 증거로 십자가에서 우리 죄를 대신해서 피 흘려 죽으시고, 죽은 자들 가운데서 부활하셨습니다.

이 예수님이 하나님의 아들, 예수님이 그리스도, 예수님이 우리 죄를 대신해서 십자가에서 피 흘려 죽으시고 부활하셨다는 복음으로 우리 인생 모든 문제가 처리되고 해답을 얻습니다. 이 복음은 모든 믿는 자에게 구원을 주시는 하나님의 능력이 됩니다. 이 하나님의 아들 예수 그리스도의 복음, 그리스도 십자가 대속의 피의 복음으로 깊이 뿌리내리기를 기원합니다.

예수님의 신성의 하나님 되심과 십자가 대속의 피의 복음을 마음 중심에 믿고 구원받은 그리스도인은 신앙의 성장과 열매를 맺기 위해서는 기독교 교리에 깊은 뿌리가 있어야 합니다. 그래야 수많은 이단으로부터 자신의 바른 신앙을 유지할 수 있으며 기독교 교리에 따른 삶의 열매를 맺으며 살 수 있습니다.

기독교 인도주의자들이나 세속주의자들은 교리를 무시하거나 관심을 두지 않습니다. 그러나 기독교 교리에 따른 신앙을 통해서 나오는 삶이 아닌 것은 기독교적 삶이 아닙니다. 오직 예수님을 하나님의 아들 그리스도로 믿는 신앙에서 나온 하나님 사랑과 이웃 사랑이 아닌 한 그것은 기독교가 아닙니다.

앞으로 이 로마서를 읽는 그리스도인들은 교리를 따지지 말고 사회에서 선행하는 자가 되어야 한다고 교리를 무시하는 자들을 경계해야 합니다. 예수님을 하나님의 아들로 믿지 않는 세상의 자연인들도 선행의 삶을 사는 자가 많습니다. 그러나 그들은 기독교와 관계가 없습니다. 오직 그리스도, 오직 하나님께 영광을 위한 삶이 아닙니다.

오직 예수 그리스도를 믿음으로 구원을 받은 그리스도인은 그 믿음으로 하나님의 영광을 위하여 참된 선행을 하고 이웃을 사랑하고 섬길 것입니다. 그리하여 그리스도 교회와 그리스도인들을 헐뜯는 비판을 잠재울 것입니다. 또 교회 안에서 최근 일어나고 있는 유보적 칭의론도 잠재울 것입니다.

로마서는 여러 방면으로 신약성경의 중추적 위치를 점하고 있습니다. 로마서가 신약성경, 나아가서는 기독교 신학을 대표하는 것은 이미 공인된 사실입니다. 어거스틴, 루터, 칼빈 등 위대한 지성들은 다만 그들 자신의 깊이를 초월하는 깊이를 발견하기 위해 로마서를 검토하였습니다.

로마서는 역대 신학자들로부터 숭앙과 찬탄의 대상이 되어 왔으며 로마서 연구는 기독교 역사와 더불어 같이 하고 있습니다.

칼빈은 성경은 로마서에 비추어 볼 때 비로소 완전히 이해할 수 있다고 하였습니다. 신약성경 중에서도 4복음서는 신약이면서도 구약과 신약의 교량적 면모를 가지고 있습니다. 기독교가 그 본질을 구현한 것은 신약의 서신, 그중에서도 바울의 서신에 있어서입니다.

바울의 서신 중에서 로마서가 대표적인 것은 논의의 여지가 없습니다. 로마서의 주제는 오직 예수님을 그리스도로 믿는 믿음으로 의롭게 된다(이신칭의)는 것이며, 그것은 또한 신구약에 일관해 있는 대주제입니다.

우리는 로마서 강해를 시작함에 앞서서 먼저 이 교리서의 개관(槪觀)을 하고자 합니다. 이는 나무를 보고 숲을 보지 못하는 우를 범하지 않도록 하기 위해서입니다.

로마서는 크게 볼 때 두 부분으로 나누어 볼 수 있습니다.

1-11장: 교리적 부분
12-16장: 실천적 부분

먼저 로마서 1장에서 11장까지의 교리적 부분의 가르침을 보면 구원의 길에 관한 내용입니다. 구원의 기초는 오직 예수 그리스도를 믿는 믿음으로 구원을 얻는다는 칭의 속에 주어져 있습니다.

1장: 구원은 유대인과 이방인 모두 하나님 진노의 저주 아래 놓여 있기 때문에 이방인의 본성의 행위로 얻지 못함

2-3장: 구원은 유대인의 율법의 행위로도 얻지 못하고, 오직 예수 그리스도를 믿는 믿음으로 말미암아 얻음(3:21절 이하)

4장: 구원은 오직 예수 그리스도로 말미암아 그것도 온전히 얻음

이 구원의 단계는 다음과 같이 이루어집니다.

5장: 하나님과의 평화,
6-7장: 성화
8장: 영화

다음에 교리적 가르침 가운데 이스라엘과 하나님의 은혜로운 계획에 관한 교리가 나옵니다.

9장: 하나님의 선택과 예정
10장: 이스라엘의 거부
11장: 이스라엘의 회복과 송영

당시 유대인들에게는 두 가지 사실, 곧 구원을 율법의 행위 없이 믿음으로 얻는 것과 이방인들을 교회로 받아들이는 것이 걸림돌로 작용하고 있었습니다. 그러나 이방인의 수가 찰 때에 이스라엘 역시 회복되어 구원을 받을 것입니다(11:25-32).

다음 실천적 부분의 가르침을 보면 다음과 같습니다.

12장: 모든 그리스도인에게 주는 다양한 일반적 권면 곧 몸과 마음의 헌신, 은사 사용에서 겸손, 사랑의 실천 강조
13장: 시민 사회 구성원으로서 우리가 감당해야 할 행동 지침
14:1-15:13: 교회 공동체의 구성원으로서 우리가 서로 간에 지켜야 할 행위 규칙
15:14-16:27: 끝으로 교리편과 실천편을 종합하는 마지막 결론

여기서는 바울의 사도적 섬김(15:14-21), 바울의 여행 계획(15:22-33), 바울의 천거와 문안(16:1-16), 거짓 선생의 경계와 동역자의 문안(16:17-23), 그리고 최종적으로 송영으로 끝맺습니다.

즉, "지혜로우신 하나님께 예수 그리스도로 말미암아 영광이 세세무궁하도록 있을지어다 아멘"(16:27)으로 끝납니다. 송영의 길과 방법은 오직 예수 그리스도로 말미암습니다. 그리하여 "오직 하나님께 영광을" 드리는 것입니다.

그러므로 우리는 모두 오직 예수님을 하나님의 아들 그리스도로 믿는 믿음으로 의롭다 함을 얻는 신앙 (이신칭의)으로 살고, 그 목표는 오직 하나님께 영광입니다.

오직 그리스도, 오직 믿음, 오직 하나님께 영광을 위해 살도록 다 같이 기도하겠습니다. 즉시 기도하겠습니다.

살아계신 아버지 하나님!

하나님의 은혜를 감사합니다.

억만 죄악을 가지고 하나님의 진노하에 있는 우리 인생들을 위하여 하나님의 아들을 이 세상에 인간 예수로 보내셔서 우리 죄를 십자가 대속의 죽음으로 담당하게 하시고 이 대속의 죽음을 믿는 우리들에게 죄사함을 주시고 의롭다 선언해 주심을 감사합니다.

이 예수 그리스도를 믿는 믿음으로 구원을 얻는다는 '이신칭의'의 복음이 로마서의 주제인 것을 우리가 앞으로 듣게 하시니 감사합니다. 로마서는 크게 보아서 1장에서 11장까지가 교리편이요 12장부터 16장까지는 실천편인 것을 들었고 끝으로 교리편과 실천편을 종합하는 마지막 결론으로 "오직 하나님께 영광"이라는 말씀을 들었습니다.

그러므로 교리편의 진리를 이해하는 최상의 방법은 실천편에 규정된 의무들을 충분히 실천하고 명하는 그대로 사는 것이라고 믿습니다. 행함이 없는 믿음이 되지 않도록 우리에게 예수님을 하나님의 아들 그리스도로 참되게 믿는 믿음을 주시옵소서. 그리하여 오직 그리스도, 오직 믿음, 오직 은혜, 오직 예수 보혈 신앙으로 살아서 "오직 하나님께 영광을" 돌리는 로마서의 결론을 성취하며 사는 자가 되도록 붙들어 주옵소서.

예수님의 이름으로 기도하옵나이다. 아멘.

제1부

서론
(1:1-17)

제1장 하나님의 복음 (1:1-6)

제2장 바울과 로마 교인들 (1:7-15)

제3장 복음의 요약 (1:16-17)

제1장

하나님의 복음
(1:1-6)

6

롬 1:17, 18

- 로마서 제1장 서론.
- 하나님의 의의 계시로서의 복음(1:1-17).
- 죄인들에게 나타난 하나님의 진노(이방인의 불의)(1:18-32).
- 하나님의 의, 하나님이 주시는 의, 그리스도의 의를 믿음으로 의롭게 된다. 오직 그리스도, 오직 믿음, 오직 은혜, 오직 예수 보혈 신앙으로 살아야 한다.

> [17] 복음에는 하나님의 의가 나타나서 믿음으로 믿음에 이르게 하나니 기록된바 오직 의인은 믿음으로 말미암아 살리라 함과 같으니라 [18] 하나님의 진노가 불의로 진리를 막는 사람들의 모든 경건하지 않음과 불의에 대하여 하늘로부터 나타나나니

예수님은 그리스도시오 살아계신 하나님의 아들입니다. 예수님이 하나님의 아들 그리스도라는 증거로 십자가에서 우리 죄를 대신해서 피 흘려 죽으시고, 죽은 자들 가운데서 부활하셨습니다.

이 예수님이 하나님의 아들, 예수님이 그리스도, 예수님이 우리 죄를 대신해서 십자가에서 피 흘려 죽으시고 부활하셨다는 복음으로 우리 인생 모든 문제가 처리되고 해답을 얻습니다. 이 복음은 모든 믿는 자에게 구원을 주시는 하나님의 능력이 됩니다. 이 하나님의 아들 예수 그리스도의 복음, 그리스도 십자가 대속의 피의 복음으로 깊이 뿌리내리기를 기원합니다.

예수님의 신성의 하나님 되심과 십자가 대속의 피의 복음을 마음 중심에 믿을 때 억만 죄악에서 죄 사함 받고 하나님의 진노에서 구원받아 의롭다 함을 받는 자가 됩니다. 우리는 우리로 말미암아 행하여진 무엇으로 의를 얻는 것이 아니고 우리를 위하여 행하여진 다른 이(곧 예수 그리스도)의 의로 말미암아 의롭다 함을 얻습니다.

죄인들은 그들의 신분이나 공로와 상관없이 오직 믿음을 통해, 오직 그리스도 안에서, 오직 하나님의 은혜로 의롭게 되는 것입니다. 사도 바울은 그에게 맡겨진 이 완전한 "예수 그리스도의 의의 복음의 완전성"을 그가 로마 교회에 쓴 편지인 로마서 첫째 장 전반부에서 분명하게 나타냈습니다.

사도 바울은 로마서 1장에서 1-17절까지는 "하나님의 의의 계시로서 복음"을, 18-32절에서는 "죄인들에게 나타난 하나님의 진노 중 먼저 이방인의 불의"에 관해 말합니다.

바울은 "하나님의 의의 계시로서의 복음"을 "하나님의 복음"(1절)이라고 합니다. 하나님이 복음의 창시자이시기 때문입니다. 그리고 그 복음을 "그의 아들의 복음"(9절)이라고도 합니다. 그것은 하나님의 아들이 복음의 내용이기 때문입니다.

그리고 1-5절에서 바울은 하나님의 아들은 혈통으로는 다윗의 자손이며 부활의 능력으로 하나님의 아들로 선포되신 예수 그리스도의 신성 인격에 초점을 맞춥니다. 그러나 16절에서는 하나님의 아들 예수 그리스도의 사역에 초점을 맞춥니다. "복음은 모든 믿는 자에게(유대인이나 헬라인 모두에게) 구원을 주시는 하나님의 능력"이 되기 때문입니다.

복음에 대해 이러한 간결한 진술을 하면서 모든 믿는 자에게 서신을 보내고 있습니다(7절). 바울은 그들 대다수가 이방인이라는 것을 알고 있었습니다(13절). 바울은 그들 모두에 대해 하나님께 감사하며, 그들을 위해 쉬지 않고 기도하고, 그들을 보고자 갈망하며, 그들을 방문하려고 여러 차례 애썼습니다.

바울은 온 세상의 수도인 로마에서 복음을 전파해야 할 의무를 느꼈습니다. 실로 그는 그렇게 하기를 간절히 바랐습니다. 복음에는 불의한 자를 "의롭게 하는" "하나님의 의"가 나타나기 때문입니다.

그런데 복음에 나타난 "하나님의 의에 대한 계시"는 "불의한" 자들에 대한 하나님 진노의 계시이기 때문에 절대적으로 필요하였습니다. 그래서 18-32절에서 죄인들, 특히 이방인의 불의에 대한 하나님의 진노 계시를 말합니다.

18절을 보면 "하나님의 진노가 불의로 진리를 막는 사람들의 모든 경건하지 않음과 불의에 대하여 하늘로부터 나타나나니"라고 하였습니다.

하나님의 진노가 불의로 진리를 막는 사람들에게 나타납니다. "하나님을 알만한 것"(19절)이 진리인데 그 진리가 이방인들 속에 있음에도 그들은 진리를 거절하고 고의적으로 기피했습니다.

그리고 21-23절에서는 이방인들은 우상 숭배에 빠졌다고 말합니다. "썩어지지 아니하는 하나님의 영광을 썩어질 사람과 새와 짐승과 기어다니는 동물 모양의 우상으로 바꾸었다"(23절)고 하였습니다.

또 24-27절에서는 이방인들은 정욕의 노예로 산다고 말합니다. 하나님은 이방인들을 "마음의 정욕대로 더러움에 내버려 두사 그들의 몸을 서로 욕되게 하게 하셨다"(24절)라고 하십니다.

이런 정욕대로 사는 삶의 가시적인 첫 번째 현장은 성적 타락입니다.

> **26** 그들의 여자들도 순리대로 쓸 것을 바꾸어 역리로 쓰며 **27** 그와 같이 남자들도 순리대로 여자 쓰기를 버리고 서로 향하여 음욕이 불 일듯 하매 남자가 남자와 더불어 부끄러운 일을 행하여(롬 1:26-27).

이것은 동성애에 대한 하나님의 진노인 것입니다. 동성애 관계는 그레코-로마 세계에서 매우 흔한 일이었습니다. 심지어 로마 철학자 대부분이 동성애자였고, 로마 황제 15명의 황제 가운데 14명이 동성애자였다고 역사는 밝히고 있습니다.

끝으로 28-32절에서는 이방인의 부덕한 삶을 말합니다.

> **29** 곧 모든 불의, 추악, 탐욕, 악의가 가득한 자요 시기, 살인, 분쟁, 사기, 악독이 가득한 자요 수군수군하는 자요 **30** 비방하는 자요 하나님께서 미워하시는 자요 능욕하는 자요 교만한 자요 자랑하는 자요 악을 도모하는 자요 부모를 거역하는 자요 **31** 우매한 자요 배약하는 자요 무정한 자요 무자비한 자라 (롬 1:29-31절).

이와 같은 이방인의 불의에 대하여 하나님의 진노가 나타나지 않을 수 없는 것입니다. 그러므로 사도 바울은 앞서 17절에서 말한 대로 "하나님의 의가 복음에만 나타난 것"을 증명하는 것입니다. 다시 말하면 복음 이외의 세계에는 어디든지 구원의 길이 없다는 것입니다.

이 로마서 17절이야말로 인류 유일의 구원 길입니다.

복음에는 하나님의 의가 나타나서 믿음으로 믿음에 이르게 하나니 기록된 바 오직 의인은 믿음으로 말미암아 살리라 함과 같으니라 (롬 1:17).

오직 그리스도, 오직 믿음, 오직 예수 보혈 신앙으로 살아야 합니다. 예수 그리스도로 말미암아 성령 충만 받고 불의에서 떠나 거룩한 삶을 살고, 하나님 사랑과 이웃 사랑의 전도자로 살아야 합니다.

기도하겠습니다.

살아계신 아버지 하나님!

하나님 은혜를 감사합니다.

오늘 로마서 1장의 기록을 보면서 하나님의 의의 계시로서의 복음과 이방인들의 죄에 대한 불의에 대해 말씀을 하는데, 이방인들의 불의를 통해서 바라볼 때 이방인에게는 구원이 없으며 오직 구원은 하나님의 의의 계시로 나타난 십자가의 대속의 피의 복음 외에는 없다는 것을 오늘 우리에게 알려 주시니 감사하옵나이다.

그러므로 "오직 의인은 믿음으로 말미암아 살리라"는 이 진리 말씀대로 오늘도 예수 그리스도로 말미암아 하나님의 성령을 충만히 부으셔서 그리스도로 충만, 믿음으로 충만, 성령으로 충만 받고, 하나님 사랑과 이웃 사랑의 거룩한 삶과 전도자의 삶을 살아가게 하여 주옵소서.

예수님의 이름으로 기도하옵나이다. 아멘.

롬 1:1

- "예수 그리스도", 예수는 그리스도.
  그리스도는 인생 모든 문제 해결의 직함.
  그리스도는 선지자, 제사장, 왕 3직의 직함.
- 예수 그리스도 이름으로 우리 인생 모든 문제가 처리되고 해답을 얻는다. 참되게 예수님을 그리스도로 믿고 예수 그리스도 이름으로 기도하여 은혜를 받으라.

[1] 예수 그리스도의 종 바울은 사도로 부르심을 받아 하나님의 복음을 위하여 택정함을 입었으니

예수님은 그리스도시요 살아계신 하나님의 아들입니다. 예수님이 하나님의 아들 그리스도라는 증거로 십자가에서 우리 죄를 대신해서 피 흘려 죽으시고, 죽은 자들 가운데서 부활하셨습니다.

이 예수님이 하나님의 아들, 예수님이 그리스도, 예수님이 우리 죄를 대신해서 십자가에서 피 흘려 죽으시고 부활하셨다는 복음으로 우리 인생 모든 문제가 처리되고 해답을 얻습니다. 이 복음은 모든 믿는 자에게 구원을 주시는 하나님의 능력이 됩니다. 이 하나님의 아들 예수 그리스도의 복음, 그리스도 십자가 대속의 피의 복음으로 깊이 뿌리내리기를 기원합니다.

예수님의 신성의 하나님 되심과 십자가 대속의 피의 복음을 마음 중심에 믿고 예수 그리스도를 영접할 때 구원을 받은 그리스도인이 됩니다. 더 쉽게 말하면 예수 그리스도를 믿을 때 구원을 얻습니다. 이때 예수 그리스도를 믿는다는 것은 예수님을 그리스도로 믿는다는 말입니다.

'예수 그리스도'라는 말과 '예수님이 그리스도'라는 말은 같은 의미이지만 신자에 따라서 이 두 가지 말씀의 의미를 이해하지 못 하는 경우가 있습니다. 그러므로 성경에서 예수 그리스도라는 말씀이 언급될 때 그 의미를 명백히 분별하고 믿어야 합니다.

기독교는 본질적으로 '그리스도'이기 때문입니다. '기독'이라는 말 자체가 '그리스도'라는 한자의 동일한 표기입니다. 그리스도는 기독교의 핵심이고, 그 '그리스도'가 바로 인간 '예수'라는 것이 복음입니다.

신앙 초기에 저는 예수 그리스도는 알았지만, 예수님이 그리스도라는 표현은 생소하였고, 특히 그리스도에 대한 이해가 부족했었습니다. 그래서 저와 같은 불완전한 신앙 진리를 가진 사람을 위해서 '예수'와 '그리스도'라는 용어에 대한 정확한 이해를 위해 쉽게 복음 진리를 다시 설명하고자 합니다.

오늘 본문에서 사도 바울은 로마서라는 위대한 복음서를 쓰면서 맨 먼저 "예수 그리스도"라는 말을 쓰고 있습니다. "예수 그리스도의 종 바울"이라고 하는 것입니다.

본문 로마서 1장 1절을 보면 "예수 그리스도의 종 바울은 사도로 부르심을 받아 하나님의 복음을 위하여 택정함을 입었으니"라고 합니다.

"예수 그리스도"는 주님의 공적 칭호입니다. 바울 서신에는 "예수 그리스도"라는 순서도 있고, 이와 반대로 "그리스도 예수"라는 순서도 많이 볼 수 있습니다. 대체로 전기 서신에는 전자가 많고, 후기에는 후자가 많습니다.

"예수가 그리스도이냐"는 것은 그 당시 유대인 간의 논쟁 주제였습니다. 에비온파에서는 예수님의 신성을 부인했고, 따라서 "그리스도"이신 것도 부인했습니다. 아마 이 예수 그리스도라는 이름은 "예수는 메시아"라는 초대 교회의 신조가 "예수 메시아"로, 그것이 또다시 "예수 그리스도"란 공적 이름으로 고정된 것으로 봅니다.

먼저 "예수"는 히브리어로 "여호수아"로, '여호와는 구원이시다'라는 뜻입니다. 구약에서 이 "여호수아" 이름을 가진 사람은 모세의 후계자 여호수아와 스룹바벨 시대의 대제사장 여호수아였습니다. 이들은 모두 예수님의 모형으로서, 특히 모세의 후계자 여호수아는 모세가 시작했으나 미완성으로 그친 이스라엘 민족 해방의 대업을 완성하여 가나안에 정착하게 함으로써 예수님의 확실한 그림자가 되었습니다.

그러므로 "예수"라는 명칭은 역사적인 인간 인물인 것을 확인해 주는 이름입니다. 예수님은 갈릴리 나사렛 출신이며, 마리아의 아들로 유대인 목수였고, 랍비로서 3년 동안 활동한 분이며, 주후 30년경 로마 관원에 의해 십자가에 못 박혀 죽으셨다가 사흘 만에 살아나심으로 인간 이상의 초자연적 신성의 인물이 된 것을 선언하셨습니다.

다음에 "그리스도"는 히브리어 "메시아"에 해당되며, "기름 부음 받은 자"라는 의미의 말입니다. 구약 시대 "기름 부음을 받은 자"는 선지자, 제사장과 왕으로서 이들은 다 하나님과 사람 사이의 중보자로 장차 오실 완전하신 중보자이신 예수 그리스도의 모형이었습니다.

구약 시대 "기름 부음 받은 자", 곧 메시아는 선지자, 제사장, 왕의 3직분의 부분적 메시아로, 온전한 메시아를 예표한 것이었습니다. 때가 차매 예언대로 온전한 메시아가 왔으니 곧 예수님이신 것입니다. 예수님은 한 몸에 선지자, 제사장, 왕의 3직분을 갖고 계신 분입니다.

이 '그리스도'는 '직분' 혹은 '직함'에 해당합니다. 곧 '인생 모든 문제 해결의 직함'이 그리스도인 것입니다. 예수님은 '그리스도'로서 '기름부음 받은 자'의 세 가지 사역을 모두 성취하셨습니다. 예수님은 하나님이 보내신 선지자 사역과 우리 인간을 위해 제사를 드림으로 하나님께 중재하시는 제사장 사역, 그리고 우리를 통치하고 다스리시는 왕의 사역을 수행하신 분입니다.

이 세 가지 역할이 예수님 안에서 결합한 것은 복음의 신비입니다. 그래서 예수 그리스도로 말미암아 인생 모든 문제의 해답을 얻고 살 수 있는 것입니다. 그것은 예수님의 신성의 인격과 십자가 대속의 죽음 사역으로 인생 모든 문제가 예수 그리스도로 말미암아 해결되었기 때문입니다.

오직 그리스도, 오직 믿음, 오직 예수 보혈 신앙으로 살고, 예수 그리스도 이름으로 인생 모든 문제의 해답을 얻고 살도록 그 이름으로 기도하고 기도하며 그리스도의 섭리와 인도 속에 살 것입니다.

이 새벽, 우리는 모두 때를 따라 돕는 은혜를 얻기 위하여 예수 그리스도 이름을 부르며 은혜의 보좌 앞에 담대히 나가도록 하겠습니다. 즉시 기도하기 바랍니다. 예수님이 그리스도십니다.

살아계신 아버지 하나님!

하나님 은혜를 감사합니다.

예수 그리스도, 예수님은 그리스도라는 이 복음을 우리가 정확하게 이해하기를 기도합니다. 그리스도는 기독교의 중심이기 때문에 기름부음 받은 자, 선지자, 제사장, 왕 3직을 가진 예수 그리스도를 정확하게 알고, 믿고, 이 이름으로 기도해서 응답받는 권능의 그리스도인이 되기를 기도합니다.

오늘도 예수님이 그리스도라는 이 진리를 명확하게 확신하면서, 예수 그리스도 이름을 부르면서, 은혜의 보좌 앞에 담대히 나아가 때를 따라 돕는 은혜를 얻고자 하온즉 오늘의 필요한 은혜를 주시고, 특히 코로나19 바이러스의 모든 감염으로부터 우리 충성교회 모든 교인과 한국 교회 모든 교인과 이 나라와 이 민족을 구원하여 주시옵소서.

예수님의 이름으로 기도하옵나이다. 아멘.

8

롬 1:1

- "예수 그리스도의 종"
  그리스도인의 지위 세 가지(그리스도의 중심성).
- 마귀의 종에서 그리스도 피로 구속받아 그리스도의 노예가 됨
  심령에서도 사랑의 노예가 됨
  그리스도의 종으로서 임무 수행함. 이것이 그리스도인의 지위이다.

> ¹ 예수 그리스도의 종 바울은 사도로 부르심을 받아 하나님의 복음을 위하여 택정함을 입었으니

예수님은 그리스도시요 살아계신 하나님의 아들입니다. 예수님이 하나님의 아들 그리스도라는 증거로 십자가에서 우리 죄를 대신해서 피 흘려 죽으시고, 죽은 자들 가운데서 부활하셨습니다.

이 예수님이 하나님의 아들, 예수님이 그리스도, 예수님이 우리 죄를 대신해서 십자가에서 피 흘려 죽으시고 부활하셨다는 복음으로 우리 인생 모든 문제가 처리되고 해답을 얻습니다. 이 복음은 모든 믿는 자에게 구원을 주시는 하나님의 능력이 됩니다. 이 하나님의 아들 예수 그리스도의 복음, 그리스도 십자가 대속의 피의 복음으로 깊이 뿌리내리기를 기원합니다.

예수님의 신성의 하나님 되심과 십자가 대속의 피의 복음을 마음 중심에 믿고 구원받은 그리스도인은 전적으로 그리스도 중심성의 사람

이 됩니다. 그리스도인이 그리스도 중심성의 사람이 되는 데는 그리스도인의 지위에서 오는 필연성 때문입니다.

그리스도를 향한 그리스도인의 지위는 한마디로 "예수 그리스도의 종"이라는 것입니다. 다른 표현으로는 "예수 그리스도의 노예"라는 것입니다. 그리스도인이 그리스도의 노예가 되는 세 가지 이유가 있습니다.

첫째, 마귀의 종에서 예수 그리스도의 대속의 피로 구속을 받아 그리스도의 노예가 되었다는 것입니다.

둘째, 외적인 사실뿐 아니라 심령에 있어서도 예수 그리스도의 노예가 되었다는 것입니다.

셋째, 그리스도인은 자기 일이 아니라 그리스도의 종으로서 임무를 수행하는 자가 되었다는 것입니다.

우리는 오늘 본문 사도 바울의 신앙고백에서 그리스도 중심성의 세 가지 지위를 유추하고자 합니다.

본문 로마서 1장 1절을 보면 "예수 그리스도의 종 바울은 사도로 부르심을 받아 하나님의 복음을 위하여 택정함을 입었으니"라고 하였습니다.

바울은 자신을 "예수 그리스도의 종"이라고 그 지위를 말합니다. 여기서 "종"이란 주인에게 철저하게 예속되었다는 의미가 있는 헬라어 "둘로스"인데, 종보다는 '노예'라는 표현이 더 적절한 번역입니다.

노예는 전쟁에서 포로가 됨으로, 혹은 부채로 인해, 또는 노예의 자녀로 나면서부터 되는 것으로 일단 노예가 되면 자력으로 해방되는 길은 없으며, 주인이 해방하거나 다른 사람이 사서 해방하는 길밖에 없었습니다.

여기에 죄와 사탄의 종 된(요 8:34, 44) 인류의 숙명이 있고, 하나님의 아들 예수 그리스도의 십자가 대속의 보혈의 배경이 있습니다. 바울뿐만 아니라 야고보(약 1:1), 유다(유 1:1), 베드로(벧후 1:1)도 "그리스도의 종"으로 지칭하였습니다. 더 나아가 우리 자신도 "그리스도의 종"입니다.

우리는 앞서 언급한 바 있듯이 "그리스도의 종"이 함축하고 있는 세 가지 그리스도인의 지위를 더 구체적으로 성찰하도록 하겠습니다. 이것이 바로 우리 자신의 지위이기 때문입니다.

첫째, 마귀의 종에서 예수 그리스도의 대속의 피로 구속을 받아 그리스도의 노예가 되었다는 것입니다.

우리는 모두 본래 마귀의 노예로 태어났습니다. 예수 그리스도의 십자가 대속의 보혈로서 마귀의 노예에서 해방되었습니다. 우리를 노예시장에서 그리스도의 피로 사서 해방하신 분이 바로 예수 그리스도이십니다. 그러므로 우리는 그리스도께 속했고 그리스도의 노예들인 것입니다.

구약 시대 이스라엘 백성을 바로의 종에서 어린양의 피를 통해 출애굽의 구원을 시킨 것은 하나님께 종이 되어 하나님을 섬기게 하기 위함이었습니다.

둘째, 그리스도인은 심령에서도 예수 그리스도의 노예입니다.

"이제는 내가 사는 것이 아니요 오직 내 안에 그리스도께서 사시는 것이라"(갈 2:20)고 합니다. 사랑에 빠진 사람은 누구든지 자기가 사랑하는 사람의 노예가 된다는 의미에서 그는 노예입니다. 바울은 그리스도께 바쳐진 사람으로 기꺼이 그리스도께 순종하는 노예입니다. 그리스도인은 그리스도께 사로잡힌 바 된 자이며, 그리스도의 사랑이 그를 강권하는 자입니다(고후 5:14).

셋째, 그리스도인은 그리스도의 종으로서 임무를 수행하는 것입니다.

오늘 본문에서 사도 바울은 자기가 그의 일을 하기 위해 편지를 쓰는 것이 아니고, 문자 그대로 "예수 그리스도의 종"으로서 편지를 쓰고 있다는 것입니다.

어떤 사람이 종이라면 종의 역할을 하는 것이 당연합니다.

이처럼 사도 바울이 자신을 "예수 그리스도의 종"이라고 말했을 때는 이런 세 가지 함축적인 의미가 있었습니다. 이것은 한마디로 그리스도께 절대 복종이고, 그 복종은 마음 중심의 사랑에서 나오는 복종이고, 사랑의 노예로서 복종입니다. 그래서 그리스도인에게는 그리스도께서 자신에게 맡기신 사명에 헌신이 있을 따름입니다.

이러한 예수 그리스도의 종의 지위, 곧 철저한 그리스도 중심성의 그리스도인이 된다는 것은 물론 하나님과 그리스도의 은혜로 되는 것입니다. 즉, 그리스도께서 우리의 모든 죄악을 십자가 대속의 보혈로 구원시켜 주시고 다시 우리를 그의 소유로 삼으신 은혜로 가능한 것입니다.

십자가 대속의 피의 복음에 깊이 뿌리를 내려 십자가 대속의 보혈의 사랑을 깊이 깨닫고 체험하여 그 은혜와 사랑으로 그리스도의 종이요 노예로 살기 바랍니다. 이것이 그리스도인의 삶의 목적임과 동시에 진정한 행복의 길입니다.

오직 그리스도, 오직 믿음, 오직 예수 보혈 신앙으로 살고, 성령 충만 받아 하나님 사랑과 이웃 사랑의 전도자로 살기 바랍니다.

살아계신 아버지 하나님!

하나님 은혜를 감사합니다.

오늘 본문에서 사도 바울은 "예수 그리스도의 종"으로서 살기로 한다고 선언합니다. 그는 그리스도의 종이기 때문에 자기 일을 한 것이 아니라 그리스도의 일을 하는 것입니다.

오늘도 우리도 동일하게 그리스도의 종입니다. 마귀의 종으로 태어난 우리를 그리스도께서 그의 십자가의 대속의 피의 사랑을 통해서 그 핏값으로 우리를 샀은즉, 우리는 이제 마귀의 노예에서 그리스도의 노예가 된 자로서 부름을 받고, 그러므로 이제는 그 위대한 사랑에 감사함으로 마음의 중심으로 하나님을 사랑하고 그리스도를 사랑하는 종이 되고, 우리에게 맡긴 사명을 다할 것입니다.

우리는 그의 종이 되었기 때문에 우리 일을 하는 것이 아니라 그리스도의 일을 하며 그리스도 대신 사명에 헌신하는 자들이 될 것입니다. 오늘도 이 위대한 사명을 수행하기 위하여 예수 그리스도로 말미암아 성령을 우리에게 충만히 부으셔서, 위대한 하나님의 사랑이 우리 마음에 부은 바 되어져서 기쁜 마음으로 진정한 사랑을 갖고 하나님을 사랑하고 이웃을 사랑하는 계명의 사랑을 실천하는 종들이 되게 하여 주옵소서.

예수님의 이름으로 기도하옵나이다. 아멘.

9

롬 1:1

- "예수 그리스도의 종 바울"
  창세전에 세계 복음화 위해 예정.
  선택된 자.
- 헬레니즘과 헤브라이즘의 배경과 당대 최고의 교육을 받은 자.
  우리도 창세전에 선택을 받은 자.
  받은 은사대로 하나님의 영광을 위해, 그리스도 복음을 위해 살라.

> **1** 예수 그리스도의 종 바울은 사도로 부르심을 받아 하나님의 복음을 위하여 택정함을 입었으니

예수님은 그리스도시요 살아계신 하나님의 아들입니다. 예수님이 하나님의 아들 그리스도라는 증거로 십자가에서 우리 죄를 대신해서 피 흘려 죽으시고, 죽은 자들 가운데서 부활하셨습니다.

이 예수님이 하나님의 아들, 예수님이 그리스도, 예수님이 우리 죄를 대신해서 십자가에서 피 흘려 죽으시고 부활하셨다는 복음으로 우리 인생 모든 문제가 처리되고 해답을 얻습니다. 이 복음은 모든 믿는 자에게 구원을 주시는 하나님의 능력이 됩니다. 이 하나님의 아들 예수 그리스도의 복음, 그리스도 십자가 대속의 피의 복음으로 깊이 뿌리내리기를 기원합니다.

예수님의 신성의 하나님 되심과 십자가 대속의 피의 복음을 마음 중심에 믿고 구원을 받은 그리스도인은 창세전에 그리스도 안에서 선택된 자입니다. 하나님은 그의 아들 예수 그리스도와 그리스도 십자가 대속의 피의 복음을 위하여 사용하시려고 각종 지혜와 은사와 재능을 부여한 자로 예정하여 때가 되매 태어나게 하셨습니다.

그리고 하나님의 섭리하에 그에게 부여한 지혜와 은사를 발휘하도록 환경을 조성하여 교육하고, 훈련하고, 때가 되매 그를 예수 그리스도를 믿게 하여 그리스도 복음의 그릇으로 사용하시는 것입니다.

저는 과거에는 어렴풋이 알았으나 지금은 분명하게 이해하고 확신하고 있습니다. 어떤 가정에서 누구의 자녀로, 그리고 어떤 교육을 받게 하고, 어떤 배우자를 만나 어떤 환경 속에 살게 하며, 예수 그리스도와 십자가 대속의 피의 복음을 믿게 하여 그리스도 복음을 위해 그의 받은 은사와 지혜와 능력과 건강과 부와 권세와 그가 가진 명예를 복음 전도자로 사용하시는 것입니다.

이에 대한 가장 부합된 사람이 신약성경 로마서의 인간 저자 바울입니다. 오늘 본문 로마서 1장 1절에서 "예수 그리스도의 종 바울은 사도로 부르심을 받아 하나님의 복음을 위하여 택정함을 입었으니"라고 합니다.

"예수 그리스도의 종 바울"은 누구입니까?

바울은 사도로 부르심을 받아 하나님의 복음을 위하여 택정함을 입은 자입니다. 갈라디아서 1장 15절에서는 "내 어머니의 태로부터 나를 택정하시고 그의 은혜로 나를 부르신 이가"라고 하였습니다.

사도 바울은 하나님의 복음을 위하여 창세전에 택정함을 받고 태어난 자였습니다. 하나님은 하나님의 복음을 위하여 그에게 재능과 은사를 부여하시고, 히브리 종교의 부모, 헬레니즘 문화의 탄생지, 세계 제국 로마의 시민으로 태어나게 하셨습니다.

바울은 베냐민 지파 사람으로서 순수한 히브리인의 혈통을 받아 로마의 식민지인 길리기아주의 수도 다소에서 태어났습니다. 다소는 아덴과 알렉산드리아와 더불어 삼대 헬레니즘 문화의 중심지로서 크고 번화한 도시였습니다(행 21:39).

바울은 세습적인 로마시민권(행 22:28)과 종교적인 바리새 교인(행 23:6)의 자존심을 가지고 자라났습니다. 바울은 유대교의 종교, 로마의 권력, 헬레니즘의 문화 등의 배경에서 자라났습니다.

이는 바울이 훗날에 로마의 군사도로를 따라가면서 그리스 문화를 구사하며 히브리 종교의 배경 아래에 그리스도 십자가 대속의 피의 복음을 전파한 것은 모두 하나님의 예정과 섭리 속에 이루어졌던 것입니다.

당시 로마는 세계적인 제국으로서 세계를 통일하고 동서와 남북의 벽을 뚫어 복음 전파의 장벽을 제거하였습니다. 또한, 훌륭한 군사도로와 교통수단의 개발 및 높은 수준의 법과 질서 유지는 전도자로서 로마시민권 소유자 바울에게 더할 수 없는 편리를 제공해 주었습니다.

사도행전 기록에서 볼 때 우리는 로마가 바울을 위해 있었던 것 같은 생각을 하게 합니다.

그러나 바울이 다메섹 도상에서 예수 그리스도를 인격적으로 만나 그리스도께 회심하기 전에는 바울은 그리스도 교회의 핍박 자요 훼방

자였습니다. 어린 시절 바울은 바리새인의 아들로서 바리새인이 되었고, 유명한 랍비 가말리엘에게 훈련을 받아 유대교의 율법과 전승들을 철저히 터득하였습니다.

그러나 하나님의 섭리는 바울을 헬레니즘 본산지의 하나인 다소에서 출생하게 하여 헬레니즘의 분위기 속에서 자라나게 하였습니다. 물론 그의 부모는 헬라 문명에 동화하지 않도록 바울을 다소의 대학에 보내지 않고 예루살렘에 보내어 철저한 헤브라이즘의 사람이 되게 하였었습니다.

그런데 이것은 놀라운 결합, 곧 헬레니즘과 헤브라이즘의 대립하는 이념의 결합이었습니다. 이것이 바울의 인격 안에서 이루어졌던 것입니다. 바울은 히브리인 중의 히브리인이요 바리새파 사람이면서 또한 헬라주의자였던 것입니다.

그러므로 세계 복음화를 위해 헬라 문화권에 놓여 있는 도시들에 복음을 전하는 일에 베드로와 요한은 전혀 적합하지 않은 자들이었으나, 바울은 그 일에 천부적인 자질을 갖추고 있는 자였습니다.

이것은 결코 우연이 아니었습니다. 그것은 하나님께서 창세전에 세계 복음화를 위하여 바울을 예정하고, 선택하고, 또 역사 속에서 섭리로 인도하신 결과였습니다.

이런 하나님의 예정과 선택과 섭리는 그리스도 안에서 선택된 모든 하나님의 백성에게 다 적용되는 하나님의 은총입니다. 저와 여러분 모두에게 적용되는 하나님의 은총입니다.

그러므로 우리는 모두 우리 자신의 과거, 현재, 미래 운명이 모두 그리스도 수중에 있음을 굳게 믿고, 오직 그리스도, 오직 믿음, 오직 은혜를 구하며 살고, 오직 예수 보혈 신앙으로 살아 성령 충만 받아 하나님 사랑과 이웃 사랑의 전도자로 살기 바랍니다. 내일 일을 염려하지 말고 먼저 그의 나라와 그의 의를 구하며 살기 바랍니다. 십자가 피의 복음을 위해 살기 바랍니다.

살아계신 아버지 하나님!

하나님 은혜를 감사합니다.

사도 바울을 하나님은 창세전에 예정하셔서 세계 복음화의 인물로 세우시고자 헬레니즘과 헤브라이즘의 대결과 로마시민권을 가진 자로 태어나게 하여 로마를 세계 제국으로 만들어 로마제국 내에서 복음을 전하도록 하나님이 택정을 하시고 사랑하셨습니다.

이는 바울에게만 해당하는 것이 아니라 누구든지 그리스도만을 위해서 선택된 그리스도인은 모두가 다 바울과 동일하게 하나님의 은총으로 창세전에 택정함을 얻은 자들로서 그를 통해서 이 세상에서 그가 받은 은사와 능력과 지혜를 통해 복음의 증인으로 세우고자 하나님이 예정하시고 때가 되매 부르셨다고 믿습니다.

오늘 우리가 부름을 받은 그리스도인으로서 받은 은사와 능력과 지혜와 부를 다하여서 하나님의 아들 예수 그리스도의 십자가의 피의 복음을 증거하는 증인으로 살아가도록 위로부터 성령의 충만함을 부으셔서 그리스도의 증인, 전도자로 사는 삶을 살도록 이끌어 주옵소서.

내일 일을 염려하지 말게 하시고, 또한 그리스도 안에 내 인생의 과거, 현재, 미래가 있음을 확실하게 믿고 전진해 나가는 신앙으로 오늘의 삶을 살아가게 하여 주옵소서.

예수님의 이름으로 기도하옵나이다. 아멘.

10

롬 1:1

- "사도로 부르심을 받아"
  사도의 정의, 표지와 징표, 권위.
  부르심(회심 시 부르심).
- 우리도 사도는 아니나 부르심을 받았다.
  말씀과 성령으로 권위 있는 전도자로 살라.

> **1** 예수 그리스도의 종 바울은 사도로 부르심을 받아 하나님의 복음을 위하여 택정함을 입었으니

예수님은 그리스도시요 살아계신 하나님의 아들입니다. 예수님이 하나님의 아들 그리스도라는 증거로 십자가에서 우리 죄를 대신해서 피 흘려 죽으시고, 죽은 자들 가운데서 부활하셨습니다.

이 예수님이 하나님의 아들, 예수님이 그리스도, 예수님이 우리 죄를 대신해서 십자가에서 피 흘려 죽으시고 부활하셨다는 복음으로 우리 인생 모든 문제가 처리되고 해답을 얻습니다. 이 복음은 모든 믿는 자에게 구원을 주시는 하나님의 능력이 됩니다. 이 하나님의 아들 예수 그리스도의 복음, 그리스도 십자가 대속의 피의 복음으로 깊이 뿌리내리기를 기원합니다.

예수님의 신성의 하나님 되심과 십자가 대속의 피의 복음 진리를 마음 중심에 믿고 예수 그리스도를 영접한다는 것은 인위적으로 되는 일

이 아니고 하나님과 그리스도의 부르심을 받아 되는 일입니다. 하나님은 모든 죄인에게 그리스도의 구원을 선포하여 사죄와 영생을 얻기 위해 예수 그리스도를 믿으라고 권고하십니다. 이것을 소위 '외적 소명'이라고 합니다.

그러나 이런 외적이며 보편적인 소명이 다 효과 있는 것은 아닙니다. 대부분 사람이 하나님의 부르심을 무시하고 삽니다. 이런 하나님의 부르심이 유효적 소명이 되려면 성령님의 능력 있는 역사로 하나님의 말씀 곧 복음이 구원으로 적용되어 구원에 이르게 해야 합니다.

여러분 모두가 성령님의 역사를 통해 십자가 대속의 피의 복음 진리 말씀이 구원으로 적용된 부름의 사람 되기를 바랍니다. 진리 말씀을 하나님의 음성으로 들어야 합니다. 이것이 구원받는 유효한 부르심입니다. 오늘날 우리는 모두 사도들이 성령님의 영감으로 기록한 진리 말씀을 동일한 성령의 역사로 믿고 구원을 받습니다.

그러나 사도들은 그들 자신이 직접 그리스도로부터 부르심을 받고 신적 권위를 갖고, 가르치고, 교리를 정립했습니다. 그래서 사도들의 서신은 하나님의 말씀이 되었고, 구약 선지자들의 권위보다 우월했습니다. 그것은 구약성경에 예언되었던 것의 성취를 선포하고 있기 때문입니다(롬 1:2, 16:26). 따라서 사도처럼 직접 부름을 받지 않는 교황이 그리스도의 대리자요 사도적 계승자라는 주장은 거짓된 것입니다. 물론 교황 무오설도 잘못된 것입니다.

그러므로 "바울이 사도로 부르심을 받았다"는 것은 매우 중요한 것이었습니다. 본문 1장 1절은 "예수 그리스도의 종 바울은 사도로 부르심을 받아 하나님의 복음을 위하여 택정함을 입었으니"라고 하였습니다.

이 "사도로 부르심을 받아"라는 말씀은 매우 중요한 말씀입니다. 그것은 바울에게 많은 반대자가 있었기 때문입니다. 바울은 예수님이 지상에 사역하실 때 주님과 함께 다니지 아니하였고, 예수님의 가르침을 들은 적이 없었기 때문에 사도가 아니라고 말하는 사람들이 있었습니다. 더 나아가 그들은 바울이 이방인들에게 전도하는 것을 못마땅해하였습니다.

그래서 바울은 자기의 거의 모든 서신에서 자기가 사도이며, 사도로서 신적 권위를 갖고 편지를 쓴 것을 분명히 밝혔습니다. 이 로마서에서도 "예수 그리스도의 종 바울은 사도로 부르심을 받아"라고 하는 것입니다.

먼저 "사도"라는 칭호에 대해 분명해야 합니다. 사도란 '보냄을 받은 자' 또는 '대리자'라는 뜻입니다. 그러나 사도는 단순히 보냄을 받은 자가 아니라 어떤 사명을 위해서 보냄을 받은 사신입니다. 즉, '사도는 한 특별한 사명을 위하여 선택받아 파송된 자로서 자기를 보내는 자를 대표할 충분한 권위를 입은 자'라고 할 수 있습니다.

그러면 이 사도의 표지와 증표는 무엇입니까?

몇 가지 조건이 있습니다.

첫째, 부활하신 예수님을 보지 못하면 사도가 될 수 없습니다(행 1:22). 이 조건이 가장 중요했습니다.

둘째, 세례 요한 때부터 예수님과 같이 한 자여야 했습니다(행 1:21).

셋째, 표적과 이적을 행하는 자였습니다(마 10:11).

넷째, 사도로 부르심을 받아야 했습니다.

이런 사도들의 표지와 징표에 따른 권위가 있었습니다. 사도들은 자기들이 하나님께로부터 온 권위를 가지고 말한다고 주장했습니다. 신적 권위를 주장한 것입니다.

데살로니가전서 2장 13절을 보면 이렇게 말했습니다.

> 너희가 우리에게 들은바 하나님의 말씀을 받을 때 사람의 말로 받지 아니하고 하나님의 말씀으로 받음이니 진실로 그러하도다(살전 2:13).

사도 베드로도 바울 사도의 서신에 대해서 이렇게 말했습니다.

> 우리가 사랑하는 형제 바울도 그 받은 지혜대로 너희에게 이같이 썼고 … 다른 성경과 같이 그것도 억지로 풀다가 스스로 멸망에 이르느니라(벧후 3:15-16).

여기서 "다른 성경과 같이"라고 할 때 그 성경은 구약성경을 가리키는 것입니다. 이처럼 사도들의 말은 신적 권위를 가지고 있는 것입니다. 바울은 이와 같은 신적 권위를 가진 사도로 부르심을 받았다고 주장하였습니다. 본문 1절에서 "예수 그리스도의 종 바울은 사도로 부르심을 받아"라고 한 것입니다.

그러면 언제 바울은 사도로 부르심을 받았습니까?

그것은 분명 사도행전 9장에서 볼 때 다메섹 도상에서 예수님의 부르심을 말한 것이 틀림없습니다.

부활하신 예수님은 친히 나타나셔서 "사울아, 사울아 네가 어찌하여 나를 박해하느냐"라고 하실 때 섬광처럼 번쩍이는 빛 속에서 부활하신 예수님을 본 것입니다. 그래서 바울은 사도의 자격인 부활의 증인이 될 수 있었던 것입니다.

오늘날 우리는 신적 권위를 가진 사도로 부름을 받을 수는 없고, 사도들이 증거한 말씀을 믿고 받아들임으로 부르심을 받습니다. 그리스도의 영이신 성령님은 바울에게 영감을 주시듯이 오늘날 동일하게 우리에게 영적 감동을 주어 예수님의 신성과 십자가 대속의 피의 복음을 믿게 하는 것입니다.

오직 그리스도, 오직 믿음, 오직 예수 보혈 신앙으로 살고, 성령 충만 받아 하나님 사랑과 이웃 사랑의 전도자로 살기 바랍니다. 십자가 대속의 피의 복음 진리가 성령님의 역사로 하나님의 음성으로 받아지기를 기원합니다.

살아계신 아버지 하나님!
하나님 은혜를 감사합니다.
오늘 바울 사도는 사도로 부르심을 받았다고 말하고 있습니다. 바울 사도는 다메섹 도상에서 예수님의 부르심을 받고 직접 예수님을 빛 가운데 보면서 사도로 부르심을 받았습니다.

오늘날 우리도 부르심을 받지만, 사도처럼 부름을 받는 것이 아니라 사도들이 주신 말씀을 성령께서 사용하심으로 그 말씀으로 우리가 부름을 받게 된다고 믿습니다. 그러므로 그 말씀이 성령님의 공로로 참되게 우리에게 찾아와서 말씀하도록 이 메시지를 듣는 모든 자에게 성령님은 역사하시고 말씀으로 인쳐 깊이 체험하여 진정한 부름을 받는 자들이 되게 하여 주옵소서.

예수님의 이름으로 기도하옵나이다. 아멘.

11

롬 1:1

- "복음을 위하여 택정함을 입었으니"
  복음을 위해 구별되었다.
  영원 전에 세우신 하나님의 위대한 계획의 일부.
- 우리의 구원도 동일하다.
  우리의 운명이 그리스도 수중에 다 들어 있다.
  오직 그리스도, 오직 믿음, 오직 은혜다. 염려하지 말라.
  예수님이 그리스도시다.

> ¹ 예수 그리스도의 종 바울은 사도로 부르심을 받아 하나님의 복음을 위하여 택정함을 입었으니

예수님은 그리스도시요 살아계신 하나님의 아들입니다. 예수님이 하나님의 아들 그리스도라는 증거로 십자가에서 우리 죄를 대신해서 피 흘려 죽으시고, 죽은 자들 가운데서 부활하셨습니다.

이 예수님이 하나님의 아들, 예수님이 그리스도, 예수님이 우리 죄를 대신해서 십자가에서 피 흘려 죽으시고 부활하셨다는 복음으로 우리 인생 모든 문제가 처리되고 해답을 얻습니다. 이 복음은 모든 믿는 자에게 구원을 주시는 하나님의 능력이 됩니다. 이 하나님의 아들 예수 그리스도의 복음, 그리스도 십자가 대속의 피의 복음으로 깊이 뿌리내리기를 기원합니다.

예수님의 신성의 하나님 되심과 십자가 대속의 피의 복음을 마음 중심에 믿고 구원을 받은 그리스도인은 자신의 구원을 되돌아보면서 자신이 전적으로 하나님의 은혜로 구원받게 되었음을 깨닫는 자가 됩니다. 더 나아가 과거에 믿지 않았을 때의 환경도 모두 하나님의 계획 속에서 이루어졌음을 깨닫게 됩니다.

나를 태어나게 하신 부모, 고향, 교육, 재능과 은사, 배우자와의 만남, 모든 환경과 변천이 모두 주님의 손에서 결정되었음을 알게 되는 것입니다. 그리고 마침내 강단에서 예수님이 신성의 하나님 되심과 십자가 대속의 피의 복음을 줄기차게 전하게 하셨다는 것을 확신하는 것입니다.

우리는 모두 우리를 선택하여 구별하신 하나님과 우리 주 예수 그리스도의 절대주권과 경륜과 위대한 계획을 굳게 믿고, 오직 그리스도, 오직 믿음, 오직 은혜를 구하며 예수 그리스도와 십자가 대속의 피의 복음을 위하여 살 것입니다.

오늘 우리는 이 진리를 사도 바울의 경우를 통해 확신해야겠습니다. 바울 사도는 "하나님의 복음을 위하여 택정함을 입은 사람"이었습니다.

본문 로마서 1장 1절을 보면 "예수 그리스도의 종 바울은 사도로 부르심을 받아 하나님의 복음을 위하여 택정함을 입었으니"라고 합니다. 사도로 부르심을 받은 바울은 "하나님의 복음을 위하여 택정함을 입었다"라고 합니다.

그러면 "택정함을 입었다"는 말의 의미는 무엇입니까?

이 말은 "구별되었다"는 의미입니다.

일정한 한계선을 두고 다른 자와 구별하여 있다는 뜻입니다. 이처럼 바울은 자기는 하나님의 복음을 위해서 따로 구별되었다고 말하는 것입니다.

그러면 하나님의 복음을 위해 따로 구별되었다는 것은 정확히 무슨 뜻입니까?

바울은 회심 전에 바리새인이었습니다. 히브리어로 "바리새인"이라는 용어의 의미는 '구별된 자'입니다. 바리새인들은 자신들을 스스로 분리했습니다.

그들은 거리에 나가서 길을 걸을 때도 다른 쪽으로 걸어갔습니다. 그들의 옷자락이 다른 사람에게 닿아 부정해지지 않도록 조심하였습니다. 죄인들과 세리들과도 상종하지 않았습니다. 그것이 성경에서 말하는 바리새인입니다.

이런 관점에서 바울은 오늘 본문에서 "하나님의 복음을 위하여 택정함을 입었다"라고 말하였습니다. 즉, 이렇게 말하는 것입니다.

"나는 전에 자신을 바리새인으로 구별시켰다. 그러나 이제 내게서 진정한 실상은 이렇다. 나는 하나님께 내가 행할 특권을 가지게 된 이 위대한 일을 위해서 택정함을 입었다."

'나는 구별되었다. 하나님의 택정이요 하나님의 구별이다. 하나님의 복음을 위하여 택정함을 입었다'는 뜻입니다.

이런 바울의 택정함 사실은 다른 서신에서 동일한 의미로 말합니다. 갈리디아서 1장 13절 이하를 보십시오.

> ¹³ 내가 이전에 유대교에 있을 때에 행한 일을 너희가 들었거니와 하나님의 교회를 심히 박해하여 멸하고 ¹⁴ 내가 내 동족 중 여러 연갑자보다 유대교를 지나치게 믿어 내 조상의 전통에 대하여 더욱 열심이 있었으나 ¹⁵ 그러나 내 어머니의 태로부터 나를 택정하시고 그의 은혜로 나를 부르신 이가 ¹⁶ 그의 아들을 이방에 전하기 위하여 그를 내 속에 나타내시기를 기뻐하셨을 때에 내가 곧 혈육과 의논하지 아니하고(갈 1:13-16).

"하나님의 복음을 위하여 택정함을 입었으니"라고 할 때, 언제 택정함을 받았습니까?

그것은 그의 어머니의 태로부터, 다시 말하면 바울이 사도로 부르심을 받기 오래전에 하나님께 택정함을 받았고 지금 로마서를 쓰고 있는 것입니다. 그러므로 바울은 사도로 부르심을 받았을 뿐 아니라 그가 나기 전에 복음 전도자로 하나님의 미리 정하심을 받은 사람이었습니다.

이제 우리는 여기서 하나님의 주권에 대한 위대하고 영광스러운 진리를 대면하게 됩니다. 바울의 소명은 하나님의 영원한 목적과 미리 아심과 경륜의 중요한 부분이었습니다. 세상이 만들어지기 전에 하나님의 위대한 계획 속에 들어 있었던 것입니다.

오늘날 우리는 이런 구원에 대한 진리가 우리들에도 해당함을 바울이 가르치고 있다고 믿습니다. 바울에 따르면 '나의 구원'이 결정된 것은 창세전입니다. 창세전에 우리의 이름들이 어린양의 생명책에 쓰여 있었습니다.

하나님은 바울이 태어나기 전에 "하나님의 복음을 위하여 택정함을 입었습니다."

저도 오늘의 나를 하나님은 창세전에 그리스도 안에서 택하셨다고 믿고, 주님의 계획대로 양육되고, 교육받고, 믿음의 반려자와 만나게 하고, 마침내 예수님을 하나님의 아들로 믿게 하여 목회자로 살게 하셨습니다. 제가 결정한 것 같지만 우리 주 그리스도께서 결정하시고, 섭리하시고, 인도하신 것이었습니다. 모든 영광을 주께 돌립니다.

오직 그리스도, 오직 믿음, 오직 예수 보혈 신앙으로 살고, 성령 충만 받아 하나님 사랑과 이웃 사랑의 전도자로 세계 복음화를 위해 살기를 소원합니다. 그리스도 수중에서 우리 인생의 운명이 결정됨을 믿고 예수 그리스도와 십자가 피의 복음을 위해 살기를 바랍니다.

살아계신 아버지 하나님!

하나님 은혜를 감사합니다.

사도 바울은 복음을 위하여 택정을 입었는데 그 택정함이 창세전에 이루어졌다는 사실을 우리가 읽었습니다. 이것은 바울뿐만 그런 것이 아니라 우리도 창세전에 택정함을 입었습니다. 세상이 만들어지기 전에 하나님의 위대한 계획 속에 우리가 들어 있다는 말씀을 들으면서 그리스도의 수중에 우리 인생의 과거, 현재, 미래가 다 있으며, 우리 교회 운명도, 우리 자신의 운명도, 이 나라의 운명도 들어 있다고 굳게 믿습니다.

오늘 우리를 구원하신 주님을 찬양하면서 이 위대한 그리스도의 섭리와 하나님의 은총에 반응해서 오늘도 성령의 권능 받고 하나님 사랑과 이웃 사랑의 전도자로 살 뿐만 아니라, 또 주를 위하여, 복음을 위하여, 십자가의 피의 복음을 위하여 증인으로 살아가는 자들이 되게 하시고, 위대한 십자가의 피의 복음 교회들이 되게 하여 주옵소서.
예수님의 이름으로 기도하옵나이다. 아멘.

12

롬 1:1

- "하나님의 복음"에서 '복음'의 의미 (1)
  복음은 하나님에게서 온 좋은 소식.
  복음은 이 세상에서 가장 좋은 소식.
- 복음이 아닌 것 (율법, 선행의 삶, 자력 구원의 종교, 무종교).
  복음이 은혜와 감격으로 하나님에게서 왔는가?
  그렇지 않으면 다시 '하나님의 복음'을 배우고 받으라.

[1] 예수 그리스도의 종 바울은 사도로 부르심을 받아 하나님의 복음을 위하여 택정함을 입었으니

　예수님은 그리스도시요 살아계신 하나님의 아들입니다. 예수님이 하나님의 아들 그리스도라는 증거로 십자가에서 우리 죄를 대신해서 피 흘려 죽으시고, 죽은 자들 가운데서 부활하셨습니다.

　이 예수님이 하나님의 아들, 예수님이 그리스도, 예수님이 우리 죄를 대신해서 십자가에서 피 흘려 죽으시고 부활하셨다는 복음으로 우리 인생 모든 문제가 처리되고 해답을 얻습니다. 이 복음은 모든 믿는 자에게 구원을 주시는 하나님의 능력이 됩니다. 이 하나님의 아들 예수 그리스도의 복음, 그리스도 십자가 대속의 피의 복음으로 깊이 뿌리내리기를 기원합니다.

예수님의 신성의 하나님 되심과 십자가 대속의 피의 복음을 마음 중심에 믿고 거듭난 그리스도인은 하나님과 그의 아들 예수 그리스도께 대한 무한한 감사와 찬양의 사람이 됩니다. 나 같은 죄인, 억만 죄악을 가진 나를 하나님께서 그 아들 예수 그리스도를 보내셔서 대신 십자가에 죽으심으로 속죄해 주시고 의롭다고 선언해 주신 은혜에 감격합니다.

그뿐 아니라 하나님께서 보내신 하나님의 아들 예수 그리스도를 믿을 때 양자의 영을 주셔서 하나님을 "아빠 아버지라고 부르게" 하시고 하나님과 교제하며 살게 하셨습니다. 이제 예수 그리스도로 말미암아 하나님을 아버지로 모시고 사는 하나님의 자녀가 되었으니 아버지 되신 하나님께 요구할 수 있는 기도 응답의 신분의 사람이 되었습니다.

이제 사탄은 우리를 참소할 수 없습니다.

> [33] 누가 능히 하나님께서 택하신 자들을 고발하리요 의롭다 하신 이는 하나님이시니 [34] 누가 정죄하리요 (롬 8:33-34).

그뿐 아닙니다.

> [38] 사망이나 생명이나 천사들이나 권세자들이나 현재 일이나 장래 일이나 능력이나 [39] 높음이나 깊음이나 다른 어떤 피조물이라도 우리를 우리 주 그리스도 예수 안에 있는 하나님의 사랑에서 끊을 수 없으리라 (롬 8:38-39).

복음은 하나님에게서 온 '좋은 소식'입니다. 좋은 소식이 아니면 복음이 아닙니다. 복음은 우리가 이 세상에서 들었던 것 중에서 가장 위대하고 가장 좋은 소식입니다. 만일 그렇게 말할 수 없다면 우리는 다시 복음을 배우고, 또 배우고, '하나님의 복음'을 확신하고 체험해야 합니다.

로마서 제1장 제1절 첫 서두에서 말한 "하나님의 복음"을 듣고, 배우고, 마음에 새기고, 거듭나야 합니다.

본문 로마서 1장 1절을 보면 "예수 그리스도의 종 바울은 사도로 부르심을 받아 하나님의 복음을 위하여 택정함을 입었으니"라고 합니다.

바울은 "복음"이 하나님에게서 온 좋은 소식이요 이 세상에서 가장 위대하고 가장 좋은 소식이라는 것을 누구보다도 깊이 깨달은 사람이었습니다. 그는 과거에 복음과 대조되는 율법의 교사였을 때가 있었습니다. 그는 그에 대한 전문가였습니다. 그러나 율법에는 좋은 소식이 하나도 없습니다.

율법은 '죄를 범함을 인하여 가입된' 것입니다. 율법이 들어온 것은 죄가 튀어나오도록 하기 위함이었습니다. 율법은 구원의 방도나 방식으로 주어진 적이 없습니다. 오늘날 바울새관점파가 "언약적 율법주의"를 주장하는 것은 바울을 왜곡하는 것이고, 로마서를 자기들의 의도대로 해석한 것입니다.

또한, 선한 행실과 행동을 요구하는 것도 복음이 아닙니다. 소위 자력 구원의 종교는 그 어느 것도 복음이 아닙니다. 기독교가 가진 참된 좋은 소식의 복음은 세계 여러 종교에서 볼 수가 없습니다.

불교, 힌두교, 이슬람교 등의 자력 구원의 종교에서는 좋은 소식의 복음이 없습니다. 그것들은 모두 자력(自力) 또는 행위 종교들입니다. 인간의 노력으로 신(神) 또는 평화, 행복을 찾으나 그것은 불가능한 것입니다.

하나님은 지극히 거룩하시고 인간은 너무 죄가 깊어서 우리가 하나님께 가기에는 거리가 너무 떨어져 있습니다. 죄가 인간을 사로잡아 노예로 삼고 있기 때문에 죄의 권세에서 빠져나올 인간이 없습니다. 오직 예수 그리스도의 십자가 대속의 피만이 죄를 정복하고 죄악에 매인 인간을 구원할 수 있는 것입니다.

또한, 오늘날 유식층은 '무종교'에서 인생 문제를 해결하고자 하나, 무종교는 결코 기쁜 소식이 아닙니다. 하나님이 안 계시고 하나님의 권위에 대한 책임이나 형벌이 없다고 생각하면 유토피아가 될 것 같으나 그것은 반대입니다.

그것은 소련의 볼셰비키혁명이 74년간의 방황으로 실패한 것이 좋은 예입니다. 소련은 지구상 어느 나라보다 더 철저하게 하나님을 삭제해 버리려고 온갖 노력을 다했으나 6000만이 넘는 사람을 집어삼키고 무너졌습니다.

복음은 하나님에게서 온 좋은 소식입니다. 그것은 하나님 자신과 하나님께서 행하신 일에 대한 좋은 소식입니다. 하나님이 행하신 일은 하나님께서 그 아들을 인간으로 이 세상에 보내셔서 하나님을 알게 하시고, 보게 하시고, 모든 인간의 죄악을 대속해 주신 것입니다.

구약에도 죄 사함이 있습니다. 그러나 하나님께서 그 아들의 대속의 죽음을 통해서 우리에게 주신 의는 전혀 새로운 것입니다. 그래서 바울은 언제나 이 하나님의 복음, 하나님께서 그 아들 예수 그리스도를 통해서 우리에게 주신 완전한 "하나님의 의"에 항상 감격하였습니다. 그것은 전 인류에게 진정으로 가장 좋은 소식이었습니다.

우리가 '하나님의 복음', '하나님에게서 온 복음', 곧 '하나님의 아들 예수 그리스도의 복음', '십자가 대속의 피의 복음'이 세상에서 가장 위대하고 가장 좋은 소식이라는 감격이 없다면 우리는 이 하나님의 복음, 그리스도 복음, 십자가 피의 복음을 다시 듣고, 배우고, 마음 중심에 새겨야 합니다. 완전히 십자가 피의 복음으로 인생 모든 문제의 답을 얻을 때까지 배우고, 묵상하고, 믿고 확신해야 합니다.

하나님의 아들 예수 그리스도를 믿고 성령을 받아 그 성령으로 말미암아 하나님의 사랑이 여러분의 마음에 부어지기를 기원합니다. 십자가 피의 사랑에 감격해야 합니다.

오직 그리스도, 오직 믿음, 오직 예수 보혈 신앙으로 살고, 성령 충만 받아 하나님 사랑과 이웃 사랑의 전도자로 살기를 간절히 기원합니다.

살아계신 아버지 하나님!

하나님 은혜를 감사합니다.

오늘 사도 바울을 통해서 하나님의 복음, 하나님에게서 오는 좋은 소식, 하나님께서 그 아들 예수 그리스도를 이 세상에 보내셔서 하나님을 우리에게 보여 주시고 십자가의 대속의 죽음으로 우리의 모든 죄악을 도말하고 우리를 구원하셔서 우리를 하나님의 자녀로 삼고 아바 아버지로 부르며 살게 하신 위대한 복음, 이 복음에 우리는 감격합니다. 참된 복음을 받은 자는 이러한 감격 속에 사는 자입니다. 이런 복음의 위대함과 능력과 감격을 맛보지 못한 사람은 다시 십자가의 피의 복음, 신성의 하나님 아들의 복음을 다시 배우고 믿어야 합니다.

그리고 이 복음으로 답을 얻고 예수 그리스도로 말미암아 하나님의 사랑이 우리 마음에 충만히 부음 바가 돼서 하나님 사랑과 이웃 사랑의 전도자로 사는 하루가 되기를 기도합니다. 특히 코로나 19 이 바이러스 감염으로부터 구원받고 세상을 섬기는 자들이 되도록 은총을 베풀어 주옵소서.

예수님의 이름으로 기도하옵나이다. 아멘.

13

롬 1:1

- "하나님의 복음"에서 '복음'의 의미(2)
  복음은 성부, 성자, 성령의 삼위 하나님의 복음.
- 한 위(位)에 치우치면 복음이 왜곡된다.
  복음은 성부, 성자, 성령 하나님의 전능하신 행위이다.
  하나님 아버지께 예수 그리스도로 말미암아 성령 안에서 기도하라.

> ¹ 예수 그리스도의 종 바울은 사도로 부르심을 받아 하나님의 복음을 위하여 택정함을 입었으니

예수님은 그리스도시요 살아계신 하나님의 아들입니다. 예수님이 하나님의 아들 그리스도라는 증거로 십자가에서 우리 죄를 대신해서 피 흘려 죽으시고, 죽은 자들 가운데서 부활하셨습니다.

이 예수님이 하나님의 아들, 예수님이 그리스도, 예수님이 우리 죄를 대신해서 십자가에서 피 흘려 죽으시고 부활하셨다는 복음으로 우리 인생 모든 문제가 처리되고 해답을 얻습니다. 이 복음은 모든 믿는 자에게 구원을 주시는 하나님의 능력이 됩니다. 이 하나님의 아들 예수 그리스도의 복음, 그리스도 십자가 대속의 피의 복음으로 깊이 뿌리내리기를 기원합니다.

예수님의 신성의 하나님 되심과 십자가 대속의 피의 복음을 마음 중심에 믿고 예수 그리스도를 영접할 때 구원을 얻습니다. 이때 우리가

기억해야 할 "하나님의 복음"에 관한 바른 이해가 절대 필요합니다. 그것은 우리가 삼위일체의 성자 예수 그리스도만 강조하고 성부 하나님을 망각할 수 있기 때문입니다.

복음은 '하나님에게서 온 좋은 소식'입니다. 복음은 '하나님의 복음'입니다. 우리는 로마서를 시작하면서 이 정의를 바르게 이해하고 기억해야겠습니다. 이 복음은 '성부 하나님, 성자 하나님, 성령 하나님이 관계된 복음'입니다.

우리는 사도 바울이 쓴 로마서 서두 첫 장, 첫 절을 다시 경청하겠습니다. 로마서 1장 1절, "예수 그리스도의 종 바울은 사도로 부르심을 받아 하나님의 복음을 위하여 택정함을 입었으니"라고 합니다.

"하나님의 복음"을 위하여 택정함을 입었다고 합니다. 그래서 복음은 '하나님에게서 온 좋은 소식'입니다. 곧 '하나님의 복음'입니다.

복음이 '하나님의 복음'이기 때문에 성부·성자·성령의 삼위 하나님이 관계된 복음입니다. 그것이 성 삼위 하나님의 각 위가 참여하신 특별하고 영광스러운 삼위 하나님의 사역입니다. 그러므로 삼위 하나님을 무시하고 한 위(位)만 강조하면 복음이 왜곡됩니다. 이것은 매우 중요하기 때문에 구체적인 예를 들어 설명하고자 합니다.

첫째, 복음을 단지 성부 하나님 차원에서만 생각하는 사람들이 있습니다. 이들은 하나님으로부터 죄 사함을 받은 것을 말하고, 또 하나님께 기도하고 하나님의 인도를 받는 일에 대해서만 말합니다. 이들에게는 하나님의 아들 예수 그리스도 이름이 전혀 언급되지 않습니다. 이들의 설교에는 예수 이름은 없고 언제나 '하나님'뿐입니다.

아마 이들은 하나님을 직접적으로 체험할 수 있다고 생각할 것입니다. 대체로 이들은 신비주의운동가들 가운데 많습니다. 예수 그리스도 없이 직접 어떤 하나님의 체험을 했다는 것입니다. 그러나 이런 하나님 체험으로 자신의 복음 근거로 삼는 자는 참된 '하나님의 복음'의 빛 속에 들어오지 못한 자입니다.

둘째, 복음에 있어서 '성자 하나님 예수 그리스도'만 강조하는 사람들이 있습니다.

이들은 성부 하나님을 완전히 망각하고 있습니다. 이들은 주 예수 그리스도가 우리 죄를 용서해 달라고 탄원하시는 모습으로 생각합니다. 즉, 예수 그리스도가 하나님의 면전으로 나아가 자신의 죄인들을 위해서 죽었고, 자신이 그들을 그의 피로 샀노라고 아뢰신다는 것입니다. 이들은 죄인들을 용서하도록 하나님을 설득하시는 예수님으로 그리고 있습니다.

이들에게 있어서 기독교는 오직 성자 예수 그리스도만 관계를 맺습니다. 그래서 이들은 하나님 아버지께 기도하지 않고 주 예수 그리스도께 기도하고, 오직 '주님'을 부르며 기도하고 '주님의 이름'으로 끝냅니다.

셋째, 복음에 있어서 '성령'만 강조하는 사람들이 있습니다.

성령만 강조하는 사람들은 체험이나 능력을 존중합니다. 이들은 억만 죄악을 가진 인생들의 속죄의 절대 필요성을 무시한 채 중생(重生)의 교리에만 관심을 둡니다. 이들은 그리스도의 십자가를 지나쳐서 직접 새 생명과 새 능력을 받는 성령의 능력을 강조합니다.

십자가 대속의 속죄는 관심 없고, 성령을 통하여 살아계신 예수 그리스도와 접촉하는 것에 대하여 말하는 것입니다.

이런 세 가지 복음에는 다 각각 진리를 부분적으로 갖고 있으나, 진리의 한 부분을 진리 전체로 과장하는 위험이 존재하는 것입니다. 성경은 구원이란 복되신 삼위 하나님의 사역이라고 가르칩니다. 성부 하나님이 첫 자리에 나옵니다. 복음은 성부의 계획입니다.

성자 예수 그리스도는 아버지께 보내심을 받아 오셨습니다. 복음은 '하나님이 예수 그리스로 말미암아 세상을 자기와 화목하게 하신 것'입니다. 그리고 이 복음은 '성령으로 말미암아' 우리에게 적용됩니다. 복음은 성부 하나님, 성자 하나님, 성령 하나님의 전능하신 행위입니다. 그래서 바울은 로마서 서두에서 "하나님의 복음"이라고 말했습니다. 복음은 '삼위일체 하나님'의 복음입니다.

성부 하나님은 복음의 기획자이시고, 성자 하나님은 복음의 계시자이시며, 성령 하나님은 복음의 적용자이십니다. 복음의 계시자로 오신 하나님의 아들 예수 그리스도를 믿고 구원 얻은 그리스도인은 억만 죄악을 사하도록 아들을 보내신 하나님 아버지께 예수 그리스도 이름으로 성령의 인도로 경배를 드려야 합니다.

복음의 중심은 성부 하나님이십니다. 그리스도께서 십자가 대속의 죽음을 당하신 것은 우리를 성부 하나님 앞으로 인도하려 하심이기 때문입니다. 우리가 하나님의 계시자로 오신 성자 하나님 예수 그리스도를 믿을 때 구원을 얻지만, 구원 얻는 우리는 오직 하나님의 영광을 위하여 사는 것입니다.

오직 그리스도, 오직 믿음, 오직 예수 보혈 신앙으로 하나님 아버지께 나아가 은혜를 충만히 받고 오직 하나님의 영광을 위하여 살 것입니다.

이 시간 우리는 모두 우리의 기도의 대상이신 '하나님 아버지'께 성령 안에서 예수 그리스도의 보혈을 힘입고 나아가 때를 따라 돕는 은혜를 구하도록 기도하겠습니다.

살아계신 아버지 하나님!

하나님 은혜를 감사합니다.

로마서 성경에서 하나님의 복음에 관한 말씀을 듣습니다. 복음은 성부·성자·성령 삼위 하나님과 관계된 복음인 것을 우리가 확실하게 잘 이해해서 한 위에 치우치는 복음으로 이해가 되지 않도록 우리에게 참된 믿음을 더하여 주시기를 기도합니다.

복음의 계시자로 오신 예수 그리스도를 우리가 믿고 구원을 얻지만, 그 계시자로 보내신 하나님을 우리가 기억하고 성부 하나님께 영광을 돌리는 자가 되어야 바른 복음의 이해가 된다고 믿습니다. 오늘도 복음의 기획자이신 성부 하나님께, 그리고 복음의 계시자인 성자 예수님의 은혜로, 그리고 복음의 적용자이신 성령의 능력으로 우리가 참된 구원을 받고, 예수 그리스도 이름으로 영광의 아버지께 성령 안에서 나아가 우리 아버지께 영광을 돌리며 기도하고, 우리 아버지로부터 예수 그리스도를 통해서 우리에게 임하는 권능의 능력을 받고 성령의 충만함을 받아서 하나님 사랑과 이웃 사랑의 전도자로 살아가는 자들이 되게 하여 주옵소서.

예수님의 이름으로 기도하옵나이다. 아멘.

14

롬 1:2

- 복음은 미리 약속된 것(1).
  구약은 약속, 신약은 그 성취.
  예수 그리스도는 모든 하나님의 약속 성취자.
- 오직 그리스도, 오직 믿음, 오직 은혜, 오직 예수 보혈.
  예수 그리스도께 운명을 맡기고 살라.

> ² 이 복음은 하나님이 선지자들을 통하여 그의 아들에 관하여 성경에 미리 약속하신 것이라

예수님은 그리스도시요 살아계신 하나님의 아들입니다. 예수님이 하나님의 아들 그리스도라는 증거로 십자가에서 우리 죄를 대신해서 피 흘려 죽으시고, 죽은 자들 가운데서 부활하셨습니다.

이 예수님이 하나님의 아들, 예수님이 그리스도, 예수님이 우리 죄를 대신해서 십자가에서 피 흘려 죽으시고 부활하셨다는 복음으로 우리 인생 모든 문제가 처리되고 해답을 얻습니다. 이 복음은 모든 믿는 자에게 구원을 주시는 하나님의 능력이 됩니다. 이 하나님의 아들 예수 그리스도의 복음, 그리스도 십자가 대속의 피의 복음으로 깊이 뿌리내리기를 기원합니다.

예수님이 신성을 가지신 하나님 되심과 십자가 대속의 피의 복음을 마음 중심에 믿고 구원을 받은 그리스도인은 예수님의 신성의 인격과

대속의 죽음과 부활의 사역을 역사적인 사실로 굳게 믿고 자신의 전 인생을 하나님의 아들 예수 그리스도의 수중에 맡기고 살 것입니다.

예수님이 신성의 하나님 되심과 십자가 대속의 죽음과 부활의 사역은 어느 날 한 초자연적 인물인 예수님이 갑자기 나타나서서 초자연적인 죽음과 부활의 역사를 일으킨 것이 아니고, 수천 년 혹은 수백 년 전에 구약성경에 약속된 그대로 신약에 와서 예수 그리스도라는 한 인격과 사역 속에서 성취되었기 때문입니다.

하나님의 아들 예수 그리스도 복음, 십자가 대속의 죽음과 부활의 복음은 수천 년 전 혹은 수백 년 전에 구약성경에서 약속된 것입니다. '하나님의 복음'은 실제로 일어난 일만이 아니라 오래전의 구약성경에 미리 약속된 것입니다.

오늘 본문에서 사도 바울은 이 사실을 증거합니다.

로마서 1장 2절을 보면 "이 복음은 하나님이 선지자들을 통하여 그의 아들에 관하여 성경에 미리 약속하신 것이라"라고 하였습니다.

하나님의 복음에 관해서 기억해야 할 첫 번째 요점은 그것이 성경에 미리 약속된 것이라는 점입니다. 여기서 "성경"은 물론 구약성경을 말합니다. 바울 사도는 이 하나님의 복음이 구약성경에 약속되었다고 말한 것입니다.

그러면 이 약속이 구약성경 어디에서 발견됩니까?

구약성경 거의 모든 지면에서 발견됩니다.

먼저 구약성경의 첫 책 창세기에서부터 발견됩니다.

창세기 3장 15절에서 이렇게 말했습니다.

> 내가 너로 여자와 원수가 되게 하고 네 후손도 여자의 후손과 원수가 되게 하리니 여자의 후손은 네 머리를 상하게 할 것이요 너는 그의 발꿈치를 상하게 할 것이니라(창 3:15).

여기서 "여자의 후손"이 앞으로 오실 그리스도의 예표입니다.

또 창세기 22장 18절도 보면 "또 네 씨로 말미암아 천하 만민이 복을 받으리니"라고 하였습니다. 이 말씀은 아브라함에게 주신 약속인데, 여기서 "씨"는 예수 그리스도십니다. 그래서 마태복음 1장 1절에서 "아브라함과 다윗의 자손 예수 그리스도의 계보라"라고 하였습니다.

이제 다른 책 민수기를 보면 민수가 24장 17절은 이렇게 말합니다.

> 내가 그를 보아도 이 때의 일이 아니며 내가 그를 바라보아도 가까운 일이 아니로다 한 별이 야곱에게서 나오며 한 규가 이스라엘에게서 일어나서 모압을 이쪽에서 저쪽까지 쳐서 무찌르고 또 셋의 자식들을 다 멸하리로다(민 24:17).

여기 "별"은 메시아를 예표합니다. 예수님 탄생 시 동방박사들이 본 별입니다.

모세오경에서 건너뛰어 사무엘하 7장에 보면 소위 '나단의 신탁'이 나오는데, 다윗의 후손에서 그리스도가 나오리라는 약속이 나옵니다.

말라기 3장 1절에서는 그리스도보다 앞서 오는 선구자 세례 요한에 대한 예고가 나오고, 다니엘서 9장에 보면 하나님의 아들이 이 세상에 올 정확한 시기에 대해 듣습니다. 이사야 7장 14절에서는 "처녀가 잉

태하여 아들을 낳을 것이요"라고 예언합니다. 미가서 5장 2절에 보면 그리스도가 태어날 장소가 예언되어 있습니다. 곧 베들레헴에서 태어날 것이 예언되어 있습니다.

또한, 구약성경은 오실 그리스도의 직함에 관해서도 분명하게 예언하고 있습니다.

신명기 18장 15절에서 이렇게 말했습니다.

> 네 하나님 여호와께서 너희 가운데 네 형제 중에서 너를 위하여 나와 같은 선지자 하나를 일으키시리니 너희는 그의 말을 들을지니라(신 18:15).

곧 오실 그리스도는 "선지자"일 것이라고 말합니다.

또한, 그는 "제사장"일 것이라고 말합니다. 이사야서 53장의 위대한 메시지가 바로 그것입니다. 또 다니엘 9장 24-25절에 보면 그는 위대한 "왕"이실 것이라고 예고합니다.

구약성경은 우리 주 예수 그리스도께서 선지자, 제사장, 왕의 3직을 가지실 것을 모두 예언하고 있습니다.

그런데 그리스도는 위대한 왕이 되어 영원한 나라를 세우실 것이 예고되었음에도 이사야 53장에 보면 고난받는 종의 모습을 말하고 있습니다. "그는 멸시를 받아 사람들에게 버림받을 것"을 예고하고 있습니다.

그러나 시편 22편, 16편에서 그는 죽은 자 가운데서 부활이 예언되어 있습니다.

이 외에도 간접적인 예언이라 부를 수 있는 이른바 모형과 그림자를 통한 예언이 많이 있습니다. 어린양, 번제, 희생제, 성막, 제단 등, 그리고 이스라엘의 각종 제도도 그리스도를 예표합니다. 구약은 문자 그대로 메시아 약속의 책이요 신약은 그 약속의 성취 책입니다.

예수 그리스도는 모든 약속의 성취 자이십니다(고후 1:20). 성경을 연구하면 할수록 예수님은 구약성경에 약속된 메시아십니다. 그리스도는 인생 모든 문제 해결의 직함입니다.

우리는 모두 지체 말고 예수님을 하나님의 아들 그리스도로 믿고 우리의 미래와 운명을 예수 그리스도께 맡기며 살고, 예수 그리스도와 십자가 피의 복음을 위해 살 것입니다.

오직 그리스도, 오직 믿음, 오직 예수 보혈 신앙으로 살고, 성령 충만 받아 하나님 사랑과 이웃 사랑의 전도자로 살기 바랍니다.

살아계신 아버지 하나님!

하나님 은혜를 감사합니다.

예수님은 기적적인 사실을 통해서 죽음과 부활을 일으켜 우리의 메시아가 된 것이 아니라, 구약성경에 처음부터 예언된 분으로서 그 약속된 것들이 신약 시대에 와서 그대로 성취됨으로 인하여서 위대한 십자가 대속의 피의 복음이 완성되었습니다.

이것은 인류 역사를 주관하고 다스리시는 하나님과 예수 그리스도만이 하실 수 있는 구원의 사건입니다.

그러므로 우리는 우리 인생의 모든 운명과 미래를 우리 주 그리스도께 맡기면서 그리스도의 이름으로 영광의 아버지께 나아와 기도하여 개인문제, 가정문제, 직장문제, 교회문제, 또 이 나라와 민족의 문제, 코로나 바이러스 감염의 문제를 포함한 모든 문제로부터 자유를 얻도록 기도하고 응답받으며 그리스도의 증인으로 살아가는 저희들이 되게 하여 주옵소서.

예수님의 이름으로 기도하옵나이다. 아멘.

15

롬 1:2

- 복음은 미리 약속된 것(2)
  예수님과 사도들의 증거.
  예수 그리스도는 하나님의 모든 약속의 성취자.
- 그리스도 안에 거하라.
  예수 그리스도께 운명을 맡기고 살라.

> ² 이 복음은 하나님이 선지자들을 통하여 그의 아들에 관하여 성경에 미리 약속하신 것이라

예수님은 그리스도시요 살아계신 하나님의 아들입니다. 예수님이 하나님의 아들 그리스도라는 증거로 십자가에서 우리 죄를 대신해서 피 흘려 죽으시고, 죽은 자들 가운데서 부활하셨습니다.

이 예수님이 하나님의 아들, 예수님이 그리스도, 예수님이 우리 죄를 대신해서 십자가에서 피 흘려 죽으시고 부활하셨다는 복음으로 우리 인생 모든 문제가 처리되고 해답을 얻습니다. 이 복음은 모든 믿는 자에게 구원을 주시는 하나님의 능력이 됩니다. 이 하나님의 아들 예수 그리스도의 복음, 그리스도 십자가 대속의 피의 복음으로 깊이 뿌리내리기를 기원합니다.

예수님이 하나님의 아들 그리스도라는 신성의 인격과 십자가 대속의 죽으심과 부활의 사역을 믿고 구원을 받은 그리스도인은 그 믿음이

크게 성장하기 위해서 반드시 구약과 신약의 관계를 바로 이해해야 합니다. 구약과 신약은 서로 율법과 복음으로서 있는 것이 아니라 약속과 성취로서 관계한다는 것을 알아야 합니다.

약속과 성취로서 관계할 뿐 아니라 그림자와 몸으로서(골 2:17), 그림과 현실로서(히 10:1), 진동하는 것과 진동하지 아니하는 것들로서(히 12:27), 종노릇과 자유로서(롬 8:15, 갈 4장) 관계합니다. 예수 그리스도께서 구약 계시의 실제적인 내용이었습니다(요 5:39, 벧전 1:11, 계 19:10). 그리고 예수 그리스도의 십자가 보혈 안에서 성취된 모든 언약의 완성입니다(마 26:28).

그래서 구약이라는 특별계시의 중심내용은 예수 그리스도의 인격과 사역입니다. 구약의 전 계시는 예수 그리스도께로 이끌어 갑니다. 구약은 새로운 율법이나 새로운 교리, 새로운 제도가 아니라, 예수 그리스도의 인격에의 이입(移入)입니다. 한 인간이 성취된 하나님의 계시입니다. 인간 예수님은 신성을 가지신 독생하신 하나님의 아들이십니다. 곧 예수님은 하나님과 일체이신 하나님이시오, 삼위일체의 제2위 하나님이십니다.

여러분이 이렇게 신구약 성경을 이해하고 확신할 때 여러분의 신앙은 주추를 그리스도라는 반석 위에 지은 지혜로운 사람이 될 것이요 어떤 환란과 역경, 고난과 위기 속에서도 무너지지 않을 것입니다.

오늘 본문에서 바울 사도는 "하나님의 복음"이 구약성경에서 미리 약속되었다는 진리를 이렇게 말합니다.

로마서 1장 2절을 보면 "이 복음은 하나님이 선지자들을 통하여 그의 아들에 관하여 성경에 미리 약속하신 것이라"라고 합니다.

우리는 앞서 "하나님의 복음이 성경에 미리 약속된 것"에 관하여 말씀을 들었습니다. 물론 여기서 "성경"은 구약성경이었습니다. 우리는 구약성경에서 "하나님의 복음", 곧 그 복음의 중심인물인 예수 그리스도에 관해서 구약 선지자들이 어떻게 예언하고 약속하였는지를 일견하였습니다.

이제는 "하나님의 복음"의 중심인물 되시는 예수님이 이 사실을 어떻게 우리에게 가르치고 계신 그의 말씀을 듣겠습니다.

누가복음 24장 25-27절을 보면

> **25** 미련하고 선지자들이 말한 모든 것을 마음에 더디 믿는 자들이여 **26** 그리스도가 이런 고난을 받고 자기의 영광에 들어가야 할 것이 아니냐 하시고 **27** 이에 모세와 모든 선지자의 글로 시작하여 모든 성경에 쓴 바 자기에 관한 것을 자세히 설명하시니라(눅 24:25-27).

예수님은 그리스도의 성육신과 죽으심과 부활의 사역이 구약성경에 예언되어 있음을 가르치셨습니다. 그리고 예수님은 누가복음 24장 44-47절에서 다시 강조하여 가르치셨습니다.

> **44** 또 이르시되 내가 너희와 함께 있을 때에 너희에게 말한 바 곧 모세의 율법과 선지자의 글과 시편에 나를 가리켜 기록된 모든 것이 이루어져야 하리라 한 말이 이것이라 하시고 **45** 이에 그들의 마음을 열어 성경을 깨닫게 하시고 **46** 또 이르시되 이같이 그리스도가 고난을 받고 제삼일에 죽은 자 가운데서 살아날 것과 **47** 또 그의 이름으로 죄 사함을 받게 하는 회개가 예루살렘에서 시작하여

모든 족속에게 전파될 것이 기록되었으니(눅 24:44-47).

예수님은 구약성경 전체가 자신의 인격과 사역에 관해 기록된 것을 말씀하시고 믿음을 촉구하셨습니다. 또한, 예수님의 사도들도 이 진리를 동일하게 증거하였습니다. 베드로전서 1장 10-11절을 봅시다.

> **10** 이 구원에 대하여는 너희에게 임할 은혜를 예언하던 선지자들이 연구하고 부지런히 살펴서 **11** 자기 속에 계신 그리스도의 영이 그 받으실 고난과 후에 받으실 영광을 미리 증언하여 누구를 또는 어떠한 때를 지시하시는지 상고하니라(벧전 1:10-11).

이 말씀은 오늘 본문 로마서 1장 2절을 아주 놀랍게 주석하고 있는 것입니다.

사도 바울 자신도 다른 성경인 고린도전서 15장 3-4절에서 동일하게 증거하였습니다.

> **3** 성경대로 그리스도께서 우리 죄를 위하여 죽으시고 **4** 장사 지낸 바 되셨다가 성경대로 사흘 만에 다시 살아나사(고전 15:3-4).

물론 여기서 성경은 구약성경입니다. 예수 그리스도는 하나님의 모든 약속의 성취자 이십니다. 그리스도의 복음은 미리 약속된 것입니다. 인류 역사를 주관하시고 섭리하신 하나님께서 "하나님의 복음"을 성경에 미리 약속하신 것입니다. 이것은 인간이 만든 종교가 감히 흉내

낼 수 없는 초자연적 진리입니다. 우리는 이 "하나님의 복음"의 주인공 예수 그리스도께 우리의 인생을 맡기고, 오직 그리스도, 오직 믿음, 오직 예수 보혈 신앙으로 살고, 성령 충만 받아 하나님 사랑과 이웃 사랑의 전도자로 살기 바랍니다. 어떤 역경, 고난, 위기에서도 낙심하거나 포기하지 말 것입니다. 예수님이 그리스도십니다. 우리의 미래 운명이 그리스도의 수중에 다 있습니다.

살아계신 아버지 하나님!

하나님 은혜를 감사합니다.

하나님의 복음, 예수 그리스도의 복음은 성경에 이미 약속된 것이며, 예수님 자신도 증거하시고, 또한 사도들도 증거했습니다. 구약성경 전체가 예수님의 인격과 사역을 위해 기록된 것을 예수님은 말씀하시고, 그리고 자기를 참된 하나님의 아들 그리스도로 믿기를 촉구하셨습니다.

오늘 우리는 예수 그리스도께서 하나님의 모든 약속의 성취자이심을 굳게 믿고 예수 그리스도 이름으로 기도하여 인생의 문제들을 응답받고 그리스도의 증인으로 살아갈 것을 우리가 다짐하면서, 이 믿음을 우리에게 더하여 주시옵소서.

예수님의 이름으로 기도하옵나이다. 아멘.

16

롬 1:2

- 복음 준비의 긴 시간과 그 이유.
  죄를 깊이 드러내기 위함, 인간의 자력 구원 불가, 하나님의 주권과 통치와 권위를 보여 주기 위함.
  하나님의 영광과 그리스도 복음의 영광을 위해.
- 오직 하나님의 영광을 위해, 오직 그리스도 복음의 영광을 위해 살라.

> ² 이 복음은 하나님이 선지자들을 통하여 그의 아들에 관하여 성경에 미리 약속하신 것이라

예수님은 그리스도시요 살아계신 하나님의 아들입니다. 예수님이 하나님의 아들 그리스도라는 증거로 십자가에서 우리 죄를 대신해서 피 흘려 죽으시고, 죽은 자들 가운데서 부활하셨습니다.

이 예수님이 하나님의 아들, 예수님이 그리스도, 예수님이 우리 죄를 대신해서 십자가에서 피 흘려 죽으시고 부활하셨다는 복음으로 우리 인생 모든 문제가 처리되고 해답을 얻습니다. 이 복음은 모든 믿는 자에게 구원을 주시는 하나님의 능력이 됩니다. 이 하나님의 아들 예수 그리스도의 복음, 그리스도 십자가 대속의 피의 복음으로 깊이 뿌리내리기를 기원합니다.

예수님의 신성의 하나님 되심과 십자가 대속의 피의 복음을 마음 중심에 믿고 거듭난 그리스도인은 "먹든지 마시든지 무엇을 하든지 다

하나님의 영광을 위하여 하라"(고전 10:31)는 명령 속에 사는 자입니다. 우리 교회가 따르는 신앙 기준인 웨스트민스터 소요리문답 제1문의 문답은 다음과 같습니다.

> 문: 사람의 제일 되는 목적이 무엇인가?
> 답: 사람의 제일 되는 목적은 하나님을 영화롭게 하는 것과 그를 영원토록 즐거워하는 것이다.

우리가 하나님의 영광을 위하여 사는 이유는 우리가 하나님의 영광을 위하여 창조된 자이기 때문이며(사 43:7), 하나님께서 지극히 큰 영광을 우리에게 보여 주셨기 때문에 우리는 "오직 하나님의 영광을 위하여" 사는 자가 되어야 합니다.

하나님의 영광은 천지창조 속에 모두 계시되어 있지만, 하나님께 반역하여 범죄한 인간들을 구속하기 위하여 하나님께서 그의 아들을 보내신 데서 지극히 큰 영광이 계시되었습니다.

그래서 하나님의 아들 예수님께서 베들레헴에서 탄생하셨을 때에 수많은 천군이 그 천사들과 함께 "지극히 높은 곳에서는 하나님께 영광이요"(눅 2:14)라고 찬송하였습니다.

하나님의 아들 예수님께서 이 땅에 인간으로 탄생하신 것이 왜 하나님께 영광이 됩니까?

하나님은 하나님과 일체이신 하나님의 아들이 인간이 되어 인간의 억만 죄악을 십자가에서 대신 담당하게 하심을 통해 지극히 큰 하나님의 영광을 나타내셨기 때문입니다.

무한한 자비와 사랑의 하나님께서 죄인은 반드시 죽어야 한다는 하나님의 완전한 공의의 속성을 희생시키지 않고 그 아들의 대속적 죽음으로 하나님의 무한 사랑과 하나님의 완전한 공의가 더욱 뛰어나게 되었기 때문입니다.

하나님의 여러 가지 다른 작품도 모두 하나님의 영광을 위한 것이었습니다. 그러나 마땅히 죽어야 할 죄인들을 구속하심은 "지극히 높으신 하나님의 영광"을 위함인 것입니다. 신성을 가지신 하나님의 아들 예수 그리스도의 복음과 십자가 대속의 피의 복음은 가장 위대한 하나님의 영광을 위한 것입니다.

우리는 로마서 1장 2절의 본문 말씀을 묵상하면서 복음 준비를 위한 긴 시간이 궁극적으로는 하나님의 영광을 위한 것이라고 결론을 맺고자 합니다.

로마서 1장 2절을 보면 "이 복음은 하나님이 선지자들을 통하여 그의 아들에 관하여 성경에 미리 약속하신 것이라"라고 합니다.

하나님의 아들 예수 그리스도 복음, 십자가 대속의 피의 복음은 하나님께서 선지자들을 통하여 그의 아들에 관하여 성경에 미리 약속한 것이라고 합니다. 이때 우리는 이런 질문을 생각할 수 있습니다.

"왜 하나님은 타락한 인간을 구원하시려면 타락 후 즉시 그의 아들을 보내셔서 구원하시지 않으셨는가?"

"왜 선지자들을 통해 그 아들에 관하여 성경에 미리 약속하시고 그 약속을 성취하기 위해 그렇게 긴 시간을 가지셨는가?"

"어째서 이러한 모든 구약의 역사가 필요했는가?"

이에 관해 성경 전체를 통한 하나님의 계시를 상고해 보겠습니다.

첫째, 그것은 인간의 죄의 깊이를 드러내시는 하나님의 방식이요, 타락한 인간을 폭로시키시는 하나님의 방식이며, 죄의 실상이 어떤 것이며 죄가 얼마나 무서운 것이고 인간의 하나님께 대한 불순종이 얼마나 큰 영혼의 질병인지를 가르치시는 하나님의 방식이라고 봅니다.

둘째, 하나님께서는 이런 긴 구원의 시간 간격을 통해 인간이 스스로 구원하기 위해 아무리 애쓴다고 할지라도 소용없음을 인간들에게 입증시키신다는 것입니다. 아무리 큰 문명을 일으켜도 유토피아는 허상임을 가르치시고자 함이라고 봅니다.

셋째, 하나님의 만물에 대한 절대주권과 절대통치권과 하나님의 최종적 권위를 보여 주시기 위함이라고 봅니다. 20세기 최고 강해 설교자 로이드 존스는 타락 후 구원의 긴 시간적 간격이 마귀의 입을 막으려는 궁극적인 목적이 있었다고 말합니다.

인간의 범죄 후 하나님의 아들을 보내신 인류 구원의 긴 시간적 간격은 위의 세 가지 이유를 포함하여 "오직 하나님의 영광을 위하여", 더 구체적으로는 "십자가 대속의 피의 복음의 영광을 위한 것"이라고 볼 것입니다. 그러므로 우리는 먹든지 마시든지 무엇을 하든지 다 하나님의 영광을 위하여 사는 자가 되어야 합니다. 그 구체적인 방식이 예수 그리스도와 그리스도 십자가 피의 복음을 위하여 사는 것입니다.

오직 그리스도, 오직 믿음, 오직 은혜, 오직 성경, 오직 하나님의 영광을 위하여 살 것입니다. 그리스도 십자가 보혈을 통해 임하는 성령 충만을 받아 하나님 사랑과 이웃 사랑의 전도자로 살기 바랍니다. 이것이 하나님의 영광, 그리스도 복음을 위해 사는 길입니다.

살아계신 아버지 하나님!
하나님 은혜를 감사합니다.
하나님께서 선지자를 통해서 그의 아들 예수 그리스도에 관해서 성경에 미리 약속하신 복음을 이야기해 주시는데, 이렇게 복음 준비에 긴 시간이 필요했던 이유는 우리가 생각해 볼 때 먼저 죄의 깊이를 드러내기 위한 것이라고 봅니다.
인간의 억만 죄악이 드러났으며, 또한 인간은 그 죄악을 스스로 구원할 수 없음이 긴 기간을 통하여 확증되었고, 또한 하나님의 절대주권과 통치와 권위를 보여 주기 위한 긴 시간이 필요한 것도 있습니다.
그러므로 우리는 하나님의 영광, 복음의 영광을 위하여 사는 자 되기를 바라고, 특별히 예수 그리스도와 십자가의 피의 복음을 위하여 사는 자들이 되도록 참되고 깊은 복음의 뿌리를 갖게 하시고, 복음의 능력을 깊이 체험하며, 오늘도 복음의 능력이 우리 인생 가는 길을 지도하시고 구원의 역사를 이루도록 이끌어 주시옵소서.
예수님의 이름으로 기도하옵나이다. 아멘.

17

롬 1:3

- 다윗의 혈통에서 나셨다(1).
  하나님의 아들 그리스도의 인성(人性).
  성육신(成育身)하시다.
  예수님은 신·인의 2성 1인격을 가지신 분.
- 인간 예수님이 신성의 하나님의 아들이라는 인격이 복음이다.
  신·인(神·人) 되신 예수님의 인격을 믿고 확신할 때 구원을 얻는다.

> ³ 그의 아들에 관하여 말하면 육신으로는 다윗의 혈통에서 나셨고

예수님은 그리스도시요 살아계신 하나님의 아들입니다. 예수님이 하나님의 아들 그리스도라는 증거로 십자가에서 우리 죄를 대신해서 피 흘려 죽으시고, 죽은 자들 가운데서 부활하셨습니다.

이 예수님이 하나님의 아들, 예수님이 그리스도, 예수님이 우리 죄를 대신해서 십자가에서 피 흘려 죽으시고 부활하셨다는 복음으로 우리 인생 모든 문제가 처리되고 해답을 얻습니다. 이 복음은 모든 믿는 자에게 구원을 주시는 하나님의 능력이 됩니다. 이 하나님의 아들 예수 그리스도의 복음, 그리스도 십자가 대속의 피의 복음으로 깊이 뿌리내리기를 기원합니다.

예수님의 신성의 하나님 되심과 십자가 대속의 피의 복음을 마음 중심에 참되게 믿고 거듭난 그리스도인은 예수님의 신성의 인격과 십자

가 대속의 보혈의 사역이 복음인 것을 확실히 인식하고 예수 그리스도와 십자가에 못 박히신 그리스도를 증거하며 살아야 합니다. 예수님 자신이 복음입니다. 복음은 예수 그리스도와 그분이 행하신 대속의 죽음과 부활의 사역입니다.

그러므로 예수님을 믿고 예수님의 제자가 되기를 바라는 첫 단계는 예수님이 누구신가에 대한 참된 이해와 믿음이 중요합니다. 예수님이 하나님의 아들이요 예수님이 그리스도시라는 예수님의 신성의 하나님 되심의 인격을 바로 알고 확신해야 구원을 얻는 것입니다.

예수님이 하나님의 아들이라고 할 때 "하나님의 아들"은 곧 하나님과 일체이신 아들 하나님이십니다. 예수님은 삼위일체 하나님의 제2위의 성자 하나님이십니다. 여호와증인 같은 이단들은 예수님을 하나님의 아들이라고 시인하지만, 예수님의 하나님 되시는 신성을 믿지 않습니다. 유대교에서도 예수님을 하나님으로 믿지 않습니다. 삼위 하나님을 믿지 않기 때문입니다.

그리스도 교회는 먼저 예수님이 삼위일체 하나님의 제2위 성자 하나님이신 것을 가르치고 확신시켜야 합니다. 그래야 예배를 바르게 드릴 수 있습니다. 그리스도 교회 예배 시 예배의 대상은 하나님이시고 그 하나님은 성부·성자·성령의 삼위 하나님이신 것입니다.

신자들이 예배 마지막에 드리는 '송영'을 드릴 때 삼위일체 하나님을 찬송하고 영광을 돌려 드리며 마치는데 예수님의 제2위의 하나님 되심을 확신하지 못하면 형식적 예배자가 됩니다. 이것은 그리스도 교회 예배의 진정성을 증거하는 바로미터입니다. 그리스도 교회는 예수님의 신·인(神·人) 양성의 인격을 바르게 가르쳐야 합니다.

바울 사도는 그가 가르치지 않고 세워진 로마 교회 신자들에게 이 진리를 편지 서두에서 가르치고 있습니다.

본문 로마서 1장 3절을 보면 "그의 아들에 관하여 말하면 육신으로는 다윗의 혈통에서 나셨고"라고 하였습니다.

먼저 "그의 아들에 관하여"라고 하는데 그리스도 복음은 하나님의 아들에 관한 것입니다. 하나님의 아들은 복음의 중심입니다. 하나님의 아들을 떠나서는 기독교가 될 수 없습니다.

다른 종교는 특별한 인물이 절대적으로 핵심이 된다고 하지 않습니다. 부처가 없어도 불교는 존재하고, 공자가 없어도 유교는 존재할 수 있습니다. 그들 종교에서는 한 인격이 핵심이 아니고 교훈이 핵심이기 때문입니다.

그러나 기독교는 다릅니다. 좋은 소식은 바로 한 분 예수 그리스도 자체입니다. 예수 그리스도와 그분이 행하신 십자가 대속의 피의 사역이 중심입니다. 우리가 '그리스도인'이라고 불리는 것도 예수님의 하나님의 아들 그리스도 되심에 대한 인격 때문에 그렇게 불려지는 것입니다. 예수님의 신·인(神·人)되시는 인격이 기독교의 중심입니다.

오늘 본문에서 사도 바울은 이 사실을 "육신으로는 다윗의 혈통에서 나셨고"라고 말합니다. "하나님의 아들"이 "육신으로는 다윗의 혈통에서 나셨다"라고 말하고 있는 것입니다.

신성을 가지신 삼위 하나님의 제2위 하나님의 아들이 육신이 되어 다윗 혈통에서 탄생하셨습니다. 나사렛 예수는 역사적인 인물이지만 그는 본래 하나님과 동등되시는 하나님이셨습니다.

인간 예수님이 하나님과 일체이시라는 진리는 신약성경 어느 곳에서나 강력한 증거를 갖고 있습니다. 예수님은 세례받으실 때라든지 변화산상에 계실 때에 하늘로서 소리가 있어 "이는 내 사랑하는 아들이요 내 기뻐하는 자라"는 말씀(마 3:17, 마 17:5)이 들렸는데 이것은 예수님에 대한 하나님 아버지의 증거였습니다.

물론 예수님 자신도 스스로 직접 증거하셨습니다. "나와 아버지는 하나이니라"(요 10:30)라고 예수님이 말씀하셨을 때 유대인들은 예수님이 자칭 하나님이라고 했다고 하여 신성모독으로 보았습니다.

또 예수님은 "아브라함이 나기 전부터 내가 있느니라"(요 8:58)고 하셨습니다. "내가 있느니라"는 말씀은 "나는 스스로 있는 자니라"(출 3:14)의 여호와 하나님 자신을 가리키는 말이었습니다. 유대인들은 이 의미를 알기에 예수님이 여호와 하나님과 일체 되는 표현에 돌을 들어 치려 하였습니다.

예수님께서 부활 승천 후 성령을 받은 사도들은 이 진리를 알고 여호와를 예수 그리스도와 일체로 생각하여 모두 예수님을 "주" 곧 "여호와"로 불렀던 것입니다. 과연 예수님은 "말씀이 육신이 되어 우리 가운데 거하시는" 신성의 하나님의 아들입니다.

그러므로 바울은 "육신으로는 다윗의 혈통에서 나셨고"라고 말한 것입니다.

예수님은 그리스도시오. 살아 계신 하나님의 아들이십니다. 예수님은 신인의 2성 1인격을 가지신 분입니다. 이 진리를 믿을 때 인간은 구원을 얻습니다.

그리고 오직 그리스도, 오직 믿음, 오직 예수 보혈 신앙으로 살고, 성령 충만 받아 하나님 사랑과 이웃 사랑의 전도자로 삽니다.

"우리에게 이 믿음을 주옵소서."

기도하겠습니다.

살아계신 아버지 하나님!

하나님 은혜를 감사합니다.

하나님의 아들 예수 그리스도의 복음, 이 복음에 참된 뿌리를 갖기를 기도합니다.

기독교는 하나님의 아들 예수 그리스도를 떠나서는 존재할 수가 없습니다. 하나님의 아들이 복음의 중심인 것을 우리가 믿습니다. 하나님의 아들 예수 그리스도는 신·인 되신 2성 1인 격의 아들 하나님이십니다. 이 신비가 기독교의 비밀입니다.

모든 그리스도인은 먼저 예수님의 신성의 하나님의 아들 되심을 믿어야 구원을 받습니다. 오늘도 우리에게 이 믿음을 부으시고, 이 로마서를 읽는 가운데 아직도 예수님의 신성에 대한 확신이 없는 자들은 예수님의 신성의 하나님의 아들 되심에 대한 참된 믿음을 갖고 구원을 얻고 새사람이 되게 하여 주옵소서.

예수님의 이름으로 기도하옵나이다. 아멘.

18

롬 1:3

- 다윗의 혈통에서 나셨다(2).
  인류 구원의 구세주는 여자의 후손으로 약속됨.
- 예수님은 아브라함, 이삭, 야곱, 유다, 다윗 왕권 혈통에서 나오심.
  예수님 탄생 시 인구 조사 이후 족보책이 없어짐.
  오직 다윗 혈통으로 확인된 예수님만이 그리스도.
  예수님만이 하나님의 아들 그리스도.

³ 그의 아들에 관하여 말하면 육신으로는 다윗의 혈통에서 나셨고

예수님은 그리스도시오. 살아 계신 하나님의 아들입니다. 예수님이 하나님의 아들 그리스도라는 증거로 십자가에서 우리 죄를 대신해서 피 흘려 죽으시고, 죽은 자들 가운데서 부활하셨습니다.

이 예수님이 하나님의 아들, 예수님이 그리스도, 예수님이 우리 죄를 대신해서 십자가에서 피 흘려 죽으시고 부활하셨다는 복음으로 우리 인생 모든 문제가 처리되고 해답을 얻습니다. 이 복음은 모든 믿는 자에게 구원을 주시는 하나님의 능력이 됩니다. 이 하나님의 아들 예수 그리스도의 복음, 그리스도 십자가 대속의 피의 복음으로 깊이 뿌리내리기를 기원합니다.

예수님의 신성의 하나님 되심과 십자가 대속의 피의 복음을 마음 중심에 믿고 구원받은 그리스도인은 구약성경에서 인류 구세주로 약속

된 메시아(그리스도)가 신약 시대 다윗 혈통 요셉과 마리아에게서 나신 예수 그리스도이심을 알아야 합니다. 이때 요셉은 호적상의 부자 관계일 뿐이요 예수 그리스도는 동정녀 마리아에게서 나셨습니다.

그리스도 교회가 신자들의 믿음을 증진하려면 구약성경에서 수천 년 혹은 수백 년 전에 약속된 메시아(그리스도)가 그 약속을 따라 태어나신 예수님이 그 메시아, 곧 그리스도이심을 증거하고 자주 선포해야 합니다.

이 진리를 바로 이해한 사도 바울은 로마 교회 사람들에게 하나님의 아들의 성육신(成肉身) 교리를 서두에서 선언하면서 편지를 쓰고 있는 것입니다.

본문 로마서 1장 3절을 보면 "그의 아들에 관하여 말하면 육신으로는 다윗의 혈통에서 나셨고"라고 하였습니다.

우리의 구세주 예수님은 육신으로는, 곧 인간으로서는 "다윗의 혈통"에 속하셨습니다. 신약에서는 예수님을 부단하게 "다윗의 자손"으로 묘사하고 있습니다.

우리가 잘 아는 신약의 첫 책 마태복음 1장 1절을 보면 "아브라함과 다윗의 자손 예수 그리스도의 계보라"라고 하면서 시작하고 있습니다. 복음은 바로 그 시작의 말씀 속에 있습니다. 예수님은 "아브라함과 다윗의 자손"이라는 것입니다.

예수님 당시 사람들은 이것을 인정했습니다. 여리고 밖에 있던 소경이 예수님을 향하여 "다윗의 자손이여 나를 불쌍히 여기소서"라고 부르짖었습니다. 우리는 이것을 여러 곳에서 발견합니다. 바울은 오늘 로마서 본문 말고도 디모데후서 2장 8절에서 이렇게 말했습니다.

> 내가 전한 복음대로 다윗의 씨로 죽은 자 가운데서 다시 살아나신 예수 그리스도를 기억하라 (딤후 2:8).

구약성경은 그리스도 되신 예수님의 탄생 약속을 "다윗의 자손"보다 수천 년 전에 "여자의 후손"으로 약속하였습니다.

> 내가 너로 여자와 원수가 되게 하고 네 후손도 여자의 후손과 원수가 되게 하리니 여자의 후손은 네 머리를 상하게 할 것이요 너는 그의 발꿈치를 상하게 할 것이니라 (창 3:15).

여기서 "여자의 후손"으로 약속된 메시아는 유대인이나 이방인이나 전체 인류를 가리킵니다. 메시아는 인류에게서 나실 것입니다. 그러나 하나님께서는 계속하여 이 "여자의 후손" 약속을 더 구체화하셨습니다. 하나님은 여자의 후손을 "아브라함의 후손"으로 구체화하셨습니다. 여기에서 유대인들과 이방인 사이에 구별이 생겨났습니다.

메시아 예수님은 인간으로 오실 것이지만 특별한 족속인 아브라함의 후손에서 나오실 것을 약속하였습니다. 메시아의 육신의 혈통은 이스라엘 중에서 나오실 것입니다. 그러나 하나님은 계속 내려가면서 그 여자의 후손, 곧 아브라함의 후손 약속을 좁혀 나가셨습니다.

메시아는 이스라엘의 특별한 지파를 통해서 나오실 것이며, 그 지파는 유다 지파가 될 것이라고 야곱의 입을 통해 말씀하셨습니다. 그리고 유다 지파는 큰 족속들이었습니다. 그래서 메시아 탄생 약속은 더 구체화되었습니다.

한 특별한 가정, 다윗 왕가의 특별한 혈통으로 구체화되었습니다. 그래서 메시아는 다윗의 혈통에 속한 분으로 오실 것이 약속되었습니다. 사도 바울은 바로 오늘 본문에서 이 사실을 말하는 것입니다.

본문 로마서 1장 3절을 다시 보면 "그의 아들에 관하여 말하면 육신으로는 다윗의 혈통에서 나셨고"라고 한 것입니다. 이미 유대인들은 다윗의 씨로 나실 이 그리스도의 도래를 고대하고 있었습니다. 그러므로 바울 사도가 말하고 싶은 요지는 이 예수가 바로 그분 그리스도라는 것이었습니다.

그러나 바울의 이 말 속에는 더 많은 것을 담고 있습니다. 동정녀 마리아 탄생의 교리가 들어 있는 것입니다. 마태복음 1장 16절에 보면 "야곱은 마리아의 남편 요셉을 낳았으니 마리아에게서 그리스도라 칭하는 예수가 나시니라"라고 하였습니다.

성경은 요셉에게서 예수님이 났다고 하지 않고 마리아에게서 났다고 하였습니다. 이것은 물론 성령으로 잉태되어 동정녀 마리아에게서 예수님이 나신 것을 말하는 것입니다.

요셉은 다만 호적상으로 예수님의 부친이 된 것입니다. 이것은 창세기 3장 15절 예언의 성취였습니다.

그런데 놀라운 사실은 주후 70년 로마군에 의한 예루살렘 멸망으로 예루살렘 성전이 철저하게 파괴되어 족보책도 없어지고 말았다는 것입니다. 오직 예수님이 태어나실 때 행해진 정기적인 인구 조사가 마지막이었습니다. 우리가 알다시피 그 당시 사람들은 모두 자기 고향으로 가야 했고 예수님은 바로 다윗 족속인 부모의 고향 베들레헴에서 탄생하신 것입니다.

따라서 예수님 이후에는 족보책이 없어져서 이제 누가 나타나도 자기가 그리스도인 것을 입증할 길이 없어졌습니다. 모두 하나님의 섭리입니다. 오직 예수님만이 다윗의 혈통에서 탄생하신 그리스도이신 것입니다. 예수님은 하나님이시면서 인간이신 2성 1인격을 갖추신 우리의 구세주이십니다.

오직 그리스도, 오직 믿음, 오직 예수 보혈 신앙으로 살고, 성령 충만 받아 하나님 사랑과 이웃 사랑의 전도자로 살기 바랍니다. 예수님이 신성을 가지신 하나님의 아들이신 것을 굳게 믿기를 기원합니다.

살아계신 아버지 하나님!
하나님 은혜를 감사합니다.
오늘 본문 말씀처럼 "하나님의 아들에 관하여 말하면 육신으로는 다윗의 혈통에서 나셨다"라고 하신 말씀을 우리가 듣습니다. 다윗의 혈통에서 태어나신 예수님은 하나님에서 인간으로 성육신하신 것을 우리에게 말하는 것입니다. 예수님의 2성 1인격을 우리에게 가르쳐 주심을 감사하옵나이다.
그런데 놀라운 사실은 예수님이 다윗의 혈통에서 태어나셨던 것은 예수님 탄생 시 인구 조사를 통해서 확신하였기 때문에 모든 이스라엘 백성들은 "다윗의 자손 예수여"라고 불렀습니다.
그러나 AD 70년 로마 디도에 의하여 예루살렘이 철저히 파괴됨으로 인하여 족보가 없어져 버렸습니다. 이젠 누구든지 그가 나타나서 자기가 그리스도이며 다윗의 혈통에서 난 자인 것을 입증할 수 없게 된 것입니다. 하나님의 섭리입니다.

오직 예수님만을 하나님의 아들 그리스도이심을 우리가 믿게 하심을 감사하옵나이다. 오늘 예수 그리스도 이름을 부르며 영광의 아버지 앞에 나아가 우리에게 주신 사명을 다하도록 성령으로 충만함을 입게 하시고, 이 코로나19 바이러스 악한 세력 속에서도 우리를 보존하고 지켜 주셔서 하나님의 백성으로 힘 있게 증거하는 삶을 살아가게 하여 주옵소서.

예수님의 이름으로 기도하옵나이다. 아멘.

19

롬 1:4

- 하나님의 아들로 선포되셨다.
  부활로서 예수님의 신성(神性) 선포.
- 예수님은 신·인(新·人)의 2성 1인격을 가지신 분.
  십자가는 그리스도의 사역 대표하고, 부활은 그리스도의 사역을 확증하고 그리스도의 인격(하나님 되심)을 대변한다.
  그리스도의 죽음과 부활의 사역을 믿고 부활하신 그리스도 주로 모시고 살라.

> **4** 성결의 영으로는 죽은 자들 가운데서 부활하사 능력으로 하나님의 아들로 선포되셨으니 곧 우리 주 예수 그리스도시니라

예수님은 그리스도시오. 살아 계신 하나님의 아들입니다. 예수님이 하나님의 아들 그리스도라는 증거로 십자가에서 우리 죄를 대신해서 피 흘려 죽으시고, 죽은 자들 가운데서 부활하셨습니다.

이 예수님이 하나님의 아들, 예수님이 그리스도, 예수님이 우리 죄를 대신해서 십자가에서 피 흘려 죽으시고 부활하셨다는 복음으로 우리 인생 모든 문제가 처리되고 해답을 얻습니다. 이 복음은 모든 믿는 자에게 구원을 주시는 하나님의 능력이 됩니다. 이 하나님의 아들 예수 그리스도의 복음, 그리스도 십자가 대속의 피의 복음으로 깊이 뿌리내리기를 기원합니다.

인간은 예수님의 신성의 하나님 되심과 십자가 대속의 피의 복음을 마음 중심에 믿고 부활하신 예수 그리스도를 영접할 때 구원을 얻습니다. 그리스도 복음은 그리스도의 신성 인격과 대속의 죽음과 부활의 사역입니다. 예수 그리스도의 인격과 사역은 복음에 있어서 동전의 양면과 같습니다.

예수님의 신성의 하나님 되시는 인격은 예수 그리스도의 죽음과 부활로서 입증됩니다. 반면에 대속의 죽음과 부활의 사역을 한 자만이 신성의 하나님의 아들 그리스도가 될 수 있습니다. 그러므로 그리스도인은 예수님의 신성의 인격과 예수님의 대속의 죽으심과 부활 사역의 관계를 바로 이해해야 합니다.

이 진리는 기독교 성립의 기초이고 주춧돌이기 때문에 그리스도 교회는 반드시 바로 알아야 합니다. 사도 바울은 이 큰 하나님의 계시를 알리고 밝히기 위하여 하나님의 택하심을 받았습니다. 그리하여 바울은 먼저 하나님의 아들 그리스도의 인성(人性)을 밝히고(롬 1:3), 다음에 오늘 본문에서 예수님의 신성(神性)을 선포하고 있습니다. 예수님은 신·인의 2성 1인격을 가지신 분입니다.

본문 로마서 1장 4절을 보면 "성결의 영으로는 죽은 자들 가운데서 부활하사 능력으로 하나님의 아들로 선포되셨으니 곧 우리 주 예수 그리스도시니라"라고 하였습니다.

"하나님의 아들로 선포되셨다"는 말은 한마디로 부활로서 예수님의 신성이 입증되었다는 말입니다. 과거의 개역성경은 "하나님의 아들로 인정되셨다"라고 하였는데 이것은 오해를 줄 수 있는 번역이었습니다.

예수님은 부활로 말미암아 하나님의 아들이 된 것은 아닙니다. 예수님은 부활로 말미암아 하나님의 아들이심이 선언되었습니다. 예수님은 언제나 신성을 가지신 하나님의 아들이셨기 때문입니다. 예수님 안에 신성과 인성이 함께 있습니다. 예수님은 완전한 인간이시오. 완전한 하나님이십니다. 그 두 본성이 한 인격 속에 있습니다. 혼합되지 않으면서도 함께 연합되어 있습니다. 이것은 인간의 이해를 넘는 영원한 신비입니다.

본문 4절은 예수님의 신성을 논하는데, 본문에 앞서 3절의 예수님의 인성을 논하는 것과 대조시켜 논합니다. 앞서 3절에서는 "육신으로는"이라고 하였는데, 4절은 "성결의 영으로는"이라고 대조시킵니다.

여기서 "성결의 영"은 "육신"에 대하는 그리스도의 영입니다. 육신과 영의 대조이기 때문에 "성결의 영"은 결국 그리스도 안에 있는 신성을 말하는 것입니다. 예수님은 육체로 존재하셨으나 영으로도 존재하셨습니다. 곧 신성을 가진 하나님의 아들로서 존재하셨습니다.

이 사실을 선언한 방법이 부활이었습니다. 본문을 보면 "죽은 자들 가운데서 부활하사"라고 하였습니다. 예수님의 신성은 "하나님의 아들", "그리스도"라는 신적 이름에서, 예수님의 전지, 전능, 무한 사랑 등의 속성에서, 그리고 그의 위대하신 교훈에서 이미 나타났었습니다.

그러나 결정적인 증거는 예수님의 부활에서 볼 수 있습니다. 예수님은 자신의 죽은 자 가운데서 부활을 사전에 수차례 걸쳐 예언하셨고 그 예언대로 부활하셨습니다.

예수님의 지상 생애의 최후의 두 가지 사건은 예수님의 인성과 신성의 두 본성과 밀접히 관련되었습니다. 십자가 대속의 죽으심은 예수님의 인성을, 죽은 자들 가운데서 부활은 예수님의 신성을 가리키는 것입니다.

예수님은 인간이기 때문에 인간의 죄를 대속하여 죽으심으로 죄 사함을 얻게 하실 수 있습니다. 또한, 예수님은 신성을 가지신 하나님이시기 때문에 인간의 죄를 용서하시며 구원하실 수 있습니다. 십자가는 예수님의 사역을 대표하고 부활은 예수님의 인격, 곧 하나님이심을 대변하는 것입니다.

그리스도 복음은 예수님의 죽음과 부활을 모두 포함합니다. 왜냐하면, 만약 예수님이 부활하지 않았다면 예수님의 죽음에 의하여 성취되는 것은 아무것도 없었을 것이기 때문입니다. 그러나 그리스도 복음은 그리스도 십자가를 강조합니다. 왜냐하면, 승리가 성취된 곳이 바로 십자가였기 때문입니다. 부활은 죄와 죽음으로부터 우리를 구원하는 것이 아니라 그것에 대한 확신을 우리에게 심어 주는 것입니다.

그리스도 십자가가 복음의 핵심입니다. 춘천에 있는 어느 교회가 십자가 보혈 찬송을 "장송곡"이라고 폄훼하는 신성모독의 말을 하고 부활만 강조한 것은 개혁주의 입장에서는 받아들일 수 없는 주장입니다. 우리의 죄가 처리된 것은 예수 부활에 의해서가 아니라 그리스도의 죽음에 의해서였습니다. 그리스도의 부활은 그리스도 죽으심의 효과를 확증하는 데 필수적인 것이었습니다.

예수님은 하나님 아들의 신분을 가지신 분으로 육신으로는 다윗의 혈통에서 나셨습니다. 완전한 인간이 되셨습니다. 그러나 성결의 영으로는 죽은 자들 가운데서 부활하사 능력으로 하나님의 아들로 선포되셨습니다. 곧 완전한 신성의 하나님이셨습니다.

예수님은 하나님의 아들의 신분이셨으나 인간으로 오셨을 때 하나님 아들의 신분은 육체 속에 가려져 있었습니다. 그러나 죽은 자들 가운데서 부활하심으로 하나님의 아들로 선포되셨습니다. 신·인 되시는 2성 1인격의 예수님을 참되게 믿고 부활의 소망으로 사는 여러분 되기를 기원합니다.

오직 그리스도, 오직 믿음, 오직 예수 보혈 신앙으로 살고, 성령 충만 받아 부활의 소망으로 살고, 하나님 사랑과 이웃 사랑의 전도자로 살기 바랍니다.

살아계신 아버지 하나님!
하나님 은혜를 감사합니다.
예수님은 인성을 가진 인간이면서 동시에 신성을 가지신 하나님의 아들인 것을 우리가 믿고, 예수님 안에 인성과 신성의 2성 1인격이 들어있는 분임을 오늘 우리로 하여금 믿게 하시니 감사합니다.
우리가 연약하여 이 진리를 받아들이기 어려운 죄성이 있으나, 하나님께서 우리의 죄악을 그리스도의 피를 통해서 씻으시고 부활하신 그 부활의 영이 우리 안에서 역사하심으로 예수님의 신성과 인성의 두 인격을 의심 없이 믿게 하심을 감사하옵나이다.
이 신앙을 우리에게 더해 주셔서 세상 속에 나아가 예수님이 신성의 하나님의 아들 되심과 부활하신 그리스도이심을 증거하여 이 복음으로 인생들이 구원을 얻고, 그리스도의 교회는 이 복음 위에 견고히 서도록 하나님의 은총을 베풀어 주시고, 이 메시지를 듣는 자들과 그들의 교회 위에 권능의 능력으로 함께 임재해 주옵소서.

예수님의 이름으로 기도하옵나이다. 아멘.

20

롬 1:4

- "우리 주 예수 그리스도"
  예수님은 주(主)이시다.
  예수님은 하나님이시고 구주이시다.
- 지적, 윤리적, 직업적, 교회적, 국가적, 세계적 의미의 주(主)이시다.
  과연 예수님은 여러분의 주(主)이신가?
  하나님께 헌신하라!

> **4** 성결의 영으로는 죽은 자들 가운데서 부활하사 능력으로 하나님의 아들로 선포되셨으니 곧 우리 주 예수 그리스도시니라

예수님은 그리스도시오. 살아 계신 하나님의 아들입니다. 예수님이 하나님의 아들 그리스도라는 증거로 십자가에서 우리 죄를 대신해서 피 흘려 죽으시고, 죽은 자들 가운데서 부활하셨습니다.

이 예수님이 하나님의 아들, 예수님이 그리스도, 예수님이 우리 죄를 대신해서 십자가에서 피 흘려 죽으시고 부활하셨다는 복음으로 우리 인생 모든 문제가 처리되고 해답을 얻습니다. 이 복음은 모든 믿는 자에게 구원을 주시는 하나님의 능력이 됩니다. 이 하나님의 아들 예수 그리스도의 복음, 그리스도 십자가 대속의 피의 복음으로 깊이 뿌리내리기를 기원합니다.

예수님의 신성 하나님 되심과 십자가 대속의 피의 복음을 참되게 마음 중심에 믿고 거듭난 그리스도인은 예수님을 삶의 모든 영역에 있어서 주(主)로 믿고 예수님께 헌신하고 복종하며 사는 자가 됩니다. 예수님은 하나님이시고, 또한 우리의 모든 죄를 대속하여 구원해 주신 구속주이시기 때문입니다.

예수님은 우리 생각의 주이시오, 우리 윤리표준의 주이시며, 우리 직업의 주이시고, 교회의 머리이시며, 국가와 민족의 생명의 주이시고, 전 세계 모든 민족의 주이십니다. 십자가 대속의 피의 복음을 받은 그리스도인들은 "예수님이 주(主)이시다"라는 고백을 생활의 모든 영역에서 받아들이고 예수 그리스도께 순종하고 헌신해야 합니다.

우리는 우리 본문 로마서 1장 4절 후단에서 "예수님이 주이시다"라는 고백을 듣겠지만, 이 말은 초대 기독교의 신조를 구성하였고 이 신앙고백으로 세례를 받았습니다. 이 "예수님이 주이시다"라는 말은 고린도전서 12장 3절과 로마서 10장 9절에서도 말하였습니다.

> …성령으로 아니 하고는 누구든지 예수를 주시라 할 수 없느니라(고전 12:3),

> 네가 만일 네 입으로 예수를 주로 시인하며 또 하나님께서 그를 죽은 자 가운데서 살리신 것을 네 마음에 믿으면 구원을 받으리라(롬 10:9).

우리는 오늘 본문 로마서 1장 4절 "성결의 영으로는 죽은 자들 가운데서 부활하사 능력으로 하나님의 아들로 선포되셨으니 곧 우리 주 예수 그리스도시니라" 중에서 후단의 말씀 "우리 주 예수 그리스도시니라"라는 의미를 상고하고자 합니다(몽고메리 보이스, 『로마서 강해』 참고).

예수님을 주라고 하는 데는 두 가지 뜻이 담겨 있습니다.

첫째, 예수님이 하나님이시라는 뜻입니다.
둘째, 예수님이 구주시라는 뜻입니다.

먼저 "예수님의 주이시다"라고 할 때 "주"는 헬라어 구약성서 70인역에서 "퀴리오스"(주)가 히브리어로 된 하나님의 성호, 즉 "야훼"(또는 여호와)를 번역하는 데 사용된 데에서 기인합니다. 이 70인역은 1세기 유대인 사회에 잘 알려져 있었고 신약성서 제자들 대부분이 성경을 인용할 때 이 70인 번역 성경을 사용하였습니다.

대부분의 영어성경들도 "야훼"라는 성호 대신에 "주"(Lord)라는 단어를 사용하는 데에도 그런 이유가 있습니다. 그리스도의 제자들은 이 단어가 하나님의 위대한 성호를 번역하는데 거듭해서 사용되었다는 사실을 알았습니다. 그 사실을 알았으면서도 주저 없이 그 "주"라는 하나님의 "야훼" 성호를 예수님께 적용하였고 그로써 자기들은 예수님이 여호와시라고 본다는 사실을 암시하였습니다.

예컨대 사도행전 2장 21절에서 사도 베드로는 요엘서 인용 시 "누구든지 주의 이름을 부르는 자는 구원을 받으리라"라고 하였는데, 요엘서 2장 32절의 "누구든지 여호와의 이름을 부르는 자는 구원을 얻으리니"라는 말씀에서 "여호와"의 성호를 "주"로 바꾸어 말한 것입니다.

또 이사야 6장 1절에서 "여호와의 영광"을 요한복음 12장 41절에서 인용 시 "주의 영광"으로 바꾸었습니다. 요한복음 20장 28절의 "나의 주 나의 하나님"에서, 또한 빌립보서 2장 5-11절의 기독론 찬송에서도 "모든 입으로 예수 그리스도를 주라 시인하여"라고 하였습니다.

그리하여 초대 교회 성도들은 로마 황제 가이사를 "주"라고 부르기를 거절하고 오직 예수님만을 "주"라고 부름으로써 순교를 기꺼이 당했었습니다. "예수님이 주이시다"는 말씀은 예수님이 구약의 "여호와"와 일체이신 하나님이신 것을 의미하는 것이었습니다.

두 번째 "주"라는 칭호에 담긴 의미는 예수님이 구주시라는 것입니다. "주"라는 칭호는 예수 그리스도께서 악의 세력을 정복하고 얻은 승리의 상징입니다. 이런 악의 세력들이 그리스도의 발아래에 있기 때문에 예수님은 "주"라고 일컬어져 왔습니다.

우리는 사람들을 구원의 주 예수 그리스도께로 인도합니다. 예수님은 주이십니다. 이 구원의 주 예수님이 우리의 믿음의 대상이시오. 믿음의 내용입니다. 다른 이가 없는 것입니다.

그렇다면 예수님은 "우리의" 주이십니까?

과연 예수님이 우리의 주이십니까?

예수님이 주시라는 고백에는 여섯 가지 의미가 함축되어 있습니다 (존 스토트, 『로마서 강해』 참고).

첫째, 지적인 의미에서 예수님이 주시라면 예수님은 우리의 생각을 지배하시는 주가 되어야 합니다.

둘째, 윤리적인 의미에서 예수님은 우리의 의지와 윤리표준의 주가 되셔야 합니다.

셋째, 직업적 의미에서 예수님은 우리 시간의 주이시며, 직업, 경력의 주가 되셔야 합니다.

넷째, 교회적 의미에서 예수님은 교회의 머리가 되셔야 합니다. 신자는 교회에 순종하고, 목회자는 종으로서 섬겨야 합니다.

다섯째, 정치적 의미에서 예수님은 민족들의 생명을 포함한 모든 생명의 주가 되셔야 합니다. 예수님은 단지 우리의 왕이실 뿐만 아니라 왕들의 왕이십니다.

여섯째, 세계적 의미에서 예수님은 지상 전도 명령의 주이십니다.

이렇게 삶의 모든 영역에서 예수님은 그리스도인의 "주"가 되셔야 합니다. 우리는 진실로 예수님께 헌신해야 합니다. 다른 어떤 것도 예수님의 자리를 차지하면 안 됩니다.

오직 그리스도, 오직 믿음, 오직 예수 보혈 신앙으로 살고, 성령 충만 받아 예수 그리스도께 전적으로 순종하여 하나님 사랑과 이웃 사랑의 전도자로 살기 바랍니다. 먼저 그리스도의 나라와 의를 추구하기 바랍니다.

살아계신 아버지 하나님!

하나님 은혜를 감사합니다.

예수님을 주로 우리 마음 중심에 모심으로 인해서 예수님이 주라 하시는 의미는 예수님이 곧 하나님이시오, 구약 시대 여호와와 일체이심을 우리가 고백하는 것이라고 믿습니다.

그러므로 예수님이 내 삶의 모든 영역에서 주요 구주이심을 오늘도 고백하면서, 오늘도 삶 속에, 생활 속에서 예수님이 나를 지배하고 다스리고, 내가 주께 순복하면서 그리스도를 증거하고, 그리스도의 능력과 힘과 은혜를 힘입어서 오늘의 삶 속에서 그리스도가 주가 되시는 은총의 하루가 되게 하여 주옵소서.

예수님의 이름으로 기도하옵나이다. 아멘.

21

롬 1:5

- "믿어 순종하게 하나니"
  믿음의 순종. 믿음은 순종.
  하나님의 명령에 순종. 아들을 믿으라는 명령에 순종.
- 원죄는 하나님께 불순종.
  구원은 하나님의 말씀(곧 그리스도)을 믿고 순종하는 것.
  순종 없는 지적 동의 믿음은 거짓 믿음이다.

> ⁵ 그로 말미암아 우리가 은혜와 사도의 직분을 받아 그의 이름을 위하여 모든 이방인 중에서 믿어 순종하게 하나니

예수님은 그리스도시오. 살아 계신 하나님의 아들입니다. 예수님이 하나님의 아들 그리스도라는 증거로 십자가에서 우리 죄를 대신해서 피 흘려 죽으시고, 죽은 자들 가운데서 부활하셨습니다.

이 예수님이 하나님의 아들, 예수님이 그리스도, 예수님이 우리 죄를 대신해서 십자가에서 피 흘려 죽으시고 부활하셨다는 복음으로 우리 인생 모든 문제가 처리되고 해답을 얻습니다. 이 복음은 모든 믿는 자에게 구원을 주시는 하나님의 능력이 됩니다. 이 하나님의 아들 예수 그리스도의 복음, 그리스도 십자가 대속의 피의 복음으로 깊이 뿌리내리기를 기원합니다.

예수님이 신성의 하나님 되심과 십자가 대속의 피의 복음을 마음 중심에 믿고 거듭난 그리스도인은 믿음과 순종이 함께 흘러나온다는 사실을 믿고 기꺼이 하나님과 그리스도의 말씀에 순종하고 삽니다. 하나님은 예수 그리스도의 초림과 재림의 중간기에 사는 우리에게 그의 아들 예수 그리스도를 통하여 우리에게 말씀하시기 때문에 하나님의 명령에 순종하여 그의 아들 예수 그리스를 믿는 것입니다.

믿음은 순종입니다. 복음을 믿는다는 것은 복음을 순종한다는 것입니다. 복음을 받아들이고 복음에 자신을 복종시킨다는 것입니다. 복음의 중심인 하나님의 아들 예수 그리스도께 순종하는 것입니다.

믿음이 순종으로 인도하지 않고 지적 동의에 그치면 그 믿음은 참된 믿음이 아닙니다. 믿음의 본질은 순종입니다. 하나님과 그의 아들 예수 그리스도께 순종입니다. 하나님과 그리스도의 말씀에 순종이 믿음입니다.

보통 생각하기를 우리가 예수 그리스도를 믿는 이유는 구원받고 도움을 받기 위해서라고 할 수 있습니다. 그러나 사실은 그것은 부수적인 이유입니다. 참된 이유는 하나님께서 우리에게 명령하셨기 때문에 믿는 것입니다. 하나님께서 우리가 회개하고 죽은 자 가운데서 다시 살아나신 그의 아들 예수 그리스도를 믿으라고 명령하셨기 때문에 믿어야 합니다.

만일 하나님의 명령대로 그의 아들 예수 그리스도를 믿지 않으면 하나님의 명령을 어기는 것이 되고 하나님께 불순종하는 것이 됩니다. 하나님께 불순종이 죄입니다. 하나님의 말씀을 불순종한 것이 아담과 하와의 '원죄'입니다.

죄가 불순종이라면 옳은 것은 순종입니다. 하나님의 복음이 그것을 촉구합니다. 하나님께서 자기의 사랑하는 아들에 관해서 말씀하시는 것을 청종하라고 복음은 우리에게 촉구하는 것입니다.

바울 사도는 이 문제에 관해서 대단한 관심을 두고 있습니다. 그래서 바울은 로마서 전편에 걸쳐 그 점을 되풀이합니다.

본문 로마서 1장 5절에서 "그로 말미암아 우리가 은혜와 사도의 직분을 받아 그의 이름을 위하여 모든 이방인 중에서 믿어 순종하게 하나니"라고 합니다.

바울은 "모든 이방인 중에서 믿어 순종하게 하나니"라고 로마서 서두에서 말하고 있습니다. 또한, 바울은 로마서 마지막 부분에서 이 점을 다시 되풀이하고 있습니다. 로마서 16장 26절을 보면 다음과 같습니다.

> 이제는 나타내신 바 되었으며 영원하신 하나님의 명을 따라 선지자들의 글로 말미암아 모든 민족이 믿어 순종하게 하시려고 알게 하신바 그 신비의 계시를 따라 된 것이니(롬 16:26).

"모든 민족이 믿어 순종하게 하시려고"라고 반복하는 것입니다. 바울의 관심은 믿음은 순종이라는 것입니다. 우리가 알다시피 믿음은 죄와 상반되는 개념입니다. 죄란 불순종입니다. 죄는 불법입니다. 하나님의 법, 하나님의 계명, 하나님의 명령 불순종입니다. 그것이 원죄였음을 앞서 밝혔습니다.

그러면 그 죄의 치유책이 무엇입니까?

순종입니다. 하나님의 명령에 순종입니다. 하나님께서 보내신 그의 아들 예수 그리스도를 믿고 순종하는 것입니다. 만일 우리가 예수 그리스도를 믿지 않으면 하나님의 명령을 어기는 것이 되고 불순종하는 것이 됩니다.

그러므로 믿음은 곧 순종입니다. 믿음은 하나님의 말씀을 순종하는 것입니다. 하나님은 그의 아들을 이 세상에 보내셔서 우리를 대신해서 하나님의 모든 계명을 순종하게 하시고, 또 우리의 모든 불순종의 죄악을 십자가 대속의 죽음으로 담당하게 하셨습니다. 예수님은 죽기까지 하나님께 순종하셨습니다. 이것이 우리의 구원을 위한 "의"가 되었습니다.

하나님은 이제 그의 아들을 믿고 구원을 얻으라고 하셨습니다. 이처럼 믿음은 하나님의 말씀을 순종하는 것입니다. 그래서 바울은 자신의 사도로서의 사명을 "모든 이방인 중에서 믿어 순종하게 하나니"라고 말한 것입니다. "믿어 순종한다"는 것은 곧 믿음은 순종이라는 말입니다.

우리는 모두 하나님께서 이 세상에 구원의 주로 보내신 십자가에 못 박히신 그리스도, 부활하신 그리스도를 믿고 그리스도께 순종해야 합니다. 기꺼이 순종하고자 하는 마음이 없는 사람은 다시 신성의 하나님의 아들 예수 그리스도 복음, 십자가 대속의 피의 복음을 듣고 배워야 합니다.

자기 자아를 순종하며 사는 삶은 죄와 사탄의 올무에서 고통받는 삶입니다. 그리스도께 순종은 육신의 정욕과 죄와 사탄의 세력에서 자유의 삶입니다. 즉시 그리스도께 순종하기 바랍니다. 절대 순종하기 바랍니다.

오직 그리스도, 오직 믿음, 오직 예수 보혈 신앙으로 순종의 축복, 자유의 복음 속에 들어와 살기 바랍니다. 믿음은 곧 순종입니다. 하나님께 순종입니다. 순종이 제사보다 낫습니다.

살아계신 아버지 하나님!

하나님 은혜를 감사합니다.

믿음은 순종인 사실을 오늘 사도 바울이 우리에게 하나님의 말씀으로 계시해 주심을 감사하옵나이다. 특별히 하나님의 명령 순종 중에서 순종은 그의 아들을 믿으라는 명령의 순종이므로 우리는 하나님의 아들 예수 그리스도를 믿고 그분에게 순종함으로 인하여서 하나님의 의를 우리의 의로 갖고 복음을 믿고 영생을 얻는 삶을 살게 하신다고 믿습니다.

순종 없는 지적 동의는 거짓 믿음이기 때문에 오늘도 하나님의 아들 예수 그리스도와 그의 말씀을 참되게 믿고 순종하고자 합니다. 더 큰 믿음을 우리에게 허락하여 주옵소서.

예수님의 이름으로 기도하옵나이다. 아멘.

22

롬 1:5

- 그리스도의 이름을 위해.
  예수 그리스도가 최상의 동기.
- 예수 그리스도를 위해서, 그리스도의 영광을 위해서 살라.
  예수 그리스도가 생의 목표요 보상이요 상급이요 능력이요 인생 자체이다.
  오직 그리스도, 오직 믿음, 오직 예수 보혈뿐.

> **15** 그로 말미암아 우리가 은혜와 사도의 직분을 받아 그의 이름을 위하여 모든 이방인 중에서 믿어 순종하게 하나니

예수님은 그리스도시오. 살아 계신 하나님의 아들입니다. 예수님이 하나님의 아들 그리스도라는 증거로 십자가에서 우리 죄를 대신해서 피 흘려 죽으시고, 죽은 자들 가운데서 부활하셨습니다.

이 예수님이 하나님의 아들, 예수님이 그리스도, 예수님이 우리 죄를 대신해서 십자가에서 피 흘려 죽으시고 부활하셨다는 복음으로 우리 인생 모든 문제가 처리되고 해답을 얻습니다. 이 복음은 모든 믿는 자에게 구원을 주시는 하나님의 능력이 됩니다. 이 하나님의 아들 예수 그리스도의 복음, 그리스도 십자가 대속의 피의 복음으로 깊이 뿌리내리기를 기원합니다.

예수님이 신성의 하나님 되심과 십자가 대속의 피의 복음을 마음 중심에 믿고 예수 그리스도를 영접할 때 그리스도인은 그리스도와 연합

한 자가 됩니다. 내가 그리스도 안에, 그리스도가 내 안에 계시는 신적인 삶이 시작됩니다. 진정한 구원은 자기 자신이 없어지는 데서 시작되는 것입니다.

이제 내가 육체 가운데 사는 것은 나를 사랑하사 나를 위하여 자기 자신을 버리신 하나님의 아들을 믿는 믿음 안에서 사는 것입니다. 다른 표현으로 하면 "그리스도의 이름을 위하여" 사는 것입니다. 한마디로 내 삶의 목적과 동기는 "예수 그리스도"인 것입니다.

제가 십자가 피의 복음 진리의 문서를 발간할 때에 듣는 가장 큰 참소의 하나는 그것이 '나(임덕규)를 위하여', '내 이름을 위하여' 한 것이 아니냐는 것이었습니다. 저는 여러 번 기도했고 지금도 기도하는 제목입니다.

'하나님의 아들 예수 그리스도를 위하여', '십자가에 못 박히신 그리스도를 위하여', '십자가에서 대속의 죽음을 위하여 흘리신 보혈을 위하여' 십자가 대속의 피의 복음 진리를 발간하고 있습니다. 예수 그리스도가 제 동기입니다.

어느 사람도 모든 설교의 중심에 신성의 예수 그리스도 인격과 십자가 보혈의 사역이 중심이 되어 설교한 것을 보지 못하였기 때문입니다. 제가 '저 자신의 이름을 위하여' 복음의 사역을 한다면 저는 마땅히 제 안에 계신 예수 그리스도와 그리스도의 성령께서 저를 책망하시고 저의 심령에서 영감을 거두시고 심령을 메마르게 하셨을 것입니다. 저와 여러분 모두가 다 예수 그리스도가 우리 삶의 동기가 되기를 열렬하게 소원합니다.

로마서 저자 사도 바울도 예수 그리스도가 그의 최상의 동기였습니다. 그가 하나님의 복음을 위하여 택정함을 받은 목표와 동기도 "그리스도의 이름을 위하여"였습니다.

오늘 본문 로마서 1장 5절을 보면 "그로 말미암아 우리가 은혜와 사도의 직분을 받아 그의 이름을 위하여 모든 이방인 중에서 믿어 순종하게 하나니"라고 하였습니다.

바울은 "그의 이름을 위하여" 이 일을 한다고 하였습니다. 여기서 "이름"이라는 용어가 의미가 있습니다. 성경에서 이름은 언제나 지시된 인격을 알고 이해하도록 주신 계시를 대신합니다.

예컨대 구약에서 하나님은 이스라엘 민족에게 자신을 드러내실 때 그의 이름을 통해서 드러내셨습니다. "여호와 이레", "여호와 샬롬" 등입니다. 하나님은 이름들을 통해서 자신을 알리셨습니다. 그 이름들은 하나님을 묘사하고, 하나님의 인격과 하나님의 동기들과 하나님의 소원과 하나님의 활동들을 묘사해 주었습니다. 이름은 곧 그 사람을 드러내는 것입니다.

오늘 본문에서 바울이 "그의 이름을 위하여" 모든 이방인 중에서 믿어 순종하게 한다고 말하는 것은 주 예수 그리스도의 영광을 나타내고 대표하기 위한 것임을 말한 것입니다. 그것이 바울의 최상 동기였습니다. 바울은 그리스도께서 영화롭게 되고, 그리스도의 영광이 사람들 가운데에 높여지고, 모든 사람이 그리스도의 영광을 찬미하도록 삶을 영위할 수 있게 되는 것이 그의 동기요 목표였습니다.

바울은 왜 이방인들이 믿음의 순종에 이르기를 바랐습니까?

그것은 "그리스도의 이름을 위하여", '그리스도의 이름에 영광과 존귀를 돌리기 위함'이었습니다. 우리는 예수 그리스도의 이름을 존귀하게 하려고 '질투해야' 합니다.

선교의 동기 중 가장 고상한 것은 대위임령에 대한 순종도 중요하고 멸망당하는 죄인들에 대한 사랑도 중요하지만, "예수 그리스도의 이름을 위하여" 불타는 열심이라 할 수 있습니다. 나 같은 죄인, 억만 죄악을 사해 주신 예수 그리스도의 강권하시는 사랑을 기억하고 오직 "그리스도의 이름을 위한 불타는 열심" 때문에 전도자로 사는 것입니다.

우리는 "그의 이름을 위하여" 온 세상이 그의 발 앞에 꿇어 엎드리기를 바랍니다. 바울은 빌립보서에서 다음과 같이 말했습니다.

내게 사는 것이 그리스도니 죽는 것도 유익함이라(빌 1:21).

바울에게 있어서 예수 그리스도는 생애 시작이었고, 마지막이었으며, 생의 목표요 과제요 보상이요 능력이요 영감이었습니다. 예수 그리스도는 바울의 인생 그 자체였습니다.

오직 그리스도, 오직 믿음, 오직 예수 보혈 신앙으로 살고, 성령 충만 받아 하나님 사랑과 이웃 사랑의 전도자로 살고, "그리스도의 이름을 위하여" 살아야 합니다. 예수 그리스도가 우리 인생의 보상입니다.

더 이상 바랄 것이 무엇입니까?

많은 죄를 용서받은 자는 많이 사랑합니다.

살아계신 아버지 하나님!

하나님 은혜를 감사합니다.

억만 죄악을 사해 주시고, 구원해 주시고, 죄 사함 주시고, 하나님의 자녀로 삼아서 영광스럽게도 하나님 자신, 예수님 자신, 성령님 자신이 우리 안에 내주하셔서 우리 생을 새롭게 하시고, 변화시키고, 삶의 의미와 목적을 충족시켜 주심을 감사하오며, 우리 하나님께, 우리 그리스도께 영광을 돌려 드립니다.

그러므로 이제는 내게 사는 것이 그리스도니 죽는 것도 유익함이라는 바울의 고백처럼 오늘도 예수 그리스도의 이름을 위하여 바울만 그렇게 사는 것이 아니라 우리도 동일한 은혜를 받았은즉 우리도 그 이름을 위하여 사는 자가 되고, 내 삶의 모든 목적과 동기가 예수 그리스도가 되게 하여 주옵소서. 이 참된 믿음을 갖도록 믿음 위에 믿음을 더하셔서 주를 위하여, 그 이름을 위하여, 복음을 위하여 사는 자가 되게 하여 주옵소서.

예수님의 이름으로 기도하옵나이다. 아멘.

23

롬 1:6

- 그리스도인의 정체성.
  예수 그리스도의 것.
  하나님께서 그리스도에게 속하도록 부르심.
- 다음 세 가지 사실을 인식하고 살아야 한다.
  ① 자기 존재의 가치
  ② 겸손함
  ③ 거룩히 살 방법은 오직 그리스도, 오직 믿음, 오직 은혜, 오직 성령 충만.

⁶ 너희도 그들 중에서 예수 그리스도의 것으로 부르심을 받은 자니라

예수님은 그리스도시오. 살아 계신 하나님의 아들입니다. 예수님이 하나님의 아들 그리스도라는 증거로 십자가에서 우리 죄를 대신해서 피 흘려 죽으시고, 죽은 자들 가운데서 부활하셨습니다.

이 예수님이 하나님의 아들, 예수님이 그리스도, 예수님이 우리 죄를 대신해서 십자가에서 피 흘려 죽으시고 부활하셨다는 복음으로 우리 인생 모든 문제가 처리되고 해답을 얻습니다. 이 복음은 모든 믿는 자에게 구원을 주시는 하나님의 능력이 됩니다. 이 하나님의 아들 예수 그리스도의 복음, 그리스도 십자가 대속의 피의 복음으로 깊이 뿌리내리기를 기원합니다.

예수님의 신성의 하나님 되심과 십자가 대속의 피의 복음을 마음 중심에 믿고 중생한 그리스도인은 자신이 어떠한 사람이 되었는가에 대한 정체성을 바로 알아야 합니다. 그리스도인은 "예수 그리스도의 것"으로 부르심을 받은 자입니다. 예수 그리스도에게 속한 자로 부르심을 받았습니다.

그러므로 더 이상 '내가' 아닙니다. 오직 '그리스도'입니다(Not I, but Christ). 내가 스스로 결단해서 그렇게 예수 그리스도의 것이 된 것이 아닙니다. 하나님 아버지께서 예수 그리스도의 것이 되도록 부르셨습니다. 우리를 부르신 이는 하나님이십니다. 성부 하나님이십니다.

하나님은 예수 그리스도로 말미암아 우리를 부르십니다. 우리를 그리스도께로 부르십니다. 예수님은 요한복음 17장 6절에서 이렇게 기도하셨습니다.

> 세상 중에서 내게 주신 사람들에게 내가 아버지의 이름을 나타내었나이다 그들은 아버지의 것이었는데 내게 주셨으며(요 17:6).

그리스도인들은 하나님 아버지에 의해서 예수 그리스도께 주어진 자들입니다.

또 요한복음 6장 44절에도 보면 "나를 보내신 아버지께서 이끌지 아니하시면 아무도 내게 올 수 없으니"라고 예수님은 말씀하셨습니다. 우리가 예수 그리스도에게 나옵니다. 그러나 하나님 아버지께 이끌려, 아버지의 부르심을 받아 그리스도에게로 나오는 것입니다.

오늘 본문에서도 사도 바울은 로마에 있는 그리스도인들에게 그들이 어떠한 존재인지 분명히 인식하도록 편지를 쓰고 있습니다.

로마서 1장 6절을 보면 "너희도 그들 중에서 예수 그리스도의 것으로 부르심을 받은 자니라"라고 하였습니다.

사도 바울은 로마에 있는 그리스도인들에게 "이방인 중에서 예수 그리스도의 것"으로 부르심을 받았다고 말합니다. 예수 그리스도에게 속한 자로 부르심을 받은 자라는 것입니다. 물론 예수 그리스도의 것으로 부르시는 분은 하나님 아버지이십니다.

오늘날 로마의 이방인들이 예수 그리스도의 것으로 부르심을 받은 자인 것같이 동일한 이방인인 우리도 예수 그리스도의 것으로 부르심을 받은 자입니다. 그리스도인은 예수 그리스도께 속한 사람입니다.

그리스도인은 그리스도 안에 자리를 잡게 된 자입니다. 그래서 바울 사도는 신약 서신서에서 "그리스도 안에서"라는 말을 자주 사용하였습니다. 우리는 "그리스도 안에" 있도록 부르심을 받았습니다. 우리는 예수 그리스도의 것으로 부르심을 받은 자입니다. 이것이 그리스도인의 정체성입니다.

물론 "그리스도인"이라는 용어 자체가 그 점을 단번에 암시하고 있습니다. 이것은 무언가 구별시키고 있는 것입니다. 이것은 우리를 다른 모든 사람과 구별시키는 것입니다.

우리는 그리스도 안에 있습니다. 우리는 그리스도의 나라 안에 있습니다. 우리는 그리스도의 몸의 지체들로 그리스도 안에 있습니다. 우리는 그리스도와 연합되어 있습니다. 우리는 그리스도와 하나가 되었습니다. 예수 그리스도와 우리 사이에 신비적인 관계가 성립된 것입니다.

그렇다면 예수 그리스도의 것으로 부르심을 받은 자된 우리는 다음 세 가지 사실을 항상 기억하고, 확신하고, 기도하여 거룩하게 살아야 합니다.

첫째, 자신의 존재 가치를 그리스도 안에서 느끼며 살아야 합니다. 자신은 하나님과 예수 그리스도의 큰 사랑의 대상인 줄 알고 어떤 역경과 고난과 위기 속에서도 낙심하지 말고, 포기하지 말고, 그리스도의 사랑으로 이겨내야 합니다.

둘째, 자신이 예수 그리스도의 것인 만큼 겸손해야 합니다.

> 아무 일에든지 다툼이나 허영으로 하지 말고 오직 겸손한 마음으로 각각 자기보다 남을 낫게 여기고(빌 2:3).

> 너희 안에 이 마음을 품으라 곧 그리스도 예수의 마음이니(빌 2:5).

거듭난 그리스도인, 곧 예수 그리스도의 소유가 된 그리스도인의 증거 중의 하나가 겸손입니다. 여러분은 겸손함으로 그리스도 안에 있음을 증거하며 살기 바랍니다.

셋째, 자기는 그리스도께 속한 자가 되었은즉 거룩하게 살아야 합니다.

> 오직 너희를 부르신 거룩한 이처럼 너희도 모든 행실에 거룩한 자가 되라 기록되었으되 내가 거룩하니 너희도 거룩할지어다 하셨느니라(벧전 1:15-16).

십자가 대속의 피의 복음 받은 우리는 모두 세상 사람 중에서 예수 그리스도의 것으로 부르심을 받은 자들입니다. 우리를 그 은혜로 부르신 이는 하나님 아버지이십니다. 그리스도인의 정체성은 신비하고도 존귀한 것입니다. 세상 사람들과 비교할 수 없는 존귀입니다.

그러므로 예수 그리스도의 것이 된 자로서 자신의 존재 가치의 위대성을 알아 어떤 역경이나 고난 앞에서도 절망하거나 포기하지 말고 그 예수 그리스도 이름으로 승리할 것이며, 예수 그리스도의 겸손으로 살고, 예수 그리스도의 거룩성을 드러내는 거룩한 삶을 살 것입니다.

오직 그리스도, 오직 믿음, 오직 예수 보혈 신앙으로 살고, 성령 충만 받아 거룩하게 살고 하나님 사랑과 이웃 사랑의 전도자로 살기 바랍니다.

살아계신 아버지 하나님!

하나님 은혜를 감사합니다.

우리 아버지 하나님께서 우리를 부르셔서 예수 그리스도의 것이 되도록 그리스도 안에 두심을 감사하옵나이다. 그러므로 그리스도의 영, 그리스도 안에 자리를 잡게 된 자들은 그리스도와 연합된 자인즉 우리 자신의 정체성을 바로 알아서 어떤 역경과 위기가 온다 할지라도 그리스도인답게, 그리스도와 연합된 자답게 전진하며 나아가고, 좌절하지 말고 일어서 힘 있게 살아가기를 기도합니다.

또한, 찬송하며, 또한 거룩한 삶을 살아가도록 위로부터 성령의 충만함을 부으셔서 하나님 사랑과 이웃 사랑의 전도자로 살아가고, 거룩한 삶을 살아가고, 힘 있고 능력 있게 좌절하지 않고 어떤 역경 속에서도 전진해 나가는 하루가 되도록 붙들어 주옵소서.

예수님의 이름으로 기도하옵나이다. 아멘.

제2장

바울과 로마 교인들
(1:7-15)

24

롬 1:7

- 우리가 성도가 된 원인.
  하나님의 사랑, 하나님의 부르심, 하나님이 성도가 되게 하심 때문.
- 성령 충만 받고 성도답게 살아갑시다.

> ⁷ 로마에서 하나님의 사랑하심을 받고 성도로 부르심을 받은 모든 자에게 하나님 우리 아버지와 주 예수 그리스도로부터 은혜와 평강이 있기를 원하노라

예수님은 그리스도시오. 살아계신 하나님의 아들입니다. 예수님이 하나님의 아들 그리스도라는 증거로 십자가에서 우리 죄를 대신해서 피 흘려 죽으시고, 죽은 자들 가운데서 부활하셨습니다.

이 예수님이 하나님의 아들, 예수님이 그리스도, 예수님이 우리 죄를 대신해서 십자가에서 피 흘려 죽으시고 부활하셨다는 복음으로 우리 인생 모든 문제가 처리되고 해답을 얻습니다. 이 복음은 모든 믿는 자에게 구원을 주시는 하나님의 능력이 됩니다. 이 하나님의 아들 예수 그리스도의 복음, 그리스도 십자가 대속의 피의 복음으로 깊이 뿌리내리기를 기원합니다.

예수님의 신성의 하나님 되심과 십자가 대속의 피의 복음을 마음 중심에 믿고 거듭난 그리스도인은 "성도"라고 일컬어집니다. "성도"란 세상과 하나님을 향하여 구별된 사람입니다. 십자가 대속의 피의 복음

받은 모든 그리스도인은 모두 "성도"입니다.

대단히 우문(愚問)이지만 우리가 어떻게 성도가 되었습니까?

다시 말하면 우리는 앞서 로마서 1장 6절에서 "예수 그리스도의 것으로 부르심을 받은 자"인데, 우리가 어떻게 하여 예수 그리스도의 것으로 부르심을 받았습니까?

우리는 이 질문에 대한 답을 통하여 우리 자신이 성도가 된 원인을 바로 알고 성령을 힘입어 오직 믿음으로 성도답게 살아가야 하겠습니다.

먼저 오늘 본문에서 사도 바울은 이에 대해 세 가지 주제로 설명합니다.

첫째, 하나님의 사랑
둘째, 하나님의 부르심
셋째, 그 결과 하나님이 성도가 됨

본문 로마서 1장 7절을 보면 "로마에서 하나님의 사랑하심을 받고 성도로 부르심을 받은 모든 자에게 하나님 우리 아버지와 주 예수 그리스도로부터 은혜와 평강이 있기를 원하노라"라고 하였습니다.

바울 사도는 이 말씀을 통하여 어떻게 하면 예수 그리스도에게 속한 자의 상태와 조건으로 들어갈 수 있는가를 말하고 있습니다. 다시 말하면 우리가 성도가 된 원인입니다.

첫째, 하나님의 사랑 때문이라고 합니다. 본문을 보면 "로마에서 하나님의 사랑하심을 받고"라고 하였습니다. 로마라는 도시는 당시에 가공스러운 죄악과 무서운 방탕으로 가득 차 있었습니다. 그런데 그 도시에 서로의 집에서 모이는 일단의 사람들이 있었습니다.

그들은 로마 사람들과 달리 가공스러운 죄악에서 떠나 그들과 전혀 다른 류의 삶을 영위하고 있었습니다.

무엇이 그렇게 만들었습니까?

사도 바울은 "하나님의 사랑"이 바로 그렇게 만들었다고 합니다.

모든 인간은 모두 억만 죄악을 가진 자로 마귀의 종노릇하며 사는 자들이었습니다. 그러나 하나님의 사랑이 죄와 악한 세상과 마귀의 권세에서 벗어나게 하였습니다. 우리가 하나님의 사랑을 믿게 된 것은 우리가 행한 어떤 일이 아니고 하나님께서 먼저 우리를 사랑하셨기 때문입니다.

그리스도인은 하나님의 특별하고도 고유한 사랑의 대상이었습니다. 우리는 사랑 받을 만한 자격을 갖춘 자가 전혀 아님에도 불구하고 하나님의 사랑하심을 받았습니다. 그것도 그리스도 십자가 대속의 보혈의 사랑을 받았습니다. 억만 죄악을 사함을 받은 사랑을 무조건 받았습니다. 여기에 구원받은 신자의 감격이 있습니다.

둘째, 원인은 "하나님의 부르심"을 받았다는 것입니다. 본문을 보면 "하나님의 사랑하심을 받고 성도라 부르심을 받은 모든 자"라고 합니다.

하나님께서 그렇게 사랑하시니 그들을 부르십니다. 그리스도인은 하나님의 부르심을 받은 자입니다. 보편적으로 부르심을 받은 것이 아니라 특별하게 "부르심"을 받았습니다. 여기서 부르심은 '효과적인 부르심'입니다.

두 사람이 회중 속에 앉아 있을 때 똑같이 설교를 듣습니다. 또한, 같은 복음 전도를 받습니다. 이때 한 사람은 믿고, 다른 사람은 믿지 않습니다. 믿는 사람에게는 효력 있는 부르심이 있습니다. 하나님께서 그의 성령으로 한 사람이 예수 그리스도를 믿도록 역사하여 부르시는 것입니다.

저와 여러분도 한쪽 귀로 듣고 다른 쪽 귀로 흘려버리는 것이 아니라 성령의 역사로 십자가에 못 박히신 예수 그리스도를 확실하게 믿고 의지하도록 하나님은 효력 있는 부르심을 하셨습니다. 이것이 소위 선택 교리입니다. 이 선택은 모든 구원의 근원이며 모든 축복의 토대와 주요 원인입니다.

왜 어떤 사람은 신앙을 가지지만 다른 사람은 갖지 않습니까?

그 어떤 피조물도 이 질문에 답변할 수 없습니다. 오직 하나님의 절대주권적인 결정입니다. 여기에 "부르심을 받은 모든 자"의 감격이 있고 하나님과 그리스도께 대하여 헌신의 이유가 있습니다.

셋째, 원인은 효력 있는 부르심을 받은 성도들입니다. 우리는 "성도"로 부르심을 받았습니다.

"성도"란 어떤 사람입니까?

말 그대로 '거룩한 사람'입니다. '하나님과 그를 찬송하기 위해 구별된' 사람이라는 뜻입니다.

이 말은 소극적으로는 세상으로부터 구별되었다는 뜻입니다. 세상은 하나님을 반대하고, 하나님을 미워하고, 하나님을 향하여 적대감을 가지고 있습니다. '거룩'이란 이 모든 것으로부터 구별된다는 것입니다.

또 한편으로 이 말은 적극적인 의미가 있습니다. 우리는 하나님을 향하여 구별됩니다. 세상으로부터만 구별되는 것이 아니라 하나님을 향하여 구별되어야 합니다. 우리는 하나님의 영광을 위하여, 또한 하나님을 섬기기 위해서 자신을 드리는 것입니다.

이렇게 구별된 존재로 우리는 부르심을 받았습니다. 그렇다면 우리는 성도로 부르심을 받은 성도답게 살아야 합니다. 그 방법은 성령님의 역사를 통해 가능합니다.

그런데 성령님의 역사는 그리스도 십자가 대속의 피의 복음으로 말미암아 우리에게 나타납니다. 성령님은 오로지 그리스도 십자가 피의 복음을 통해서만 사람들에게 역사하십니다.

그러므로 십자가 피의 복음에 뿌리를 내리고 오직 그리스도, 오직 믿음, 오직 예수 보혈 신앙으로 성령 충만 받아 거룩한 삶, 성도의 삶을 살아갈 것입니다. 하나님 사랑과 이웃 사랑의 전도자로 살아가기를 바랍니다.

살아계신 아버지 하나님!

하나님 은혜를 감사합니다.

우리가 타락한 무리로서 세상 속에 던져져 있으나 하나님께서 우리를 특별하게 사랑하시고, 그리고 우리를 부르시고, 성령으로 우리를 새로운 사람으로 만들어 주심을 감사합니다. 그리하여 세상과 하나님을 향하여 구별된 자가 되게 하심을 감사하옵나이다.

그 구별의 증거로 성령을 우리에게 부으셨사온즉 예수 그리스도로 말미암아 성령을 충만히 받아서 오늘도 하나님을 사랑하고 이웃을 사랑하고, 또 세상에서 구별된 자로서 육신의 정욕을 정복하며 거룩한 삶, 하나님 사랑과 이웃 사랑의 전도자의 삶을 살아가게 하여 주옵소서.

예수님의 이름으로 기도하옵나이다. 아멘.

25

롬 1:7

- 하나님의 은혜와 평강.
  교회를 위한 축복 기도.
- 바라는 축복은 은혜와 평강.
  축복의 원천은 하나님 우리 아버지와 주 예수 그리스도.
  그리스도 안에서 참된 안식과 평강을 누리라.

> **7** 로마에서 하나님의 사랑하심을 받고 성도로 부르심을 받은 모든 자에게 하나님 우리 아버지와 주 예수 그리스도로부터 은혜와 평강이 있기를 원하노라

예수님은 그리스도시오, 살아 계신 하나님의 아들입니다. 예수님이 하나님의 아들 그리스도라는 증거로 십자가에서 우리 죄를 대신해서 피 흘려 죽으시고, 죽은 자들 가운데서 부활하셨습니다.

이 예수님이 하나님의 아들, 예수님이 그리스도, 예수님이 우리 죄를 대신해서 십자가에서 피 흘려 죽으시고 부활하셨다는 복음으로 우리 인생 모든 문제가 처리되고 해답을 얻습니다. 이 복음은 모든 믿는 자에게 구원을 주시는 하나님의 능력이 됩니다. 이 하나님의 아들 예수 그리스도의 복음, 그리스도 십자가 대속의 피의 복음으로 깊이 뿌리내리기를 기원합니다.

예수님의 신성의 하나님 되심과 십자가 대속의 피의 복음을 마음 중심에 믿고 거듭난 그리스도인은 하나님께서 그 아들 예수 그리스도를 통해서 베풀어 주시는 은혜와 평강의 축복을 받고 사는 자입니다.

제 개인적으로 언제나 갈망하고 원하는 것은 하나님의 은혜입니다. 억만 죄악을 가진 나를 값없이 예수 그리스도의 십자가 보혈로 죄 사함 받게 하시고 하나님과 화해하게 하시어 평강의 축복을 주신 하나님의 은혜에 무한히 감사하며 살고 있습니다.

저는 이 하나님의 은혜와 평강을 언제나 사모하며 그 축복 속에서 살기를 시나 때나 원하고 있습니다. 저는 하나님의 평강이 저를 지켜 주지 않으면 아무것도 제대로 할 수 없습니다. 그래서 저의 모든 기도의 첫 일성은 "하나님 아버지, 은혜를 감사합니다"로부터 시작합니다. 하나님의 은혜 없이는 못 살고, 하나님의 평강 없이는 삶이 속으로는 뒤죽박죽입니다.

아마도 사도 바울은 저보다 더 이런 사실을 깊이 자각한 사람이었을 것으로 봅니다. 사도행전 26장 14절을 보면 예수님께서 다메섹 도상에서 바울을 만나셨을 때 이렇게 말씀하셨었습니다.

> 사울아, 사울아 네가 어찌하여 나를 박해하느냐 가시채를 뒷발질하기가 네게 고생이니라(행 26:14).

이 말씀은 사울이 예수 그리스도를 대적할 때에 그의 양심에 평안이 없음을 가리키는 것입니다. 누구든지 그리스도 안에 없으면 참된 평안함이 없습니다. 있더라도 일시적이며 대부분 거짓 평안함이 될 것입니다. 자신을 기만하는 생각으로 평안을 유지하는 종교적 혹은 심리적 기법입니다. 평강의 근원이 하나님이시기 때문입니다.

사도 바울은 이 하나님의 은혜와 평강의 가치를 잘 알았기에 어느 교회를 향하여 인사하더라도 하나님의 은혜와 평강을 기원하였습니다.

오늘 본문 로마서 서두에서도 동일한 기원을 하고 있습니다.

로마서 1장 7절을 보면 "로마에서 하나님의 사랑하심을 받고 성도로 부르심을 받은 모든 자에게 하나님 우리 아버지와 주 예수 그리스도로부터 은혜와 평강이 있기를 원하노라"라고 하였습니다.

우리는 "하나님 우리 아버지와 주 예수 그리스도로부터 은혜와 평강이 있기를 원하노라"는 말씀을 상고하고자 합니다. 이 말씀은 로마 교회를 위하여 축복 기도하는 특별한 복의 말씀입니다.

사도의 축복은 "은혜와 평강이 있기를 원하노라"입니다. 율법 아래에서 제사장들이 백성들을 축복하였던 것처럼 복음의 사역자들도 주의 이름으로 똑같은 일을 행하는 것입니다.

바울이 기원하는 축도가 담은 내용은 "은혜와 평강"입니다. 구약성경에 나타나는 인사법은 "평안"이라는 것이었으나, 여기서는 "은혜"가 앞에 나옵니다. "은혜"는 "받을 만한 자격이 없는데도 주어지는 호의"입니다.

이 은혜가 우리의 구원의 전체 기초입니다. 억만 죄악을 가진 인간이 예수 그리스도로 말미암아 사함을 받는다는 것은 하나님의 은혜가 아니었다면 있을 수 없는 일이었습니다. 저는 이 사실을 너무나 깊이 확신하기에 하나님의 은혜를 사모하고, 그 은혜가 나를 지배하고, 다스리고, 이끌기를 시마다 때마다 언제나 소망하고 기도하고 있습니다.

이 은혜 다음에 평강이 따릅니다.

하나님의 은혜 체험은 무엇으로 인도합니까?

그 대답은 "평강"입니다. 하나님의 은혜가 우리에게 주어진 것은 우리에게 이 평강을 받게 하기 위함입니다. 은혜는 샘과 원천으로서 이 평강의 큰 바다로 흘러갑니다. 이 평강은 먼저 하나님과 평화요 다음에 우리 양심의 평화요 우리 주변 모든 것의 평화입니다.

자연인들은 그들의 하나님께 대한 범죄로 인하여 하나님께 대한 적대감을 느끼고 살고 마귀의 종노릇하며 살기에 진정한 평안함이 없습니다. 오직 예수 그리스도께서 우리의 화목제물이 되어 주실 때 우리는 예수 그리스도로 말미암아 하나님과 화해할 수 있는 것입니다.

그래서 이 은혜와 평강의 원천을 바로 알아야 합니다. 바울은 "우리 아버지와 주 예수 그리스도로부터 은혜와 평강이 있기를 원하노라"라고 말하였습니다. "우리 아버지와 주 예수 그리스도"가 평강의 근원입니다.

먼저 모든 것은 "하나님 우리 아버지"로부터 옵니다. "하나님 우리 아버지"라는 말이 의미가 심장합니다. 하나님은 모든 그리스도인에게 아버지이십니다. 하나님은 예수 그리스도의 친아버지이신데, 우리가 예수 그리스도를 믿음으로 양자의 영을 받아 하나님의 양자가 되어 우리도 하나님을 "우리 아버지"라고 부르고 완전한 하나님 자녀의 지위를 갖게 되었습니다.

여러분은 "하나님"을 호칭할 때 그냥 "하나님"이라고 하지 말고 "하나님 아버지"라고 관계개념으로 하나님을 불러야 합니다.

그다음 중요한 은총의 원천은 "주 예수 그리스도"이십니다. 예수 그리스도는 하나님과 일체이신 성자 하나님으로서 하나님과 인간 사이의 중보자 역할을 담당하시는 중보자 그리스도이십니다. 인간이면서 하나님으로서 하나님과 인간 사이의 중보자가 되어 주시는 것입니다.

그러므로 하나님의 축복은 예수 그리스도를 통하지 않고는 우리에게 전달될 수가 없습니다. 하나님과 우리 사이의 중보자는 오직 한 분 신·인의 그리스도 예수이십니다(딤전 2:5). 그래서 오늘 본문은 "하나님 우리 아버지와 주 예수 그리스도로부터 은혜와 평강이 있기를 원하노라"라고 하는 것입니다.

십자가 대속의 피의 복음 받은 그리스도인은 오직 그리스도, 오직 믿음, 오직 예수 보혈 신앙으로 살고, 예수 그리스도로 말미암아 하나님의 은혜와 평강을 받고 살아야 합니다.

예수 그리스도로 말미암아 성령이 임하여 평강과 기쁨의 하나님 나라가 여러분 속에 이루어지기를 기원합니다. 그리고 이 평강과 희락의 하나님 나라의 증인으로 살아가기를 기원합니다.

살아계신 아버지 하나님!

하나님 은혜를 감사합니다.

우리가 하나님께 범죄하여 하나님과 원수된 상태에 있기에 우리에게는 참된 평강이 없는데 하나님께서 그 아들 예수 그리스도의 십자가 대속의 은혜로 하나님의 평강을 받고 살게 하심을 감사합니다.

우리는 하나님께서 보내신 평강의 왕 예수 그리스도를 우리 안에 모심으로 우리 안에 하나님의 평강이 임한다고 믿습니다. 그러므로 우리 아버지 하나님이여, 중보자 예수 그리스도로 말미암아 우리 안에 평강을 충만히 부어 주옵소서.

그리하여 세상 속에 나아가 화평의 자리에 앉게 하여 하나님의 아들이라 일컬음을 받는 종들이 되게 하시고, 또한 평강의 왕국, 심령 천국의 기쁨을 누리면서 하루를 살아가고, 평강이 없는 세상 속에 평강의 왕국을 증거하는 증인으로 살아가게 하여 주옵소서.

예수님의 이름으로 기도하옵나이다. 아멘.

26

롬 1:8

- 로마 교회의 믿음이 감사한 이유.
  로마가 로마제국의 수도인 점, 세속적 타락 속에서 믿음, 이방인을 향한 증거, 하나님의 소문(성령의 역사) 때문이다.
- 여러분의 믿음이 소문났는가?

> **8** 먼저 내가 예수 그리스도로 말미암아 너희 모든 사람에 관하여 내 하나님께 감사함은 너희 믿음이 온 세상에 전파됨이로다

예수님은 그리스도시오. 살아계신 하나님의 아들입니다. 예수님이 하나님의 아들 그리스도라는 증거로 십자가에서 우리 죄를 대신해서 피 흘려 죽으시고, 죽은 자들 가운데서 부활하셨습니다.

이 예수님이 하나님의 아들, 예수님이 그리스도, 예수님이 우리 죄를 대신해서 십자가에서 피 흘려 죽으시고 부활하셨다는 복음으로 우리 인생 모든 문제가 처리되고 해답을 얻습니다. 이 복음은 모든 믿는 자에게 구원을 주시는 하나님의 능력이 됩니다. 이 하나님의 아들 예수 그리스도의 복음, 그리스도 십자가 대속의 피의 복음으로 깊이 뿌리내리기를 기원합니다.

예수님의 신성의 하나님 되심과 십자가 대속의 피의 복음을 마음 중심에 믿고 거듭난 그리스도인은 세상에 살면서 새사람이 되었기 때문에 소문이 나게 되어 있습니다. 물론 좋은 의미로 소문이 나야 할 것입

니다. 고난과 역경과 핍박 속에서도 낙심하지 않고 항상 감사하며, 또한 죄악 세상 속에서도 사랑하고 섬기는 믿음의 삶을 산다면 필경 소문이 날 수밖에 없습니다.

특히, 많은 사람의 이목을 집중시키는 사람들은 그리스도인답게 신중하게 행동할 필요가 있습니다. 그들이 행하는 행동은 선하든 악하든 사람들의 입에 오르내리기 때문입니다.

오늘 본문은 로마 교회의 믿음이 소문난 데 대하여 사도 바울이 그의 서신에서 하나님께 감사하고 있습니다.

본문 로마서 1장 8절을 보면 "먼저 내가 예수 그리스도로 말미암아 너희 모든 사람에 관하여 내 하나님께 감사함은 너희 믿음이 온 세상에 전파됨이로다"라고 하였습니다.

바울은 전도 여행을 많이 한 사람이었는데 가는 곳마다 로마 지역의 그리스도인들에 대한 극찬의 소리를 들었습니다. 여기서 "온 세상"이란 로마제국을 가리킵니다.

그러면 어째서 바울이 로마 교회의 믿음에 감사하고 있습니까?

몇 가지 이유가 있다고 봅니다.

첫째, 로마가 로마제국의 수도였고, 로마제국의 중심지였으며, 로마 정부의 중심지였기 때문입니다. 로마제국의 먼 지방에 있는 사람들이 로마제국의 중심도시인 로마에 그리스도인들이 있다는 소문을 들었습니다. 그래서 그들은 즐거워하였고 기뻐할 이유가 있었습니다.

둘째, 로마는 수도요 중심지였기에 수많은 사람이 몰려들었습니다. 거기에는 극단적인 형태의 타락이 나타났고 불경건과 비종교성과 이방의 신상과 궁정의 우상 숭배들이 나타났을 것입니다. 부유하고 화려한 생활을 하는 제국의 중심지 로마는 영적으로 깊이 타락의 죄에 빠져 있었다고 봅니다.

이러한 로마 같은 곳에 일단의 그리스도인들이 서로 함께 모여 하나님과 예수 그리스도를 찬양하고 예배한다는 소식은 다른 신자들의 마음을 즐겁게 하였을 것입니다.

셋째, 로마는 이방인의 도시였기에 로마에 그리스도인이 있어 믿음 생활을 잘하고 있다는 것은 복음이 유대인뿐만 아니라 이방인들에게도 해당한다는 궁극적인 증거였기에 이방인들은 기뻐했을 것입니다. 그리하여 이방인의 사도로 부름을 받은 바울은 그들의 믿음에 대해 하나님께 감사한 것입니다.

넷째, 로마 교회의 믿음은 하나님께서 그 소문을 내신 것이기 때문에 하나님께 감사한 것입니다. "너희 모든 사람에 관하여 내 하나님께 감사함은 너희 믿음이 온 세상에 전파됨이로다"라고 하였습니다.

바울 사도 당시에는 신문이 없었습니다. 전보나 전화도 없었습니다. 라디오나 텔레비전도 없었습니다. 그런데도 그 소식이 온 세상, 곧 로마제국 전체에 전파되었습니다.

어떻게 그것이 알려졌습니까?

참된 부흥은 광고할 필요가 없습니다. 성령의 역사는 광고할 필요가 없습니다. 그 자체가 광고입니다. 교회사가 이런 사실을 증거합니다.

부흥이 어떤 작은 무리에게 갑자기 찾아들 때 그 무리가 아무리 적더라도 그것이 문제가 되지 않습니다. 그 소문이 사방에 퍼집니다. 그것은 알려집니다. 온 세상에 전파됩니다.

여기 로마서 가운데서도 바로 그러한 일을 말하고 있는 것입니다. 그것이 바로 부흥입니다. 그것이 바로 성령의 역사입니다. 소문은 고대 세계 속에서 산불처럼 번졌습니다. 광고매체가 없는데도 그렇게 번져 나갔습니다.

성령께서 임하셔서 그 권능 있는 역사를 행하실 때 그것은 필연적으로 언제나 알려지기 마련입니다. 하나님이 그 소문을 퍼뜨립니다. 수 세기에 걸쳐서 일어났던 모든 부흥 시기마다 하나님께서 그러한 일을 하셨습니다.

지금도 하나님은 그렇게 하십니다. 언제나 그렇게 하실 것입니다. 교회가 신성의 하나님의 아들 예수 그리스도 복음과 십자가 대속의 피의 복음으로 뿌리가 내려 이 복음으로 말미암아 성령님의 역사가 나타난다면 언제나 부흥은 일어날 것입니다.

이때 성령님께서 어떤 개인의 마음이나 어떤 부류의 사람들에게 권능으로, 기이한 방식으로, 아무도 이해할 수 없는 방식으로 임할 때 그 소문은 퍼져나가 마음들이 불붙게 되고, 사람들은 먼 곳에서 그곳을 찾아 여행 올 것입니다.

저와 여러분의 믿음이 소문나기를 바랍니다. 우리가 광고해서가 아니라 하나님께서 소문나게 하심으로 이루어지기 바랍니다.

어떻게 가능합니까?

단순합니다. 성령의 역사로 가능합니다.

그 성령님은 복음으로 말미암아 사람들에게 나타납니다. 결국, 여러분이 예수님의 신성의 하나님 되심과 십자가 대속의 보혈의 복음을 참되게 믿고 거듭난 후 성령의 권능을 구하고 구할 때 어느 날 작든 크든 나타날 것입니다.

　　우리 아버지 하나님이시여!
　　우리 주 예수 그리스도시여!
　　우리에게 이런 은혜를 부어 주옵소서!

　오직 그리스도, 오직 믿음, 오직 예수 보혈 신앙으로 성령 충만 받고, 하나님 사랑과 이웃 사랑의 전도자로 살기 바랍니다. 여러분의 믿음을 가지기 위해 사람들이 몰려오기를 기원합니다.

　살아계신 아버지 하나님!
　하나님 은혜를 감사합니다.
　로마 교회의 성도들의 믿음이 온 로마제국에 전파되었습니다. 그것은 여러 가지 인간적인 이유가 있겠지만 궁극적으로는 하나님께서, 하나님의 성령님께서 역사하신 결과라고 믿습니다. 오늘의 시대에 일어났던 모든 참된 부흥은 하나님께서 소문내시고, 성령님께서 소문내신 결과라고 믿습니다.
　오늘도 우리가 신성의 하나님 아들의 복음과 십자가 대속의 피의 복음을 타협하지 않고 계속 전할 때 하나님의 성령께서 이 복음을 위하여 구원의 역사, 중생의 역사, 믿음의 역사를 크게 일으켜주셔서 진정한 부흥이 이루어지도록 우리 주님께서 친히 역사하시고, 성령님이 역사하시고, 아버지께서 영광을 받아 주옵소서.

이 메시지를 듣는 모든 교회 위에 이러한 성령님의 역사, 부흥의 역사, 진정한 구원의 역사, 생명의 역사가 나타나게 하여 주옵소서. 그리고 그 복음의 능력으로 거룩한 삶, 하나님 사랑과 이웃 사랑의 성령 열매를 맺는 축복들이 소문나게 하여 주옵소서.

예수님의 이름으로 기도하옵나이다. 아멘.

27

롬 1:9

- 전도자 바울의 기도.
  하나님의 아들 복음 안에서 심령으로 섬기는 사역.
- 항상 기도, 사랑의 기도 사역.
  자신을 잊고 무능을 인식하고 능력의 하나님만 바라보고 기도하라.

> ⁹ 내가 그의 아들의 복음 안에서 내 심령으로 섬기는 하나님이 나의 증인이 되시거니와 항상 내 기도에 쉬지 않고 너희를 말하며

예수님은 그리스도시오. 살아계신 하나님의 아들입니다. 예수님이 하나님의 아들 그리스도라는 증거로 십자가에서 우리 죄를 대신해서 피 흘려 죽으시고, 죽은 자들 가운데서 부활하셨습니다.

이 예수님이 하나님의 아들, 예수님이 그리스도, 예수님이 우리 죄를 대신해서 십자가에서 피 흘려 죽으시고 부활하셨다는 복음으로 우리 인생 모든 문제가 처리되고 해답을 얻습니다. 이 복음은 모든 믿는 자에게 구원을 주시는 하나님의 능력이 됩니다. 이 하나님의 아들 예수 그리스도의 복음, 그리스도 십자가 대속의 피의 복음으로 깊이 뿌리내리기를 기원합니다.

예수님의 신성의 하나님 되심과 십자가 대속의 피의 복음을 마음 중심에 믿고 예수 그리스도를 영접하여 예수 그리스도를 모시고 사는 자는 거룩한 제사장이 된 자들입니다(벧전 2:5). 소위 "만인 제사장"이라

는 개신교의 핵심 진리입니다.

그러므로 모든 십자가 대속의 피의 복음을 받은 그리스도인은 제물 되고 제사장 되신 하나님의 아들 예수 그리스도의 십자가 보혈을 믿고 의지하면서 하나님 앞에 나가 경배하며, 은혜의 빛을 받으며, 또한 간구하는 자가 되어야 합니다. 이때 그리스도인은 자기는 그리스도와 함께 십자가에서 죽은 자로 여기고, 자기는 잊어버리면서 십자가에 못 박히신 그리스도만을 바라보고 간구하는 자가 되어야 합니다.

이런 기도야말로 하나님을 섬기는 귀중한 사역입니다. 우리가 우리의 친구들에게 나타낼 수 있는 가장 큰 사랑은 기도를 통해 나타낼 수 있습니다. 우리가 현장에 직접 갈 수 없는 경우라도 '전심으로', '자기를 잊고 자신의 무능을 인식하면서 능력의 하나님만을 바라보면서', 곧 '심령으로' 섬기는 기도 사역을 할 수 있습니다.

저 자신도 이런 기도 사역으로 하나님과 그리스도 교회를 섬기고자 애쓰며 기도하고 있습니다. 우리가 매일 듣는 카톡 사역의 동역자들을 위해서 '내 심령으로', '내 전심으로' 기도하고 있습니다. 이 일에 하나님이 제 증인이십니다. 저에게도 이런 기도부대들을 열망합니다.

이런 기도와 하나님을 향한 사역에 있어서 바울 사도는 하나님께서 세우신 모본이었습니다.

본문 로마서 1장 9절을 보면 "내가 그의 아들의 복음 안에서 내 심령으로 섬기는 하나님이 나의 증인이 되시거니와 항상 내 기도에 쉬지 않고 너희를 말하며"라고 합니다.

사도 바울은 교회가 알았던 복음 전도자 중에서 가장 위대한 복음 전도자였습니다. 그래서 우리도 복음을 전하거나 설교할 특권을 가진 자로서 그를 지켜보고 관찰하는 것이 중요합니다.

당시 로마 교회는 부흥하는 교회로 유명했지만, 성도들은 기도를 해야 했습니다. 그들은 아직 모든 것을 얻은 상태가 아니었기 때문입니다.

바울은 그들에 대한 기도를 그들에 대한 사랑의 본보기로 말하고 있습니다.

"내가 그의 아들의 복음 안에서 내 심령으로 섬기는 하나님이 나의 증인이 되시거니와 항상 내 기도에 쉬지 않고 너희를 말하며"라고 말하였습니다.

바울은 "그의 아들의 복음 안에서 내 심령으로 섬기는 하나님이 나의 증인"이라고 말했습니다. 바울의 사역 원리는 언제나 "하나님의 아들의 복음 안에서"였습니다.

바울이 하나님을 섬기는 방식은 복음을 전하는 것이었습니다. 그의 사역이 그리스도 십자가 대속의 피의 복음이 중심이 아니면 그것은 하나님을 섬기는 방식이 아닙니다.

또 바울은 "내 심령으로 섬기는 하나님"이라고 하였습니다. 여기서 "내 심령으로"는 외면적으로 섬기는 것과 대조됩니다. 그것은 '내 전심으로' 섬기는 것입니다. 자신을 드러내지 않고 전심으로 섬기는 자세입니다.

다른 말로 하면 "하나님을 심령으로" 섬긴다는 것은 삶과 마음의 가장 깊은 소원이 하나님을 섬기며, 자기의 존재 전체로 하나님을 섬기며, 자기의 인격 전체를 드려 하나님을 섬기는 것입니다. 자기 자신을 잊고 십자가에 못 박히신 그리스도만을 바라보고 그 능력을 의지하는 것입니다.

이러한 하나님을 섬기는 방식은 우리의 형제들에게 기도를 통해서 나타낼 수 있습니다. 우리는 우리 형제들에게 직접 가지 않더라도 이런 자기 부인과 십자가 사랑을 드러내는 복음 안에서 심령으로 섬기는 기도를 통해서 나타낼 수 있습니다.

바울이 이런 일에 대한 모본입니다. 그는 "하나님이 자기의 증인"이라고 감히 말하면서 로마인들을 위해 기도하였습니다. "항상 내 기도에 쉬지 않고 너희를 말하며"라고 하였습니다.

첫째, 바울은 쉬지 않는 기도를 드렸습니다. 바울은 다른 서신에서 "쉬지 말고 기도하라"라고 요구했었습니다. 이제 그는 그 자신이 이를 실천합니다. 그는 다른 일은 하지 않는 것이 아니었기 때문에 자주 기도하는 시간을 정해놓고 빠지지 않고 기도를 실천했다고 합니다.

둘째, 바울은 사랑의 기도를 드렸다고 합니다. "항상 내 기도에 쉬지 않고 너희를 말하며"라고 하였습니다. 로마인들이 그와 특별한 친분이나 이해관계가 있었던 것이 아니었음에도 그들을 위해 구체적으로 기도하였습니다. 그리고 이 사실이 진심임을 증거하기 위해 "하나님이 나의 증인이 되신다"라고 하였습니다.

사실 십자가 대속의 피의 복음 받은 그리스도인이 할 일은 기도보다 더 중요한 사역이 없습니다. 마음 중심으로, 인격을 드리며, 심령으로 드리는 기도를 우리가 모두 우리의 복음 전도 동역을 위해 기도해야 합니다.

오직 그리스도, 오직 믿음, 오직 예수 보혈 신앙을 갖고 전심으로 기도해야겠습니다. 성령 충만 받고 하나님 사랑과 이웃 사랑의 전도자로 살도록 쉬지 않고 기도해야겠습니다.

살아계신 아버지 하나님!

하나님 은혜를 감사합니다.

하나님을 섬기는 사역이, 그리스도를 섬기는 사역이 여러 가지가 있겠지만 우리가 그리스도 안에서 심령으로 섬기는 삶에 가장 귀중한 것이 기도의 사역이라고 믿습니다. 나 자신을 드려서, 내 인격을 드려서, 전심과 능력으로 하나님께 예수 그리스도 이름으로 기도하는 것이야말로 최고의 사역이라고 믿습니다.

우리가 형제들에게 직접 갈 수 없는 곳이라 할지라도 우리가 기도로서 그 현지의 사역에 동참할 수 있고, 또 우리 동역자들과 동행할 수 있습니다.

오늘도 전심으로, 전 인격을 다해서, 심령으로 기도하여 섬기는 교회와 우리 모든 동역자를 위하여 간구하게 하여 주옵소서. 우리에게 간구하는 영을 부어 주옵소서.

예수님의 이름으로 기도하옵나이다. 아멘.

28

롬 1:10

- 하나님의 뜻 안에서 로마행 구함.
  하나님의 섭리적 의지로 해결 바람.
  이것이 좋은 길이다.
- 우리의 때와 우리의 길이 하나님과 그리스도의 손에 달려 있다.
  성령의 인도를 받으라.
  환경조성·내적인 확신 때까지 기도하라.
  하나님의 때와 하나님의 방식대로 허락된다.

> **10** 어떻게 하든지 이제 하나님의 뜻 안에서 너희에게로 나아갈 좋은 길 얻기를 구하노라

예수님은 그리스도시오. 살아계신 하나님의 아들입니다. 예수님이 하나님의 아들 그리스도라는 증거로 십자가에서 우리 죄를 대신해서 피 흘려 죽으시고, 죽은 자들 가운데서 부활하셨습니다.

이 예수님이 하나님의 아들, 예수님이 그리스도, 예수님이 우리 죄를 대신해서 십자가에서 피 흘려 죽으시고 부활하셨다는 복음으로 우리 인생 모든 문제가 처리되고 해답을 얻습니다. 이 복음은 모든 믿는 자에게 구원을 주시는 하나님의 능력이 됩니다. 이 하나님의 아들 예수 그리스도의 복음, 그리스도 십자가 대속의 피의 복음으로 깊이 뿌리내리기를 기원합니다.

예수님의 신성의 하나님 되심과 십자가 대속의 피의 복음을 마음 중심에 믿고 거듭난 그리스도인은 마음 중심에 모시고 사는 성령님의 인도에 대한 확실한 지식을 갖고 살아야 실수 없이 하나님의 뜻 안에서의 길을 걸을 수 있습니다. 우리가 어떤 길을 계획하고 걷고자 할 때 우리는 "하나님의 뜻 안에서" "좋은 길"을 얻고 걸어가야 합니다.

"하나님의 뜻 안에서"의 좋은 길이란 먼저 장애물을 통해서 "하나님의 뜻 안에서"의 길을 확인할 수 있습니다. 우리의 길이 방해를 받았다는 것은 하나님께서 자기 종을 인도하기 위한 장애요소일 수 있습니다. 환경적 장애는 "하나님의 뜻" 발견의 일차적 관문이라 할 수 있습니다. 그런 환경은 질병일 수도 있고 박해나 어떤 사건일 수도 있습니다. 때로 사탄의 역사일 수도 있습니다.

사도행전 16장 6, 7절을 보면 다음과 같습니다.

> **6** 성령이 아시아에서 말씀을 전하지 못하게 하시거늘 그들이 브루기아와 갈라디아 땅으로 다녀가 **7** 무시아 앞에 이르러 비두니아로 가고자 애쓰되 예수의 영이 허락하지 아니하시는지라 (행 16:6-7).

성령님께서 사람의 영을 억압하시고 직접 통제하시는 일이 여기서 표현되어 있습니다. 우리는 우리의 영 안에서 증거 하시는 성령의 증거를 중요하게 여기고 기도하며 기다려야 합니다.

어떤 길이 우리 생각으로 만족스럽고 환경이 열렸다 하더라도 '마음 속에 무언가 불안하고 불확실한 느낌이 있으면 움직이지 말고 행동하지 않아야 합니다.'

성령님의 금하심이 바로 여기에 있는 것입니다. 그러므로 불확실하면 하나님의 뜻이 아직 성숙 되지 않았으니 기다려야 합니다. 형통한 환경 같더라도 기다려야 합니다. 그것이 심령 속에서 불확실하다면 말입니다.

바울의 모습을 보겠습니다. 본문 로마서 1장 10절을 보면 "어떻게 하든지 이제 하나님의 뜻 안에서 너희에게로 나아갈 좋은 길 얻기를 구하노라"라고 하였습니다.

바울은 "하나님의 뜻 안에서" 로마행을 구하는 것입니다. 여기서 "하나님의 뜻"이란 하나님의 섭리적 의지를 말합니다. 바울은 지금까지 로마에 가려고 해도 방해로 길이 막혀 갈 수 없었습니다. 그래서 그는 "하나님의 뜻 안에서", 곧 "하나님의 섭리적 해결 속에서" 가기를 바라는 것입니다.

우리는 우리의 계획을 세우고 집행하는 자가 아니라, 주의 뜻이면 우리가 살기도 하고 이것이나 저것을 하리라(약 4:15)고 해야 합니다. "하나님의 뜻 안에서" "좋은 길"을 얻도록 기도해야 합니다.

작은 일이든 큰일이든 계획을 세워 일하려고 한다면 "하나님의 뜻 안에서" 행하기 위해 기도해야 합니다. 그것은 우리의 때가 하나님과 그리스도의 손안에 있고, 우리의 모든 길이 하나님과 그리스도의 처분에 달려 있기 때문입니다.

우리는 대장이 아니고 주권자도 아닙니다. 우리는 다만 한 큰 군대 안에 있는 개개의 병사들에 불과합니다. 우리는 하나님의 뜻을 온전히 발견할 수 없습니다.

그러면 우리의 입장은 무엇입니까?

우리는 오늘 본문의 바울처럼 하나님께 우리의 간구를 드리는 것입니다. 바울은 "하나님의 뜻 안에서 너희에게로 나아갈 좋은 길 얻기를 구하노라"라고 하였습니다.

우리는 사도 바울의 예보다 더 위대한 우리 주 예수 그리스도의 표본을 알고 있습니다.

> 내 아버지여 만일 할 만하시거든 이 잔을 내게서 지나가게 하옵소서 그러나 나의 원대로 마시옵고 아버지의 원대로 하옵소서(마 26:39).

예수 그리스도께서 가신 길을 예수 그리스도의 종들인 우리는 걸어야 합니다. 소원과 갈망, 추구를 가지는 것은 옳습니다. 그러나 매사에 "하나님의 뜻 안에서" 구해야 합니다. 그리스도인의 삶은 영광스러운 놀람과 영광스러운 금지와 영광스러운 제약과 영광스러운 장애로 가득 찬 삶입니다.

그런데 우리가 바라던 그 일이, 우리가 복종하며 기도해 오던 그 일이 하나님의 때와 하나님의 방식대로 허락됩니다. 거기만이 오직 유일한 안전의 처소가 있습니다. 거기만이 평강의 자리가 있습니다.

오늘 본문대로 바울의 기도는 성취되어 결국 로마에 가게 되었습니다. 그러나 그가 정한 때와 방법으로 도착한 것이 아니었습니다. 그렇지만 하나님은 바울을 쓰셔서 많은 사람을 만나게 했고, 그곳에서 옥중 서신 네 편을 쓰게 하셨습니다.

다시 정리하거니와 우리의 때가 그리스도의 수중에 있고, 우리의 모든 길이 그리스도의 처분에 달려 있습니다. 그러므로 우리는 바울처럼

'어떻게 하든지 이제 하나님의 뜻 안에서 얻게 될 좋은 길을 위하여 기도할 것입니다.'

오직 그리스도, 오직 믿음, 오직 예수 보혈 신앙으로 살고, 성령 충만 받아 하나님 사랑과 이웃 사랑의 전도자로 살기 바랍니다. 내일 일은 염려하지 말 것입니다. 그리스도의 수중에 우리의 미래와 운명이 다 들어 있습니다. 쉬지 말고 기도할 것입니다.

살아계신 아버지 하나님!

하나님 은혜를 감사합니다.

오늘도 우리 가는 길을 인도받기 위하여 우리 안에 계신 성령님과 말씀과 성령의 인도를 구하는 시간을 갖습니다. 오늘도 우리 뜻으로 아니 하고 하나님의 뜻 안에서 좋은 길 얻기를 기도하오니 하나님의 섭리적 의지로 해결받기를 바라옵나이다. 오늘도 우리의 때가 그리스도의 수중에 있음을 알고, 우리의 미래와 운명이 그리스도의 처분에 달려 있음을 믿습니다.

주여, 우리 인생 가는 길, 우리 교회가 가는 길을 인도하시고 이끌어 주시옵소서.

예수님의 이름으로 기도하옵나이다. 아멘.

29

롬 1:11

- 신령한 은사를 나누어 줌.
  견고하게 하려 함.
  신령한 은사는 하나님이 주시는 성령의 은사가 아니다.
  가르침이나 권고, 혹은 교리 교육을 주고자 함.
- 십자가 피의 복음 진리 위에 굳게 서게 함.
  은사 자랑 말고 예수님 신성과 십자가 피의 복음 진리 위에 견고히 서라.

> ¹¹ 내가 너희 보기를 간절히 원하는 것은 어떤 신령한 은사를 너희에게 나누어 주어 너희를 견고하게 하려 함이니

예수님은 그리스도시오. 살아계신 하나님의 아들입니다. 예수님이 하나님의 아들 그리스도라는 증거로 십자가에서 우리 죄를 대신해서 피 흘려 죽으시고, 죽은 자들 가운데서 부활하셨습니다.

이 예수님이 하나님의 아들, 예수님이 그리스도, 예수님이 우리 죄를 대신해서 십자가에서 피 흘려 죽으시고 부활하셨다는 복음으로 우리 인생 모든 문제가 처리되고 해답을 얻습니다. 이 복음은 모든 믿는 자에게 구원을 주시는 하나님의 능력이 됩니다. 이 하나님의 아들 예수 그리스도의 복음, 그리스도 십자가 대속의 피의 복음으로 깊이 뿌리내리기를 기원합니다.

예수님의 신성의 하나님 되심과 십자가 대속의 피의 복음을 마음 중심에 믿고 구원 얻은 그리스도인은 하나님의 아들 예수 그리스도 복음의 위대성을 바르게 자각해야 합니다. 이 복음은 모든 믿는 자에게 구원을 주시는 하나님의 능력이 되기 때문입니다.

이때 중요한 관점은 '구원'입니다. 하나님의 아들 예수 그리스도 복음, 십자가 대속의 피의 복음으로 인한 구원은 칭의(죄 사함)에만 그치는 복음이 아니라, 성화를 통한 구원, 그리고 더 나아가 영화에 이르기까지의 모든 것을 포함하는 것입니다. '구원'은 과거, 현재, 미래 삼중적으로 완성되는 것입니다.

그러므로 예수님의 신성의 인격과 대속의 죽음과 부활 사역의 복음을 단지 전도용으로만 생각하는 것은 복음의 깊이를 모르는 무지입니다. 우리가 알다시피 로마서는 심오한 교리들을 가진 기독교 전체의 진술이라고 할 수 있는데, 이러한 로마서의 모든 심오한 교리도 다 "하나님의 아들 예수 그리스도 복음", "십자가 대속의 피의 복음"이라는 제목 밑에 와야 합니다.

우리는 오늘 사도 바울의 말을 듣고, 매일 듣는 복음 진리 위에 더 굳게 서야겠습니다.

본문 로마서 1장 11절을 보면 "내가 너희 보기를 간절히 원하는 것은 어떤 신령한 은사를 너희에게 나누어 주어 너희를 견고하게 하려 함이니"라고 합니다.

바울 사도는 이미 세워져 있는 로마 교회를 견고하게 하려고 신령한 은사 나누어 주기를 원했습니다. 여기서 문제 되는 것은 "신령한 은사"가 무엇인가 하는 것입니다.

첫눈에 보기에는 은사란 바울이 고린도전서 12장에서 나열한 은사나 로마서 12장과 에베소서 4장에서 나열한 그 은사 중 하나로 보입니다. 그러나 이런 해석은 중대한 문제를 갖고 있습니다.

이러한 본문들에서는 하나님, 그리스도, 혹은 성령님의 주권적 결정에 따라 은사들이 주어집니다. 그렇다면 사도 바울도 자신이 은사를 나눠줄 수 있다고 주장하게 됩니다. 이런 주장은 비성경적입니다.

이런 주장을 하는 자도 있습니다. 이들은 바울이 "어떤 신령한 은사를 너희에게 나누어 주어"라고 말하기 때문이라고 합니다. 그래서 그런 자들은 자기들이 어떤 자에게 안수하면 성령의 은사가 주어진다고 말합니다.

오늘날도 손기철 장로 같은 사람은 소위 "임파테이션"(Impartation)을 주장합니다. 이것을 "전이"라고 합니다. 그러나 이런 주장은 성령의 역사 주체가 인간일 수 있다는 위험성이 있습니다. 그러므로 우리는 그런 해석들을 받아들일 수 없습니다. 바울이 오늘 본문에서 원하는 목표는 자신의 은사 과시가 아니라, 로마인들을 "견고하게 하려 함"이었습니다.

예컨대 고린도전서 12장에서 말하는 것은 성령님께서 주권적인 방식으로 자기의 원하시는 대로 나누어 주신다는 것이었습니다. 그래서 바울은 고린도 교인들이 영적인 은사들을 받았으나 그 사람들을 세워주지 못한다는 것을 알았습니다.

우리가 알다시피 신령한 은사를 가진 고린도 교회는 미숙하였고, 그 은사들이 그들을 견고한 신앙에 세워 주지 못했습니다. 바울 사도가 로마 교인들에게 "어떤 신령한 은사를 나누어 주고자"는 것은 그들을 견고하게 하려 함이었습니다.

이 말은 "강하게 해 주고", "굳게 세워 주고", "완전하게 해 주고", "확고히 해 준다"라는 뜻입니다. 바울이 그들을 세워 주는 방식은 가르침의 방편으로 말미암는 것이었습니다. 그가 그들에게 편지를 쓰는 것은 그가 실제로 로마에 가서 그 일을 실행해 옮기기 위함이었습니다.

로마서는 하나의 교리의 개요입니다. 바울은 이러한 교리를 밝혀 주고, 가르치고, 교훈하고, 세워 주고, 뿌리가 박히게 하는 것이었습니다. 소위 "복음의 교리 교육"이었습니다. 우리가 이러한 교리들을 알고, 또 그것을 활용할 때 우리는 견고하게 되고, 요동치 않으며, 이단에 넘어가지 않는 것입니다.

영적 생활에는 지름길이 없습니다. 교리를 알고 적용하는 것은 시간이 걸립니다. 우리를 견고하게 하는 것은 어떤 신령한 은사(예컨대 방언 예언 등)가 아니라 교리이며, 말씀에 대한 철저한 지식뿐입니다. 이 말씀의 요약이고 중심이 그리스도 복음입니다.

오직 그리스도, 오직 믿음, 오직 예수 보혈 신앙으로 살고, 성령 충만 받아 하나님 사랑과 이웃 사랑의 전도자로 살기 바랍니다.

살아계신 아버지 하나님!
하나님 은혜를 감사합니다.
우리가 은사를 받게 되고 하나님께 받게 되는 은사 활용을 통해서 하나님의 일을 열심히 하지만, 그 은사 가진 자가 교만해지기 쉽고 거룩한 삶 속에 미숙할 경우가 많습니다. 우리가 은혜를 받고 하나님과 우리 주 예수 그리스도 앞에서 겸손하며, 사랑하며, 섬기는 종들이 되어야 마땅하다고 믿습니다.

은사를 많이 받은 고린도 교회가 미숙한 교회였다는 것을 잘 아는 사도 바울은 로마 교회가 견고한 터 위에 서기 위해서 그는 교리가 그들에게 주어져야 하고, 이 교리를 통해서 확실하게 진리 위에 굳게 서서 견고한 주님의 사람들이 되기를 소원했습니다.

오늘 우리도 이 교리의 중심이 하나님의 아들 예수 그리스도 복음, 그리스도 십자가 대속의 피의 복음인즉, 우리가 참되게 이 복음에 깊이 뿌리 내리기를 기도합니다. 그리고 우리가 섬기는 그리스도 교회가 이 하나님의 아들 예수 그리스도, 십자가 대속의 죽음과 부활의 그리스도 터 위에 세워지기를 간절히 기도합니다. 우리를 믿음으로 세워 주시고, 그리스도 교회를 붙들어 주옵소서.

예수님의 이름으로 기도하옵나이다. 아멘.

롬 1:12

- 바울의 겸손.
  피차 안위함을 얻으려 함.
  그리스도인과의 교제 원함.
- 교황주의는 잘못.
  교회의 본질은 성도들의 영적 교통이다.
  서로 사랑하고 교제를 나누라.

12 이는 곧 내가 너희 가운데서 너희와 나의 믿음으로 말미암아 피차 안위함을 얻으려 함이라

예수님은 그리스도시오. 살아계신 하나님의 아들입니다. 예수님이 하나님의 아들 그리스도라는 증거로 십자가에서 우리 죄를 대신해서 피 흘려 죽으시고, 죽은 자들 가운데서 부활하셨습니다.

이 예수님이 하나님의 아들, 예수님이 그리스도, 예수님이 우리 죄를 대신해서 십자가에서 피 흘려 죽으시고 부활하셨다는 복음으로 우리 인생 모든 문제가 처리되고 해답을 얻습니다. 이 복음은 모든 믿는 자에게 구원을 주시는 하나님의 능력이 됩니다. 이 하나님의 아들 예수 그리스도의 복음, 그리스도 십자가 대속의 피의 복음으로 깊이 뿌리내리기를 기원합니다.

예수님의 신성의 하나님 되심과 십자가 대속의 피의 복음을 참되게 믿고 구원을 받은 그리스도인들은 이전의 삶과는 전혀 다른 영적인 존재가 되어 삶의 방법에 대한 성향이 달라집니다. 예컨대 가장 고상하고 높아 보이는 비그리스도인과 시간을 보내는 것보다 차라리 가장 비천한 그리스도인과 시간을 보내려 합니다.

그래서 십자가 피의 복음 받은 그리스도인은 다른 그리스도인이 된 자들의 구원받은 체험을 듣고 싶어 하고, 그리스도께로부터 무엇을 받았으며, 그리스도께서 자기들을 어떻게 인도하셨는지를 알고 싶어 합니다. 그것은 그러한 것이 자기에게 자극을 주며, 또 자기의 삶을 풍성하게 하는 것임을 알기 때문입니다.

이런 점에서 로마가톨릭교회와 개신교 교회의 본질적 차이가 있습니다. 로마 교회는 교회의 본질을 외부 또는 유형적 조직체에서 찾습니다. 사제 이상의 '교훈하는 교회'와 '설교를 듣는 교회'로서 구분되는 것입니다.

그러나 기독교는 이런 외부적인 교회 개념에 반대하고 성도들의 내면적 또는 영적 교통에서 교회의 본질을 찾습니다. 이것이 바른 교회의 본질인 것입니다. 그러므로 그리스도인 간의 성도의 교제는 매우 중요하고, 또 피차 안위함을 얻는 길이 되는 것입니다.

오늘 본문에서 사도 바울은 사도로서 존귀한 직분을 가진 자로 가르치는 자이나, 동시에 그도 로마 교인들로 피차 안위 받기를 원했습니다. 소위 '성도의 교제'를 원하는 것입니다.

본문 12절을 보면 "이는 곧 내가 너희 가운데서 너희와 나의 믿음으로 말미암아 피차 안위함을 얻으려 함이라"라고 하였습니다.

바울은 앞서 자기가 로마 교인들에게 어떤 신령한 은사를 나누어 주어 그들을 견고하게 하려 한다고 말했습니다. 그러나 이제 즉시 로마 교인들도 자기에게 줄 것이 많다는 것을 알았습니다. 그래서 피차 안위함을 얻을 수 있다고 하는 것입니다.

사도 바울은 여기서 "성도의 교통"이라는 말을 쓰고 있는 것입니다. 이것은 바울의 순수한 겸손입니다. 바울은 위대한 사도로서 그의 비전이나 체험과 고난과 지식에 있어서 탁월한 지위를 차지한 사람이었습니다.

그러나 그는 언제나 자기가 소유한 어느 능력도 다 자기 속에서 나오는 것이 아님을 알았습니다. 그것은 자기 속에 있는 성령의 권능이었습니다. 그래서 그는 고린도전서 3장 6-7절에서 다음과 같이 말했습니다.

> **6** 나는 심었고 아볼로는 물을 주었으되 오직 하나님께서 자라나게 하셨나니 **7** 그런즉 심는 이나 물 주는 이는 아무 것도 아니로되 오직 자라게 하시는 이는 하나님뿐이니라(고전 3:6-7).

로마 교인들도 하나님의 성령으로 예수 그리스도를 믿고 영접하여 그리스도의 은혜를 체험한 자들이었습니다. 바울은 그들이 주께로부터 무엇을 받았고, 주께서 그들을 어떻게 인도하셨는지를 알고 싶었던 것입니다. 바울은 다른 사람에게서 하나님의 성령의 임재와 나타남을 듣기를 바랐고, 또 그것을 즐거워했고, 유익을 얻었습니다.

여러분들도 그럴 것입니다. 저도 훌륭한 비그리스도인보다는 미천하지만, 성령의 역사를 체험한 그리스도인과 교제하고, 그의 체험과 그리스도께서 그에게 베푸신 은혜를 듣고 싶습니다. 목사는 가르치고 성도는 배우는 존재만은 아닙니다. 그것은 천주교식입니다.

그렇다고 우리가 그리스도 교회 안의 직책을 무시해서는 안 됩니다. 그러나 진정한 권위는 그리스도인의 인격 속에 있는 성령님의 권위입니다. 그래서 우리는 참된 십자가 대속의 피의 복음을 믿고 받은 성령의 충만을 구하고, 성령 안에서 가르치고, 증거하고, 교제하고자 하는 것입니다.

개신교의 교회 본질을 '성도의 교제'로 보는 것은 중요한 교리이며, 그리스도 교회는 언제나 하나의 교제로 존재해야 합니다. 어떤 사람은 예배드리고 즉시 떠나는데, 이런 사람은 참된 교회의 본질에서 벗어난 사람인 것입니다.

바울은 오늘 본문에서 말했습니다.

"이는 곧 내가 너희 가운데서 너희와 나의 믿음으로 말미암아 피차 안위함을 얻으려 함이라."

저와 우리 교회, 그리고 여러분 모두의 교회가 참된 십자가 피의 복음 신앙에 뿌리내려 성령의 내주 인도를 받고 살면서 성도의 교제가 아름답게 이루어져 피차 안위 받고 견고한 그리스도 교회 공동체가 세워지기를 기원합니다.

오직 그리스도, 오직 믿음, 오직 예수 보혈 신앙으로 성령 충만 받아 하나님 사랑과 이웃 사랑의 전도자로 살고, 이 귀중한 체험을 성도의 교제로 나누기를 기원합니다.

살아계신 아버지 하나님!

하나님 은혜를 감사합니다.

오늘 교회의 본질적인 것은 성도의 교제라는 말씀을 듣게 하심을 감사합니다. 우리는 천주교처럼 성직들과 교회 간에 엄격한 차이가 있는 것이 아니라, 다 그리스도 안에서 한 형제자매인 것을 믿고 사도 바울과 같은 위대한 비전과 지식을 가지고 있는 탁월한 자라 할지라도 그는 로마 교인들과 함께 교제를 나누고 피차 안위함을 얻고자 하였습니다.

이것이 교회의 본질이라 믿습니다. 오늘도 내가 받은, 주님으로부터 받은 은사와 은혜가 있는 것처럼 또 다른 그리스도인들도 우리 예수님으로부터 받은 은사와 은혜가 있은즉 이것을 서로 나누며, 또 교제하면서, 서로 안위 받고, 힘을 얻고, 은혜를 받아서 교회의 견고한 공동체가 세워져 가도록 축복해 주시옵소서.

코로나19 바이러스로 인하여 모이기가 어려운 때에 우리 하나님께서 은혜를 주셔서 진정한 예배는 산 제물로 드리는 것이기 때문에 모여서 함께 예배드리는 것이 본질이나, 그렇지 못한 형편이 되어 가고 있은즉 온라인 사역이라도 참된 성도 간의 교제가 이루어짐으로 인하여 서로 은혜 받고 교회가 견고한 공동체로 세워져 가게 하여 주옵소서.

예수님의 이름으로 기도하옵나이다. 아멘.

31

롬 1:13

- 기도 응답의 장애물.
  장애물 통해 하나님의 뜻 보여 줌.
- 복음 전할 지역이 많았다.
  질병, 환경, 사탄의 방해, 성령의 방해.
  방해받았다고 포기하지 말라.
  우리의 때는 하나님께 달려 있다.

> **13** 형제들아 내가 여러 번 너희에게 가고자 한 것을 너희가 모르기를 원하지 아니하노니 이는 너희 중에서도 다른 이방인 중에서와 같이 열매를 맺게 하려 함이로되 지금까지 길이 막혔도다

예수님은 그리스도시오. 살아계신 하나님의 아들입니다. 예수님이 하나님의 아들 그리스도라는 증거로 십자가에서 우리 죄를 대신해서 피 흘려 죽으시고, 죽은 자들 가운데서 부활하셨습니다.

이 예수님이 하나님의 아들, 예수님이 그리스도, 예수님이 우리 죄를 대신해서 십자가에서 피 흘려 죽으시고 부활하셨다는 복음으로 우리 인생 모든 문제가 처리되고 해답을 얻습니다. 이 복음은 모든 믿는 자에게 구원을 주시는 하나님의 능력이 됩니다. 이 하나님의 아들 예수 그리스도의 복음, 그리스도 십자가 대속의 피의 복음으로 깊이 뿌리내리기를 기원합니다.

예수님의 신성의 하나님 되심과 십자가 대속의 피의 복음을 참되게 마음 중심으로 믿고 구원받은 그리스도인의 최고의 특권은 기도 응답입니다. 그러나 기도 응답도 구원받은 그리스도인에게 장애물이 있습니다. 하나님은 그 장애물을 통하여 하나님의 뜻을 보여 주십니다.

그러므로 모든 그리스도인은 방해를 받았다고 포기할 것이 아니고 기도해야 합니다. 우리의 때는 하나님께 달려 있음을 알고 기도해야 합니다. 우리는 사도 바울 같은 비상한 사람에게도 여러 해 동안 소원하였지만, 그 소원을 이루지 못한 기도 응답의 장애물에 관한 말씀을 읽으면서 이로부터 위안을 받습니다.

> 형제들아 내가 여러 번 너희에게 가고자 한 것을 너희가 모르기를 원하지 아니하노니 이는 너희 중에서도 다른 이방인 중에서와 같이 열매를 맺게 하려 함이로되 지금까지 길이 막혔도다(롬 1:13).

사도 바울은 정확하게 무엇 때문에 로마에 가지 못했는지는 말하지 않습니다. 다만 그가 이 로마서 서신 끝 무렵에서 언급하는 설명이 아마도 가장 이해할 만할 것입니다.

즉, 헬라와 그 주변에서의 복음 전도 사역이 아직 완성되지 않았기 때문으로 봅니다(롬 15:22 이하). 하나님은 어떤 장애물을 통해서 하나님의 뜻을 보여 주십니다. 여기서 "길이 막혔다"는 것은 방해를 받았다는 뜻입니다.

그러므로 우리 그리스도인에게 있어서 기도 응답의 장애물은 하나님의 인도에 관한 교리에 있어 매우 중요한 부분입니다. 바울에게 있어서 로마행의 장애물은 앞서 말한 복음 전함을 받지 못한 지역에서 할 일이 많았다는 가능성 이외에도 때로는 질병이나 환경을 통한 장애 요소가 있었습니다.

또한, 사탄의 방해도 있었고, 때로는 하나님의 성령께서 금지하는 때도 있었습니다. 하나님께서 우리가 어떤 일을 하도록 원하시면 환경들을 조성하십니다. 우리가 억지로 문을 열려고 해서는 안 됩니다.

그러므로 저 자신이 취하고 있는 하나님의 인도에 관한 태도(이미 여러 번 언급한 바 있지만), '마음속에' 무언가 불안하고 불확실한 느낌이 있으면 움직이지 말고 행동하지 않아야 한다는 점입니다. 이것이 성령님의 금하심이라고 믿습니다.

모든 것이 다 잘되어 가는 것처럼 보일지라도 불확실하면 기다리는 것입니다. 그렇다고 해서 우리에게 나타나는 방해 때문에 절망하거나 포기해서는 안 됩니다.

바울의 말을 다시 들어보겠습니다. "형제들아 내가 여러 번 너희에게 가고자 한 것을 너희가 모르기를 원하지 아니하노니"라고 하였습니다.

바울은 바로 방해를 받았고 그의 길이 열리지 않았지만, 그는 계속해서 자기의 요구사항을 하나님께 아뢰어 자기의 마음의 소원을 하나님께 표현하고 있는 것입니다. 바울은 앞서 10절에서 "어떻게 하든지 이제 하나님의 뜻 안에서 너희에게로 나아갈 좋은 길 얻기를 구하노라"라고 하였습니다.

그래서 바울은 "그것이 하나님의 뜻이라면"이라고 말하면서도 여전히 기도하고 있는 것입니다. 여기에 바울 사도의 하나님의 종으로서의 위대한 삶의 비밀이 있습니다. 우리 모두도 여러 가지 기도 응답의 장애물을 만날 때 그 장애물들을 무시하지 말고 그 장애물들이 우리를 인도하는 하나님의 방식이 될 수도 있음을 기억해야겠습니다.

우리는 끝내 사도 바울이 로마에 이르게 된 것을 알고 있습니다. 물론 자기가 계획하고 목적했던 방식과는 전혀 다른 방식으로 로마에 이른 것입니다. 서바나로 향하여 가다가 로마에 들른 것도 아니고, 죄수로서 사슬에 묶여서 로마에 도달한 것입니다.

우리의 때는 하나님의 손에 달려 있습니다. 우리는 다만 한 큰 군대 안에 있는 개개의 병사들에 불과합니다(마틴 로이드 존스, 『로마서 강해 1』 참고). 우리의 소원과 바램, 갈망을 가지는 것은 좋습니다. 그러나 언제나 하나님의 뜻에 복종하고 기도하여 성령의 인도와 확신 따라 문이 열리는 대로 따를 것입니다.

오직 그리스도, 오직 믿음, 오직 예수 보혈, 오직 성령의 인도로 살고, 성령 충만 받고 하나님 사랑과 이웃 사랑의 전도자로 살기 바랍니다. 그리스도인의 삶에 궁극적인 실패는 없습니다. 결국, 하나님의 때와 하나님의 방식대로 허락됩니다. 포기하지 말 것입니다.

기도하겠습니다.

살아계신 아버지 하나님!

하나님 은혜를 감사합니다.

바울과 같은 사도도 그가 원하는 대로 되지 않아서 장애물 때문에 수

년간 기도했던 사실을 보면서 우리가 위로를 받습니다.

우리 같은 연약한 종들도 기도하는 가운데 장애물들이 많아서 하나님의 뜻이 빨리 나타나지 않음으로 인하여 낙심과 좌절에 빠지기가 쉬우나, 오늘의 말씀을 듣고 굳게 서서 낙심하지 말고 좌절하지 말고 오히려 장애물을 통하여 하나님의 뜻을 발견하는 지혜를 얻게 하여 주옵소서. 성령의 권능 받고, 끊임없이 기도하고 쉬지 말고 기도하도록 믿음을 더하여 주옵소서.

예수님의 이름으로 기도하옵나이다. 아멘.

32

롬 1:14-15

- 복음에 빚진 자.
  복음은 세상에 대한 빚이다.
  그리스도께서 복음을 맡기셨기 때문.
- 바울은 이방인의 사도로 부름 받은 자.
  우리도 복음에 빚진 자.
  모든 지성을 겸비한 내용을 담아 복음을 전하라.

> [14] 헬라인이나 야만인이나 지혜 있는 자나 어리석은 자에게 다 내가 빚진 자라 [15] 그러므로 나는 할 수 있는 대로 로마에 있는 너희에게도 복음 전하기를 원하노라

예수님은 그리스도시오. 살아계신 하나님의 아들입니다. 예수님이 하나님의 아들 그리스도라는 증거로 십자가에서 우리 죄를 대신해서 피 흘려 죽으시고, 죽은 자들 가운데서 부활하셨습니다.

이 예수님이 하나님의 아들, 예수님이 그리스도, 예수님이 우리 죄를 대신해서 십자가에서 피 흘려 죽으시고 부활하셨다는 복음으로 우리 인생 모든 문제가 처리되고 해답을 얻습니다. 이 복음은 모든 믿는 자에게 구원을 주시는 하나님의 능력이 됩니다. 이 하나님의 아들 예수 그리스도의 복음, 그리스도 십자가 대속의 피의 복음으로 깊이 뿌리내리기를 기원합니다.

예수님의 신성의 하나님 되심과 십자가 대속의 피의 복음을 마음 중심에 믿고 거듭난 그리스도인은 십자가 대속의 피의 복음에 대해 감격을 하는 복음 전도자로 사는 자가 됩니다. 자신의 억만 죄악을 신성의 하나님의 아들 그리스도께서 대신 담당하여 십자가에서 죽으시고 부활하심으로 죄 사함의 은혜를 주시고, 하나님과 화해하게 하시고, 하나님께 나아가 하나님을 뵈옵고 살게 되었다는 사실은 꿈 같은 현실입니다.

이런 십자가 대속의 피의 복음을 하나님의 은혜로 받은 자의 감격은 혼자만의 감격으로 간직할 수 없고 필연적으로 다른 사람에게도 그 십자가 피 복음의 감격 소식을 전하지 않을 수 없습니다. 복음 전도를 생의 목적으로 삼지 않는 자는 예수님의 신성의 하나님 되심의 복음과 십자가 대속의 피의 복음의 위대한 가치를 모르는 자이며 다시 복음을 받아야 할 자입니다.

제 일생의 최고의 축복이요 최대의 감격은 하나님의 아들 그리스도께서 저에게 말씀으로 찾아와 인간 예수님을 신성의 하나님의 아들로 믿게 하셨다는 예수님의 은혜입니다. 그 이후 저는 복음에 빚진 자로서 능력은 없지만, 신성의 하나님의 아들 예수 그리스도, 십자가 대속의 피의 복음의 증인으로 살고 있습니다.

저보다 더 위대한 하나님 복음의 감격을 한 자도 사도 바울은 어느 사람보다 복음의 빚진 자로 자신을 소개하고 로마 교회에 복음 전하기를 소원한다고 말합니다.

¹⁴ 헬라인이나 야만인이나 지혜 있는 자나 어리석은 자에게 다 내가 빚진 자라 ¹⁵ 그러므로 나는 할 수 있는 대로 로마에 있는 너희에게도 복음 전하기를 원하노라(롬 1:14-15).

바울은 다메섹 도상에서 예수님으로부터 부르심을 받았을 때 "이방인의 사도"로 부름을 받았습니다. 그래서 이방인들의 수도라 할 수 있는 로마에서 복음 선포를 열망했습니다. 그런 열망의 표현으로 그는 복음에 빚진 자라고 말하였습니다.

바울은 로마 사람들로부터 자신이 갚아야 할 어떤 것도 빌린 적이 없습니다. 그러나 예수님께서 그에게 그들을 위한 복음을 맡기셨습니다. 예수님은 바울에게 복음을 맡김으로써 바울이 빚진 자가 되도록 하신 것입니다. 그래서 그는 할 수 있는 대로 로마 교회에 복음 전하기를 원하였습니다.

이때 그는 "헬라인이나 야만인이나 지혜 있는 자나 어리석은 자에게 다 내가 빚진 자"라는 표현을 썼습니다. 첫 번째 "헬라인이나 야만인"의 구분은 국적과 문화와 언어의 차이를 나타낸다고 볼 수 있습니다. 두 번째 "지혜 있는 자나 어리석은 자"의 구분은 지성과 교육의 차이를 나타낼 수 있습니다.

이런 표현은 결국 이방인 집단 모두를 포괄하는 것입니다. 이 점은 오늘의 현실에 있어서 매우 중요한 일입니다. 그것은 어느 나라, 어느 민족에게서 태어났든 간에 문제가 되지 않고 "모든" 사람이 다 복음이 필요하다는 것입니다.

오늘날 기독교 국가 같은 것은 없습니다. 어떤 사람이 소위 기독교 국가에서 태어났다 할지라도 그것이 그를 그리스도인으로 만드는 것이 아닙니다. 도덕적으로 선하냐 악하냐 문제가 되지 않습니다. 모든 사람이 다 복음이 필요합니다.

심지어 철학자들도 가장 무식한 사람들과 똑같이 복음이 필요합니다. 중요한 것은 모든 사람이 하나님 앞에서 죄인이라는 것입니다. 하나님의 은혜, 하나님의 복음이 아니고서는 모두 정죄받고 지옥 백성일 수밖에 없는 것입니다.

바울의 이러한 표현은 정한 사람들만 호소력을 가진 것이 아니라 전 인류를 향한 것이기에 이 복음에는 사람들의 지성과 마음과 의지를 위한 전체 복음을 전해야 합니다. 우리는 바울 서신에 있는 이른바 "모든 지성"을 겸비한 그 장엄한 내용을 담아서 전해야 합니다. 오늘날 설교는 짧게, 그리고 교리적이 아니라 이야기로 전하라는 요구는 바울의 취지에서 어긋나는 것입니다.

우리도 사도는 아니지만, 우리 역시 세상에 빚진 자입니다. 복음이 우리에게 왔다면 그것을 우리만 간직하고 있을 수는 없습니다. 어느 사람도 복음을 독점했다고 주장할 수 없습니다. 가장 좋은 소식, 십자가 대속의 피의 복음은 그리스도께서 온 세상 사람을 위하여 피 흘려 죽으시고 사신 백성들을 위한 것입니다.

오직 그리스도, 오직 믿음, 오직 예수 보혈 신앙으로 살고, 성령 충만을 받아 하나님 사랑과 이웃 사랑의 전도자로 살아야겠습니다. 복음은 세상에 대한 빚입니다. 우리의 빚을 갚는 데 열심을 내야겠습니다.

살아계신 아버지 하나님!

하나님 은혜를 감사합니다.

복음은 우리가 가진 능력이나 공로로 얻은 것이 아니라 우리 하나님께서 전적으로 은혜로 찾아와서 우리 영혼을 구원하고 영원한 생명의 축복을 주시니 죄 사함의 은총에, 축복에 감사하고 영광을 돌립니다. 우리가 이 복음을 값없이 받았은즉 이 세상을 향하여 빚진 자일 수밖에 없습니다.

그러므로 우리는 복음을 받은 자로서 예수님의 지상명령인 예수 그리스도의 신성의 하나님의 아들 복음과 십자가 대속의 피의 복음을 땅끝까지 증거하도록 부름을 받은 자가 되었습니다. 그러므로 오늘도 우리가 복음에 빚진 자로서 모든 지성을 겸비한 내용을 담아서 복음을 전하고, 또 성경을 깊이 연구하고 복음에 깊이를 더해서 싫증이 나지 않고 언제든지 새롭고도 능력 있는 복음을 전하게 하여 주옵소서.

예수님의 이름으로 기도하옵나이다. 아멘.

제3장

복음의 요약
(1:16-17)

33

롬 1:16-17

- 종교개혁을 가져온 초석이 되는 구절.
  루터 생애의 전환점 이룸.
- 가톨릭 '성례'주의를 반대하는 초석.
  오직 성경, 오직 그리스도, 오직 믿음, 오직 은혜로 구원.

> ¹⁶ 내가 복음을 부끄러워하지 아니하노니 이 복음은 모든 믿는 자에게 구원을 주시는 하나님의 능력이 됨이라 먼저는 유대인에게요 그리고 헬라인에게로다 ¹⁷ 복음에는 하나님의 의가 나타나서 믿음으로 믿음에 이르게 하나니 기록된 바 오직 의인은 믿음으로 말미암아 살리라 함과 같으니라

예수님은 그리스도시오. 살아계신 하나님의 아들입니다. 예수님이 하나님의 아들 그리스도라는 증거로 십자가에서 우리 죄를 대신해서 피 흘려 죽으시고, 죽은 자들 가운데서 부활하셨습니다.

이 예수님이 하나님의 아들, 예수님이 그리스도, 예수님이 우리 죄를 대신해서 십자가에서 피 흘려 죽으시고 부활하셨다는 복음으로 우리 인생 모든 문제가 처리되고 해답을 얻습니다. 이 복음은 모든 믿는 자에게 구원을 주시는 하나님의 능력이 됩니다. 이 하나님의 아들 예수 그리스도의 복음, 그리스도 십자가 대속의 피의 복음으로 깊이 뿌리내리기를 기원합니다.

예수님의 신성의 하나님 되심과 십자가 대속의 피의 사역 복음을 믿고 구원을 받는다는 것은 오직 기독교 교리의 초석이 되는 진리입니다. 기독교는 성경과 신앙을 구원의 원리로 삼는 종교입니다. 이런 구원의 원리는 16세기 종교개혁을 통해서 확증되었습니다.

16세기 종교개혁은 크게 두 가지 원리로 정리됩니다.

첫째, 형식적 원리로서 '성경만이 구원에 관한 바른 지식을 준다'는 것입니다.

둘째, 실질적 원리로서 '그리스도의 공로를 믿음으로 하나님 앞에서 의롭게 된다'는 것입니다.

반면에 로마가톨릭은 믿음과 선행을 통해 구원을 얻으며 이 원리를 성경과 전통을 통해서 알 수 있다고 합니다. 그리고 로마가톨릭주의는 성례를 높이 들고나오는 교훈에 의존하고 있습니다.

물론 기독교는 이런 교훈에 반대하고 있습니다. 그 반대하는 초석이 오늘 본문 로마서 1장 16-17절입니다.

> ¹⁶ 내가 복음을 부끄러워하지 아니하노니 이 복음은 모든 믿는 자에게 구원을 주시는 하나님의 능력이 됨이라 먼저는 유대인에게요 그리고 헬라인에게로다. ¹⁷ 복음에는 하나님의 의가 나타나서 믿음으로 믿음에 이르게 하나니 기록된 바 오직 의인은 믿음으로 말미암아 살리라 함과 같으니라(롬 1:16-17).

이 두 절에는 로마서의 주제가 제시되어 있습니다. 바울 사도는 로마서 서론을 끝마치는 부분에서, 또한, 본론에의 다리로서 로마서의 대강령을 선포하려는 것입니다.

그것은 앞 절까지 거론된 "하나님의 복음", "그의 아들의 복음"을 받아 이 복음의 내용이 믿음으로 구원에 이르는 것을 밝히는 것입니다. 그리고 그것을 "하나님의 의"로 선포하고 있습니다.

이것이 로마서의 주제인 동시에 기독교의 주제인 것입니다. 여기에는 복음, 믿음, 구원, 능력, 하나님의 의 등 신약성경의 기본 용어들이 나타나고 있습니다. 이 기본 용어들을 바로 이해하는 것이 신약성경을, 나아가서는 기독교를 바로 이해하는 길입니다.

마틴 루터가 로마서를 이해하려고 애쓰는 중 가장 큰 장애물은 오늘 본문에 나온 "하나님의 의"였습니다. 루터는 초기에 이 "의"라는 말을 하나님께서는 의로운 분이요 따라서 불의한 사람들을 공정하게 처벌하신다는 뜻으로 받아들이고 있었습니다.

그때 루터의 상황으로 말하면, 루터는 수도사로서는 털끝만치도 흠잡을 데가 없었지만, 하나님 앞에서는 여전히 마음이 괴로운 죄인이었기에 도무지 그의 공로를 가지고는 하나님을 누그러뜨릴 자신이 없었습니다.

그러므로 루터는 공정하고 성난 하나님을 사랑하지 않았으며 오히려 증오하고 하나님께 투덜댔습니다. 그러면서도 여전히 그는 바울을 붙잡고 늘어지면서 그의 말에 무슨 뜻이 담겨 있을까 하고 계속 추구하였습니다.

그는 이렇게 말했습니다.

밤낮을 가리지 않고 곰곰이 생각하던 어느 날, 나는 "하나님의 의"와 "의인은 믿음으로 산다"는 말 사이에 관련이 있다는 것을 깨달았다. 그때 나는 "하나님의 의"란 하나님께서 은혜와 순수한 자비를 발휘하신 나머지 우리의 믿음을 보시고 우리에게 죄가 없는 것으로 취급하는 그 의(righteousness)라는 것을 터득했다.

그 순간 나는 새로 태어나서 활짝 열린 문을 통해 낙원에 이른 기분이었다. 성경 전체가 새로운 의미를 지녔으며, 전에는 하나님의 정의 때문에 내 속은 증오로 꽉 차 있었지만, 이제는 그것이 이루 말할 수 없이 소중하게 되었으며, 더 큰 사랑을 불러일으켰다.

바울 서신의 이 대목이 나에게 있어서 하늘로 통하는 하나의 문이었다 (롤란드 베인톤, 『마틴 루터의 생애』 참고).

이것이 루터의 생에 있어서 전환점을 이루게 되고 종교개혁의 초석이 되었습니다. 루터는 오늘 본문, 로마서 1장 16-17절의 두 구절을 통해서 복음 진리 속으로 들어가게 된 것입니다. 오직 그리스도, 오직 믿음, 오직 성경, 오직 하나님 영광의 표어가 나올 수 있었습니다.

그리스도인 생활의 시작이나 과정에 있어서 믿음이 전부입니다. 믿음에서 행위로가 아닙니다. 믿음으로 의로운 상태에 놓이고 행위로 말미암아 그 상태에 계속 머무르는 것이 아닙니다. '오직 믿음에서 믿음으로'입니다. 이 믿음으로 성령 충만 받아 하나님 사랑과 이웃 사랑의 전도자로 살기 바랍니다.

살아계신 아버지 하나님!

하나님 은혜를 감사합니다.

오늘 로마서의 중심 주제임과 동시에 종교개혁을 가져온 초석이 되는 로마서 1장 16-17장 말씀을 상고하게 하심을 감사하옵나이다. 이 로마서 1장 16-17절의 말씀을 바르게 이해함으로 인하여서 기독교의 기초가 세워질 수 있었은즉 오직 그리스도, 오직 믿음, 오직 예수 보혈 신앙으로 산다는 기독교 진리를 터득하고, 이 믿음으로 성령의 충만을 받아서 하나님 사랑과 이웃 사랑의 전도자로 사는 삶이 열린다는 것을 오늘 깨닫게 하시니 감사하옵나이다.

앞으로 이 말씀에 대한 더 깊이 있는 말씀의 터득이 이루어지고, 우리 인생길을 지도해 주시고, 누구든지 이 말씀을 참되게 이해함으로 인해서 구원의 은혜, 또 기독교의 깊은 진리 속으로 들어갈 수 있도록 은혜를 베풀어 주옵소서.

예수님의 이름으로 기도하옵나이다. 아멘.

34

롬 1:16

- "복음을 부끄러워하지 아니하노니"
  구유에 태어나시고 십자가에 못 박히신 분 선포 때문에 부끄러움 생긴다. 조롱받기 싫기 때문이다.
- 그러나 복음은 하나님의 복음이요 하나님의 능력이요 하나님에게서 온 '의'이며, 유일한 구원의 길이기 때문에 복음을 자랑한다.

> [16] 내가 복음을 부끄러워하지 아니하노니 이 복음은 모든 믿는 자에게 구원을 주시는 하나님의 능력이 됨이라 먼저는 유대인에게요 그리고 헬라인에게로다

예수님은 그리스도시오. 살아계신 하나님의 아들입니다. 예수님이 하나님의 아들 그리스도라는 증거로 십자가에서 우리 죄를 대신해서 피 흘려 죽으시고, 죽은 자들 가운데서 부활하셨습니다.

이 예수님이 하나님의 아들, 예수님이 그리스도, 예수님이 우리 죄를 대신해서 십자가에서 피 흘려 죽으시고 부활하셨다는 복음으로 우리 인생 모든 문제가 처리되고 해답을 얻습니다. 이 복음은 모든 믿는 자에게 구원을 주시는 하나님의 능력이 됩니다. 이 하나님의 아들 예수 그리스도의 복음, 그리스도 십자가 대속의 피의 복음으로 깊이 뿌리내리기를 기원합니다.

예수님의 신성의 하나님 되심과 십자가 대속의 피의 복음을 마음 중심에 믿고 중생한 그리스도인은 억만 죄악을 사함을 받고 하나님의 자녀가 된 하나님의 은혜에 대한 감사와 찬양 가운데서 하나님의 아들 예수 그리스도, 십자가에 못 박히신 예수 그리스도를 사랑하고, 자랑하고, 증거합니다. 이 복음은 억만 죄악의 자신을 구원해 주시는 하나님의 능력이고, 또한 유일한 구원의 길이기 때문입니다.

초창기에 구원을 받고 구원의 깊이와 넓이와 높이와 길이를 충분히 깨닫지 못한 초기에는 세상의 고관들이나 지성인들이나 권력과 명예를 가진 자 앞에서 하나님의 아들 예수 그리스도 복음, 십자가 대속의 피의 복음 선포를 부끄러워할 수도 있습니다. 그들에게서 조롱받거나 눈치를 받기 때문입니다.

특히, 십자가 대속의 피의 복음은 인간은 너무나 악한 죄인이기 때문에 예수 그리스도께서 우리를 대신해서 죽어 주지 아니하셨다면 우리는 구원을 얻을 수 없다고 말하기 때문입니다. 이런 십자가 대속의 피의 복음, 구유에서 태어난 천한 나사렛 예수, 목수의 아들 예수가 신성의 하나님의 아들이라는 복음은 교만한 세상 사람들의 마음을 상하게 합니다.

그러므로 자연인은 복음을 미워합니다. 십자가 피의 복음은 복음을 믿지 않는 자연인을 정죄하기 때문입니다. 만일 어떤 설교자의 설교가 자연인에게 칭찬을 받고 인기를 얻는다고 하면 그 설교는 아마도 아름다운 교훈의 설교로서 믿은 자에게 구원을 주시는 하나님의 능력이 되지 않는 설교일 것입니다.

100세 노인 김형석 교수께서 하신 설교나 강연이 불신자들과 불교도나 천주교도들에게 인기를 얻고 존경받습니다. 미안하고 죄송한 말이지만, 이런 설교로는 타락한 인간의 영혼을 구원할 수가 없습니다. 현대 자유주의의 참된 뿌리는 죄의식의 상실입니다.

복음을 자유주의자들이 전한 그리스도의 교훈이나 훈계 및 모본이나 스승으로 설교한다면 어느 사람의 마음도 상하지 않을 것입니다. 거기에는 십자가의 거치는 것이 없기 때문입니다.

십자가에 거치는 것은 이러합니다.

"나는 정죄받고, 상실되어 있으며, 너무 악하고, 구원 얻기에 무능하여 예수 그리스도의 대속의 죽음이 아니고서는 죄 사함을 받을 수 없는 죄인입니다. 나는 소망이 전혀 없는 자입니다. 나는 비열하고 쓸모없는 자입니다."

자연인은 이런 것을 좋아하지 않는 것입니다. 십자가에 못 박히신 그리스도의 복음은 자연인으로부터 조롱을 받게 되어 있습니다. 위대한 설교가 죠지 휫필드나, 존 웨슬리나 찰스 웨슬리 같은 사람들이 이러한 조롱을 받았습니다.

복음 설교를 가늠하는 매우 중요한 시금석을 20세기 최고 강해설교자 로이드 존스는 이렇게 말했습니다.

> 만일 우리가 복음을 전했는데 그것이 경멸의 도전을 당하지 않았다면, 또 우리가 전하는 그 복음이 우리에게 때때로 부끄러운 느낌이 들게 하는 것이 없었다면 우리는 참된 복음을 전하는 것이 아니다(로이드 존스, 『로마서 강해 1』 참고).

고린도전서 1장 23절을 보면 복음은 "유대인에게는 거리끼는 것이요 이방인에게는 미련한 것"이었습니다. 당시의 로마인은 그리스도인들을 "신기하고 유해한 미신에 열중한 무리"라 하였습니다. 로마인은 권력을 자랑하였고, 또 헬라인은 문화를 자랑하였고, 유대인은 종교적 우월성을 자랑하였습니다.

이런 인간적 자랑들이 뒤섞이고, 또 거기에 도취해 있던 대로마를 향해 바울은 "목수의 아들로 지냈으며, 유대 땅에서 가난한 여인의 집에서 자라났고,… 종래에는 강도들과 함께 죄수처럼 십자가에서 죽은 이를 전하려 하였던 것입니다"라고 말하였습니다.

이때 바울은 "내가 복음을 부끄러워하지 아니하노니"라고 말했습니다. 바울은 그 이유로 "이 복음은 모든 믿는 자에게 구원을 주시는 하나님의 능력이 됨이라"라고 하였습니다. 복음은 하나님의 능력이기 때문이고, 참되고 유일한 구원의 길이며, 하나님 자신에게서 온 '의'이기 때문이었습니다.

오직 그리스도, 오직 믿음, 오직 은혜, 오직 그리스도 십자가, 오직 예수 보혈 신앙으로 살고, 성령 충만 받아 십자가에 못 박히신 그리스도, 부활하신 그리스도, 다시 오실 그리스도를 담대하게 증거하고 설교하는 자들이 되어야겠습니다.

기도하겠습니다.

십자가 피의 복음을 부끄러워 말고 자랑하기 바랍니다.

살아계신 아버지 하나님!

하나님 은혜를 감사합니다.

복음은 억만 죄악의 죄인이 십자가에 흘리신 피를 통해서 죄 사함을 받고 구원을 얻는다는 메시지이기 때문에 자연인의 마음을 상하게 합니다. 또 이러한 복음을 싫어하기 때문에 그들의 앞에서 복음을 전하는 것에 대한 부끄러움이 없지 않아 있습니다. 그런데도 사도 바울은 복음을 부끄러워하지 않는다고 담대히 말했는데, 그것은 "이 복음은 모든 믿는 자에게 구원을 주시는 하나님의 능력이 됨이라"라고 말하였습니다.

오늘 우리도 세상 속에 나아가 어떤 무리한테, 지성인이나 권력자나 부자들 앞에서도 담대히 예수님이 십자가에 못 박히신 그리스도요 십자가에서 흘리신 피만이 이 모든 죄악을 도말 한다는 영광스러운 피의 복음을 담대하게 증거할 수 있도록 믿음을 더하여 주시고 은혜를 베풀어 주옵소서. 부끄러워하지 않는 담대한 능력을 허락하여 주옵소서.

예수님의 이름으로 기도하옵나이다. 아멘.

35

롬 1:16

- 구원을 주시는 하나님 (1)
  구원은 죄로부터 구원.
  죄로부터 삼중적인 구원 (죄의 책임, 죄의 세력, 죄의 오염).
  하나님과 화해. 영광과 소망 회복. 영생 얻음.
- 구원을 받으라!

> **16** 내가 복음을 부끄러워하지 아니하노니 이 복음은 모든 믿는 자에게 구원을 주시는 하나님의 능력이 됨이라 먼저는 유대인에게요 그리고 헬라인에게로다

예수님은 그리스도시오. 살아계신 하나님의 아들입니다. 예수님이 하나님의 아들 그리스도라는 증거로 십자가에서 우리 죄를 대신해서 피 흘려 죽으시고, 죽은 자들 가운데서 부활하셨습니다.

이 예수님이 하나님의 아들, 예수님이 그리스도, 예수님이 우리 죄를 대신해서 십자가에서 피 흘려 죽으시고 부활하셨다는 복음으로 우리 인생 모든 문제가 처리되고 해답을 얻습니다. 이 복음은 모든 믿는 자에게 구원을 주시는 하나님의 능력이 됩니다. 이 하나님의 아들 예수 그리스도의 복음, 그리스도 십자가 대속의 피의 복음으로 깊이 뿌리내리기를 기원합니다.

예수님의 신성의 하나님 되심과 십자가 대속의 피의 복음을 마음 중심으로 믿을 때 죄 사함을 받고 구원을 얻습니다. 구원이란 기독교에서 매우 중요한 말입니다. 신자는 구원에 대해 참된 이해를 하는 것이 매우 중요합니다. 왜냐하면, 기독교는 타락하여 죄를 범한 인간이 예수 그리스도를 믿고 구원을 얻는 종교이기 때문입니다.

그러므로 구원의 참된 의미를 이해하기 위해서는 인간의 타락과 죄의 결과로 일어난 일이 무엇인지를 이해해야 합니다. 인간의 타락과 죄가 어떠한 것인지를 이해하지 못하면 어째서 바울이 복음을 부끄러워하지 않으며, 또 어째서 바울이 그 복음을 그처럼 자랑하며 영광스럽게 생각하는지를 이해하지 못할 것입니다.

우리는 창세기의 처음 세 장을 바르게 이해해야 이 구원이라는 말을 바르게 이해할 수 있습니다. 인간은 "하나님의 형상"으로 창조되어 하나님과 교제하며 사는 존귀한 존재였습니다. 이것이 첫 사람 아담과 하와의 모습이었습니다.

그러나 하나님과의 교제 조건으로 "선악을 알게 하는 나무의 열매는 먹지 말라 네가 먹는 날에는 반드시 죽으리라"(창 2:17)라는 율법을 지켜야 했습니다. 이때 아담과 하와는 이 율법을 지킬 능력이 있었으나, 교만하여 사탄의 유혹에 넘어가 그 열매를 따 먹었습니다. 곧 하나님의 법, 율법을 어긴 것입니다.

이것이 바로 '죄'인 것입니다. 죄는 곧 불법입니다. 이 죄의 결과로 인간은 하나님을 떠나고 하나님과 원수 관계가 되었고, 유혹자 사탄의 지배하에 들어가게 되었습니다. 그뿐 아니라 죄를 범하기 전 아담과 하와의 마음속에 있던 찬란한 은혜의 빛은 사라지고 어둠과 죄악으로 오염되고 타락하게 되었습니다.

　이러한 인간의 타락과 죄의 결과로부터 인간을 건져내는 것을 구원이라고 합니다. 이 구원에는 죄로부터 구원받는 삼중적인 구원이 필요합니다. 그것은 인간이 사탄의 삼중적인 유혹에 의하여 타락하여 삼중적인 죄의 속박 속에 결박되어 있기 때문입니다.

　이 삼중적인 구원은 다음과 같습니다.

첫째, 죄의 책임으로부터의 구원입니다.

　죄를 범한 인간은 "반드시 죽으리라"는 율법의 죄책을 받아야 하기 때문입니다. 아담의 생육방법으로 태어난 모든 인간은 태어나면서부터 이러한 죄책을 갖고 이 세상에 나옵니다.

　우리는 죄책이 있는 죄인들입니다. 그러므로 구원은 무엇보다 먼저 그 죄책에서 건지는 일입니다.

둘째, 죄의 세력으로부터의 구원입니다.

　인간은 하나님께 범죄 후 사탄의 지배하에 들어갔기 때문에 그 사탄의 세력에서 구원을 받아야 합니다. 타락한 인간은 모두가 죄의 노예요 사탄이 지배하고 있으며, 죄의 지배 아래에 있는 것입니다. 인간은 이 세상 신 사탄의 노예입니다. "공중의 권세 잡은 자, 곧 지금 불순종의 아들들 가운데서 역사하는 영"의 노예입니다.

셋째, 죄의 오염으로부터의 구원입니다.

　오염이란 우리의 본성 속에 있는 죄를 의미합니다. 소위 내주성 죄입니다. 우리의 전인격은 타락하여 부패된 것입니다. 하나님을 사랑하는 대신 자아를 사랑하고 육신의 정욕대로 살아가는 것입니다. 인간은 거룩하신 하나님 앞에 더러워졌으며, 오염되었고, 썩어졌고, 거룩하지 못한 것입니다.

그리하여 인간의 구원은 죄책, 죄의 세력, 죄의 오염이라는 삼중적인 속박으로부터 구원입니다. 이러한 삼중적 죄의 속박으로부터 인간은 그 어떤 노력, 공로, 종교 등으로부터 구원받을 수 없습니다.

오직 하나님의 아들 예수 그리스도의 십자가 대속의 죽음으로만 가능합니다. 타락한 인간은 그 예수 그리스도 공로를 믿고 구원을 얻을 수 있습니다. 십자가 대속의 죽음으로 죄 사함 얻고, 사탄을 정복하며, 하나님과 화해가 이루어지고, 성령을 선물로 받아 죄에 오염된 인간의 마음을 거룩하게 만드는 구원이 가능한 것입니다. 이 구원으로 영생을 얻고 영광의 하나님께 나아가 하나님과 교제하며 사는 것입니다.

오직 그리스도, 오직 믿음, 오직 예수 보혈 신앙으로 성령 충만 받고 심령천국을 이루는 구원을 날마다 새롭게 받으면서 하나님 사랑과 이웃 사랑의 전도자로 살기 바랍니다.

살아계신 아버지 하나님!

하나님 은혜를 감사합니다.

사도 바울이 복음을 부끄러워하지 않는데 그것은 그 복음이 "모든 믿는 자에게 구원을 주시는 하나님의 능력"이기 때문이라고 말했습니다. 그러므로 이 구원에 대한 참된 이해를 우리가 바르게 갖는 것이 중요합니다.

구원은 죄로부터의 구원이지만, 이 구원은 삼중적인 구원의 의미로서 우리가 범죄하여 죄의 책임, 곧 죽음이라는, 영벌의 죄의 책임이 있고, 죄의 세력, 사탄의 노예가 되었고, 죄에 오염되고, 그리하여 우리 속이 타락하고, 오염되고, 더러워졌습니다.

이 삼중적인 죄의 속박으로부터의 구원은 인간의 노력이나 공로로 이룰 수가 없고, 오직 십자가에 못 박히신 그리스도의 피를 통해서 대속의 죽음으로 우리의 모든 죄악이 사해지고, 그 피의 능력으로 오늘도 죄의 세력으로부터 자유함을 얻고, 그 피의 능력으로 역사하시는 성령님의 권능으로 오늘도 우리 속사람이 새로워지고 거룩해진 삶을 살아갑니다.

오늘도 예수 그리스도로 말미암아 성령의 충만을 받고, 날마다 새로운, 신선한 구원의 능력을 얻으면서 살아가며 하나님 사랑과 이웃 사랑의 전도자로의 삶을 살아가도록 능력을 베풀어 주옵소서.

예수님의 이름으로 기도하옵나이다. 아멘.

36

롬 1:16

- 구원을 주시는 하나님 (2)
  구원의 3시제.
  구원을 시간의 차원에서 정의하는 것.
- 구원에는 과거·현재·미래의 삼중적 구원이 있다.
  칭의 성화, 영화가 있다.
  이 구원의 3시제를 바로 이해하며 바른 구원의 삶을 살라.

> ¹⁶ 내가 복음을 부끄러워하지 아니하노니 이 복음은 모든 믿는 자에게 구원을 주시는 하나님의 능력이 됨이라 먼저는 유대인에게요 그리고 헬라인에게로다

예수님은 그리스도시오. 살아계신 하나님의 아들입니다. 예수님이 하나님의 아들 그리스도라는 증거로 십자가에서 우리 죄를 대신해서 피 흘려 죽으시고, 죽은 자들 가운데서 부활하셨습니다.

이 예수님이 하나님의 아들, 예수님이 그리스도, 예수님이 우리 죄를 대신해서 십자가에서 피 흘려 죽으시고 부활하셨다는 복음으로 우리 인생 모든 문제가 처리되고 해답을 얻습니다. 이 복음은 모든 믿는 자에게 구원을 주시는 하나님의 능력이 됩니다. 이 하나님의 아들 예수 그리스도의 복음, 그리스도 십자가 대속의 피의 복음으로 깊이 뿌리내리기를 기원합니다.

예수님의 신성의 하나님 되심과 십자가 대속의 피의 복음을 마음 중심에 믿고 예수 그리스도를 모시고 사는 그리스도인은 구원의 3시제를 바로 알아야 바른 구원의 삶을 살 수 있습니다. 우리의 구원은 과거, 현재, 미래의 삼중적으로 완성되기 때문입니다.

오늘 본문을 보면 "내가 복음을 부끄러워하지 아니하노니 이 복음은 모든 믿는 자에게 구원을 주시는 하나님의 능력이 됨이라"라고 합니다. 하나님은 그의 아들 예수 그리스도를 믿는 자에게 구원을 주시는 분입니다.

구원이란 말은 단순하지만, 성경은 구원을 시간의 차원에 따라 말하고 있으므로 이에 대한 바른 이해가 필요합니다. 성경은 우리가 받은 구원을 과거, 현재, 미래의 삼중적으로 말하고 있기 때문입니다.

다시 말하면, 우리가 "구원을 받았다"(엡 2:8, 9)는 과거의 시제가 있고, "우리가 구원을 이룬다"(빌 2:12)는 현재의 시제가 있습니다. 또한, 우리가 "구원을 얻을 것이다"(롬 13:11)는 미래의 시제가 있습니다.

이 구원의 3시제에 관한 내용을 더 구체적으로 설명하겠습니다. 우리는 예수 그리스도를 영접하므로 죄의 형벌(즉 지옥)에서 해방되었습니다. 곧 구원을 받았습니다. 이것이 구원의 과거시제입니다. 이것을 다른 표현으로 말하면 칭의(稱義)입니다.

이 칭의의 구원은 신분적 구원이며 반복되지 않는 일회적 구원이요 순간적 구원입니다. 한 번 회개함으로 구원이 완성되며 그리스도인으로 출생합니다.

또 우리는 현재 죄와 싸우므로 성령의 도우심을 받아 죄의 권세(힘, power)에서 해방되고 있습니다. 곧 구원을 이룹니다. 이것이 구원의 현재시제입니다. 다른 표현으로는 성화(聖化)입니다.

이 성화의 구원은 상태적(conditional)입니다. 계속 죄를 자백하고 반복적이며 지속해서 계속 성장해 가는 과정입니다. 완전한 성화는 이 세상에서는 완성되지 않습니다.

또 우리는 미래에 예수 그리스도께서 재림하시는 날, 죄와는 상관없는 죄의 존재로부터 해방된 상태가 될 것입니다. 곧 구원을 이룰 것입니다. 이것이 구원의 미래시제입니다. 다른 표현으로는 영화(榮化)입니다.

이 영화의 구원은 궁극적인 것이며, 예수님께서 재림 시 한 번에 완성될 것입니다. 부활의 몸을 입게 될 것입니다.

구원은 이렇게 과거, 현재, 미래 삼중적인 시제로 완성된다는 것을 바로 알고, 구원을 확신하며 살고, 동시에 날마다 구원을 이루며 살고, 또한 구원의 완성인 몸의 구속을 바라보고 소망하며 살아가야 합니다. 이런 구원의 3시제로 인한 완성을 모르면 구원파 사람들처럼 "구원을 받았다"는 구원의 과거, 곧 죄의 형벌, 지옥 형벌의 면제로 모든 구원이 완성되었다고 생각하게 됩니다. 그들은 죄와 싸우는 성화와 몸의 구속 영화에 대한 구원을 모르는 것입니다.

요약하여 정리하겠습니다. 우리는 예수 그리스도를 영접할 때 죄인에서 의인으로, 마귀의 자녀에서 하나님의 자녀로 신분적 구원을 받았습니다. 그러나 하나님의 자녀로 살면서 우리의 신앙적 상태는 엎치락뒤치락할 수 있습니다. 그래서 우리의 신앙상태도 현재 구원받는 중입니다.

그러나 이것은 하나님의 심판인 지옥과는 무관한 것입니다. 그리고 미래 어느 날 우리는 예수님의 재림과 함께 궁극적으로 구원받고 완전한 인간으로 변화할 것을 소망하고 있습니다.

이러한 구원의 3시제를 바로 이해해야 합니다. 과거 우리는 회개하여 예수 그리스도를 믿음으로 죄의 형벌, 곧 지옥 형벌에서 단번에 구원을 받았습니다. 그러나 현재 우리는 죄와 사탄의 세력과 싸워 구원을 이루며 살고 있습니다. 그리고 그리스도 재림 시 몸의 구속이 이루어질 구원의 소망 속에 살아갑니다.

이러한 구원의 3시제에 관한 진리를 바로 알고 이미 예수님을 그리스도로 믿고 칭의를 얻은 우리는 날마다 죄와 싸우며 거룩한 삶, 성화를 이루며 살고, 언젠가는 죄의 존재로부터 해방되는 몸의 구속이 완성된 천국의 소망을 갖고 살아야 합니다.

기도하겠습니다.

오직 그리스도, 오직 믿음, 오직 예수 보혈 신앙으로 성령 충만 받아 죄와 사탄의 세력을 정복하고 거룩하게 살며, 다시 오실 그리스도를 대망하면서 하나님 사랑과 이웃 사랑의 전도자로 살기 바랍니다.

살아계신 아버지 하나님!

하나님 은혜를 감사합니다.

예수님의 신성의 하나님 아들의 복음과 십자가 대속의 피의 복음은 모든 믿는 자에게 구원을 주시는 하나님의 능력이 됨을 믿습니다. 이 구원은 과거, 현재, 미래의 삼중적으로 완성된다는 사실을 우리가 믿습니다. 이미 구원을 받았지만, 오늘도 죄와 사탄의 세력과 싸우면서 구원을 쟁취하고 얻어가며 살아갑니다. 그리고 미래에 몸의 구속으로 완성될 그 구원을 바라보면서 소망 가운데 살아갑니다.

오늘도 성령으로 충만을 받아서 예수 그리스도를 믿는 믿음으로 어둠의 세력과 싸워 거룩한 삶을 살아가며 구원을 쟁취하며 살아가게 하시고, 그리고 소망 없는 세상에 소망의 구주 예수 그리스도를 증거하며 전도자로 살아가게 하여 주옵소서.

예수님의 이름으로 기도하옵나이다. 아멘.

37

롬 1:16

- 복음은 하나님의 능력.
  복음은 우리를 구원하시는 하나님의 방식.
  복음은 우리 속에 계신 하나님이시다.
  복음이란 하나님의 역사하심이다.
  복음은 우리로 하늘에 들어가게 하는 하나님의 능력이다.
- 복음은 죄를 사해 주고, 하나님과 화해시키며, 하나님의 자녀로 삼고, 성령을 주시고, 신생의 삶을 살게 하고, 그리스도 교회에 들어가게 하는 하나님의 능력이다.
  복음을 선포하라. 성령이 역사하신다.

> **16** 내가 복음을 부끄러워하지 아니하노니 이 복음은 모든 믿는 자에게 구원을 주시는 하나님의 능력이 됨이라 먼저는 유대인에게요 그리고 헬라인에게로다

예수님은 그리스도시오. 살아계신 하나님의 아들입니다. 예수님이 하나님의 아들 그리스도라는 증거로 십자가에서 우리 죄를 대신해서 피 흘려 죽으시고, 죽은 자들 가운데서 부활하셨습니다.

이 예수님이 하나님의 아들, 예수님이 그리스도, 예수님이 우리 죄를 대신해서 십자가에서 피 흘려 죽으시고 부활하셨다는 복음으로 우리 인생 모든 문제가 처리되고 해답을 얻습니다. 이 복음은 모든 믿는 자에게 구원을 주시는 하나님의 능력이 됩니다. 이 하나님의 아들 예수 그리스도의 복음, 그리

스도 십자가 대속의 피의 복음으로 깊이 뿌리내리기를 기원합니다.

이 예수님이 하나님 되시는 신성의 복음, 그리스도 십자가 대속의 피의 복음은 모든 믿는 자에게 구원을 주시는 하나님의 능력입니다.

우리가 그것을 어떻게 압니까?

우리는 우리의 삶에서 그 구원의 능력을 체험하기 때문에 그것을 알 수 있습니다.

하나님은 예수 그리스도를 통해서 우리의 죄를 용서하셨고, 예수 그리스도를 통해 우리를 하나님과 화목시키셨으며, 우리를 하나님의 자녀로 삼으셨고, 우리 안에 하나님의 영을 주셨으며, 우리를 변화시켜 새로운 삶을 살게 하셨고, 우리를 하나님의 아들 예수 그리스도와 연합되게 하셨습니다.

그러므로 사도 바울은 오늘 본문 로마서 1장 16절에서 "내가 복음을 부끄러워하지 아니하노니 이 복음은 모든 믿는 자에게 구원을 주시는 하나님의 능력이 됨이라 먼저는 유대인에게요 그리고 헬라 인에게로다"라고 하였습니다.

바울은 지금까지 그리스도 복음을 부끄러워하지 않는다는 이유로 다음과 같이 세 가지를 말했습니다.

첫째, "복음이 좋은 소식"이기 때문입니다.

둘째, 복음은 구원을 가져오기 때문입니다.

셋째, 복음은 하나님의 구원 방식이기 때문입니다.

이제 바울은 이 하나님의 아들 예수 그리스도 복음, 십자가 대속의 피의 복음을 부끄러워하지 않는 네 번째 이유로 "이 복음은 하나님의 능력이 된다"라고 하였습니다.

바울은 이 복음은 "하나님의 능력에 관한 것"이 아니고, "하나님의 능력"이라고 합니다. 바울은 복음 자체가 하나님의 능력이라고 말합니다. 복음은 우리 속에서 구원을 일으키는 하나님의 능력입니다. 복음은 "우리 속에 계신 하나님"이십니다.

복음은 하나님께서 어떻게 구원을 준비하셨고, 어떻게 그 구원을 계획하시고 산출하셨으며, 어떻게 이 구원을 우리 속에서 이루어 나가시는지를 말하고 있는 우리를 구원하시는 하나님의 방식입니다. 복음은 우리 속에서 구원을 이루시는 하나님의 방식입니다.

복음은 위대한 능력으로서 로마서 8장에서 보여준 바대로 설명하면 하나님은 그 능력으로서 예정하시고, 선택하시고, 부르시고, 의롭다 하십니다. 또 모든 사람을 중생하게 하시고, 우리를 거룩하게 하시고, 우리를 보존하시고, 우리를 마침내 영화롭게 하실 하나님의 능력입니다(마틴 로이드 존스, 『로마서 강해 7』 참고.)

인간들은 언제나 자신들 스스로의 힘으로 구원하려고 애써 왔습니다. 세상을 더 나은 것으로 만들려고 애써 왔습니다. 이것이 헬라 사회를 위시한 세상의 도덕적 이상주의였습니다. 또 유대인들은 율법을 가지므로 이 율법으로 이런 노력을 기울였습니다.

그러나 사도 바울은 이방인이나 유대인이나 인류 구원에 모두 실패했다고 하였습니다. 오직 하나님의 복음, 그 아들의 복음만이 실패하지 않았다고 하였습니다.

왜 그렇습니까?

그것은 "이 복음은 모든 믿는 자에게 구원을 주시는 하나님의 능력이 됨"이기 때문이었습니다. 복음은 하나님의 능력이기 때문에 절대로 확실합니다. 인간을 끝까지 구원하십니다. 하나님의 역사가 사람 속에서 시작되면 아무것도 그것을 막지 못합니다. 결국 '영화'에 이르기까지 그 일을 보장받게 됩니다.

복음은 구하고 지키는 하나님의 능력이고, 의롭다 하시고, 거룩하게 하시고, 영화롭게 하시는 하나님의 능력입니다. 우리가 하늘나라로 들어가게 하는 하나님의 능력입니다(마틴 로이드 존스).

그러므로 사도 바울은 고린도전서 1장 21절에서 "하나님께서 전도의 미련한 것으로 믿는 자들을 구원하시기를 기뻐하셨도다"라고 말하였습니다. 하나님은 이 복음 전도를 통해서 일하십니다.

신자가 그리스도를 전할 때 하나님은 그 복음과 함께 역사하시는 성령의 권능으로 역사하여 복음 선포를 효력 있게 만드시는 것입니다. 그리하여 오순절에 3천 명이 믿었고, 그 뒤 다른 기회에 수천 명이 더 믿었습니다. 오늘날도 다른 바가 없습니다. 예수 그리스도는 어제나 오늘이나 동일하시고, 성령의 능력도 동일하기 때문입니다.

세상에서 수많은 사람이 이 복음으로 죄의 멍에를 벗고, 영적 자유를 얻으며, 삶이 변화됩니다. "하나님의 복음", "그 아들 예수 그리스도 복음", "십자가 대속의 피의 복음"은 모든 믿는 자에게 구원을 주시는 하나님의 능력입니다. 여러분 모두가 이 복음의 능력, 곧 하나님의 능력, 성령의 능력을 체험하고, 또 날마다 체험하며 살기 바랍니다.

오직 그리스도, 오직 믿음, 오직 예수 보혈 신앙으로 성령 충만 받아 거룩한 삶을 살고, 하나님 사랑과 이웃 사랑의 전도자로 살기 바랍니다.

―――― ··· ――――

살아계신 아버지 하나님!
하나님 은혜를 감사합니다.
이 하나님의 아들 예수 그리스도의 복음, 십자가 대속의 피의 복음이 모든 믿는 자에게 구원을 주시는 하나님의 능력이 됨을 오늘 우리로 듣게 하시니 감사하옵나이다.
인간들은 언제나 스스로 구원을 얻으려고 애써 왔으나 유대인도, 헬라인도 다 실패했습니다. 그러나 이 십자가의 복음은 하나님의 능력이기 때문에 하나님의 역사가 우리 속에서 시작하게 되면 아무도 그것을 막지 못하고 새로운 삶으로 변화시킬 것입니다.
오늘도 우리가 직면한 인생의 난제들, 해결하지 아니하면 안 되는 모든 시련과 역경들을 이 복음의 능력으로 극복하고, 해결하고, 답을 얻을 수 있는 하루가 되도록 오늘 기도하오니, 주여, 일하시고 역사하여 구원을 얻게 해 주옵소서.
예수님의 이름으로 기도하옵나이다. 아멘.

38

롬 1:16

- 복음은 모든 사람을 위한 것.
  유대인이나 헬라인 모두를 위한 것.
  복음의 보편성.
- "먼저는 유대인에게요"는 신학적인 이유.
  선인이나 악인이나, 존경받는 자나 비루한 자나, 훌륭한 자나 포악한 죄인이나 차이가 없다.
  누구든지 주의 이름을 부르면 구원을 얻는다.

> **16** 내가 복음을 부끄러워하지 아니하노니 이 복음은 모든 믿는 자에게 구원을 주시는 하나님의 능력이 됨이라 먼저는 유대인에게요 그리고 헬라인에게로다

예수님은 그리스도시오. 살아계신 하나님의 아들입니다. 예수님이 하나님의 아들 그리스도라는 증거로 십자가에서 우리 죄를 대신해서 피 흘려 죽으시고, 죽은 자들 가운데서 부활하셨습니다.

이 예수님이 하나님의 아들, 예수님이 그리스도, 예수님이 우리 죄를 대신해서 십자가에서 피 흘려 죽으시고 부활하셨다는 복음으로 우리 인생 모든 문제가 처리되고 해답을 얻습니다. 이 복음은 모든 믿는 자에게 구원을 주시는 하나님의 능력이 됩니다. 이 하나님의 아들 예수 그리스도의 복음, 그리스도 십자가 대속의 피의 복음으로 깊이 뿌리내리기를 기원합니다.

예수님의 신성의 하나님 되심과 십자가 대속의 피의 복음을 마음 중심에 믿고 구원받은 그리스도인은 자신의 구원에 무한한 감사를 갖고 사는 자가 됩니다. 그것은 자기 같은 구원의 가망이 없는 죄인이 하나님의 능력으로 구원받게 되었다는 사실을 깨닫게 되기 때문입니다.

그러나 사실은 모든 사람은 구원이 필요합니다. "모든 사람이 죄를 범하였으매 하나님의 영광에 이르지 못하더니"(롬 3:23)라고 성경은 말하기 때문이요 "의인은 없나니 하나도 없으며"(롬 3:10)라고 말하기 때문입니다.

가장 훌륭하고 존경할 만한 인물에게도 구원의 복음이 필요하고, 가장 포악하고 가장 비열한 죄인에게도 구원의 복음이 필요합니다. 복음에 관해서는 어떤 사람도 절망적인 사람은 없습니다. 복음은 하나님의 능력이기 때문이요 이 복음은 모든 사람을 위한 것이기 때문입니다.

사도 바울은 오늘 본문에서 이 진리를 선포합니다. 로마서 1장 16절을 보면 "내가 복음을 부끄러워하지 아니하노니 이 복음은 모든 믿는 자에게 구원을 주시는 하나님의 능력이 됨이라 먼저는 유대인에게요 그리고 헬라인에게로다"라고 하였습니다.

바울은 이 복음을 부끄러워하지 않을 또 다른 이유를 말하는데, 그것은 복음이 모든 믿는 자를 위한 것이기 때문이라는 것입니다. 바울은 "모든 믿는 자에게", "먼저는 유대인에게요 그리고 헬라인에게로다"라고 하였습니다.

바울은 "먼저는 유대인에게요"라고 합니다. 이 말은 "특별히 유대인에게요"라고 한 말이 아닙니다. 유대인이 어느 사람보다도 중요하기 때문에 한 말도 아닙니다. 그것은 신학적인 이유로서 시간적인 관계에서 말한 것입니다. 하나님이 유대인들을 선택하시고 그들과 언약을 맺으셨으므로 먼저 그들에게 구원의 복음이 주어진 것입니다. 예수님께서도 "구원이 유대인에게서 남이라"라고 사마리아 여인에게 말씀하셨습니다(요 4:22).

예수님께서 승천하시기 전 사도들에게 맡기신 사명도 마찬가지입니다. "예루살렘과 온 유대와 사마리아와 땅끝까지 이르러 내 증인이 되리라"라고 하셨습니다. 예루살렘이 출발점이고 그다음이 온 유대, 그다음이 사마리아 땅끝까지 전도입니다.

그러므로 이제 하나님의 아들 예수 그리스도께서 이 세상에 오셔서 십자가 대속의 죽으심으로 완성된 십자가 대속의 피의 복음은 유대인에게도 꼭 필요한 것입니다. 유대인들도 다른 여느 사람과 같이 구원을 주시는 하나님의 능력의 복음, 십자가 대속의 피의 복음이 필요한 것입니다.

그래서 바울은 "먼저는 유대인에게요"라고 한 것입니다. 유대인들의 조상들이 구원을 받았으니 유대인의 조상 아브라함의 후손인 유대인들도 당연히 구원받는 것이 아닙니다. 그들도 이방인과 동일하게 예수님을 그리스도로 믿고 구원을 받아야 합니다. 유대인에게 있어서 구원의 복음은 특권이 있는 것이 아닙니다. 복음은 모든 사람을 위한 것입니다.

인간은 태어나면서부터 원죄를 갖고 나오기 때문에 누구나 다 구원 밖에 있습니다. 어느 사람에게나 예수 그리스도의 십자가 대속의 피의 복음이 필요합니다. 그러나 바울 사도가 "먼저는 유대인에게요 그리고 헬리인에게로다"라고 한 말의 유대인의 우선성은 사도 바울에게 있어서 완전히 소멸하여 버린 역사적 현실은 아닙니다. 구원사를 성취하는 데 있어서 유대인의 위치는 완전히 소멸한 것이 아니었습니다.

사도 바울은 이런 관점을 로마서 9-11장에서 설명하고 있습니다.

> 이방인의 충만한 수가 들어오기까지 이스라엘의 더러는 우둔하게 된 것이라 그리하여 온 이스라엘이 구원을 받으리라(롬 11:25-26).

이방인의 충만한 수가 찰 때 이스라엘은 이방인들과 마찬가지로 예수님을 그리스도로 믿고 그리스도 교회에 들어와 구원을 받을 것입니다. 그러므로 바울은 본문에서 "내가 복음을 부끄러워하지 아니하노니 이 복음은 모든 믿는 자에게 구원을 주시는 하나님의 능력이 됨이라 먼저는 유대인에게요 그리고 헬라인에게로다"라고 하였습니다.

하나님의 아들 예수 그리스도 복음은 모든 사람을 위한 것입니다. 조상들이 어떠하든지, 죄가 많든지 문제가 되지 않습니다.

"누구든지 주의 이름을 부르면 구원을 얻습니다."

오직 그리스도, 오직 믿음, 오직 예수 보혈 신앙으로 성령 충만 받아 날마다 죄 사함의 신선한 구원을 얻으며 살고, 하나님 사랑과 이웃 사랑의 전도자로 살기 바랍니다.

살아계신 아버지 하나님!

하나님 은혜를 감사합니다.

복음을 우리에게 주셔서 모든 믿는 자에게 구원을 주시는 하나님의 능력이 우리에게 임하게 하심을 감사합니다. 오늘 본문 보면 "먼저는 유대인에게요 그리고 헬라인에게로다"라고 해서 유대인이 먼저 언급되지만, 그것은 시간적인 이유요 시간적인 관계에서 먼저 유대인이 구원을 얻고 그 다음에 순서적으로 이방인에게 복음이 전해진다는 것을 말한다고 믿습니다.

그러므로 오늘도 하나님의 능력이 되신 복음이 오늘 우리에게 임해서 예수 그리스도 이름을 부를 때 그 구원의 능력으로 오늘 우리의 삶 속에, 생활 속에서 구원의 능력이 나타나서, 우리가 직면한 어려운 인생 문제들, 해결하지 않으면 안 될 시련들과 역경들을 오늘도 주의 이름을 부를 때 하나님의 능력이 임하여 문제 해결의 답을 얻는 은총의 하루가 되게 하여 주옵소서.

예수님의 이름으로 기도하옵나이다. 아멘.

39

롬 1:17

- 마틴 루터의 본문, 롬 1:17.
  이신칭의를 깨달은 루터.
- 종교개혁의 시작.
  "제가 여기 있습니다."
  오직 믿음, 오직 은혜, 오직 성경.

> **17** 복음에는 하나님의 의가 나타나서 믿음으로 믿음에 이르게 하나니 기록된 바 오직 의인은 믿음으로 말미암아 살리라 함과 같으니라

예수님은 그리스도시오. 살아계신 하나님의 아들입니다. 예수님이 하나님의 아들 그리스도라는 증거로 십자가에서 우리 죄를 대신해서 피 흘려 죽으시고, 죽은 자들 가운데서 부활하셨습니다.

이 예수님이 하나님의 아들, 예수님이 그리스도, 예수님이 우리 죄를 대신해서 십자가에서 피 흘려 죽으시고 부활하셨다는 복음으로 우리 인생 모든 문제가 처리되고 해답을 얻습니다. 이 복음은 모든 믿는 자에게 구원을 주시는 하나님의 능력이 됩니다. 이 하나님의 아들 예수 그리스도의 복음, 그리스도 십자가 대속의 피의 복음으로 깊이 뿌리내리기를 기원합니다.

예수님의 신성의 하나님 되심과 십자가 대속의 죽음과 부활의 복음을 믿을 때 구원을 얻는다는 '이신칭의'의 16세기 종교개혁 원리는 그

당시 마틴 루터의 로마서 1장 17절의 말씀의 깨달음에서 비롯되었다는 것이 정설입니다. 이에 관한 구체적 사실 확인에는 종교사학자들 간에 약간의 차이가 있습니다.

오늘 본문 로마서 1장 17절 말씀은 "복음에는 하나님의 의가 나타나서 믿음으로 믿음에 이르게 하나니 기록된바 오직 의인은 믿음으로 말미암아 살리라 함과 같으니라"라고 합니다.

우리는 이 로마서 1장 17절 말씀이 마틴 루터라는 한 사람의 생애에서 어떻게 작용했는지를 살펴보고자 합니다.

마틴 루터는 아버지의 뜻을 따라 법학을 공부하면서 학문 생활에 첫발을 디뎠습니다. 그러나 그의 전기를 보면 1505년 7월 어느 날 그의 생애에 중대한 사건이 일어납니다. 그가 마을에 가까이 다가서자 하늘에 먹구름이 뒤덮이기 시작했습니다. 갑자기 소나기가 퍼붓더니 뇌성벽력과 함께 폭우로 변했습니다. 시커먼 하늘을 가르는 번개 때문에 그만 그는 땅에 나뒹굴고 말았습니다. 안간힘을 쓰며 몸을 일으키는 그의 입술에서 절규가 터져 나왔습니다.

"성 안나여, 살려주옵소서! 수도사가 되겠습니다."

이와 달리 루터를 비판하는 입장에서 루터가 수도사가 되었다는 여러 가지 다른 견해가 있으나, 우리는 롤란드 베인톤의 "루터의 생애"라는 객관적 교회사가의 입장을 따르고자 합니다. 루터는 수도사가 된 후 고해성사에 전념하여 아주 사소한 죄라도 여러 시간을 계속 자백했는데, 결국에는 상급 수사들이 그의 고해 행위에 지쳐서 고해할 가치가 있는 죄를 지을 때까지는 고해를 중단하라는 명령까지 내렸습니다.

그는 후에 말하기를 이런 생활을 좀 더 끌고 나갔다면 아마 철야, 기도, 독서, 그 밖의 노동 방법으로 이루어진 고행으로 아마 죽었을지도 모른다고 하였습니다. 그러나 루터는 그런 행위로도 여전히 평안을 얻지 못했습니다.

당시 수도원은 선행함으로써 하나님의 의의 요구를 만족하게 하라고 가르쳤습니다. 그러나 루터는 이렇게 생각했습니다.

'무슨 선행을 하라는 말인가?'

'나 같은 마음에서 무슨 선행이 나올 수 있단 말인가?'

그 후에 루터에게 로마여행의 기회가 주어졌습니다. 그는 로마에 갔을 때 '빌라도 계단' 돌층계를 기어 올라갔습니다. 이 돌층계는 원래 예수님께서 밟으셨던 예루살렘에 있는 빌라도의 관저까지 이어졌던 것이라고 합니다. 루터 같은 순례자들에게는 이 돌층계를 무릎으로 기어 올라가면서 기도하는 것이 관습이었습니다. 루터도 다른 사람들처럼 이 의식을 시작했습니다. 루터는 엉금엉금 기어서 빌라도의 계단을 오르면서 한 계단을 오를 때마다 주기도문을 외웠으며 각 계단에 입을 맞추었습니다.

이 돌층계에 오르는 동안 루터에게 일어난 중대한 변화의 사건에는 두 가지 큰 견해가 있습니다.

첫째, 루터가 층계를 오르는 동안 우리가 오늘 보게 된 로마서 본문 "오직 의인은 믿음으로 말미암아 살리라"라는 말씀이 그의 마음에 강하게 와 닿았다는 것입니다.

몸을 질질 끌며 층계를 오르던 루터는 마침내 깜짝 놀라 몸을 일으켰고 자신이 미신과 우매에 젖어 있는 사실에 전율했습니다. 이제는 하나님께서 믿음을 통해서 그리스도의 의로 자신을 구원하였음을 깨달았다고 합니다.

둘째, 이때 루터가 한 이야기는 "의인은 믿음으로 말미암아 살리라"가 아니었다고 합니다. 아직 루터가 그 정도로 발전하지는 않는 때였다고 본 것입니다. 그가 한 이야기는 "그게 사실이란 것을 누가 알지?"였다고 합니다(롤란드 베인톤, 『마틴 루터의 생애』 참고).

우리는 후자의 견해가 더 타당하다고 봅니다. 왜냐하면, 루터는 그후 로마서를 연구해 가면서 그가 가진 의문의 해결로 복음의 빛을 받게 되었다고 보기 때문입니다.

바울의 로마서를 이해하려고 몹시 애쓰는 그에게 가장 큰 장애는 "하나님의 의"였습니다. 그것은 그가 이 의라는 말을 하나님께서는 의로운 분이요 따라서 불의한 사람들을 공정하게 처벌하신다는 뜻으로 받아들였기 때문이었습니다.

밤낮을 가리지 않고 곰곰이 생각하던 어느 날 그는 하나님의 의와 "의인은 믿음으로 말미암아 산다"라는 말 사이에 관련이 있다는 것을 깨달았습니다. 그는 하나님의 의란 하나님께서 은혜와 순수한 자비를 발휘하신 나머지 우리의 믿음을 보시고 우리에게 죄가 없는 것으로 취급하는 그 의라는 것을 깨달았습니다. 그 순간 그는 새로 태어나서 활짝 열린 문을 통해 낙원에 이른 기분이었다고 하였습니다.

루터는 이 이신칭의 신앙을 1521년 보름즈에서 취소하지 않고 "나는 여기에 서 있습니다. 나는 달리 어찌할 도리가 없습니다. 하나님이여 저를 도와주소서. 아멘"이라고 말하였습니다. 루터는 생애 말기에 이신칭의에 관한 교리에 대해 많은 내용을 썼는데 그 교리는 로마서 1장 17절에서 얻은 것이었습니다. 루터는 칭의 신조를 잃어버리면 모든 기독교 교리들을 동시에 잃게 된다고 하였습니다.

  오직 성경, 오직 믿음, 오직 은혜, 오직 그리스도, 오직 하나님의 영광을 위하여 살 것입니다. 성령 충만 받아 하나님 사랑과 이웃 사랑의 전도자로 살기 바랍니다.

  살아계신 아버지 하나님!
  하나님 은혜를 감사합니다.
  오늘 로마서 1장 17절 말씀을 상고하면서 마틴 루터가 이신칭의를 깨닫는 귀중한 말씀인 것을 우리가 알고, 종교개혁의 기초가 된 말씀인 것을 우리가 믿습니다. 루터는 이 말씀을 바로 깨달아서 하나님의 의가 믿음으로 말미암아 우리에게 주어진 것으로 그가 받아서 자기 자신이 중생한 것을 깨달았습니다.
  루터는 이 이신칭의 신앙을 잃어버리면 교회의 기초가 무너지는 것이며, 모든 기독교의 교리를 동시에 잃게 된다고 하였습니다. 오늘도 오직 의인은 믿음으로 말미암아 살리라는 이 귀중한 교리를 굳게 의지하면서 오직 그리스도, 오직 믿음, 오직 예수 보혈 신앙으로 살아가고, 예수 그리스도로 말미암아 성령의 충만을 받아서 성령의 권능으로 하나님 사랑과 이웃 사랑의 증인으로 살아가게 하여 주옵소서.
  예수님의 이름으로 기도하옵나이다. 아멘.

40

롬 1:17

- 복음은 이미 "나타났다."
  복음은 공표요 하나님의 계시입니다.
- 철학적으로 재구성하지 말라.
  구약에서부터 계시됨.
  예수 그리스도와 그가 십자가에 못 박히신 것을 단순하게 믿으라.

> **17** 복음에는 하나님의 의가 나타나서 믿음으로 믿음에 이르게 하나니 기록된 바 오직 의인은 믿음으로 말미암아 살리라 함과 같으니라

예수님은 그리스도시오. 살아계신 하나님의 아들입니다. 예수님이 하나님의 아들 그리스도라는 증거로 십자가에서 우리 죄를 대신해서 피 흘려 죽으시고, 죽은 자들 가운데서 부활하셨습니다.

이 예수님이 하나님의 아들, 예수님이 그리스도, 예수님이 우리 죄를 대신해서 십자가에서 피 흘려 죽으시고 부활하셨다는 복음으로 우리 인생 모든 문제가 처리되고 해답을 얻습니다. 이 복음은 모든 믿는 자에게 구원을 주시는 하나님의 능력이 됩니다. 이 하나님의 아들 예수 그리스도의 복음, 그리스도 십자가 대속의 피의 복음으로 깊이 뿌리내리기를 기원합니다.

예수님의 신성의 하나님 되심과 십자가 대속의 피의 복음은 구약에서 예언되고 신약에 와서 완전하게 "나타난"(계시) 것입니다. 우리는

이 그리스도 복음, 십자가 대속의 피의 복음을 철학적으로 재구성하여 고상하게 믿으려고 하지 말고, 예수 그리스도와 그분이 십자가에 못 박히신 것을 단순하게 믿어야 합니다.

오늘날 우리는 우리의 복음을 "피"라는 단어 대신에 "하나님 나라"라는 단어로 대신하려는 시험에 처해 있습니다. 어떤 유식한 척하는 무리는 예수 그리스도 구원 중심 복음에서 하나님 나라 중심 복음으로 옮겨가야 한다고 말합니다. 그래서 예수 그리스도와 그가 십자가에 못 박히신 것은 초보요 더 나아가 하나님의 통치를 의미하는 하나님 나라 중심의 복음이 되어야 한다고 합니다.

무서운 복음의 왜곡이요 진리에 대한 무지입니다. 예수님이 하신 사역이 하나님 나라 복음을 전파한 것은 사실입니다. 그러나 예수님은 하나님 나라를 건설함에서 예수님 자신이 하신 일을 전파하는 일이었습니다. 예수님은 그 나라를 예언적으로 전파하셨고 십자가 죽음을 앞두고 계셨습니다.

그래서 사도행전 28장 23절은 예수님에 대한 일과 하나님 나라를 명백히 동의적 개념으로 설명했습니다. 사도행전 28장 31절도 하나님 나라에 대한 복음을 주 예수 그리스도에 대한 것과 동의어로 표시하였습니다. 그러므로 예수 그리스도와 그가 십자가에 못 박히신 것이 없으면 하나님 나라는 공허한 내용이 되고, 기독교는 '예수교', '기독교'가 아니라 '하나님교'가 될 것입니다.

"예수 그리스도와 그가 십자가에 못 박히신 것"은 계시로 "나타났기" 때문에 이 나타난 계시를 인간이 바꿀 수 없습니다. 오늘날 서구 교회가 계시, 곧 "나타난" 복음을 계시 자체로 믿지 못하고 그 계시 자리에 철학을 놓으므로 황폐해졌습니다.

인간들은 하나님을 발견해내려고 애를 써 왔습니다. 특히 서구의 신 신학자들은 구주 대신 "나사렛 예수"를 재구성하려고 애를 썼습니다. "역사적 예수 연구"는 그 대표적인 운동입니다.

오늘날은 바울새관점파를 위시한 신 신학자들이 하나님의 아들 예수 그리스도 복음을 성경에 계시 된 대로 믿지 않고, 예수님 당시의 유대교의 문헌이나 관습을 기초로 하여 예수님을 해석하고자 합니다. 매우 유식한 연구 같으나 궁극적으로는 하나님의 계시를 인간의 탐구와 철학적 수준으로 격하시키는 것입니다. 이것은 사도 바울의 관점과 전혀 다른 것입니다. 바울은 오늘 로마서에 있어서 가장 중요한 복음 진리를 계시하고 있습니다.

로마서 1장 17절을 보면 "복음에는 하나님의 의가 나타나서 믿음으로 믿음에 이르게 하나니 기록된바 오직 의인은 믿음으로 말미암아 살리라 함과 같으니라"라고 하였습니다.

복음에는 하나님의 구원을 주시는 능력이 "나타났다"라고 합니다. 이렇게 복음이 '나타남'(계시)을 떠나서는 기독교는 존재할 수 없습니다. 복음은 공표(公表)요 하나님의 '나타남'(계시)입니다. '나타남'은 곧 '명백하게 보이는' 것입니다.

이 복음은 앞서 로마서 1장 2절에서 "하나님이 선지자들을 통하여 그의 아들에 관하여 성경에 미리 약속하신 것이라"라고 한 바 있는데, 구약성경에도 복음이 나타났었습니다. 복음은 율법과 선지자들에게 증거를 받은 것이었습니다(롬 3:21).

그러나 오늘날처럼 분명하게 알려진 것은 아니었습니다. 바울은 이제 그것이 "나타났다"라고 말한 것입니다. 이것은 사실은 공개된 비밀이었습니다. 그 신비가 드러났습니다.

그래서 오늘 본문은 "복음에는 하나님의 의가 나타나서"라고 말한 것입니다. '나타났습니다.' 하나님의 아들 예수 그리스도를 통해서 나타났습니다. 그리스도 십자가 대속의 죽음과 부활을 통해서 나타났습니다.

이미 나타난 것만이 아니라 지금 역사하고 있습니다. 효력이 지금 발생하고 있습니다. 그러므로 우리는 모두 나타난 하나님의 아들 예수 그리스도 복음의 능력, 하나님의 능력을 얻기 위하여 십자가에 못 박히신 그리스도 앞으로 담대히 나가 구하도록 하겠습니다.

오직 그리스도, 오직 믿음, 오직 은혜, 오직 예수 보혈 신앙으로 성령 충만 받아 하나님 사랑과 이웃 사랑의 증인이요 전도자로 살아야겠습니다.

즉시 기도하겠습니다.

살아계신 아버지 하나님!

하나님 은혜를 감사합니다.

복음에는 하나님의 의가 나타났다고 사도 바울은 로마서 1장 17절에서 말합니다. 복음은 연구해서 철학적으로 증거한 것이 아니라 하나님의 계시로 나타났습니다. 복음은 공표요 하나님의 계시입니다.

그러므로 우리는 계시된 예수 그리스도와 십자가에 못 박히신 그리스도를 변형시키지 말고 문자 그대로 믿으면서 하나님의 능력을 받고 그 능력으로 살아가야 한다고 믿습니다. 단순하게 예수 그리스도와 십자가에 못 박히신 그리스도를 믿어 참된 신앙이 일어나게 하여 주옵소서.

오늘도 역사하고 있는 하나님의 능력을 믿고 예수 그리스도와 십자가에 못 박히신 그리스도를 바라보면서 영광의 보좌 앞에 나아갑니다. 하나님의 능력으로 충만하게, 성령의 능력으로 충만하게 하여 복음의 증인, 십자가의 증인으로 살아가게 하여 주옵소서.

예수님의 이름으로 기도하옵나이다. 아멘.

41

롬 1:17

- "하나님의 의가 나타나서"
  하나님께로부터 온 의.
  예수 그리스도로 말미암아 제공된 그리스도의 의.
- 그리스도의 의로 옷 입으라.

> **17** 복음에는 하나님의 의가 나타나서 믿음으로 믿음에 이르게 하나니 기록된 바 오직 의인은 믿음으로 말미암아 살리라 함과 같으니라

예수님은 그리스도시오. 살아계신 하나님의 아들입니다. 예수님이 하나님의 아들 그리스도라는 증거로 십자가에서 우리 죄를 대신해서 피 흘려 죽으시고, 죽은 자들 가운데서 부활하셨습니다.

이 예수님이 하나님의 아들, 예수님이 그리스도, 예수님이 우리 죄를 대신해서 십자가에서 피 흘려 죽으시고 부활하셨다는 복음으로 우리 인생 모든 문제가 처리되고 해답을 얻습니다. 이 복음은 모든 믿는 자에게 구원을 주시는 하나님의 능력이 됩니다. 이 하나님의 아들 예수 그리스도의 복음, 그리스도 십자가 대속의 피의 복음으로 깊이 뿌리내리기를 기원합니다.

예수님의 신성의 하나님 되심과 십자가 대속의 피의 복음을 마음 중심에 믿고 예수 그리스도를 모시고 사는 그리스도인은 억만 죄악의 사함을 받고 하나님과 화해가 이루어져 하나님 면전에 나가 설 수 있고

교제할 수 있는 자가 되었습니다. 기독교 복음의 궁극적인 목표는 구약백성 욥이 오래전에 던진 질문, "인생이 어찌 하나님 앞에 의로우랴"(욥 9:2)에 답을 주는 것입니다.

예수 그리스도 복음의 임무는 죄인 된 인간이 예수 그리스도로 말미암아 하나님 보시기에 의롭게 되고, 우리가 하나님께 열납되고, 우리가 하나님의 면전에 설 수 있게 하는 데 있습니다.

이것이 어떻게 가능합니까?

하나님께서 그의 아들 예수 그리스도를 이 세상에 보내셔서 하나님을 만족하게 하는 의를 마련하셨습니다. 즉, 신성의 하나님의 아들 예수 그리스도께서 인간으로 이 세상에 오셔서 율법 아래 나셨고, 그 율법에 대하여 완전한 순종을 드렸으며, 또한 인간이 율법을 지키지 못한 죽음의 형벌을 십자가에서 대신 담당하셨습니다.

복음은 하나님께서 바로 그러한 일을 하라고 그리스도를 보내셨다고 공표합니다. 하나님의 구원 방식은 예수 그리스도를 믿는 우리에게 주 예수 그리스도 자신의 의를 지금 주신다는 데 있습니다. 예수 그리스도의 의를 우리에게 전가하신다는 것입니다.

이것이 하나님에게서 온 의요 하나님을 만족하게 하는 의입니다. 사도 바울은 이 진리를 우리에게 계시합니다.

본문 로마서 1장 17절을 보면 "복음에는 하나님의 의가 나타나서 믿음으로 믿음에 이르게 하나니 기록된바 오직 의인은 믿음으로 말미암아 살리라 함과 같으니라"라고 하였습니다.

우리의 관심은 여기서 "하나님의 의"입니다. "복음에는 하나님의 의가 나타나서"라고 합니다. 이 표현은 로마서 전체를 이해하는 열쇠와 같은 표현입니다. 이 말씀은 16세기 종교개혁을 일으켰던 어구이기도 합니다.

　그러면 여기서 "하나님의 의"라고 말할 때 바울은 무슨 뜻으로 이런 말을 하였습니까?

　그것은 '하나님의 인격 속성으로의 의'를 뜻하지 않습니다. 하나님의 성품에 속한 의를 뜻하지 않는다는 말입니다.

　이에 대하여 16세기 종교개혁가 마틴 루터가 고민했던 사실을 앞서 여러 번 밝힌 바 있습니다. 루터는 처음에 이 "하나님의 의"를 하나님의 성품으로 생각했기 때문에 영혼의 고뇌를 겪어야 했었습니다.

　그러나 하나님께서 주신 은혜의 빛으로 이 "하나님의 의"가 '하나님께로부터 온 의', '하나님을 만족하게 하는 의', '우리가 하나님 보시기에 의롭게 되고, 우리가 하나님과 화해가 이루어지며, 하나님의 면전에 나가 설 수 있으며 교제할 수 있는 의'인 것을 깨달았습니다.

　물론 "하나님에게서 온 의"는 하나님의 아들 예수 그리스도를 통해서 성취된 "그리스도의 의"입니다. 이 "그리스도의 의"는 하나님에 의해서 마련되고, 그의 아들 예수 그리스도로 말미암아 그리스도 안에서 제공된 의입니다.

　우리 주 예수 그리스도께서는 우리 대신 완전하게 모든 의미에서 하나님의 율법을 만족시키셨습니다. 예수님은 하나님과 일체이신 하나님의 아들이셨지만 여자에게서 나셨고 율법 아래 나셨습니다. 그리고 공생애 동안 하나님의 율법을 적극적으로 지키셨습니다.

　그리고 소극적으로는 인간들이 하나님의 율법에 반역하여 범죄하여 지키지 못한 죽음의 형벌을 예수 그리스도께서는 십자가 대속의 죽으심으로 담당하셨습니다. 그리하여 예수님은 율법의 일점일획이라도 다 지키셨습니다.

오늘 본문의 복음은 하나님께서 바로 이러한 일을 하라고 예수 그리스도를 보내셨다고 공표하는 것입니다. 하나님의 구원 방식은 예수 그리스도를 믿는 우리에게 예수 그리스도 자신의 의를 지금 주신다는 데 있습니다. 하나님은 "그리스도의 의"를 우리에게 전가하십니다. 하나님은 그리스도의 의를 우리의 것으로 계산하신다는 것입니다.

그러므로 우리는 우리의 의는 더러운 옷 같으나 예수 그리스도의 의를 옷 입고 하나님 앞에 섭니다. 이것이 오늘 본문 "복음에는 하나님의 의가 나타나서"라고 말하는 뜻입니다. 우리 모두 다 같이 우리의 억만 죄악을 하나님의 아들 그리스도께서 십자가에서 대속의 죽음을 당하신 "십자가 보혈의 의"를 힘입고 은혜의 보좌 앞에 담대히 나가도록 하겠습니다.

오직 그리스도, 오직 믿음, 오직 예수 보혈 신앙으로 살고, 쉬지 말고 기도하며 성령 충만 받아서 하나님 사랑과 이웃 사랑의 전도자로 살기 바랍니다.

살아계신 아버지 하나님!
하나님 은혜를 감사합니다.
억만 죄악을 가진 우리들이 하나님 앞에 감히 나아갈 수 없고, 의로우신 하나님 앞에 설 수 없는 죄인인 것을 잘 알고 어떻게 하면 하나님 앞에 나가서 죄 사함과 그분의 의로움을 알 것인가 고민했던 우리에게 하나님께서 그의 아들 예수 그리스도를 통해서 성취된 그리스도의 의를 우리에게 전가해 주심으로 우리가 그리스도의 의를 힘입고 은혜의 보좌 앞에 오늘도 담대히 나아가 하나님과 교제하게 하심을 감사하옵나이다.

예수 그리스도로 말미암아 성령을 충만히 부으셔서 오늘도 하나님을 사랑하고 이웃을 사랑하는 권세 있는 전도자의 삶을 살아가도록 은혜를 베풀어 주옵소서.

예수님의 이름으로 기도하옵나이다. 아멘.

42

롬 1:17

- "믿음으로 믿음에 이르게 하나니"
  하나님의 의가 우리의 것이 되는 방식.
- "믿음으로 믿음에"는 오직 믿음으로만 의를 받는다는 의미.
  믿음은 도구요 통로이다.
  오직 그리스도, 오직 믿음, 오직 예수 보혈.

> 17 복음에는 하나님의 의가 나타나서 믿음으로 믿음에 이르게 하나니
> 기록된 바 오직 의인은 믿음으로 말미암아 살리라 함과 같으니라

예수님은 그리스도시오. 살아계신 하나님의 아들입니다. 예수님이 하나님의 아들 그리스도라는 증거로 십자가에서 우리 죄를 대신해서 피 흘려 죽으시고, 죽은 자들 가운데서 부활하셨습니다.

이 예수님이 하나님의 아들, 예수님이 그리스도, 예수님이 우리 죄를 대신해서 십자가에서 피 흘려 죽으시고 부활하셨다는 복음으로 우리 인생 모든 문제가 처리되고 해답을 얻습니다. 이 복음은 모든 믿는 자에게 구원을 주시는 하나님의 능력이 됩니다. 이 하나님의 아들 예수 그리스도의 복음, 그리스도 십자가 대속의 피의 복음으로 깊이 뿌리내리기를 기원합니다.

예수님의 신성의 하나님 되심과 십자가 대속의 피의 복음을 마음 중심에 참되게 믿고 구원받은 그리스도인은 삶의 시작이나 과정에 있어

서 믿음이 전부입니다. 믿음으로 구원을 얻었으니까 이제는 행위로 그 구원을 유지해야겠다고 하면 안 됩니다.

　예수 그리스도를 믿는 믿음으로 구원 얻은 그리스도인은 철두철미하게 믿음으로부터 믿음에 이르는 삶을 살아야 합니다. 다시 말하면 오직 믿음으로 살아야 합니다.

　이것은 증대하는 믿음이요 계속 나아가는 믿음이요 인내하는 믿음이니, 이 믿음은 전진하여 나아가는 가운데 불신앙의 뿌리를 잠식해 버리고 마는 믿음입니다. 믿음을 통해서 의롭다 함을 입은 인간은 이 믿음을 통해 은혜와 영광의 생활을 살아갈 수 있다는 뜻입니다.

　이러한 믿음의 진리를 사도 바울도 로마서 1장17절에서 이렇게 표현합니다.

> 복음에는 하나님의 의가 나타나서 믿음으로 믿음에 이르게 하나니 기록된 바 오직 의인은 믿음으로 말미암아 살리라 함과 같으니라 (롬 1:17).

　하나님의 의가 우리에게 오는 방식이 믿음이라는 것입니다. 바울은 이때 그 표현을 "믿음으로 믿음에"라는 표현을 쓰는데, 이에 대한 다양한 해석들이 있습니다.

첫째, "하나님의 믿음으로부터 우리의 믿음으로"라고 봅니다(뱅겔).
둘째, "한 신자에게서 다른 신자에게로"라고 해석합니다(존 스토트).
셋째, "불완전한 믿음으로부터 완전한 믿음으로"라고 합니다(칼빈).
넷째, 이는 역설체로 "오직 믿음으로만" 의를 받는다고 합니다(하지).

우리는 하지의 견해대로 "믿음으로 믿음에"는 "오직 믿음으로만"으로 해석하고자 합니다. 이것은 '처음부터 끝까지 믿음에 의해', 혹은 '철두철미하게 믿음에 의해'라는 의미입니다.

바울 사도는 "복음은 하나님의 의가 나타나서 믿음으로 믿음에 이르게 하나니"라고 하였습니다.

이 말씀에서 이 하나님의 의가 어떻게 개인인 나에게 오게 되었습니까?

그 대답은 "믿음으로 믿음에" 이르는 길을 통해서 온다는 것입니다. 더 쉽게 말하면 "오직 믿음으로만" 온다는 것입니다.

그러면 믿음은 무엇입니까?

사실은 이것이 중요합니다. 먼저 부정적인 관점부터 생각해 보면 믿음은 모든 사람에게 있는 것이 아닙니다. 이 믿음은 수학적 확률의 법칙과 같은 믿음이 아닙니다. 예컨대 우리가 비행기를 탈 때 조종사를 믿고 비행기가 안전하리라고 믿은 믿음과 같은 것이 아닙니다.

성경이 말하는 믿음은 그리스도 안에서만 발견됩니다. 주 예수 그리스도를 믿는 우리의 믿음은 우리 자신의 의가 아닙니다. 우리의 믿음이 우리의 의를 구성하는 것이 아닙니다.

우리를 의롭다 하심을 얻게 하는 것은 예수 그리스도의 의입니다. 내가 의롭다 함을 받는 것은 예수 그리스도 때문입니다. 예수 그리스도의 십자가 대속 죽으심의 공로 때문입니다. 예수 그리스도의 십자가 보혈이 우리의 의입니다. 이 예수 그리스도의 의, 십자가 보혈의 의가 나에게 주어지는 통로가 믿음입니다. 믿음은 도구요 통로입니다. 우리는 그 믿음이라는 통로를 통해서 예수 그리스도의 의를 받아들입니다.

그러나 동시에 우리는 이 "믿음"이 하나님의 선물이라는 사실을 이해해야 합니다. 에베소서 2장 8절 말씀입니다.

> 너희는 그 은혜에 의하여 믿음으로 말미암아 구원을 받았으니 이것은 너희에게서 난 것이 아니요 하나님의 선물이라(엡 2:8).

예수님을 하나님의 아들, 예수님을 십자가에 못 박히신 그리스도로 믿는 믿음은 하나님의 선물입니다. 그리고 이 믿음은 기도를 일으킵니다. 만일 어떤 그리스도인이 믿음이 있다고 하면서 기도할 마음이 없고, 또 기도하지 않는다면 이 그리스도인은 신앙을 은혜로 받지 못한 인위적 믿음의 소유자라고 할 수밖에 없습니다.

성경의 원리는 신앙은 하나님의 선물로서 기도를 일으키며, 동시에 기도는 믿음의 최상의 실천입니다.

우리 모두 예수 그리스도의 의를 힘입고 은혜의 보좌 앞에 담대히 나가 때를 따라 돕는 은혜를 얻도록 기도하겠습니다.

오직 그리스도, 오직 믿음, 오직 예수 보혈 신앙으로 살고, 쉬지 말고 기도하며, 성령의 충만 받아 하나님 사랑과 이웃 사랑의 전도자로 살기 바랍니다.

살아계신 아버지 하나님!

하나님 은혜를 감사합니다.

오늘 우리에게 예수 그리스도를 믿는 믿음을 선물로 주심을 감사하옵나이다. 이 하나님의 아들 예수를 믿는 하나님의 의, 그리스도의 의가 우리에게 오는 통로가 믿음인 것을 알게 하시니 감사합니다. 그러므로 오늘도 믿음이 하나님의 선물로 주어진 것을 굳게 믿고, 이 믿음으로 영광의 아버지 앞에 나아가 믿음의 실천인 기도를 드립니다.

오늘도 때를 따라 돕는 은혜를 우리에게 허락하셔서 오늘 우리에게 주어진 그 은혜로 인하여 세상을 이기고, 내 자신의 정욕도 이기고, 또한 어둠의 세력도 정복하고 승리하는 하루가 되게 해 주옵소서.

예수님의 이름으로 기도하옵나이다. 아멘.

제2부

교리 편
(1:18-11:36)

제1장 죄악론 (1:18-3:20)

제2장 구원론 (3:21-8:39)

제3장 이스라엘과 하나님의 은혜로운 계획 (9:1-11:36)

제1장

죄악론
(1:18-3:20)

43

롬 1:18, 3:20

- 인류의 죄악론 개요. 죄인들에 대한 하나님의 진노.
  ① 이방인의 죄 (1:18-32)
  ② 유대인의 죄 (2:1-3:8)
  ③ 모든 사람의 죄 (3:9-20)
- 예수 그리스도의 의가 필요하다.
  오직 그리스도, 오직 믿음, 오직 예수 보혈

> **18** 하나님의 진노가 불의로 진리를 막는 사람들의 모든 경건하지 않음과 불의에 대하여 하늘로부터 나타나나니 그러므로 율법의 행위로 그의 앞에 의롭다 하심을 얻을 육체가 없나니 율법으로는 죄를 깨달음이니라
> **3:20** 그러므로 율법의 행위로 그의 앞에 의롭다 하심을 얻을 육체가 없나니 율법으로는 죄를 깨달음이니라

예수님은 그리스도시오. 살아계신 하나님의 아들입니다. 예수님이 하나님의 아들 그리스도라는 증거로 십자가에서 우리 죄를 대신해서 피 흘려 죽으시고, 죽은 자들 가운데서 부활하셨습니다.

이 예수님이 하나님의 아들, 예수님이 그리스도, 예수님이 우리 죄를 대신해서 십자가에서 피 흘려 죽으시고 부활하셨다는 복음으로 우리 인생 모든 문제가 처리되고 해답을 얻습니다. 이 복음은 모든 믿는 자에게 구원을 주시는 하나님의 능력이 됩니다. 이 하나님의 아들 예수 그리스도의 복음, 그리

스도 십자가 대속의 피의 복음으로 깊이 뿌리내리기를 기원합니다.

　예수님의 신성의 하나님 되심과 십자가 대속의 피의 복음을 마음 중심에 믿고 구원받은 그리스도인은 자신의 죄악에 대한 깊은 인식이 있어야 하며, 자신의 마음이 심히 부패한 존재라는 것을 확신해야 합니다. 십자가 대속의 피의 복음 진리를 믿지 않는 자유주의자들의 진정한 뿌리는 죄의식의 상실입니다. 선행으로 의롭다 함을 얻고자 하는 무리입니다.

　오늘날 유식하다는 무리는 자신이 죄를 짓지 않았고, 죄책도 없으며, 예수 그리스도도 필요하지 않다고 주장하며 아주 허세를 부립니다. 이들에게 죄와 죄책이 누구에게나 보편적으로 있다는 진리를 가르쳐 주어야 합니다.

　그러나 그들은 자신이 죄인이라는 상태를 인정하고자 하지 않기 때문에 복음 전도자로서 그리스도인들은 기도와 성경의 가르침을 통해 하나님 앞에 그들 자신의 상태를 인식시켜 주어야 합니다. 죄의 관문을 통해서 그리스도 안에 들어오지 않는 자는 강도요 절도범입니다. 그래서 그리스도 교회는 십자가 대속의 피의 복음을 날마다 선포해야 할 이유가 있습니다.

　오늘 본문 로마서 1장 18절에서 3장 20절의 배후에 놓여 있는 것은 이 같은 명백하고도 인기 없는 원리입니다. 사도 바울은 구원이 유대인에게나 이방인에게나 똑같이 주어진다는 사실을 보여 주기 전에 모두가 똑같이 그 예수 그리스도의 구원을 필요로 한다는 점을 입증하고자 합니다.

그러므로 오늘 본문에서 사도 바울의 목적은 "유대인이나 헬라인이나 다 죄 아래 있으며"(롬 3:9), 따라서 "온 세상으로 하나님의 심판 아래"(롬 3:19) 있다는 기소장을 작성하는 것입니다. 바울은 고발만 하고 끝내지 않습니다.

바울은 우리에게 죄가 있음을 입증하고 그 죄를 분명히 자각시키기 위하여 증거를 열거합니다. 모든 남자와 여자는 죄를 지어 죄책을 지니고 있으며 하나님 앞에서 핑계 대지 못합니다. 이미 그들은 하나님의 진노 아래 있습니다.

이미 모든 사람은 정죄를 받았습니다. 이것은 매우 엄숙한 주제입니다. 이것은 또한 그리스도 십자가 대속의 피의 복음을 빛나게 만들기 위해 필요한 배경이며 세계 복음화를 위한 필수불가결한 토대입니다.

사도 바울은 오늘 본문에서 인류가 보편적으로 죄와 죄책을 지니고 있다는 것을 보여 주기 위하여 인류를 크게 두 집단으로 나누어 각각 논죄를 합니다.

바울은 먼저 이방인을 기소합니다. 로마서 1장 18절에서 32절이 그 기소장입니다. 그다음에 유대인을 기소합니다. 로마서 2장 1절에서 3장 8절까지가 그 기소 내용입니다.

그중 로마서 1장 18절은 모든 사람을 기소하는 요약 구절입니다. 로마서 1장 18절을 보면 "하나님의 진노가 불의로 진리를 막는 사람들의 모든 경건하지 않음과 불의에 대하여 하늘로부터 나타나나니"라고 하였습니다.

그리고 이어서 로마서 1장 32절까지에 걸쳐서 이방인들의 우상 숭배와 부도덕과 반사회적 행동에 빠져 있는 타락한 이방인 사회를 기소하고 있습니다.

그다음 로마서 2장 1절에서 3장 8절에 걸쳐서 바울은 하나님의 율법에 대한 자신들의 지식을 자랑하지만, 그것에 순종하지 않는 자기 과신적인 유대인들에 대해 기소하였습니다.

그리고 세 번째로 로마서 3장 9절에서 3장 20절까지에 걸쳐 모든 사람의 죄를 기소합니다. 인간은 모두 죄인이며 하나님 앞에 핑계 댈 수가 없다는 결론을 내립니다.

로마서 3장 20절을 보면 "그러므로 율법의 행위로 그의 앞에 의롭다 하심을 얻을 육체가 없나니 율법으로는 죄를 깨달음이니라"라고 하였습니다. 율법은 사람으로 하여금 그가 마땅히 되어야 할 사람이 되지 못했음을 깨닫게 하는 것입니다.

사도 바울은 이 긴 본문을 통해서 인간의 죄악을 기소하지만, 결코 예수 그리스도의 복된 소식을 잊지 않습니다. 그는 오늘 본문 시작 직전에 로마서 1장 17절에서 "복음에는 하나님의 의가 나타나서"라 말했고, 오늘 본문 마지막 끝에 로마서 3장 21절에서도 "이제는 율법 외에 하나님의 한 의가 나타나서"라고 말하여 반복하고 있습니다.

"하나님의 의", 곧 '하나님께로부터 온 의', '예수 그리스도로 말미암아 제공된 그리스도의 의'를 인간의 죄악론에 대한 해답이요 죄인들에 대한 하나님의 진노 해결로 제시하고 있습니다.

오직 그리스도, 오직 믿음, 오직 예수 보혈 신앙으로 살아 쉬지 말고 기도하고, 성령의 충만 받아 하나님 사랑과 이웃 사랑의 전도자로 살기 바랍니다.

살아계신 아버지 하나님!

하나님 은혜를 감사합니다.

이방인도, 유대인도, 모든 사람이 죄를 범해 죄의 형벌에 처해 있음을 말합니다. 그러나 하나님께서 그 아들 예수 그리스도를 보내서 복음을 주심으로 인하여 십자가의 대속의 피의 복음으로 우리의 모든 죄를 도말하고 우리를 의롭다 해서 하나님께로부터 나온 의, 그리스도의 의를 힘입고 은혜의 보좌 앞에 나아와 하나님과 교제하며 살고, 은혜로 세상 속에 나아가 복음의 증인으로 살게 하심을 감사하옵나이다.

오늘도 예수 그리스도의 보혈을 힘입고 은혜의 보좌 앞에 담대히 나아가 때를 따라 돕는 은혜를 구하온즉 은혜로 충만, 믿음으로 충만, 사랑으로 충만 받고, 지혜로 충만 받아서 세상 속에 나아가 어둔 세상에 피의 복음을 증거하는 하루가 되게 하여 주옵소서.

예수님의 이름으로 기도하옵나이다. 아멘.

1. 이방인의 죄
(1:18-32)

44

롬 1:18-32

- 이방인의 죄에 대한 개요.
  ① 1:18-23 (이방인이 하나님을 거절함, 우상 숭배)
  ② 1:24-32 (이방인이 하나님을 거절한 결과들, 성적인 죄).
- 하나님을 예배하지 않는 것이 근본적인 죄다.
  다른 모든 죄는 이 죄의 결과다.
  성부·성자·성령 삼위 하나님을 예배하라.
  이것이 우주 근본 원리이다.

¹⁸ 하나님의 진노가 불의로 진리를 막는 사람들의 모든 경건하지 않음과 불의에 대하여 하늘로부터 나타나나니 ¹⁹ 이는 하나님을 알 만한 것이 그들 속에 보임이라 하나님께서 이를 그들에게 보이셨느니라 ²⁰ 창세로부터 그의 보이지 아니하는 것들 곧 그의 영원하신 능력과 신성이 그가 만드신 만물에 분명히 보여 알려졌나니 그러므로 그들이 핑계하지 못할지니라 ²¹ 하나님을 알되 하나님을 영화롭게도 아니하며 감사하지도 아니하고 오히려 그 생각이 허망하여지며 미련한 마음이 어두워졌나니 ²² 스스로 지혜 있다 하나 어리석게 되어 ²³ 썩어지지 아니하는 하나님의 영광을 썩어질 사람과 새와 짐승과 기어다니는 동물 모양의 우상으로 바꾸었느니라 ²⁴ 그러므로 하나님께서 그들을 마음의 정욕대로 더러움에 내버려 두사 그들의 몸을 서로 욕되게 하게 하셨으니 ²⁵ 이는 그들이 하나님의 진리를 거짓 것으로 바꾸어 피조물을 조물주보다 더 경배하고 섬김이라 주는 곧 영원히 찬송할 이시로다 아

> 매 ²⁶ 이 때문에 하나님께서 그들을 부끄러운 욕심에 내버려 두셨으니 곧 그들의 여자들도 순리대로 쓸 것을 바꾸어 역리로 쓰며 ²⁷ 그와 같이 남자들도 순리대로 여자 쓰기를 버리고 서로 향하여 음욕이 불 일듯 하매 남자가 남자와 더불어 부끄러운 일을 행하여 그들의 그릇됨에 상당한 보응을 그들 자신이 받았느니라 ²⁸ 또한 그들이 마음에 하나님 두기를 싫어하매 하나님께서 그들을 그 상실한 마음대로 내버려 두사 합당하지 못한 일을 하게 하셨으니 ²⁹ 곧 모든 불의, 추악, 탐욕, 악의가 가득한 자요 시기, 살인, 분쟁, 사기, 악독이 가득한 자요 수군수군하는 자요 ³⁰ 비방하는 자요 하나님께서 미워하시는 자요 능욕하는 자요 교만한 자요 자랑하는 자요 악을 도모하는 자요 부모를 거역하는 자요 ³¹ 우매한 자요 배약하는 자요 무정한 자요 무자비한 자라 ³² 그들이 이같은 일을 행하는 자는 사형에 해당한다고 하나님께서 정하심을 알고도 자기들만 행할 뿐 아니라 또한 그런 일을 행하는 자들을 옳다 하느니라

예수님은 그리스도시오. 살아계신 하나님의 아들입니다. 예수님이 하나님의 아들 그리스도라는 증거로 십자가에서 우리 죄를 대신해서 피 흘려 죽으시고, 죽은 자들 가운데서 부활하셨습니다.

이 예수님이 하나님의 아들, 예수님이 그리스도, 예수님이 우리 죄를 대신해서 십자가에서 피 흘려 죽으시고 부활하셨다는 복음으로 우리 인생 모든 문제가 처리되고 해답을 얻습니다. 이 복음은 모든 믿는 자에게 구원을 주시는 하나님의 능력이 됩니다. 이 하나님의 아들 예수 그리스도의 복음, 그리스도 십자가 대속의 피의 복음으로 깊이 뿌리내리기를 기원합니다.

예수님의 신성의 하나님 되심과 십자가 대속의 피의 복음을 마음 중심에 믿고 구원받은 그리스도인의 최고의 우선순위는 성부·성자·성령 삼위일체 하나님께 예배드린다는 것입니다. 인생과 우주의 근본 원리는 하나님이 존재하시며, 하나님은 예배와 섬김을 받으셔야 하며, 하나님의 이름이 찬양을 받으셔야 한다는 것입니다.

이 하나님의 존재는 하나님의 속성에서보다 삼위적 실존의 계시에서 더 풍부하고 생생하게 나타났으므로 신약 시대에 사는 우리는 삼위의 제2위인 하나님의 아들 예수 그리스도의 성육신으로 인해 참된 예배를 하나님께 드릴 수 있게 되었습니다. 이제는 누구든지 예수님을 하나님의 아들로 믿지 않으면 참된 예배를 하나님께 드릴 수 없게 되었습니다.

오늘날 서구 사회에 만연한 동성애라는 성적 죄악은 모두 삼위일체 하나님을 믿지 않고 거부한 결과에서 나온 것입니다. 하나님을 예배하지 않는 것이 근본적인 죄입니다. 다른 모든 죄는 삼위 하나님을 거부하고 하나님을 예배하지 않는 결과입니다. 다시 말하면 모든 죄가 우상 숭배에서 비롯된 것입니다.

오늘 우리는 사도 바울의 죄악론을 전개함에서 먼저 이방인의 죄의 논증을 보겠습니다. 바울은 이방인의 죄를 두 가지로 나누어 설명합니다.

첫째, 이방인이 하나님을 거절한 우상 숭배의 죄요(롬 1:18-23).

둘째, 이방인이 하나님을 거절한 결과로 동성애 등의 성적인 범죄를 범하고 있음을 논증합니다(롬 1:24-32).

여기서 바울이 논증한 이방인의 죄는 이방인들이 하나님을 거절한 결과 인간사회의 도덕적 붕괴가 나타났으며, 인간사회에 들어온 동성애 등의 성적인 죄의 도덕적 타락은 인간의 하나님의 거절의 결과인 우상 숭배에 뿌리를 두고 있다는 것입니다. 어떻게 2000년 전의 바울의 논증이 오늘의 시대를 이렇게 정확하게 조명하는지 감탄할 뿐입니다. 이 말씀의 저자가 동시에 하나님이신 것을 우리는 바르게 인식하고 오늘의 말씀 앞에 절대 순종해야겠습니다.

우리는 바울이 논증한 두 가지 죄를 차례로 간략히 정리하고자 합니다.

첫째, 바울은 로마서 1장 18-23절에서 사람들이 참되신 한 분 하나님에 대한 진리를 막고 우상 숭배로 돌아섰기 때문에 하나님의 진노가 나타났다고 주장합니다. 로마서 1장 18절을 보면 "하나님의 진노가 불의로 진리를 막는 사람들의 모든 경건하지 않음과 불의에 대하여 하늘로부터 나타나나니"라고 하였습니다.

하나님의 진노는 모든 사람에게 나타났는데 그 진노는 사람들이 진리를 막았기 때문에 나타났다고 합니다. 그런데 그들, 곧 이방인들은 그들 속에 하나님을 알만한 것이 보이는데도 진리를 막았습니다(롬 1:19).

사람들이 하나님을 알고 있는 이유는 하나님이 세상의 창조를 통해 그들에게 하나님 자신을 알리셨기 때문입니다(20절). 그 결과 이방인들은 진리를 막는 것에 대해 아무런 변명을 할 수 없습니다(20절).

그들은 하나님을 알고 있지만(21절) 하나님을 영화롭게 하거나 영광을 돌리지 않았습니다(21절). 오히려 그들의 생각이 허망해지며, 어리석게 되었습니다(21-22절). 구체적으로 그들은 참되신 하나님을 예배하기를 그만두고 우상들을 숭배하는 것으로 돌아섰습니다(23절).

둘째, 바울은 로마서 1장 24-32절에서 이방인들이 이렇게 하나님을 거절한 결과들로 동성애 등의 성적인 죄들이 나타났다고 합니다.

24절을 보면 "그러므로 하나님께서 그들을 마음의 정욕대로 더러움에 내버려 두사 그들의 몸을 서로 욕되게 하게 하셨으니"라고 합니다. 이렇게 그들을 마음의 정욕대로 더러움에 내버려 두신 결과 동성애 등의 성적인 죄가 나타났습니다.

26절을 보면 "이 때문에 하나님께서 그들을 부끄러운 욕심에 내버려 두셨으니 곧 그들의 여자들도 순리대로 쓸 것을 바꾸어 역리로 쓰며"라고 하고, 27절은 남자들도 남자와 더불어 동성애를 한다고 하였습니다.

이런 성적인 죄는 하나님을 거절하고, 또한 하나님을 존중하지 않는 것의 결과요 산물이었습니다. 우주의 근본 원리는 하나님이 존재하시고, 하나님이 예배를 받으셔야 하며, 하나님의 이름이 찬양을 받으셔야 한다는 것입니다(25절).

또 29-32절에 구체화되고 있는 모든 다양한 죄들에 내버려 두는 것은 하나님을 거부한 것에 원인이 있다고 합니다. 모든 죄가 우상 숭배에서 비롯된다는 것입니다.

그러므로 모든 인간은 하나님께서 보내신 그의 아들 예수 그리스도를 믿고 성부·성자·성령의 삼위일체 하나님을 예배하는 자가 되어야 하나님의 진노에서 벗어나 구원을 얻는 자가 되는 것입니다.

　오직 그리스도, 오직 믿음, 오직 예수 보혈 신앙으로 죄에서 떠나 성부·성자·성령 삼위 하나님께 바른 예배를 드리고 거룩한 삶을 사는 자들이 되어야 합니다. 성령과 예수 그리스도의 진리예배를 드리기를 간절히 기원합니다.

　살아계신 아버지 하나님!
　하나님 은혜를 감사합니다.
　오늘도 하나님의 계시 앞에 섰을 때, 우리가 바른 진리를 깨닫게 됨을 감사하옵나이다. 이방인들의 죄는 그들이 하나님을 거절하고 우상 숭배한데 있음을 오늘 분명히 밝힙니다. 하나님을 거절한 이방인들은 그 결과로 도덕적인 타락, 그중에서도 성적인 죄, 동성애 죄 등으로 빠졌음을 오늘 분명히 밝히니 오늘의 시대를 이천 년 전 사도 바울이 논증했다고 믿습니다.
　그러므로 오늘도 예수님을 성자 하나님으로 참되게 믿어 성부·성자·성령 삼위일체 하나님께 참되게 경배를 드려 이 우주적인 근본 원리를 따라 거룩하게 살아가게 하여 주옵소서.
　예수님의 이름으로 기도하옵나이다. 아멘.

45

롬 1:18

- 하나님의 진노.
  복음 전도의 동기이다.
  잘못된 동기(불신자 자세, 신학적 자유주의자들, 하나님의 진노를 말하지 않는 전도자들).
- 성령님의 역사에 맡겨야 한다.
  복음은 억만죄인을 거룩하신 하나님과 화해시키는 것이다.

> **18** 하나님의 진노가 불의로 진리를 막는 사람들의 모든 경건하지 않음과 불의에 대하여 하늘로부터 나타나나니

예수님은 그리스도시오. 살아계신 하나님의 아들입니다. 예수님이 하나님의 아들 그리스도라는 증거로 십자가에서 우리 죄를 대신해서 피 흘려 죽으시고, 죽은 자들 가운데서 부활하셨습니다.

이 예수님이 하나님의 아들, 예수님이 그리스도, 예수님이 우리 죄를 대신해서 십자가에서 피 흘려 죽으시고 부활하셨다는 복음으로 우리 인생 모든 문제가 처리되고 해답을 얻습니다. 이 복음은 모든 믿는 자에게 구원을 주시는 하나님의 능력이 됩니다. 이 하나님의 아들 예수 그리스도의 복음, 그리스도 십자가 대속의 피의 복음으로 깊이 뿌리내리기를 기원합니다.

인간은 예수님의 하나님 되심과 십자가 대속의 피의 복음을 믿을 때 억만 죄악에서 죄 사함 받고 진노하시는 하나님과 화해가 이루어지고 그리스도와 연합됩니다. 십자가 대속의 피의 복음은 억만 죄악의 인간을 거룩하신 하나님, 죄에 대해 진노하시는 하나님과 화해시키는 것입니다.

오늘날 많은 사람은 십자가 대속의 피의 복음을 좋아하지 않습니다. 아예 피의 복음이라는 말도 모릅니다. 많은 사람이 하나님이 우리를 사랑하신다는 메시지는 들어서 잘 알고 있고 또 좋아합니다.

그러나 하나님께서 그리스도 안에서 우리의 억만 죄악을 심판하셨다는 개념은 이해를 못 하고 좋아하지도 않습니다. 하나님의 사랑은 받되 하나님의 진노에 대해서는 전혀 받아들이지 않습니다. 오늘날 많은 사람이 하나님의 진노 개념은 제쳐놓고, 하나님은 선하시고, 사랑하시고, 자비로우시고, 용서하시며, 좋으신 하나님으로만 믿고 있습니다.

그리하여 복음 전도도 먼저 하나님의 진노로부터 출발하지 않고, 듣는 사람들의 필요나 사람들의 괴로운 문제나 그들이 듣기를 원하는 메시지로부터 시작합니다.

복음 전도의 동기가 하나님의 진노 때문이 아니라 인간적 필요에서 시작됩니다. 요즘의 전도는 자신이 예수 믿고 변화된 삶이나 성공담이거나 마약이나 알코올 중독에서 벗어났다는 인간적 체험에서 주로 언급됩니다.

예수님을 하나님의 아들, 십자가에 못 박히신 그리스도로 믿을 때 새로운 피조물로 변화된 것은 사실입니다. 그러나 그런 것들이 복음 전도의 동기가 되어서 예수님을 믿으라고 한다면 성경이 말하는 복음 전도에서 벗어난 것입니다.

　사도 바울은 오늘 본문에서 "하나님의 진노"에 대해서 말하고 있습니다. 그는 자신의 다메섹 도상의 체험을 말하지 않고 "하나님의 진노"를 맨 먼저 놓습니다. 이것이 바로 십자가 대속의 피의 복음 전도의 동기입니다.

　오늘 본문 로마서 1장 18절을 보면 "하나님의 진노가 불의로 진리를 막는 사람들의 모든 경건하지 않음과 불의에 대하여 하늘로부터 나타나나니"라고 말합니다.

　이 말씀이 바울이 강권하여 복음을 전할 추진력을 주었습니다. 왜냐하면 "하나님의 진노가 불의로 진리를 막는 사람들의 모든 경건하지 않음과 불의에 대하여 하늘로부터 나타나나니"라고 하기 때문입니다.

　바울 사도는 무엇보다 먼저 죄인들이 하나님과 가진 관계와 하나님 앞에서 죄인들이 서 있는 위치와 하나님을 대면하여 그들이 갖게 될 영원한 운명에 관심이 있었습니다. 바울에 의해서 전파되었던 복음은 인간 중심적인 것이 결코 아니었습니다. 언제나 필연적으로 하나님 중심적인 것이었습니다(마틴 로이드 존스, 『로마서 강해 1』 참고.).

　바울이 먼저 하나님의 진노로부터 출발한 것은 구약성경의 모든 선지자의 메시지와도 똑같습니다. 구약의 선지자들은 먼저 어떤 개인적 문제를 말하지 않고 이스라엘 백성들로 하여금 하나님과의 관계를 상기시켜 주는 것이었습니다.

　신약성경의 세례 요한도 "누가 너희를 가르쳐 임박한 진노를 피하라 하더냐"(마 3:7)고 말했습니다. 베드로의 오순절 설교도 죄인 된 인간들과 하나님과의 관계를 말함으로써 그 설교를 듣는 사람들이 "형제들아 우리가 어찌할꼬"(행 2:37)라고 부르짖게 하였습니다.

우리는 복음을 전하는 십자가 대속의 메시지뿐만 아니라 그 방식에서도 성경적이어야 합니다. 복음을 전하는 이유를 말하면서 먼저 "하나님의 진노가 나타났다"라고 말하는 바울이 실로 놀라운 것입니다.

그러나 오늘날 이 하나님의 진노 메시지에 걸려 넘어지는 사람이 많습니다. 이 교리는 사람들로부터 미움을 받고 있습니다.

불신자들이 이 진노 개념을 싫어하고 조롱합니다. 신학에서 자유주의자들도 이 진노의 개념을 반대합니다. 심지어 복음주의자들까지도 하나님의 진노를 먼저 말하면 안 되고 복음을 매력적인 것이 되도록 해야 한다고 합니다.

그러나 이런 생각의 메시지는 잘못입니다. 십자가 피의 복음을 듣는 자가 청종할 것인가 않을 것인가는 성령님의 역사에 달려있습니다. 인간의 지혜로 믿게 하는 것은 참된 신앙이 아닙니다. 참된 신앙은 하나님의 은혜로 된 것입니다.

역사상 가장 유명한 설교 중의 하나는 조나단 에드워즈의 〈성난 하나님의 손에 들어 있는 죄인〉이라는 메시지였습니다. 하나님께서 이 설교를 사용하셔서 많은 사람을 회심시켰습니다.

십자가 대속의 피의 복음의 임무는 죄인들을 진노하시는 하나님께로 이끌어 예수 그리스도의 십자가 피로 말미암아 하나님과 화해하도록 하는 데 있습니다. 하나님의 임박한 진노에서 죄인들을 구하는 것입니다.

오직 그리스도, 오직 믿음, 오직 예수 보혈 신앙으로 살고, 하나님의 진노하에 있는 죄인들에게 십자가 대속의 피의 복음을 전하며 살기 바랍니다. 성령 충만 받아 성령의 권능으로 전하여 죄인들이 피의 복음 언약 속으로 기꺼이 들어오기를 기원합니다.

살아계신 아버지 하나님!

하나님 은혜를 감사합니다.

우리가 세계 복음화의 일꾼으로 부름을 받은즉슨 거저 받은 복음을 우리도 거저 전하였을 때 이 복음 전도의 동기가 잘못된 것이 많습니다. 복음 전도의 참된 동기는 하나님의 진노로부터 시작한다는 것을 오늘 사도 바울로부터 배우게 됨을 감사하옵나이다. 하나님의 진노하에 있는 억만 죄인들을 거룩하신 하나님과 화해시키는 것이 십자가의 피의 복음의 신비입니다.

오늘도 억만 죄악을 사하신 예수 그리스도의 십자가의 피의 은혜를 힘입고 은혜의 보좌 앞에 나아가 성령으로 충만을 받고 세상 속에 나가서 진노하에 있는 인간들에게 하나님의 진노로부터 구속받는 길이 있으니 곧 십자가의 대속의 피의 복음이라는 것을 증거하면서 회개하고 하나님과 그리스도께 돌아오도록 증거하는 권능의 전도자들이 되게 하여 주옵소서.

예수님의 이름으로 기도하옵나이다. 아멘.

46

롬 1:18

- 하나님의 진노의 나타남과 십자가.
  양심, 죄의 고통, 피조세계의 타락, 죽음의 보편성, 인류역사, 성경의 역사, 그리고 그리스도 십자가에서 나타남.
- 십자가는 하나님 진노의 궁극적 선언.
  그리스도 십자가 안에서 임박한 진노를 피하라.

> [18] 하나님의 진노가 불의로 진리를 막는 사람들의 모든 경건하지 않음과 불의에 대하여 하늘로부터 나타나나니

예수님은 그리스도시오. 살아계신 하나님의 아들입니다. 예수님이 하나님의 아들 그리스도라는 증거로 십자가에서 우리 죄를 대신해서 피 흘려 죽으시고, 죽은 자들 가운데서 부활하셨습니다.

이 예수님이 하나님의 아들, 예수님이 그리스도, 예수님이 우리 죄를 대신해서 십자가에서 피 흘려 죽으시고 부활하셨다는 복음으로 우리 인생 모든 문제가 처리되고 해답을 얻습니다. 이 복음은 모든 믿는 자에게 구원을 주시는 하나님의 능력이 됩니다. 이 하나님의 아들 예수 그리스도의 복음, 그리스도 십자가 대속의 피의 복음으로 깊이 뿌리내리기를 기원합니다.

예수님의 신성의 하나님 되심과 십자가 대속의 피의 복음을 마음 중심에 믿고 그리스도 안에 거하는 자들은 장차 그리스도 재림 시 나타

날 임박한 하나님의 진노를 피하고, 영생을 얻고, 하나님 나라를 기업으로 얻게 됩니다. 이것은 오직 예수 그리스도와 그가 십자가에 못 박히신 것을 믿는 믿음 하나 때문에 주어진 하나님의 은총입니다.

영국의 유명한 종교문학가인 존 번연(1628-1688)이 쓴 『천로역정』의 서두에 보면 크리스천이 "어쩌면 좋단 말인가"라고 고민하다가 전도자를 만나 양피지 두루마리를 받았습니다. 그 속에는 "임박한 진노를 피하라"라고 쓰여 있었습니다(마 3:7).

그래서 임박한 진노를 피하고자 전도자가 가르쳐 준 길을 가게 됩니다. 크리스천은 천신만고 끝에 마침내 왕 되신 예수 그리스도가 계신 천성에 들어가게 되었습니다.

그러니까 한마디로 임박한 하나님의 진노를 피하는 길은 예수 그리스도와 그리스도 십자가 안에서만 가능하다는 결론입니다. 그것은 우리 주 예수 그리스도께서 우리의 죄로 인한 하나님의 진노를 십자가 대속의 죽음으로 담당하셨기 때문입니다.

저와 여러분 모두는 하나님을 사랑의 하나님, 좋으신 하나님으로만 알지 말고, 죄에 대해 진노하시는 하나님을 바로 알고 그리스도 십자가 앞에 부복하며 십자가 대속의 보혈을 믿는 믿음으로 살아야겠습니다. 하나님을 대적하는 억만 죄악의 인간은 임박한 하나님의 진노 앞에 서 있습니다.

오늘 본문에서 사도 바울은 말합니다.

> 하나님의 진노가 불의로 진리를 막는 사람들의 모든 경건하지 않음과 불의에 대하여 하늘로부터 나타나나니(롬 1:18).

그러면 "하나님의 진노"란 무엇입니까?

여기서 "하나님의 진노"는 '인간의 진노'와는 전적으로 다르다는 것을 알아야 합니다. '의분'이라는 것이 있기는 하지만 인간의 분노는 대부분 불의합니다. 그러나 하나님의 진노는 전혀 불의하지 않습니다.

우리는 하나님의 진노를 인간적인 차원에서 생각하면 안 됩니다. 하나님의 진노는 악에 대한 거룩한 적의, 악을 눈감아 주거나 타협하는 것에 대한 거부, 그리고 악에 대한 의로운 심판입니다(존 스토트, 『로마서 강해』 참고). 한마디로 하나님의 진노는 죄를 미워하시는 하나님의 혐오를 뜻하는 것입니다.

거룩하신 하나님은 죄를 용납하실 수 없으며, 하나님은 필연적으로 죄에 대한 진노를 나타내시는 것입니다. 그래서 오늘 본문에서 "하나님의 진노가 불로 진리를 막는 사람들의 모든 경건하지 않음과 불의에 대하여 하늘로부터 나타나나니"라고 하였습니다.

그러면 하나님의 진노가 어떻게 나타났습니까?

저는 로이드 존스가 말한 여섯 가지와 그리스도 십자가에서 나타난 사실을 인용하고자 합니다(마틴 로이드 존스, 『로마서 강해 1』 참고).

첫째, 하나님의 진노는 양심 속에서 나타납니다. 모든 인간은 악이 심판을 받는다는 의식이 있습니다. 바울도 로마서 2장 15절에서 "그 양심이 증거가 되어"라고 하였습니다.

둘째, 하나님의 진노는 죄의 고통에서 나타납니다. 인간이 죄를 범하면 고통을 받습니다. 자연법칙을 어기면 어떤 확실한 징벌을 당하게 됩니다. 인간은 죄를 지은 이후에는 고통을 겪게 되어 있습니다.

셋째, 창세기 3장에 나오는 죄로 인한 피조세계의 타락과 그에 대한 인간에게 오는 고통이 있습니다. 즉, "땅이 네게 가시덤불과 엉겅퀴를 낼 것이라 네가 먹을 것은 밭의 채소인즉"(창 3:18)이라고 말합니다. 이것은 죄에 대한 하나님의 진노 결과입니다.

넷째, 하나님의 진노는 죽음의 보편성입니다. 죽음은 보편적이고 모든 인간 위에 사망이 왕 노릇 하고 있습니다(롬 5:14).

다섯째, 하나님의 진노는 인류 역사에서 나타납니다. 아담과 하와는 범죄 후 에덴동산에서 쫓겨나 이마에 땀을 흘리며 살게 되었고, 그 이후의 모든 인류의 역사 속에서 하나님의 진로를 볼 수 있습니다.

여섯째, 하나님의 진노는 성경의 역사 가운데서도 나타났습니다. 구약의 모든 가르침 속에서 나타났습니다.

그러나 하나님의 진노는 우리 주 예수 그리스도의 십자가에서 가장 명백히 나타났습니다. 예수님은 십자가상에서 "나의 하나님, 나의 하나님, 어찌하여 나를 버리셨나이까"(마 27:46)라고 부르짖으셨습니다. 예수님은 오늘 본문에 나타난 사람들의 모든 경건하지 않음과 불의에 대하여 하늘로부터 나타나는 하나님의 진노를 체험하고 계셨던 것입니다.

그리스도 십자가는 하나님의 진노에 대한 궁극적인 선언입니다. 십자가에서 하나님의 사랑을 보기 전에 하나님의 진노를 먼저 보아야 합니다. 하나님의 진노 깊이를 이해할 때 하나님의 사랑의 깊이를 이해할 수 있는 것입니다.

오직 그리스도, 오직 믿음, 오직 십자가 대속의 보혈 신앙으로 살고, 성령 충만 받아 거룩한 삶을 살고, 하나님 사랑과 이웃 사랑의 전도자로 살기 바랍니다.

살아계신 아버지 하나님!
하나님 은혜를 감사합니다.
우리가 죄악 속에 살았을 때는 우리의 죄악의 깊이를 알지 못했으나 오늘 진리 말씀을 듣고 억만 죄악의 인간인 것을 알았고, 하나님의 진노 앞에 인간이 서 있다는 사실을 바르게 깨닫게 하심을 감사하옵나이다. 그것은 인간의 양심이나 죄에 대한 고통이나 피조 속의 타락 등 곳곳에서 하나님의 진노가 나타난 것을 볼 수 있으나, 그리스도의 십자가에서 가장 명확하고 분명하게 증거되고 나타났다고 믿습니다.
십자가는 하나님의 진노에 대한 궁극적인 선언인즉 우리 주 예수 그리스도께서 우리가 받아야 할 모든 죄악에 대한 하나님의 진노를 십자가에서 대신 다 받아주심을 감사하옵나이다.
그러므로 이 십자가 피의 공로를 믿고 그 안에서 하나님의 진노를 피하게 하시고, 피할 뿐만 아니라 하나님 앞에 나아가서 하나님과 교제하고 영생 복락을 누리며 살 수 있는 삶을 주신 것을 감사하옵나이다. 이 은총을 받은 십자가의 군사들이 세상 속에 나아가 십자가 피의 복음을 증거하는 종들이 되도록 은혜를 주시고 권능을 부어 주옵소서.
예수님의 이름으로 기도하옵나이다. 아멘.

롬 1:18

- 하나님의 진노가 무엇에 대해 나타났는가?
  하나님의 진노는 불경건과 불의에서 나타난다.
- 불경건이 불의보다 앞선다.
  죄의 진수는 하나님께 대한 불경건.
  "거룩 없는 의" 주장의 사회.
  소위 미국의 "정치적 올바름"(PC)의 불경건.
  오직 하나님의 영광을 위하여 살라.

> **18** 하나님의 진노가 불의로 진리를 막는 사람들의 모든 경건하지 않음과 불의에 대하여 하늘로부터 나타나나니

예수님은 그리스도시오. 살아계신 하나님의 아들입니다. 예수님이 하나님의 아들 그리스도라는 증거로 십자가에서 우리 죄를 대신해서 피 흘려 죽으시고, 죽은 자들 가운데서 부활하셨습니다.

이 예수님이 하나님의 아들, 예수님이 그리스도, 예수님이 우리 죄를 대신해서 십자가에서 피 흘려 죽으시고 부활하셨다는 복음으로 우리 인생 모든 문제가 처리되고 해답을 얻습니다. 이 복음은 모든 믿는 자에게 구원을 주시는 하나님의 능력이 됩니다. 이 하나님의 아들 예수 그리스도의 복음, 그리스도 십자가 대속의 피의 복음으로 깊이 뿌리내리기를 기원합니다.

예수님의 신성의 하나님 되심과 십자가 대속의 피의 복음을 마음 중심에 믿고 중생한 그리스도인은 삶의 목표가 "하나님의 영광을 위하여"입니다. "하나님의 영광"은 예수 그리스도와 그리스도 십자가 대속의 보혈의 사역에서 가장 크게 나타났기 때문에 "하나님의 영광을 위하여" 산다는 것은 더 구체적으로 말하면 예수 그리스도와 그의 십자가 대속의 피의 복음을 위해 산다는 것입니다.

그러나 오늘날 하나님을 향한 경건이 무시되고 인본주의가 꽃을 피우는 서구 사회, 특히 미국 사회에서는 "하나님 없는 의", "거룩 없는 의"가 중심이 된 "정치적 올바름"(PC, political correctness)이 미국의 주류사회를 지배하고 있습니다. 인종이나 종교, 성적 취향, 외모 문제에서 특정 집단에 대한 증오와 편견을 없애자는 것이 정치적 올바름(PC)입니다.

이 PC운동은 인간관계의 의를 앞세우고 하나님과의 관계에서의 의는 전혀 무시합니다. 이들은 하나님에 대해 전혀 불경건입니다. 그런데 놀랍게도 이 PC운동에서 성차별주의자, 인종차별주의자로 집중적인 공격을 받은 트럼프가 미국 대통령에 당선되었습니다. 트럼프는 미국 사회에 만연한 PC운동 때문에 대통령에 당선되었다고 말하고 있습니다.

이것은 충분히 이유가 있습니다. 그것은 트럼프가 인간적 측면에서는 불의가 있어도 하나님과의 관계에서는 경건을 내세움으로써 미국 전체 기독교 보수주의자들의 절대적 지지로 대통령에 당선되었다는 것입니다.

우리는 여기서 하나님께 대한 불경건과 인간에 대한 불의의 순서가 중요하다는 사도 바울의 말씀을 상고해 보고자 합니다. 죄의 본질적인 진수는 불경건이라는 것입니다.

본문 로마서 1장 18절을 보면 "하나님의 진노가 불의로 진리를 막는 사람들의 모든 경건하지 않음과 불의에 대하여 하늘로부터 나타나나니"라고 합니다.

"하나님의 진노가 무엇에 대하여 나타나는가?"

이에 대한 대답은 불의로 진리를 막는 사람들의 모든 경건하지 않음과 불의에 대하여 하늘로부터 나타난다고 합니다. 쉽게 말해서 하나님의 진노는 죄에 대하여 나타납니다.

바울은 이 죄를 두 가지로 분류해 말합니다. "불경건성"과 "불의"입니다. 여기서 "불경건성", 곧 경건하지 않음은 하나님에 대한 것이고, "불의"는 인간에 대한 것입니다.

그런데 여기서 중요한 것은 그 두 가지에 대한 순서입니다. 바울은 먼저 "모든 경건하지 않음"을 "불의"보다 앞세웁니다. 이것은 근본적이고 핵심적인 요점입니다. 오늘날 이 순서가 특별히 중요합니다. 왜냐하면, 이 순서를 망각하고 그 순서를 지키는 것에 무관심한 경향이 오늘의 시대 특징이기 때문입니다.

"경건하지 않음"은 언제나 "불의"보다 앞섭니다. 성경은 죄의 본질이 경건하지 않음이라는 사실을 매우 분명하게 말합니다. 죄의 본질은 하나님을 제거해 버리려는 것입니다.

그러나 인간은 전적으로 하나님의 영광만을 위해서 살고, 하나님의 거룩한 이름을 찬미하기 위해서 살아야 합니다. 이렇게 살지 못한 것이 경건하지 않음입니다. 그러므로 죄의 본질이 경건하지 않음이라면 선의 본질은 "경경함", 곧 우리의 전 존재를 다해서 하나님만을 사랑하고 기쁨으로 하나님께 순종하는 것입니다.

하나님을 떠나서 도덕성이나 의가 가능하다고 믿는 것은 죄악이고 하나님을 모독하는 것입니다. 사람들이 경건보다 의를 먼저 놓는 것은 바로 이러한 것을 함축하는 것입니다.

우리가 던져야 하는 질문은 이것입니다.

여러분은 하나님과 어떤 관계를 맺고 있습니까?

전적으로 하나님의 영광만을 위해서 살고 있습니까?

만일 그렇지 못하다면 그들은 죄인이라는 사실을 알아야 합니다.

하나님의 진노는 불의로 진리를 막는 사람들의 모든 경건하지 않음과 불의에 대하여 하늘로부터 나타났습니다. 그러나 하나님은 동시에 그의 아들 예수 그리스도를 보내셔서 하나님을 향한 모든 경건과 인간들에 대한 의를 그리스도의 완전한 의의 삶과 대속의 죽음을 통해 성취하셨습니다.

누구든지 예수 그리스도의 십자가 대속의 피의 복음을 믿을 때 자기중심성에서 벗어나 하나님 사랑과 이웃 사랑의 계명, 곧 경건함과 이웃 사랑의 의를 실천할 수 있습니다.

오직 그리스도, 오직 믿음, 오직 예수 보혈 신앙으로 살고, 성령 충만 받아서 하나님 사랑과 이웃 사랑의 전도자로 살기 바랍니다. 오직 하나님의 영광을 위하여 사는 자가 되기를 기원합니다.

살아계신 아버지 하나님!

하나님 은혜를 감사합니다.

하나님의 진노가 불경건과 불의 때문에 나타났다는 말씀을 오늘 듣습니다. 먼저 불경건이요 그다음의 불의입니다. 죄의 진수는 하나님에 대한 불경건임을 우리가 바로 알고 이를 치료하는 유일한 길은 십자가 대속의 보혈뿐이라고 믿습니다.

그러므로 우리 모두는 이 예수님의 십자가 대속의 보혈을 굳게 믿어 거룩한 삶을 살아 하나님께 영광을 돌리며 살게 하여 주옵소서.

예수님의 이름으로 기도하옵나이다. 아멘.

48

롬 1:18-20

- 일반계시(자연계시).
  인간의 구조와 자연현상을 통하여 전달된 계시.
- 인류 안에 신(神) 의식, 양심, 창조세계의 솜씨, 세계 역사 속에서 계시.
  그러나 일반계시의 불충분성.
  일반계시의 가치와 의의.
  오직 그리스도, 오직 십자가 대속의 보혈로 구원.

> **18** 하나님의 진노가 불의로 진리를 막는 사람들의 모든 경건하지 않음과 불의에 대하여 하늘로부터 나타나나니 **19** 이는 하나님을 알 만한 것이 그들 속에 보임이라 하나님께서 이를 그들에게 보이셨느니라 **20** 창세로부터 그의 보이지 아니하는 것들 곧 그의 영원하신 능력과 신성이 그가 만드신 만물에 분명히 보여 알려졌나니 그러므로 그들이 핑계하지 못할지니라

예수님은 그리스도시오. 살아계신 하나님의 아들입니다. 예수님이 하나님의 아들 그리스도라는 증거로 십자가에서 우리 죄를 대신해서 피 흘려 죽으시고, 죽은 자들 가운데서 부활하셨습니다.

이 예수님이 하나님의 아들, 예수님이 그리스도, 예수님이 우리 죄를 대신해서 십자가에서 피 흘려 죽으시고 부활하셨다는 복음으로 우리 인생 모든 문제가 처리되고 해답을 얻습니다. 이 복음은 모든 믿는 자에게 구원을 주시는 하나님의 능력이 됩니다. 이 하나님의 아들 예수 그리스도의 복음, 그리

스도 십자가 대속의 피의 복음으로 깊이 뿌리내리기를 기원합니다.

　예수님의 신성의 하나님 되심과 십자가 대속의 피의 복음을 마음 중심에 믿고 구원받은 그리스도인은 예수님의 신성과 십자가 대속의 죽음과 부활의 사역을 믿도록 은혜를 베푸신 하나님께 무한 감사하면서 참되게 삼위일체 하나님께 예배하며 살아야 합니다. 이 그리스도 십자가 대속의 피의 복음을 믿지 않는 자연인들은 일반계시를 통해서 하나님이 자신을 계시하여 주셨기 때문에 그들의 불신앙을 핑계할 수 없도록 하셨습니다.

　하나님은 불가해 하신 분이십니다. 인간으로서는 하나님을 알 도리가 없습니다. 하나님께서 감추어진 자신을 드러내 주실 때만, 곧 계시하실 때만 인간은 하나님을 알고 예배하며 하나님과 교통하면서 살 수 있습니다.

　하나님의 계시는 두 가지로 구별됩니다. 곧 일반계시와 특별계시입니다. 우리가 이미 잘 알고 있는 특별계시는 하나님의 속죄 사역에 뿌리박고 있는 것으로, 죄인인 인간에게 말씀하시며, 타락한 인간의 도덕적, 영적 요구에 적용되는 계시입니다.

　이 특별계시의 목적은 죄인으로 하여금 예수 그리스도 안에 계시된 하나님의 속죄의 사랑에 관한 특수한 지식을 통하여 하나님께 돌아오게 하는 데 있습니다. 이 특별계시는 일반계시와 같이 모든 사람을 비추어 주는 빛이 아니라, 성령님의 특별하신 역사를 통하여 진리를 받아들이게 되는 사람들의 길을 비추어 주는 빛입니다.

그러나 일반계시는 직접적인 말씀의 전달 형식으로 인간에게 오는 것이 아닙니다. 그것은 자연현상에서, 인간 정신의 일반적 구조에서, 그리고 경험 혹은 역사의 사실 속에서 볼 수 있는 신적 사상의 구체적인 표현입니다.

하나님은 전 우주의 창조 속에서, 자연의 세력과 그 힘에서, 그리고 인간의 양심의 소리에서, 일반적으로는 세계의 하나님의 섭리적 통치에서, 특수적으로는 개인 생활의 섭리적 지배 속에서 인간에게 말씀하십니다.

바울 사도는 오늘 본문에서 이 일반계시에 관해 말합니다. 특히, 로마서 1장 20절을 보면 "창세로부터 그의 보이지 아니하는 것들 곧 그의 영원하신 능력과 신성이 그가 만드신 만물에 분명히 보여 알려졌나니 그러므로 그들이 핑계하지 못할지니라"라고 하였습니다.

바울은 "그의 보이지 아니하는 것들 곧 그의 영원하신 능력과 신성이 그가 만드신 만물에 분명히 보여 알려졌다"라고 하였습니다.

그뿐 아니라 바울은 19절에서 "이는 하나님을 알 만한 것이 그들 속에 보임이라 하나님께서 이를 그들에게 보이셨느니라"라고 하였습니다. "하나님을 알 만한 것이 그들 속에 보임이라"라고 합니다.

이는 인류 속에는 "신의식"(神意識)이 있다는 보편적인 사실을 말하는 것입니다. 가장 원시적인 사람들 속에서마저 최고의 하나님 존재에 관한 의식이 발견된다는 것입니다.

이 신의식은 양심을 통해서도 보여 줍니다. 후에 보게 될 로마서 1장 32절은 이에 대한 증거입니다. 그뿐 아니라 하나님은 섭리나 모든 일의 질서를 잡으시고, 동물들과 사람을 먹이시는 모든 일을 통해서 자신을 나타내셨습니다. 많은 시편 가운데서 이 점을 영광스럽게 말하고 있는 것을 발견합니다.

또한, 세계 역사를 통해서도 하나님은 자신을 보여 주셨습니다. 우리는 창세기 처음 열한 장을 통해서 그 점을 발견할 수 있습니다. 그리고 하나님은 섭리나 창조계 자체를 통해서 자신을 보여 주셨던 것과 똑같은 방식으로 역사를 통해서도 자신을 보여 주셨습니다.

그러나 이 일반계시는 사람을 구원하는 데는 충분하지 못합니다. 다만 이 일반계시는 18절에서 말씀한 대로 "모든 경건하지 않음과 불의에 대해서" 핑계하지 못할 만큼 그것은 충분합니다.

왜냐하면, 바울 사도가 말하듯이 일반계시를 통해서는 하나님이 계시다는 것을 확증하고 하나님의 위대함과 하나님의 능력, 하나님의 공의, 하나님의 의, 하나님의 율법을 확증해 보이기 때문입니다.

그러면 일반계시는 구원의 역사에 있어서 가치가 없습니까?

그렇지 않습니다. 사람들로 하여금 하나님을 찾아 탐구하게 하고(행 17:28), 오늘 본문에서 보듯이 자연 속에서 하나님의 영원하신 능력과 신성을 보게 하기(롬 1:19, 20) 때문입니다.

비록 이방인들의 종교가 성경에서는 거짓된 것으로 기술되어 있음에도 불구하고 기독교 십자가 대속의 피의 복음을 위해서 접촉점이 될 수 있는 진리의 요소를 내포하고 있기 때문입니다.

또한, 십자가 대속의 피의 복음 받아 구원 얻은 그리스도인도 자연 속에서 하나님의 손을 보게 되며, 역사 속에서 하나님의 발자국을 보게 합니다. 이는 일반계시가 특별계시의 정당한 이해를 증진해 준다는 것입니다.

우리는 오늘 본문에서 일반계시만으로도 하나님의 존재에 대해 핑계 댈 수 없다고 하는 말씀을 듣는데, 일반계시뿐만 아니라 특별계시, 십자가에 못 박히신 그리스도가 찬란하게 비치는 시대에 사는 자들은 예수 그리스도를 믿지 않는 데 대해 절대 핑계 댈 수 없을 것입니다.

오직 그리스도, 오직 믿음, 오직 예수 보혈 신앙으로 살고, 성령 충만 받아 하나님 사랑과 이웃 사랑의 전도자로 살기 바랍니다. 십자가 피의 복음을 위해 살기 바랍니다.

살아계신 아버지 하나님!
하나님 은혜를 감사합니다.
하나님은 불가해하신 분이기 때문에 하나님께서 자기 자신을 우리에게 계시해 주시 않으시면 우리는 알 수가 없습니다. 하나님은 일반계시를 통해서 인간에게 자신을 계시해 주셨습니다. 예컨대 인류 안에 신의식이 있습니다. 창조세계를 보아서도 하나님의 계신다는 것을 알고, 역사를 통해서도, 또한 양심을 통해서도 하나님이 계심을 압니다. 그러므로 인간들은 하나님을 알지 못하고 우상 숭배 하는 것에 대해 핑계할 수가 없게 되었습니다.
그러나 일반계시로 하나님을 참되게 알 수 없으므로 특별계시인 성경을 통해서 신성의 하나님의 아들과 십자가에 대속의 피의 복음 진리를 계시하여 주심을 감사하옵나이다. 그러므로 우리 인간에게 하나님을 아는 지식이 명백히 십자가에 못 박힌 그리스도를 통해서 계시되었으므로 아무도 핑계할 수 없게 되었습니다.

오늘도 신성의 하나님의 아들 예수 그리스도를 믿는 믿음을 깊이 갖고, 영광의 아버지께 나와 하나님과 교제하며 살고, 하나님의 능력을 받아 세상 속에 나가 십자가에 못 박히신 그리스도를 증거하여 하나님이 살아계심을 확증하며 사는 하루가 되게 하여 주옵소서.

예수님의 이름으로 기도하옵나이다. 아멘.

49

롬 1:18-20

- 불경건은 지적인 것이 아니라 도덕적인 것.
  자연인은 하나님과 그리스도 복음에 적대감과 편견을 갖고 있다.
- 성령께서 이 적대감과 편견을 제거해 주셔야 한다.
  기도가 필요하다.
  우리의 구원에 무한 감사하고 예수 그리스도와 십자가 피의 복음을 위해 살라.

> ¹⁸ 하나님의 진노가 불의로 진리를 막는 사람들의 모든 경건하지 않음과 불의에 대하여 하늘로부터 나타나나니 ¹⁹ 이는 하나님을 알 만한 것이 그들 속에 보임이라 하나님께서 이를 그들에게 보이셨느니라 ²⁰ 창세로부터 그의 보이지 아니하는 것들 곧 그의 영원하신 능력과 신성이 그가 만드신 만물에 분명히 보여 알려졌나니 그러므로 그들이 핑계하지 못할지니라

예수님은 그리스도시오. 살아계신 하나님의 아들입니다. 예수님이 하나님의 아들 그리스도라는 증거로 십자가에서 우리 죄를 대신해서 피 흘려 죽으시고, 죽은 자들 가운데서 부활하셨습니다.

이 예수님이 하나님의 아들, 예수님이 그리스도, 예수님이 우리 죄를 대신해서 십자가에서 피 흘려 죽으시고 부활하셨다는 복음으로 우리 인생 모든 문제가 처리되고 해답을 얻습니다. 이 복음은 모든 믿는 자에게 구원을 주시는 하나님의 능력이 됩니다. 이 하나님의 아들 예수 그리스도의 복음, 그리

스도 십자가 대속의 피의 복음으로 깊이 뿌리내리기를 기원합니다.

　예수님의 신성의 하나님 되심과 십자가 대속의 피의 복음을 마음 중심에 믿고 구원받은 그리스도인은 자신의 구원에 만강의 감사를 하나님께 올려드려야 합니다. 타락한 인간의 본성은 하나님께 대한 적대감과 편견을 갖고 있기에 우리 인간 스스로는 하나님과 그의 아들 예수 그리스도를 사랑할 수 없는 것입니다. 오직 하나님의 은혜로 믿는 것입니다.
　인간은 자신 속에 신(神)의식을 갖고 살며, 그의 양심은 타락했으나 하나님의 존재를 부인하지 못하고 창조세계를 통해서 하나님의 솜씨를 보고 세계 역사 속에서 하나님 섭리의 계시를 읽는 것입니다.
　그런데 왜 인간은 하나님과 그의 아들 예수 그리스도를 믿지 않습니까?
　왜 무신론자들이 활개 치며 다닙니까?
　인간은 소위 일반계시로 하나님을 알면서도 모른 체하면서 살고 있습니다. 더 나아가 지식인들 가운데 무신론자들은 '불가지론'을 내세워 불신앙의 버팀목으로 삼고 살고 있습니다.
　가끔 제가 인용하는 예화 중에 19세기 말엽 위대한 불가지론자 헉슬리(Huxley) 이야기를 또 하겠습니다. 헉슬리가 어느 농촌 별장에서 열린 가정파티에 참석했을 때의 이야기입니다.
　주일이 되어 대부분 사람은 주일예배에 참석할 준비를 하였습니다. 물론 헉슬리는 교회에 나가지 않으려 했습니다. 그때 헉슬리는 단순하고 열렬한 기독교 신앙을 가진 것으로 알려진 한 사람에게 다가가서 말했습니다.

"당신은 오늘 예배에 빠지면 어떻겠소?

집에 남아서 당신이 믿고 있는 기독교 신앙이 당신에게 어떤 의미가 있는지, 그리고 왜 당신이 그리스도인이 되었는지 아주 간단하게 말해 주면 어떻겠소?"

그 사람은 말했습니다.

"그러나 당신은 나의 이론을 즉시 물리칠 수 있습니다. 나는 당신과는 논쟁할 만큼 현명하지는 못합니다."

헉슬리는 부드럽게 말했습니다.

"나는 당신과 논쟁하기를 원하지 않습니다. 나는 단지 당신이 이 그리스도가 당신에게 무슨 의미가 있는지만 간단하게 말해 주기를 원할 뿐입니다."

그 사람은 집에 남아서 헉슬리에게 자기 신앙을 가장 소박하게 이야기했습니다. 그가 이야기를 끝내자 그 위대한 불가지론자의 눈에는 눈물이 고였습니다. 그는 말했습니다.

"내가 그것을 믿을 수만 있다면 내 몸을 바치겠는데…."

저는 이 간증 이야기를 인용할 때마다 하나님과 그리스도께서 저에게 베푸신 은혜에 대하여 만강의 감사를 올립니다. 나 같은 죄인에게 "예수님이 하나님의 아들이시다"라는 복음 진리 말씀으로 찾아와 믿게 하시고, 홀연히 나를 새사람으로 변화시켜 주신 하나님과 우리 주 예수 그리스도께 감사와 찬양을 올립니다.

사도 바울은 오늘 본문에서 사람은 하나님이 계신 것을 알 수 있다고 말합니다. 로마서 1장 19-20입니다.

> **19** 이는 하나님을 알 만한 것이 그들 속에 보임이라 하나님께서 이를 그들에게 보이셨느니라 **20** 창세로부터 그의 보이지 아니하는 것들 곧 그의 영원하신 능력과 신성이 그가 만드신 만물에 분명히 보여 알려졌나니 그러므로 그들이 핑계하지 못할지니라(롬 1:19-20).

우리는 앞으로 사도 바울의 논증을 계속 자세히 보겠지만, 인간의 불신앙은 하나님을 알 수 없거나 이해되지 않아서가 아니라 창조주 하나님께 대항하며 반감을 갖는 데 있다고 합니다(롬 1:21, 1:23, 1:25). 결국, 인간들이 하나님을 마음에 두기를 싫어하기 때문이라고 하였습니다(롬 1:28).

인간 타락의 죄성은 항상 기독교의 진리를 지적으로 어둡게 만듭니다. 그래서 사람이 '믿을 수 없는 것'이 아니라 '믿지 않으려는' 것입니다.

예수님은 바리새인들에게 이것을 속속들이 지적하셨습니다.

> 그러나 너희가 영생을 얻기 위하여 내게 오기를 원하지 아니하는도다 (요 5:40).

또 예수님은 도덕적 책임이 지적인 문제를 해결한다고 말씀하셨습니다.

> 사람이 하나님의 뜻을 행하려 하면 이 교훈이 하나님에게서 왔는지 내가 스스로 말함인지 알리라(요 7:17).

우리가 전도하다 보면 불신자들이 예수 그리스도를 믿지 않는 이유가 지적인 것이 아니라 도덕적인 것이 대부분입니다. 그들은 예수 그리스도를 믿고 그의 인생을 바꾸기를 원하지 않는 것입니다. 죄의 원인은 인간의 의지에 있는 것입니다. 인간의 불신앙은 하나님께 대한 그들의 적대감과 편견에 있는 것입니다.

기도해야겠습니다. 하나님께서 그의 성령을 보내사 불신자의 강퍅한 마음을 변화시켜 주고 회개하도록 기도하겠습니다.

십자가 대속의 피의 복음 받은 그리스도인 여러분은 하나님께 무한 감사를 드리고 오직 그리스도, 오직 믿음, 오직 예수 보혈 신앙으로 살고, 성령 충만 받아 하나님 사랑과 이웃 사랑의 전도자로 살기 바랍니다.

살아계신 아버지 하나님!
하나님 은혜를 감사합니다.
우리가 예수님을 하나님의 아들로, 십자가에 못 박힌 그리스도로 믿게 해 주신 은혜에 만강의 감사를 올려 드립니다. 인간들이 세상 창조세계를 바라보면서 영원하신 능력과 신성이 하나님이 만드신 만물에 나타난 것을 보아 하나님의 존재를 인정하지만, 그들이 하나님을 추구하지 않습니다. 그것은 하나님을 알 수 없어서라기보다는 오히려 그들이 하나님을 마음에 두기 싫어해서, 자기들의 정욕대로 살기 원하기 때문이라고 믿습니다.

우리는 그들이 믿지 않는 이유가 지적인 것이 아니라 도덕적인 것 때문이라는 사실을 알고, 타락한 인간들, 우리가 기도하는 무리 가운데서 아직 복음을 받지 않은 무리의 마음을 하나님께서 변화시켜 주셔서 그들 마음에 있는 적대감과 편견들을 제거하여 주시기를 기도합니다. 우리 교회나 주위에 있는 지인들이나 우리가 전도하는 무리에게 성령의 감동으로 이런 은혜가 임해서 그들이 회개하고 예수 그리스도께 돌아오도록 은혜를 베풀어 주옵소서.

예수님의 이름으로 기도하옵나이다. 아멘.

50

롬 1:20

- 하나님이 어디 있느냐?
  만물에 분명히 계신다.
- 하나님의 존재 증명 네 가지:
  우주론적, 목적론적, 도덕론적, 존재론적 증명.
  신앙에 의한 증명이 가장 본질적인 것이다.
  성경의 계시 방어가 아니라 선포하라.

> **20** 창세로부터 그의 보이지 아니하는 것들 곧 그의 영원하신 능력과 신성이 그가 만드신 만물에 분명히 보여 알려졌나니 그러므로 그들이 핑계하지 못할지니라

예수님은 그리스도시오. 살아계신 하나님의 아들입니다. 예수님이 하나님의 아들 그리스도라는 증거로 십자가에서 우리 죄를 대신해서 피 흘려 죽으시고, 죽은 자들 가운데서 부활하셨습니다.

이 예수님이 하나님의 아들, 예수님이 그리스도, 예수님이 우리 죄를 대신해서 십자가에서 피 흘려 죽으시고 부활하셨다는 복음으로 우리 인생 모든 문제가 처리되고 해답을 얻습니다. 이 복음은 모든 믿는 자에게 구원을 주시는 하나님의 능력이 됩니다. 이 하나님의 아들 예수 그리스도의 복음, 그리스도 십자가 대속의 피의 복음으로 깊이 뿌리내리기를 기원합니다.

예수님의 신성의 하나님 되심과 십자가 대속의 피의 복음을 마음 중심에 믿고 구원받은 그리스도인은 하나님의 존재에 대한 불변의 확신을 하고 신앙생활을 합니다. 저 자신에 관하여 말한다면, 조금도 과장이 아니라 저 자신보다 하나님과 우리 주 예수 그리스도의 존재에 더 깊은 확신과 신뢰를 하고 삽니다.

그것은 하나님과 예수 그리스도를 알게 되는 것이 어떤 증명에 의한 지식이 아니라 성령의 은혜로 되는 것이기 때문입니다.

네덜란드의 칼빈주의자 바빙크는 "누가 그리스도인에게 '너는 왜 믿느냐'고 물으면, 그리스도인은 '하나님이 말씀하셨기 때문이라'고 대답할 것이라고 했습니다.

또 물었습니다.

"어떻게 성경을 하나님의 말씀이라고 믿게 되는가?"

그는 다시 대답했습니다.

"하나님께서 마음속에 그렇게 믿도록 역사하여 주시기 때문이다."

그러나 이런 근본적인 "신앙에 의한 하나님의 존재 증명" 대신에 중세 스콜라 철학자들은 크게 네 가지 방법으로 증명하고자 하였습니다. 이런 논증은 불필요한 것일지 모르나, 오직 하나님의 계시를 받아들이는 것만이 참된 진리의 길인 것을 강조하기 위하여 간략한 소개를 하고자 합니다.

첫째, 우주론적 증명입니다.

세상에 운동이 있다는 사실로부터 출발합니다. "원동자"로 하나님을 증명합니다. 또 인과관계가 있다는 사실이나 우연적인 존재로부터 필연적인 존재로 하나님을 증명하고자 합니다.

둘째, 목적론적 증명입니다.

예컨대 "집마다 지은 이가 있으니 만물을 지으신 이는 하나님이시다"(히 3:4)라는 말씀처럼 어떤 목적이 있어서 존재합니다.

셋째, 도덕론적 증명입니다.

최고선을 성취시키는 신이 있어야 합니다. 세상에는 도덕법이 있습니다. 그 도덕법의 입법자가 하나님이시라고 합니다.

넷째, 존재론적 증명입니다.

'가장 위대한 분'이 존재한다면 하나님입니다. 또한, '완전한 분'이라면 하나님이라고 합니다. 존재하지 않는다면 불완전하기 때문이라는 것입니다.

그러나 우리는 이와는 달리 하나님의 계시를 받아들이는 방법, 곧 신앙에 의한 하나님의 존재 증명이 바른 것으로 봅니다.

오늘 본문에서 바울 사도는 자연계시를 통해 하나님의 존재를 증명합니다. 로마서 1장 20절, "창세로부터 그의 보이지 아니하는 것들 곧 그의 영원하신 능력과 신성이 그가 만드신 만물에 분명히 보여 알려졌나니 그러므로 그들이 핑계하지 못 할지니라"라고 하였습니다.

바울에 의하면 자연계시는 하나님의 존재에 대한 명확하고도 확실한 증거가 있다는 것입니다. 하나님은 계시고 우리는 자연계를 보고 그 사실을 안다고 하였습니다.

저는 어떤 중생한 분이 변화된 후에 이렇게 간증하는 말을 들었습니다.

"새벽기도 마치고 오는데 길가에 핀 들꽃이 그렇게 아름다울 수 없고 하나님의 솜씨가 놀라웠습니다."

보통 사람은 보잘것없는 들풀로 보는데 그분이 중생하고 나서 그 기쁨 속에 있을 때 길에 보니 그 길에 핀 들꽃이 하나님의 오묘한 작품으로 아름답게 보였다는 것이었습니다. 이것이 바울이 말한 "영원하신 능력과 신성이 그가 만드신 만물에 분명히 보여 알려진 것"이었습니다.

또한, 구약성경에 보면 오늘 본문과 상응하는 말씀이 여러 곳에 있습니다. 먼저 시편 19편 1-4절을 봅니다.

> **1** 하늘이 하나님의 영광을 선포하고 궁창이 그의 손으로 하신 일을 나타내는도다 **2** 날은 날에게 말하고 밤은 밤에게 지식을 전하니 **3** 언어도 없고 말씀도 없으며 들리는 소리도 없으나 **4** 그의 소리가 온 땅에 통하고 그의 말씀이 세상 끝까지 이르도다 하나님이 해를 위하여 하늘에 장막을 베푸셨도다(시 19:1-4).

이 하나님의 계시는 보편성입니다. 이 하나님의 계시는 모든 인간의 말과 언어에 들립니다. 온 땅과 세상 끝까지 알려집니다. 인간은 하나님의 존재를 부인할 수 없는 것입니다. 또 구약성경 욥기서 38, 39장에 기록된 하나님께서 욥에게 하신 질문도 위대한 하나님의 창조세계 계시입니다.

> **4** 내가 땅의 기초를 놓을 때에 네가 어디 있었느냐 네가 깨달아 알았거든 말할지니라 **5** 누가 그것의 도량법을 정하였는지, 누가 그 줄을 그것의 위에 띄웠는

지 네가 아느냐 ⁶ 그것의 주추는 무엇 위에 세웠으며 그 모퉁잇돌을 누가 놓았느냐 ⁷ 그 때에 새벽 별들이 기뻐 노래하며 하나님의 아들들이 다 기뻐 소리를 질렀느니라(욥 38:4-7).

또 욥기 39장 1절만 보면 "산 염소가 새끼 치는 때를 네가 아느냐 암사슴이 새끼 낳는 것을 네가 본 적이 있느냐"라고 하였습니다. 하나님은 자연계에 나타난 하나님의 지혜와 능력과 영광의 증거들을 위엄 있게 열거하셨습니다.

그러므로 인간은 하나님의 자연계에 나타내신 일반계시만으로도 하나님을 모른다는 핑계를 댈 수 없습니다. 모든 하나님의 계시 함축이요 중심인 그리스도의 복음을 받은 여러분은 불신자에게 하나님의 존재를 증명하려고 하지 말고 그리스도 복음을 선포할 것입니다.

오직 그리스도, 오직 믿음, 오직 예수 보혈 신앙으로 살고, 성령 충만 받아 하나님 사랑과 이웃 사랑의 전도자로 살기 바랍니다.

살아계신 아버지 하나님!

하나님 은혜를 감사합니다.

우리는 앞서 하나님의 존재를 계시하시는 것들이 분명히 나타났기 때문에 우리는 핑계하지 못한다고 하나님의 존재를 증명하는 바울의 논증을 들었습니다. 바울사도뿐만 아니라 구약성경 곳곳에서 하나님 자신이 계시하신 말씀이 있습니다. "하늘이 하나님의 영광을 선포한다"

라고 하였습니다. 또한 욥기서에도 하나님은 욥에게 자기 자신을 증명했는데, "내가 땅의 기초를 놓을 때에 네가 어디 있었느냐"라고 하면서 하나님은 욥을 추궁했습니다.

오늘날 구약 시대보다 훨씬 더 위대한 하나님의 계시가 나타났은즉 곧 하나님께서 그의 아들 예수 그리스도를 통해서 자신을 우리에게 보여주셨습니다. 예수님이 하나님이라는 위대한 사실을 우리가 믿게 하시고, 깨닫게 하시고, 확신하게 해 주셨음을 감사하옵나이다.

오늘도 예수 그리스도로 말미암아 성령의 충만을 받고 세상에 나아가서 하나님이 인간 예수로 오셨음을 선포하는 권능 있는 증인으로 살도록 성령의 충만을 부어 주옵소서.

예수님의 이름으로 기도하옵나이다. 아멘.

51

롬 1:21

- 하나님을 영화롭게 하라.
  하나님의 영광은 궁극적 목적이며 만물의 가장 심오한 근거다.
- 사람의 제일 되는 목적.
  하나님의 영광을 위해 살라.
  예수 그리스도와 그의 십자가 복음 전도자로 살라.

> [21] 하나님을 알되 하나님을 영화롭게도 아니하며 감사하지도 아니하고 오히려 그 생각이 허망하여지며 미련한 마음이 어두워졌나니

예수님은 그리스도시오. 살아계신 하나님의 아들입니다. 예수님이 하나님의 아들 그리스도라는 증거로 십자가에서 우리 죄를 대신해서 피 흘려 죽으시고, 죽은 자들 가운데서 부활하셨습니다.

이 예수님이 하나님의 아들, 예수님이 그리스도, 예수님이 우리 죄를 대신해서 십자가에서 피 흘려 죽으시고 부활하셨다는 복음으로 우리 인생 모든 문제가 처리되고 해답을 얻습니다. 이 복음은 모든 믿는 자에게 구원을 주시는 하나님의 능력이 됩니다. 이 하나님의 아들 예수 그리스도의 복음, 그리스도 십자가 대속의 피의 복음으로 깊이 뿌리내리기를 기원합니다.

예수님이 신성의 하나님 되심과 십자가 대속의 피의 복음을 마음 중심에 믿고 중생한 그리스도인은 이전의 삶의 목적과 방향이 전혀 다

른 삶을 사는 자로 바뀝니다. 자기 중심에서 하나님 중심, 그리스도 중심의 삶으로 바뀌고, 위의 것을 생각하고 땅의 것을 생각하지 않고자 하며, 보이는 것보다 보이지 않는 영원한 것을 추구하며 사는 자가 됩니다.

중생한 그리스도인이 그리스도 교회의 일원이 되면 그리스도 교회의 덕을 세우고, 자신의 유익보다 많은 사람의 유익을 구하며 살고, 영혼 구원에 힘쓰며 사는 자가 됩니다. 이것이 소위 "하나님의 영광을 위하여" 사는 삶이라 할 수 있습니다.

그러나 십자가 대속의 피의 복음의 빛을 받지 않는 자연인은 "하나님을 알되 하나님을 영화롭게도 아니하며" 삽니다. 이것은 하나님의 진노 하에서 사는 삶입니다.

오늘 본문에서 사도 바울은 자연계시를 통해 하나님의 존재가 명백히 알려졌으므로 마땅히 하나님을 알고 하나님을 영화롭게 살아야 할 인생들이 그렇지 못한 것을 정죄하고 있습니다.

본문 로마서 1장 21절을 보면 "하나님을 알되 하나님을 영화롭게도 아니하며 감사하지도 아니하고 오히려 그 생각이 허망하여지며 미련한 마음이 어두워졌나니"라고 합니다. "하나님을 알되 하나님을 영화롭게도 아니하며"라고 합니다.

먼저 "영화" 혹은 "영광"이라는 말의 의미부터 알아보고자 합니다. 영광이라는 말은 히브리어 '카보드'나 헬라어 '독사'에서 어떤 명성이나 명예를 말합니다. 하나님의 영광은 하나님이 본래 가지고 계신 하나님의 많은 성품을 말합니다.

이러한 하나님의 영광스러운 성품이 드러나 성도들은 그로 인해 하나님을 찬양하고 경배하는 것을 성경에서는 하나님께 영광을 드린다고 합니다.

구약 시대에는 아직 하나님의 아들 예수 그리스도께서 오시지 않으셨기 때문에 이스라엘 민족에게 하나님은 다양한 형태로 하나님 자신의 영광을 알리셨습니다. 반면에 신약 시대에는 하나님의 영광이 예수 그리스도의 영광 안에서 드러났습니다.

> 말씀이 육신이 되어 우리 가운데 거하시매 우리가 그의 영광을 보니 아버지의 독생자의 영광이요 은혜와 진리가 충만하더라(요 1:14).

오늘의 시대에는 하나님은 그리스도의 영광 안에서 하나님 자신의 영광을 우리에게 보여 주십니다.

예수님은 참 하나님이시고 참 인간이시면서도 성육신과 거룩한 삶, 그리고 십자가 대속의 죽음과 부활 가운데 하나님의 영광을 드러내셨습니다. 예수님은 요한복음 12장 23절에서 십자가 사건을 "인자가 영광을 얻는 사건"이라고 하셨습니다. 그리고 요한복음 13장 31절에는 십자가에서의 죽음이 예수님이 하나님 아버지를 영화롭게 하는 사건이라고 하셨습니다.

그러면 인간은 왜 이런 하나님의 영광, 그리스도의 영광을 위하여 살아야 합니까?

그것은 인간이 하나님의 영광을 위하여 창조된 자이기 때문입니다.

> 내가 내 영광을 위하여 창조한 자를 오게 하라 그를 내가 지었고 그를 내가 만
> 들었느니라(사 43:7).

하나님의 영광은 궁극적인 목적이며 만물의 가장 심오한 근거입니다. 그러므로 신구약 시대 모두 하나님이 우상 숭배에 진노하시는 이유가 여기에 있습니다. 인간 타락 후 구약의 이스라엘이나 신약 시대 우리를 구원하신 목적도 하나님의 영광을 위해서입니다. 그리스도 십자가 대속의 피 복음의 목적도 하나님의 영광을 위한 것이었습니다.

그러면 인간은 어떻게 하나님께 영광을 돌리며 살 수 있습니까?

신약 시대에 사는 우리는 먼저 예수님의 신성의 하나님 되심과 십자가 대속의 피의 복음을 믿고 중생해야 합니다. 하나님의 영광의 광채이신 예수 그리스도를 마음에 모시어 그 그리스도의 영광이 우리 가운데서 나타나야 합니다.

그것은 성령님의 역사로 그리스도와 연합될 때 가능합니다. 그의 삶에서 성령의 역사로 거룩함이 나타날 때 성도의 성화는 하나님의 영광을 나타내는 것입니다. 특히 사도 바울은 고린도 교인들에게 "너희가 먹든지 마시든지 무엇을 하든지 다 하나님의 영광을 위하여 하라"(고전 10:31)라고 말했습니다.

그리고 하나님의 영광을 위해 세 가지 사실을 요구했습니다. 그리스도 교회에 덕을 세우고, 많은 사람의 유익을 구하고, 영혼을 구원받게 하라(고전 10: 32, 33)는 것이었습니다. 결국, 웨스트민스터 소요리문답 제1조 "사람의 제일 되는 목적이 하나님을 영화롭게 하는 것"임을 말하였습니다.

오직 그리스도, 오직 믿음, 오직 예수 보혈 신앙으로 성령 충만 받고 거룩한 삶을 살고, 사랑의 수고의 삶을 살며, 영혼 구령 자로 살 것입니다. 이것이 하나님의 영광을 위한 삶입니다. 성령의 권능 받아 하나님 사랑과 이웃 사랑의 전도자로 사는 삶입니다.

살아계신 아버지 하나님!

하나님 은혜를 감사합니다.

오늘도 삶의 목적이 하나님의 영광을 위한 것이라는 사실을 우리가 바르게 인식하게 하심을 감사합니다. 우리는 하나님의 영광을 위하여 창조된 자이기 때문에 마땅히 하나님의 영광을 위하여 살아야 합니다. 그것을 신약 시대에 사도 바울은 그 하나님의 영광을 위하여 사는 세 가지 사실을 요구했는데, 그리스도 교회에 덕을 세우고, 많은 사람의 유익을 구하고, 영혼 구령자로 살라는 것이었습니다.

오늘도 예수 그리스도로 말미암아 성령의 충만을 받아서 세상에 나가서는 영혼 구령자로 살아가며 여러 사람을 섬기며 유익을 끼치며 살아가고, 동시에 교회 안에 와서는 교회에 덕을 세우며 섬기는 자로 살아가도록 은총을 베풀어 주옵소서.

예수님의 이름으로 기도하옵나이다. 아멘.

롬 1:21

- "감사하지도 아니하고"
  배은망덕은 가장 수치스러운 단어.
  감사는 받은 은혜를 생각하는 것.
- 하나님께 받은 은혜에 감사하면 믿음이 성장한다.
  범사에 감사하라.
  "하나님은 언제 응답하시는가?"
  "감사할 때."

> ²¹ 하나님을 알되 하나님을 영화롭게도 아니하며 감사하지도 아니하고 오히려 그 생각이 허망하여지며 미련한 마음이 어두워졌나니(롬 1:21).

예수님은 그리스도시오. 살아계신 하나님의 아들입니다. 예수님이 하나님의 아들 그리스도라는 증거로 십자가에서 우리 죄를 대신해서 피 흘려 죽으시고, 죽은 자들 가운데서 부활하셨습니다.

이 예수님이 하나님의 아들, 예수님이 그리스도, 예수님이 우리 죄를 대신해서 십자가에서 피 흘려 죽으시고 부활하셨다는 복음으로 우리 인생 모든 문제가 처리되고 해답을 얻습니다. 이 복음은 모든 믿는 자에게 구원을 주시는 하나님의 능력이 됩니다. 이 하나님의 아들 예수 그리스도의 복음, 그리스도 십자가 대속의 피의 복음으로 깊이 뿌리내리기를 기원합니다.

예수님의 신성의 하나님 되심과 십자가 대속의 피의 복음을 마음 중심에 믿고 구원받은 그리스도인은 자신을 억만 죄악에서 구원해 주신 하나님께 무한한 감사를 갖고 사는 자입니다. 구원 얻는 신앙이란 하나님의 선물이기 때문에 "나 같은 죄인을 구원하시다니 놀랍다"라고 감탄하면서 사는 것입니다.

저는 육체도 허약하고, 의지도 약하며, 용기도 없고, 또 위선자인 데 나 같은 자에게 "예수님이 하나님의 아들이시다"라는 말씀으로 찾아오셔서 불멸의 신앙을 갖게 하시고, 또 그 신앙이 쇠하지 않도록 날마다 그 십자가 대속의 피의 복음 신앙을 갖고 살게 하신 데 대하여 만강의 감사를 하나님과 우리 주 예수 그리스도께 올려 드립니다.

제가 과거에 평신도 시절 육사교회를 섬길 때 정청명 장로님이라는 분이 협동장로로 육사교회를 섬기셨습니다. 그 장로님의 도움을 많이 받고 그분의 집에 가서 대접도 훌륭하게 받았습니다.

그런데 그 장로님의 집 내실에 "여호와께서 내게 주신 모든 은혜를 무엇으로 보답할꼬"라는 시편 116편 12절 말씀이 액자로 벽에 붙어 있었습니다. 저도 그 말씀을 좋아하고 사랑하여 외우고 제 구원의 삶을 감사하며 살고 있습니다.

저는 개인적으로 "의리가 없다"든지 "배은망덕하다"는 말을 죽기보다 듣기 싫어합니다. 저에게 그런 단어는 수치스러운 단어일 뿐 아니라 저 자신의 인격적 사망선고이기 때문입니다.

그래서 하나님께서 주신 모든 은혜에 범사에 감사하면서 살고자 하고 제 심령 속에 하나님과 그리스도께 대한 감사를 풍성하게 채워 매일매일의 삶을 시작하고자 하고 있습니다. 그러나 기도 응답이 더디면 감사를 잊어버릴 때가 많습니다.

그런 나 자신을 발견하고 하나님께서 그동안 주신 은혜를 생각하면서 감사를 회복합니다. 사실은 기도 응답은 우리가 하나님과 그리스도께 참되게 감사할 때 오는 것입니다. 그러나 우리는 어리석어서 기도하면서도 불평하고, 감사하지도 않으면서 기도하고 기도하는 경우가 많습니다. 그것은 사실은 배은망덕입니다.

사도 바울은 오늘 본문에서 인간의 보편적인 죄악인 하나님께 대한 배은망덕을 말합니다.

본문 로마서 1장 21절을 보면 "하나님을 알되 하나님을 영화롭게도 아니하며 감사하지도 아니하고 오히려 그 생각이 허망하여지며 미련한 마음이 어두워졌나니"라고 합니다.

우리는 앞서 자연계시가 인도하는 대로 하나님께 가기를 거절함으로써 하나님께 대한 진리를 억눌렀다는 죄책을 들었고, 또 이어서 하나님을 영화롭게 아니 한 죄책도 들었습니다. 우리는 이 두 가지 죄책에 덧붙여 "감사하지도 아니한 죄책"을 범하고 있습니다.

여기서 하나님의 무한하신 은혜에 감사하지 않는다는 것은 소위 '배은망덕'의 죄인 것입니다. '배은망덕한 자'라는 호칭보다 더 수치스러운 호칭은 없습니다. 그런데 우리가 모두 하나님께 감사하지 아니하는 배은망덕한 사람들인 것입니다.

하나님은 우리의 창조주이십니다. 그러므로 우리가 생명을 갖고 있다면 그것은 하나님에게서 온 것입니다. 건강이 있다면 하나님에게서 왔습니다. 음식을 먹고, 옷을 입고, 친구들과 교제하고 있다면 하나님에게서 온 것입니다.

인간은 자비하시고, 선하시고, 우리를 섭리로 인도하시는 하나님께 감사하지 않습니다. 햇볕은 당연한 것으로 생각합니다. 비도 당연한 것으로 생각합니다. 햇볕이 없거나 비가 없어 보십시오.

우리가 어떻게 살겠습니까?

이 세상의 모든 선한 것은 모두 하나님으로부터 예수 그리스도로 말미암아 우리에게 오는 것입니다. 그런데 인간은 하나님께 감사하지 않습니다. 하나님을 무시합니다. 그러므로 우리는 모두 '기억하고 감사를 드려야 합니다.' 믿음이 있는 사람이란 하나님의 은혜를 기억하고 감사하는 자입니다.

영어에서 '감사'라는 말의 어원은 '생각하다'와 같은 어원을 갖고 있습니다. 우리는 하나님의 은혜를 날마다 기억해야 합니다. 무엇보다도 우리를 죄에서 구원하신 십자가 보혈의 은혜를 기억하고 감사해야 합니다. 이 십자가 피의 은혜에 대한 감사가 우리 신앙을 유지하고, 전진하게 하고, 또한 우리의 그리스도인다운 성품을 만듭니다. 범사에 예수 보혈을 감사할 것입니다.

오직 그리스도, 오직 믿음, 오직 예수 보혈 신앙으로 살고, 성령 충만 받아 범사에 감사하며 살 것입니다. 감사하지 않는 것은 말세에 고통하는 때의 특징입니다(딤후 3:2). 감사는 기도 응답의 열쇠입니다. 하나님은 감사할 때 응답하십니다.

살아계신 아버지 하나님!

하나님 은혜를 감사합니다.

우리가 죄인 되었을 때, 억만 죄악을 가졌을 때 하나님께서 그의 아들 예수 그리스도를 이 세상에 보내셔서 십자가 대속의 죽음으로 우리 모든 죄악을 도말했습니다. 이 보다 더 큰 감사가 없습니다.

이 십자가 피의 사랑을 날마다 감사하면서 하나님께 대한 사랑이 우리 안에 풍성히 거해서 어떤 역경과 위기가 온다 할지라도 범사에 감사하게 하시고, 동시에 이 감사함으로 인하여 기도 응답을 받는다는 사실도 확신하기를 기도합니다.

오늘도 십자가 대속의 보혈을 감사하고, 어리석은 우리를 구원하신 것을 감사하고, 좋은 가정, 자녀, 직장, 환경, 또 나라를 주신 것을 감사하면서 범사에 감사하는 하루가 되도록 성령의 충만을 주시고 감사로 충만한 하루가 되게 인도하여 주옵소서.

예수님의 이름으로 기도하옵나이다. 아멘.

롬 1:21-23

- 생각 허망, 미련한 마음, 어리석게 됨.
  사탄의 삼중적인 유혹과 그리스도의 삼중적인 치유 필요.
- 예수는 그리스도(선지자, 제사장, 왕)로 인생 문제 해결.
  오직 그리스도, 오직 믿음, 오직 예수 보혈.

> ²¹ 하나님을 알되 하나님을 영화롭게도 아니하며 감사하지도 아니하고 오히려 그 생각이 허망하여지며 미련한 마음이 어두워졌나니 ²² 스스로 지혜 있다 하나 어리석게 되어 ²³ 썩어지지 아니하는 하나님의 영광을 썩어질 사람과 새와 짐승과 기어다니는 동물 모양의 우상으로 바꾸었느니라

예수님은 그리스도시오. 살아계신 하나님의 아들입니다. 예수님이 하나님의 아들 그리스도라는 증거로 십자가에서 우리 죄를 대신해서 피 흘려 죽으시고, 죽은 자들 가운데서 부활하셨습니다.

이 예수님이 하나님의 아들, 예수님이 그리스도, 예수님이 우리 죄를 대신해서 십자가에서 피 흘려 죽으시고 부활하셨다는 복음으로 우리 인생 모든 문제가 처리되고 해답을 얻습니다. 이 복음은 모든 믿는 자에게 구원을 주시는 하나님의 능력이 됩니다. 이 하나님의 아들 예수 그리스도의 복음, 그리스도 십자가 대속의 피의 복음으로 깊이 뿌리내리기를 기원합니다.

예수님이 신성의 하나님 되심과 십자가 대속의 피의 복음을 마음 중심에 믿고 구원받은 그리스도인은 창세기 3장의 인간의 타락과 구속의 비밀을 바르게 이해하고 있어야 합니다. 첫 사람 아담의 타락으로 인한 죄책의 결과들을 바로 이해할 때 참된 예수님의 그리스도 되심과 십자가 대속의 피의 복음의 필요성과 복음의 가치를 확신할 수 있습니다.

우리가 다 아는 바대로 인간은 하나님의 형상대로 지음을 받았습니다(창 1:27). 이 하나님의 형상대로 지음을 받았다는 것은 하나님과 같이 인격적인 존재로 창조되었다는 말입니다. 웨스트민스터 소요리문답 10문의 답은 다음과 같이 말합니다.

> 하나님이 사람을 남녀로 지으시되 자기의 형상대로 지식과 의와 거룩함이 있게 하사 모든 생물을 지배하게 하셨다.

구체적으로 말하면 하나님은 "지식"에 있어서 자기 형상을 따라 인간을 지었다고 합니다. 이것은 무죄 시에 이 세상에서 그를 향한 하나님의 계시를 이해할 수 있었다는 뜻입니다. 이것은 선지자 직분과 관련됩니다.

또 하나님은 "거룩"에 있어서 자기 형상을 따라 인간을 지었다고 합니다. 이것은 아담이 무죄 시에 전적으로 하나님께 헌신하였음을 나타냅니다. 그리고 인간은 하나님 안에서 지고한 즐거움을 발견했기 때문에 그는 거룩하였습니다. 이것은 제사장 직분입니다.

또 하나님은 "의"에 있어서 자기의 형상을 따라 창조하셨음을 말합니다. 의는 하나님께 대한 순종입니다. 이것은 왕의 직분입니다. 그런데 인간은 사탄의 삼중적인 유혹에 의하여 타락하여 삼중적인 죄의 속박 속에 결박된 자가 되었습니다. 이런 죄의 결과로 인하여 인간의 지식은 어두워졌으며, 감정은 불안해지고 의지는 약해졌습니다.

이러한 사실을 오늘 본문에서 사도 바울은 증거하였습니다.

로마서 1장 21-23절입니다.

> **21** 하나님을 알되 하나님을 영화롭게도 아니하며 감사하지도 아니하고 오히려 그 생각이 허망하여지며 미련한 마음이 어두워졌나니 **22** 스스로 지혜 있다 하나 어리석게 되어 **23** 썩어지지 아니하는 하나님의 영광을 썩어질 사람과 새와 짐승과 기어다니는 동물 모양의 우상으로 바꾸었느니라(롬 1:21-23).

바울에 의하면 사람이 하나님을 반역한 최초의 결과는 먼저 "그 생각이 허망하여지며"라고 하여 죄로 인하여 인간의 생각, 지식이 허망해졌다고 합니다. 하나님을 아는 지식의 타락입니다.

그다음의 죄의 결과로 "미련한 마음이 어두워졌나니"라고 하여 하나님께 대한 지고한 즐거움의 헌신의 마음이 사라졌다고 하는 것입니다. 결국, 거룩한 마음이 사라지고 감정은 불안해진 것입니다.

또 아담의 죄의 결과로 "스스로 지혜 있다 하나 어리석게 되어" 우상 숭배로 타락하였습니다. 인간은 더 이상 하나님의 거룩한 사랑을 행하기 위한 의지를 상실하였습니다. 하나님을 사랑하지 못하고 우상 숭배자가 되었습니다. 의지의 타락입니다. 그리하여 예수님은 사탄의 삼중적인 유혹에 의하여 타락한 인간을 치료하기 위하여 삼중적인 치료자, 삼중적인 직분을 가지고 이 세상에 찾아오셨습니다.

예수 그리스도는 지식, 즉 빛을 가지고 오셔서 죄와 흑암에서부터 지식을 구해 주시기 위하여 선지자로 오셨습니다(골 3:10). 또 예수 그리스도는 희생 제사를 하고 오셔서 죄와 죄의식을 도말하시고 괴로운 비극과 찔리는 양심에서 감정을 구해 주시기 위해 제사장으로 오셨습니다(엡 4:23, 24). 또 예수 그리스도는 우리의 의지를 다스리시며, 그것을 거룩한 길로 인도하기 위하여 왕으로 오셨습니다(엡 4:24).

이 선지자, 제사장, 왕의 직분이 한 분 예수 그리스도에 의해서 결합되어 인생의 타락한 범죄를 치료하는 치료자, 곧 그리스도가 되어 주셨습니다.

예수 그리스도로 말미암아 하나님을 아는 지식은 완전해져 그 생각이 허망한 데서 구원을 받았습니다. 그리고 예수 그리스도로 말미암아 그의 피의 희생 제사로 죄 사함 받고 하나님과 평화하는 기쁨과 평강의 심령이 이루어졌습니다.

또 예수 그리스도로 말미암아 그리스도께서 우리의 의지를 그의 성령으로 말미암아 다스림으로 어리석은 우상 숭배에서 떠나 하나님 사랑과 이웃 사랑의 삶을 살게 하셨습니다. 그리하여 예수 그리스도는 우리 인생 모든 문제의 해결자가 되어 주신 것입니다.

오직 그리스도, 오직 믿음, 오직 예수 보혈 신앙으로 살고, 성령 충만 받아 예수 그리스도 진리 따라 살고, 그리스도의 진리 빛 속에서 즐거워하며 살고, 그 진리의 빛을 삶 속에, 생활 속에 비추어 거룩한 길, 사랑의 길을 걸어갈 것입니다.

기도하겠습니다.

살아계신 아버지 하나님!

하나님 은혜를 감사합니다.

오늘 우리는 바울의 말대로 생각이 허망하여지고, 미련한 마음이 생기고, 어리석은 자가 되어 우리 자신이 타락한 존재가 되었음을 믿습니다. 이 사탄의 삼중적인 유혹에 의한 타락을 회복하기 위하여 예수님께서 선지자, 제사장, 왕이라는 삼중적인 직분을 가지고 오셔서 우리를 구원해 주셨음을 감사하옵나이다.

그러므로 우리가 예수님을 믿는다는 것은 예수님을 선지자로 믿고, 예수님을 제사장으로 믿고, 예수님을 왕으로 믿어서 예수를 그리스도로, 인생 문제의 해결자로 우리가 마음 중심에 모시는 것임을 믿습니다.

오늘도 예수 그리스도로 말미암아 성령의 충만을 받아서 하나님을 아는 참된 지식을 회복하고, 우리 감정은 하나님을 사랑하고 이웃을 사랑하는 마음을 갖게 되고, 그리고 우리의 의지는 하나님 사랑과 이웃 사랑을 실천할 수 있는 자가 되도록 붙들어 주옵소서. 예수님의 이름으로 기도하옵나이다. 아멘.

54

롬 1:24

- 하나님의 진노 결과 정욕대로 내버려 두심.
  육신의 정욕은 그 자체가 하나님의 형벌.
- 부도덕한 성 혁명은 기만이다.
  거룩한 결혼생활을 하라.

²⁴ 그러므로 하나님께서 그들을 마음의 정욕대로 더러움에 내버려 두사 그들의 몸을 서로 욕되게 하게 하셨으니

예수님은 그리스도시오. 살아계신 하나님의 아들입니다. 예수님이 하나님의 아들 그리스도라는 증거로 십자가에서 우리 죄를 대신해서 피 흘려 죽으시고, 죽은 자들 가운데서 부활하셨습니다.

이 예수님이 하나님의 아들, 예수님이 그리스도, 예수님이 우리 죄를 대신해서 십자가에서 피 흘려 죽으시고 부활하셨다는 복음으로 우리 인생 모든 문제가 처리되고 해답을 얻습니다. 이 복음은 모든 믿는 자에게 구원을 주시는 하나님의 능력이 됩니다. 이 하나님의 아들 예수 그리스도의 복음, 그리스도 십자가 대속의 피의 복음으로 깊이 뿌리내리기를 기원합니다.

예수님의 신성의 하나님 되심과 십자가 대속의 피의 복음을 마음 중심에 믿고 구원받은 그리스도인은 그리스도와 함께 십자가에 못 박혀 죽은 자가 됩니다. 그런즉 사도 바울의 다음과 같은 신앙고백대로 사

는 자가 됩니다.

> 내가 그리스도와 함께 십자가에 못 박혔나니 그런즉 이제는 내가 사는 것이 아니요 오직 내 안에 그리스도께서 사시는 것이라 이제 내가 육체 가운데 사는 것은 나를 사랑하사 나를 위하여 자기 자신을 버리신 하나님의 아들을 믿는 믿음 안에서 사는 것이라(갈 2:20).

그런 삶의 첫 열매로 거룩한 삶을 사는 것입니다. 특히 성도덕에 있어서 거룩한 삶을 삽니다. 심지어 마음에 음욕을 품는 성적 간음도 하지 않고 삽니다.

어떻게 그것이 가능합니까?

예수 그리스도를 믿고 예수 그리스도의 영, 성령님을 모시고 살기 때문에, 성령 충만 받고 육신의 정욕을 죽이고 성령의 소욕을 따라 살기 때문에 가능합니다. 그러나 하나님의 아들 예수 그리스도를 믿지 않고 육신의 정욕대로 사는 자연인은 문란한 성적 타락에서 빠져나올 수가 없습니다. 비록 사회적 제약 때문에 행위로는 안 나타날지라도 마음으로는 음란죄를 범하지 않을 수 없는 것입니다.

육신의 정욕은 그 자체가 인간의 타락에서 오는 하나님의 형벌입니다. 하나님의 진노 결과로 마음의 정욕대로 살며 그것이 성적 타락에서 나타나고 있습니다.

바울은 오늘 본문에서 이 사실을 분명히 진리로 밝힙니다.

본문 로마서 1장 24절을 보면 "그러므로 하나님께서 그들을 마음의 정욕대로 더러움에 내버려 두사 그들의 몸을 서로 욕되게 하게 하셨으니"라고 하였습니다.

우리는 앞서 타락한 인간이 무슨 일을 해 왔는지를 들었습니다.

첫째, 하나님께 대한 진리를 억압했습니다.
둘째, 하나님을 영화롭게 하거나 예배하기를 거부했습니다.
셋째, 하나님께 감사하기를 싫어했습니다.

그리하여 이러한 죄의 결과로 하나님의 심판이 나타났습니다. 오늘 본문이 바로 하나님의 심판 결과입니다. "그러므로 하나님께서 그들을 마음의 정욕대로 더러움에 내버려 두사 그들의 몸을 서로 욕되게 하게 하셨으니"라고 하였습니다.

하나님께서 사람들을 패역한 행위에 내버려 두셨다는 말씀을 오늘 본문 포함하여 26, 28절에서 세 번 연속하여 말합니다. 인간들은 하나님께서 그 마음의 정욕대로 내버려 두니까 자유의 삶으로 좋을 것으로 생각할 것입니다.

그러나 하나님을 떠나고 하나님께로부터 도피하는 것이 행복이 아니라 얼마나 비참한 것이며 더러운 것인가를 인간들은 알게 됩니다. 그것은 무서운 사탄과 죄의 세력에 포로로 사는 삶이요 지극히 부도덕한 삶이기 때문입니다.

하나님께서 그들을 마음의 정욕대로 더러움에 내버려 둔 결과는 바로 "그들의 몸을 서로 욕되게 하는 것"이었습니다. 이것은 문란한 성적 타락을 말하는 것입니다.

바울 사도가 인류의 도덕적 타락을 언급할 때 먼저 "성적인 죄들"을 집중적으로 거론한다는 사실에 주의해야 합니다. 앞으로 우리가 계속해서 동성애 등의 성도덕 타락을 읽으면서 이 시대 문화에 적용할 때 이런 동성애, 동성혼 등의 죄들만큼 이 시대와 잘 부합하는 것이 없을 것입니다. 과연 하나님의 말씀입니다.

성(性)은 하나님께서 인류에게 주신 놀라운 선물입니다. 그러나 결혼이라는 테두리 안에서 누려야 할 선물입니다. 무엇보다 일시적인 관계도 누려서는 안 되며, 특히, 결혼 밖에서 누리면 그 결과는 오늘 본문이 지적하듯이 "더러움"과 "육체를 욕되게" 함이 됩니다.

오늘날은 심지어 대중매체에 의해서까지 광적인 쾌락을 추구합니다. 성 혁명을 주장하나 그것은 기만입니다. 거룩한 결혼생활, 일부일처의 깨끗한 결혼을 유지하며 살 것입니다.

어떻게 가능합니까?

예수님을 하나님의 아들 그리스도로 믿음으로 가능합니다. 십자가에 못 박히신 그리스도의 보혈 능력으로 가능합니다. 기도해 보십시오. 성령으로 충만을 받고 거룩한 삶을 살고, 하나님 사랑과 이웃 사랑으로 살고, 그리스도 안에서 가장 행복한 부부생활이 되기를 기원합니다.

오직 그리스도, 오직 믿음, 오직 예수 보혈 신앙으로 살고, 성령 충만 받아 하나님 사랑과 이웃 사랑의 전도자로 살기 바랍니다.

살아계신 아버지 하나님!

하나님 은혜를 감사합니다.

하나님의 진노 결과로 우리 육신대로 살도록 내버려 두시는데, 이것은 하나님의 심판으로서 그 결과 그들의 몸을 서로 욕되게 하는 죄악들이 나타나게 되었습니다.

바울 사도가 인류의 도덕적 타락을 언급할 때 먼저 '성적인 죄들'을 집중적으로 거론하는데, 오늘날 모든 도덕율의 타락의 극치들이 바로 성도덕의 타락이요 동성애와 동성혼의 결과로 나타나는 것을 볼 때 하나님의 진리 말씀은 영원불변한다는 것을 우리가 굳게 믿습니다.

성은 하나님께서 주신 거룩한 선물이기 때문에 일부일처제로 정한 하나님의 뜻을 깨달아서 거룩한 부부생활을 하도록 하나님이 우리에게 은혜를 베푸시고, 성령의 충만을 받아 육신적 정욕을 제어하여 거룩한 부부생활, 깨끗하고 아름다운 부부생활을 하도록 우리를 붙들어 주옵소서. 또한, 이 메시지를 듣는 분들도 참된 십자가의 피의 복음의 능력으로 거룩한 부부생활, 깨끗한 부부생활, 행복자의 삶을 살아가게 하여 주옵소서.

예수님의 이름으로 기도하옵나이다. 아멘.

55

롬 1:25

- 하나님의 진리를 거짓 것으로 바꿈.
  예배 대상을 창조주에서 피조물로 바꿈.
- 타락한 인간 본성은 우상을 만들어 내는 영원한 공장.
  주는 영원히 찬송할 분이시다. 아멘.
  아멘은 인격화되신 예수 그리스도. 오직 그리스도.

> ²⁵ 이는 그들이 하나님의 진리를 거짓 것으로 바꾸어 피조물을 조물주 보다 더 경배하고 섬김이라 주는 곧 영원히 찬송할 이시로다 아멘

예수님은 그리스도시오. 살아계신 하나님의 아들입니다. 예수님이 하나님의 아들 그리스도라는 증거로 십자가에서 우리 죄를 대신해서 피 흘려 죽으시고, 죽은 자들 가운데서 부활하셨습니다.

이 예수님이 하나님의 아들, 예수님이 그리스도, 예수님이 우리 죄를 대신해서 십자가에서 피 흘려 죽으시고 부활하셨다는 복음으로 우리 인생 모든 문제가 처리되고 해답을 얻습니다. 이 복음은 모든 믿는 자에게 구원을 주시는 하나님의 능력이 됩니다. 이 하나님의 아들 예수 그리스도의 복음, 그리스도 십자가 대속의 피의 복음으로 깊이 뿌리내리기를 기원합니다.

예수님의 신성의 하나님 되심과 십자가 대속의 피의 복음의 진리를 마음 중심에 믿고 그 복음 진리를 마음에 품고 사는 자는 지상 최고의

행복자입니다. 물론 예수 그리스도는 진리 자체이시기 때문에 신·인이시라는 한 인격자 예수 그리스도를 마음 중심에 모시고 사는 자는 무쌍의 축복을 받은 자입니다.

마귀는 진리가 그 속에 없으므로 진리에 서지 못하고 거짓을 말할 때마다 제 것으로 말하는데 이는 마귀는 거짓말쟁이요 거짓의 아비인 것입니다. 과거에 예수 그리스도를 알지 못하고 진리 되신 예수 그리스도가 내 안에 거하지 않은 때의 저의 삶은 바람에 불려 흔들리는 갈대와 같았습니다.

이 사람이 말하면 그럴듯하고 또 다른 사람이 말하면 또 그럴듯하고, 이 철학자가 말하면 맞는 것 같고 저 철학자가 쓴 책을 보면 그것이 진리인 양 보였습니다. 그때의 저는 진리란 하나의 관념의 체계였습니다.

유명한 불교 종정 성철 스님의 행장을 보면 "불교보다 더 나은 진리가 있다면 또 찾아 나서야제"라는 어귀가 있습니다. 저는 그것을 읽으면서 오해 살 말 같기도 하지만 '그 유명한 성철 스님이 불교진리로도 답을 완전히 얻지 못했구나'라는 생각이 들었습니다. 저에게는 예수 그리스도가 전부인데 말입니다.

세상에는 진리가 없습니다. 세상에는 인간들이 만들어 놓은 하나의 관념이나 사상으로서 진리가 있는데, 이것은 사람마다 주장하는 바가 다르고 시대마다 주장하는 바가 다릅니다. 오늘날 철학계에는 진리가 무엇인가를 묻는 것조차 어리석은 일이 되고 말았습니다. 다원주의 사회에서 절대진리는 존재할 수 없기 때문입니다.

그러나 참진리는 인간의 관념의 산물이 아니라 인격으로 오신 하나님의 아들 예수 그리스도십니다. 구약 시대에는 하나님의 계시로서 진리가 선포되었으나 인간들이 그 계시가 된 진리를 포착하지 못하고 피조물인 우상을 만들어 경배하고 섬겼습니다.

그리하여 인간의 진리를 향한 요구를 충족시켜 주기 위하여 하나님의 계시 자체이신 하나님이 인간이 되어 이 세상에 오셨습니다. 주와 그리스도가 되어 주기 위해서 이 세상에 오셨습니다. 사도 바울은 이 위대한 하나님의 진리에 감동하여 "주는 곧 영원히 찬송할 이시로다 아멘" 하고 송영을 하고 있습니다.

본문 로마서 1장 25절을 보면 "이는 그들이 하나님의 진리를 거짓 것으로 바꾸어 피조물을 조물주보다 더 경배하고 섬김이라 주는 곧 영원히 찬송할 이시로다 아멘" 하였습니다.

인간의 타락한 죄의 결과로 오는 하나님의 심판은 하나님께서 인간들을 마음의 정욕대로 더러움에 내버려 두어 문란한 성적 타락상을 나타내게 하셨습니다. 육신의 정욕은 그 자체가 하나님의 형벌이었습니다.

이제 하나님은 두 번째로 오는 하나님의 심판을 말씀하시는데, 그것은 오늘 본문 말씀대로 하나님의 진리를 거짓 것으로 바꾸어 피조물을 조물주보다 더 경배하고 섬기게 한 것이었습니다.

하나님의 진리를 거짓 것으로 바꾸었습니다. 곧 궁극적인 거짓말로 바꾸는 것입니다. 이것이 바로 우상 숭배의 허위성입니다. 우리의 예배 대상을 조물주에서 피조물로 바꾸어 버리는 것입니다. 그러나 사도 바울은 무의식적으로 흘러나온 송영을 통해 "주는 곧 영원히 찬송할 이시로다 아멘"이라고 하였습니다. 여기서 "아멘"은 종국적으로 인격화하여 계시록 3장 14절에서는 "아멘이시오. 충성되고 참된 증인이시요 하나님의 창조의 근본이신 이"라고 하여 예수 그리스도 자신을 가리키고 있습니다.

우리에게 죽도록 사랑할 대상이 있고, 우리의 전 인격을 바쳐 경배할 하나님과 그의 아들 예수 그리스도가 계신다는 것은 무쌍의 축복입니다. 예수 그리스도 우리 주는 영원히 찬송하실 분이십니다.

"우리의 조물주 되시고 구속주 되신 예수 그리스도께 존귀와 영광이 영원무궁하도록 있을지어다. 아멘."

이런 경배로 인생의 목적이 완성됩니다. 또한, 거기에 완전한 만족이 있고 진정한 행복이 있습니다.

오직 그리스도, 오직 믿음, 오직 예수 보혈 신앙으로 살고, 성령 충만 받아 성부·성자·성령 삼위 하나님께 경배를 드리고, 세상에 나가 하나님 사랑과 이웃 사랑의 전도자로 살기 바랍니다.

살아계신 아버지 하나님!

하나님 은혜를 감사합니다.

인간들이 하나님의 심판을 받아서 창조주 하나님을 버리고 피조물을 그들의 주로 섬기는 자들이 되었습니다. 타락한 인간의 본성은 우상을 만드는 우상공장이 되어 버리고 말았습니다.

그러나 하나님께서 인간들의 진리를 향한 요구를 충족시키기 위하여 하나님 아버지의 계시 자체이신 하나님의 아들 예수님을 이 세상에 보내시므로 우리의 주와 그리스도가 되게 하셔서 이 예수님을 하나님의 아들 그리스도로 믿는 자에게 참된 삼위일체 하나님을 알게 하시고, 경배의 대상을 우리가 알고 바르게 성부·성자·성령 삼위 하나님께 예배드리게 하심을 감사하옵나이다.

"주는 곧 영원히 찬송할 이시로다 아멘."

그러므로 오늘도 이 신앙으로 살아가고, 우리에게 죽도록 충성할 대상이 있고, 전 인격을 바쳐 경배할 하나님의 아들 예수 그리스도를 주신 하나님께 영원한 영광과 찬양을 돌리며 예수님의 이름으로 기도하옵나이다. 아멘.

56

롬 1:26-27

- 동성애 죄악. 동성애는 창조 질서에 역리(逆理)요 부끄러운 일.
- 오늘날 북미 및 서구 사회는 동성혼의 국가요 차별금지법으로 극도의 성적 타락의 사회가 되었다.
  한국도 이런 위기에 처해 있다.
  한국 교회는 동성혼, 차별금지법 제정 반대에 모두 일어서야 한다.

> **26** 이 때문에 하나님께서 그들을 부끄러운 욕심에 내버려 두셨으니 곧 그들의 여자들도 순리대로 쓸 것을 바꾸어 역리로 쓰며 **27** 그와 같이 남자들도 순리대로 여자 쓰기를 버리고 서로 향하여 음욕이 불 일듯 하매 남자가 남자와 더불어 부끄러운 일을 행하여 그들의 그릇됨에 상당한 보응을 그들 자신이 받았느니라

예수님은 그리스도시오. 살아계신 하나님의 아들입니다. 예수님이 하나님의 아들 그리스도라는 증거로 십자가에서 우리 죄를 대신해서 피 흘려 죽으시고, 죽은 자들 가운데서 부활하셨습니다.

이 예수님이 하나님의 아들, 예수님이 그리스도, 예수님이 우리 죄를 대신해서 십자가에서 피 흘려 죽으시고 부활하셨다는 복음으로 우리 인생 모든 문제가 처리되고 해답을 얻습니다. 이 복음은 모든 믿는 자에게 구원을 주시는 하나님의 능력이 됩니다. 이 하나님의 아들 예수 그리스도의 복음, 그리스도 십자가 대속의 피의 복음으로 깊이 뿌리내리기를 기원합니다.

예수님의 신성의 하나님 되심과 십자가 대속의 피의 복음을 마음 중심에 믿고 구원받은 그리스도인은 그가 받은 구원의 삶을 살기 위해 반드시 성령 충만을 받아야 합니다. 그리스도인이 성령 충만하지 못하면 그의 영적인 생활은 병든 것입니다. 이 성령 충만은 매우 정상적인 그리스도인의 생활을 의미합니다.

성령 충만이란 세상일에 관한 관심을 모두 버리는 것을 뜻하지 않습니다. 오히려 성령 충만한 상태는 자신이 하는 이 세상의 일들(가정, 사업, 직업을 비롯한 모든 생활)에 그리스도의 인도하심을 따라 행하는 것이며 그리스도의 다스림을 받으며 몸과 마음과 뜻을 다해 수행하는 것을 말합니다.

그런데 사도 바울이 구원받은 그리스도인들에게 "성령으로 충만함을 받으라"(엡 5:18)고 에베소 교회에 말했을 때 첫 번째 적용대상이 부부관계였습니다. 남녀부부는 성령의 충만을 받아 아내는 남편에게 복종하기를 주께 하듯 하고, 남편들은 아내 사랑하기를 그리스도께서 교회를 사랑하시고 위하여 자신을 주심같이 하라고 하였습니다(엡 5:22, 25).

그러면서 이 남녀 간의 결혼 관계를 예수 그리스도와 교회와의 관계로 치환하여 결론을 내렸습니다(엡 5:32). 결혼에서 남편과 아내와의 관계는 주 예수 그리스도와 어느 날 죄의 노예로부터 구속되어야 할 사람과의 관계로 설명하는 것입니다. 아내와 남편의 관계는 하나님의 백성, 다시 말해서 그리스도 교회가 예수 그리스도와 맺게 될 관계를 설명하려는 것이었습니다.

이렇게 남녀 간의 일부일처 결혼은 하나님의 창조 질서와 아울러 하나님의 구속과 미래 구속의 완성과 일관성이 있는 중요한 진리입니다

(계 21:2). 그런데 오늘날 심히 유감스럽게도 남녀 간 결혼 관계의 질서를 파괴하는 동성애, 동성혼이 합법화되고, 더 나아가 차별금지법까지 제정되어 성경적 결혼관이 파괴되고, 그로 인해 그리스도와의 연합되는 교회 진리까지 위협을 받게 되었습니다.

오늘날 영국, 프랑스, 독일, 덴마크, 스웨덴 등 서구 사회와 미국 및 캐나다 등의 북미 사회는 동성애, 동성혼이 합법화되었고, 차별금지법이 제정되어 그리스도 교회는 침묵을 강요받고 있는 실정입니다. 우리나라도 국회에 동성애의 차별금지법이 상정되어 있는 상태로 위기에 처해 있습니다.

사도 바울은 오늘 본문 로마서 1장 26-27절에서 동성애는 창조 질서에 역리(逆理)요 부끄러운 일인 것을 말하고 있습니다.

> **26** 이 때문에 하나님께서 그들을 부끄러운 욕심에 내버려 두셨으니 곧 그들의 여자들도 순리대로 쓸 것을 바꾸어 역리로 쓰며 **27** 그와 같이 남자들도 순리대로 여자 쓰기를 버리고 서로 향하여 음욕이 불 일듯 하매 남자가 남자와 더불어 부끄러운 일을 행하여 그들의 그릇됨에 상당한 보응을 그들 자신이 받았느니라(롬 1:26-27).

본문 26, 27절은 오늘날 벌어지고 있는 동성애에 대한 논쟁에서 매우 중요한 본문입니다. 이 구절들이 모든 동성애적 행위를 묘사하며 그것을 정죄한다는 전통적인 해석은 동성애자 단체에 의하여 도전 받고 있습니다. 몇 가지 견해가 있으나 그중 중요한 것은 바울이 모든 형태의 동성애가 아닌 단지 "본성적으로" 이성애자들인 사람들이 행하는 동성애 행위들만 정죄했다고 주장합니다.

그러나 바울은 인간의 본성을 21세기에 사는 우리들에게 익숙한 개별적이고 심리적인 의미로 이해했다는 아무런 증거가 없으므로 이런 해석은 거절되어야 합니다. 오히려 바울은 스토아 및 헬레니즘적 유대교 전승과 일치하여 동성애가 창조 질서에 반대되는 것으로 거부합니다. 즉, 동성애 행위는 하나님이 남자와 여자를 창조하셨을 때 의도하셨던 것을 위반하는 것입니다(토마스 슈라이너, 존 스토트, 『로마서 강해』 참고).

예수님은 창조주의 의도를 확증해 주셨습니다.

> ⁴ 사람을 지으신 이가 본래 그들을 남자와 여자로 지으시고 ⁵ 말씀하시기를 그러므로 사람이 그 부모를 떠나서 아내에게 합하여 그 둘이 한 몸이 될지니라 하신 것을 읽지 못하였느냐 ⁶ 그런즉 이제 둘이 아니요 한 몸이니 그러므로 하나님이 짝지어 주신 것을 사람이 나누지 못할지니라(마 19:4-6).

이런 예수님의 결론은 예수님께서 오직 이성 간의 일부일처제 내에서만 "한 몸"을 경험하도록 의도하시며, 동성끼리 짝을 맺는 일은 "자연에 반하는 것"이며 절대로 결혼에 타당한 대안으로 간주될 수 없다는 점을 확증해 줍니다(존 스토트, 『로마서 강해』 참고).

예수님의 말씀과 오늘 본문 바울의 동성애 금지 명령을 기쁘게 받아들이는 사람들은 동성애 관계를 피하는 것이 행복과 거룩함의 길인 것을 확신할 것입니다. 십자가 대속의 피의 복음을 받은 여러분은 신랑 되신 그리스도의 신부로서 예수님의 말씀 따라 일부일처로 백년해로 하며 거룩하고 행복하게 살기를 기원합니다.

오직 그리스도, 오직 믿음, 오직 예수 보혈 신앙으로 살고, 성령 충만 받아 남편과 아내의 도리를 다하여 행복자로 살고, 나아가 하나님 사랑과 이웃 사랑의 전도자로 살기 바랍니다.

살아계신 아버지 하나님!

하나님의 은혜를 감사합니다.

우리가 예수님을 하나님의 아들 그리스도로 믿고 우리 마음에 구주요 영적 신랑으로 모시고 살게 하신 신비를 찬양합니다. 남녀 간의 결혼 관계는 예수 그리스도와 교회의 관계의 그림자인 것을 우리에게 계시하시니 감사합니다.

그러므로 일부일처제의 깨끗한 부부생활이야말로 하나님의 절대적인 진리의 계시인 것을 믿고 부부 모두 성령 충만 받아 서로 존경하고 사랑해야 한다고 믿습니다. 이런 진리를 우리는 바로 깨달아 오늘날 동성애와 동성혼이 보편화하고 있는 죄악을 절대로 경계하고 막아야 한다고 믿습니다.

남녀 간의 우리 부부생활도 거룩하게 해 주셔서 행복한 가정으로 세워 주시고 동성애나 동성혼 등을 금해 주시고 악한 차별금지법이 제정되지 않도록 우리와 우리 한국을 붙들어 주옵소서.

예수님의 이름으로 기도합니다. 아멘.

57

롬 1:28

- 마음에 하나님 두기 싫어함.
  사람이 하나님 버리면 하나님도 사람 버린다.
  하나님 떠나면 부패한다.
- 오직 성령의 능력으로 십자가 피의 복음을 받으라.

>²⁸ 또한 그들이 마음에 하나님 두기를 싫어하매 하나님께서 그들을 그 상실한 마음대로 내버려 두사 합당하지 못한 일을 하게 하셨으니

예수님은 그리스도시오. 살아계신 하나님의 아들입니다. 예수님이 하나님의 아들 그리스도라는 증거로 십자가에서 우리 죄를 대신해서 피 흘려 죽으시고, 죽은 자들 가운데서 부활하셨습니다.

이 예수님이 하나님의 아들, 예수님이 그리스도, 예수님이 우리 죄를 대신해서 십자가에서 피 흘려 죽으시고 부활하셨다는 복음으로 우리 인생 모든 문제가 처리되고 해답을 얻습니다. 이 복음은 모든 믿는 자에게 구원을 주시는 하나님의 능력이 됩니다. 이 하나님의 아들 예수 그리스도의 복음, 그리스도 십자가 대속의 피의 복음으로 깊이 뿌리내리기를 기원합니다.

예수님의 신성의 하나님 되심과 십자가 대속의 피의 복음을 마음 중심에 믿을 때 인간은 죄 사함을 받고 하나님과 화해가 이루어지고, 하나님을 사랑하게 되고, 하나님을 마음에 모시게 됩니다. 타락한 인간

의 본성은 하나님을 사랑할 수 없고 하나님을 마음에 두기를 싫어합니다. 그것은 인간이 하나님께 범죄하여 하나님과 원수 관계가 되어 있기 때문입니다.

그래서 하나님께서 그의 아들 예수 그리스도를 이 세상에 보내셔서 범죄한 인간의 죄를 대속하여 십자가에서 피 흘려 죽게 하시고 죄 사함 받아 하나님과 화해를 이루어 주시는 것입니다. 이것이 십자가 대속의 피의 복음입니다.

본문 로마서 1장 28절을 보면 "또한 그들이 마음에 하나님 두기를 싫어하매 하나님께서 그들을 그 상실한 마음대로 내버려 두사 합당하지 못한 일을 하게 하셨으니"라고 합니다.

먼저 바울 사도는 "그들이 마음에 하나님 두기를 싫어하매"라고 합니다. 타락한 인간의 본성은 마음에 하나님 두기를 싫어합니다. 인간이 이렇게 하나님을 버리므로 하나님도 인간을 버려 불의한 길에 두신 것입니다.

그래서 하나님께서 그들을 "그 상실한 마음대로 내버려 두사"라고 하였습니다. 이것이 하나님께서 인간을 포기하신 세 번째 이유입니다. 첫 번째는 더러운 정욕에(24절), 두 번째는 동성애라는 성적 도착에 내버려 두셨고, 오늘 본문에서 세 번째 포기로 "그 상실한 마음대로 내버려 두신" 것입니다.

이렇게 상실한 마음대로 내버려 두셨다는 것은 그들을 내버려 두사 제멋대로 하도록 하셨다는 것입니다. 곧 그들이 하나님을 버렸습니다. 그래서 하나님도 그들을 버린 것입니다. 여기서 "상실한 마음"은 부도덕한 각양각색의 반사회적 행습들로 이끌렸다는 것입니다. 그것은 "합당하지 못한 일"이었습니다.

  이 세상에서 도덕성을 유지하시는 분은 하나님이십니다. 어리석고 교만한 인간은 하나님 없이도 도덕성을 유지할 수 있다고 생각합니다. 인간은 도덕성을 보존할 수 없습니다. 인간이 그렇게 하려고 노력할 때 그 결과로 얻는 것은 각양의 악행들입니다.

  오늘날 우리는 TV나 신문 지상에서 날마다 이런 악행들이 일어나는 것을 보고 있습니다. 하나님만이 도덕성을 보전할 수 있습니다. 하나님께서 떠나시면 세계와 인간은 부패하기 시작합니다. 마치 인간에게서 육체적 생명이 떠나면 인간의 육체는 부패하기 시작하는 것과 같습니다.

  인간 세상에서 생명의 원천이신 하나님이 떠나시면 곧 부패되기 시작하는 것입니다. 하나님께서 제어하시는 은혜를 철회하시면 죄의 결과로 인간 속에 있는 모든 비열함과 어리석음이 고삐가 풀려 제멋대로 행합니다. 그렇게 되면 세상은 산지옥같이 되어 버립니다.

  우리는 교육과 문화와 도덕적인 강론들이 사람을 도덕적으로 만들 것이라는 교훈을 세상에서 배우고 있습니다. 그러나 결국 그런 것들이 사람을 도덕적으로 되게 하지 못합니다. 절대 못합니다. 이것은 죄에 대한 하나님의 진노의 일부인 것입니다.

  사도 바울은 이 사실을 말하고 있는 것입니다. "그들이 마음에 하나님 두기를 싫어하매 하나님께서 그들을 그 상실한 마음대로 내버려 두사 합당하지 못한 일을 하게 하셨으니"라고 말하였습니다.

  "합당치 못한 일", 곧 하나님의 기준들이 사라지고 사회가 허물어짐에 따른 인간사회의 와해를 묘사하는 것입니다. 바울은 29절 이하에서

21개의 악의 목록을 제시합니다. 다음에 보겠습니다.

우리가 오늘 본문 말씀만 보면 절망일 수밖에 없습니다. 그러나 자비하신 하나님은 로마서 1장 16, 17절의 복음을 주셨습니다.

> **16** 내가 복음을 부끄러워하지 아니하노니 이 복음은 모든 믿는 자에게 구원을 주시는 하나님의 능력이 됨이라 먼저는 유대인에게요 그리고 헬라인에게로다 **17** 복음에는 하나님의 의가 나타나서 믿음으로 믿음에 이르게 하나니 기록된 바 오직 의인은 믿음으로 말미암아 살리라 함과 같으니라(롬 1:16-17).

이 예수님의 신성의 하나님의 아들의 복음, 십자가 대속의 피의 복음으로 인해서 절망적 인생의 죄악의 문제가 해결을 받고 구원을 얻는 것입니다.

하나님께 감사하고 영광을 돌립니다.

오직 그리스도, 오직 믿음, 오직 예수 보혈 신앙으로 살고, 성령 충만 받아 죄악 세력을 정복하여 날마다 구원을 얻고 살며, 하나님 사랑과 이웃 사랑의 삶을 살기 바랍니다. 십자가 대속의 피의 복음은 부패한 사회의 방부제인 것입니다. 복음 받은 여러분이 세상의 소금입니다.

살아계신 아버지 하나님!
하나님 은혜를 감사합니다.
인간이 하나님을 마음에 두기를 싫어하기 때문에 하나님도 인간을 버렸습니다. 그러면 인간은 부패할 수밖에 없습니다. 인간은 스스로 도덕성을 유지할 수가 없는 존재입니다. 하나님을 떠나면 그들 안에 있는 부패한 죄악성들이 움직이기 시작해서 제어할 수 없는 악들이 그들을 통해서 세상에 온다고 믿습니다.

하나님을 떠나면 부패하기 시작합니다. 인간이 죽으면 부패하기 시작하는 것과 같습니다. 그러나 이 절망적인 이 세상에 하나님은 인간들에게 하나님의 아들의 신성 복음과 십자가 대속의 피의 복음을 주셨습니다. 그러므로 이 복음은 모든 믿는 자에게 구원을 주시는 하나님의 능력이 돼 이 복음의 능력, 하나님의 능력으로 죄악을 정복할 수 있는 은혜를 얻고 거룩한 삶을 살 수 있게 하심을 감사하옵나이다. 절망적 인생의 죄악의 문제가 그리스도의 복음으로 구원을 얻는 은총이 얻어졌습니다.

오늘도 우리가 모두 예수 그리스도로 말미암아 성령의 충만을 받아서 죄악 세력을 정복하고, 거룩한 삶을 살고, 하나님 사랑과 이웃 사랑의 전도자로 열매 맺는 삶을 살아가도록 붙들어 주옵소서.

예수님의 이름으로 기도하옵나이다. 아멘.

58

롬 1:29-31

- 하나님을 상실한 마음의 죄악 21가지.
  하나님 없는 인간의 추한 모습.
  인간의 전적 부패. 인격 중심에 뿌리박은 내주성 죄악.
- 오직 십자가 대속의 보혈을 믿는 믿음으로 치유 받는다.
  생명의 성령 힘으로 죄에서 자유 얻는다.

> ²⁹ 곧 모든 불의, 추악, 탐욕, 악의가 가득한 자요 시기, 살인, 분쟁, 사기, 악독이 가득한 자요 수군수군하는 자요 ³⁰ 비방하는 자요 하나님께서 미워하시는 자요 능욕하는 자요 교만한 자요 자랑하는 자요 악을 도모하는 자요 부모를 거역하는 자요 ³¹ 우매한 자요 배약하는 자요 무정한 자요 무자비한 자라

예수님은 그리스도시오. 살아계신 하나님의 아들입니다. 예수님이 하나님의 아들 그리스도라는 증거로 십자가에서 우리 죄를 대신해서 피 흘려 죽으시고, 죽은 자들 가운데서 부활하셨습니다.

이 예수님이 하나님의 아들, 예수님이 그리스도, 예수님이 우리 죄를 대신해서 십자가에서 피 흘려 죽으시고 부활하셨다는 복음으로 우리 인생 모든 문제가 처리되고 해답을 얻습니다. 이 복음은 모든 믿는 자에게 구원을 주시는 하나님의 능력이 됩니다. 이 하나님의 아들 예수 그리스도의 복음, 그리스도 십자가 대속의 피의 복음으로 깊이 뿌리내리기를 기원합니다.

예수님의 신성의 하나님 되심과 십자가 대속의 피의 복음을 믿고 구원받은 그리스도인은 천국 문에 들어가는 자유와 감격하고 살지만, 시간이 가면서 자신이 얼마나 큰 죄인인가를 자각하게 됩니다.

그것은 우리의 은밀한 인격 내부에 뿌리내리고 있는 내주성 죄악을 발견하기 때문입니다. 우리는 예수 그리스도의 십자가 대속의 보혈을 믿고 죄 사함을 받았지만, 여전히 "사망의 몸"(롬 7:24)이 따라다닌다는 것을 압니다. 물론 복음 받지 않는 자연인들처럼 내주성 죄악과 타협하지 않지만 때로는 승리하지 못하고 압도당하기도 하는 것입니다.

그러나 감사한 것은 우리가 십자가 대속의 피의 복음을 믿기 전에는 죄의 종이었으나(롬 6:17), 믿고 난 후에는 비록 죄성이 남아 있다 해도 죄가 우리를 지배하고 다스리지는 못합니다(롬 6:14). 우리 안에 죄가 있으나(요일 1:8), 우리가 죄 가운데 있는 것(엡 2:2)은 아닙니다.

죄의 용서는 한 번으로 끝나는 행동이 아닙니다. 항구적인 연속의 것입니다. 우리는 날마다 십자가에 못 박히신 그리스도 앞에 부복하여 그리스도의 보혈로 거룩함을 얻고 살아야 합니다.

예수 그리스도는 구원받은 당시에나 그 후에도 언제나 우리를 죄로부터 해방해 주시는 분으로서 우리의 구세주이시며 우리의 미래의 생명도 오직 예수 그리스도의 대속의 죽음에 의지하고 있습니다(살전 5:10). 오직 그리스도, 오직 믿음, 오직 보혈 신앙이 전부입니다. 예수 보혈을 통해 성령이 임하실 때 마음속에 있는 죄는 정복됩니다.

오늘 우리는 자연인의 상실한 마음의 죄악 21가지를 열거한 사도 바울의 성령 감동에 의한 통찰력을 읽으면서 자신의 타락한 모습을 발견하고 오직 예수 그리스도의 의를 믿는 믿음으로 성령의 권능 받아 살아야 할 것을 다짐해야겠습니다.

오늘 본문 로마서 1장 29-31절은 하나님께서 이방인을 저희 상실한 마음에 내버려 두신 결과로 그들에게 있는 21가지의 죄악을 열거하고 있습니다. 이것은 하나님 없는 인간의 추한 모습이요 인간의 전적 부패를 말하고 있습니다.

여기 열거된 21가지 죄악들은 조직적으로 분류하기가 어려우나 편의상 네 가지로 나누어 보고자 합니다.

첫째, 근본적인 죄입니다.

본문 로마서 1장 29절 전반에 보면 "곧 모든 불의, 추악, 탐욕, 악의가 가득한 자요"라고 합니다. 먼저 "불의"는 "의"에 반대어로서 하나님의 법이나 속성에 반대되는 모든 것을 가리킵니다. 그다음 추악, 탐욕, 악의도 일반적인 죄들입니다.

둘째, 손상된 인간관계의 죄로서 주로 심적인 죄입니다.

본문 로마서 1장 29절 후반을 보면 "시기, 살인, 분쟁, 사기, 악독이 가득한 자요"라고 합니다. 이런 죄들은 동료 인간들에 대한 미움의 죄들입니다.

셋째, 손상된 인간관계의 죄로서 사람에 대해 표현된 죄들입니다.

본문 로마서 1장 29-30절을 보면 "[29] 수군수군하는 자요 [30] 비방하는 자요 하나님께서 미워하시는 자요 능욕하는 자요 교만한 자요 자랑하는 자요"라고 합니다. 이런 죄들은 자만심을 중심으로 하는 죄일 것입니다.

넷째, 비인간적인 죄들입니다.

본문 로마서 1장 30-31절을 보면 "³⁰ 악을 도모하는 자요. 부모를 거역하는 자요 ³¹ 우매한 자요 배약하는 자요 무정한 자요 무자비한 자라"라고 하였습니다.

이런 비인간적인 죄들은 악을 도모하고, 부모를 거역하며, 우매하고, 배약하며, 무정하고, 무자비한 죄악들입니다. 이런 죄악들은 이미 예수님께서 마가복음 7장 21-22절에서 말씀하신 바 있었습니다.

> ²¹ 속에서 곧 사람의 마음에서 나오는 것은 악한 생각 곧 음란과 도둑질과 살인과 ²² 간음과 탐욕과 악독과 속임과 음탕과 질투와 비방과 교만과 우매함이니(막 7:21-22).

이렇게 추하고 더러운 인간의 죄악들은 모두가 하나님을 상실한 마음의 죄악들입니다. 하나님 떠난 인간은 전적으로 부패된 존재가 되었습니다. 그들의 인격 속에 뿌리내린 내주성 죄악은 오직 죽음으로만 소멸될 수 있는 끈질긴 죄성의 죄악들입니다.

이런 죄악은 오직 무죄하신 하나님의 아들 예수 그리스도의 대속의 죽음으로만 해결될 수 있는 것입니다. 인간은 누구든지 이 사망의 몸을 가지고 살고 있습니다(롬 7:24).

오직 하나님의 아들 예수 그리스도의 속죄로 인한 생명의 성령 법으로만 해방을 받을 수 있습니다. 성령님이 지배하시는 힘으로 죄의 세력을 정복할 때 가능합니다. 성령이 임하시면 죄의 소욕은 잠잠해지는 것입니다.

오직 그리스도, 오직 믿음, 오직 예수 보혈 신앙으로 살고, 성령 충만 받아 우리 안에 있는 육신의 정욕을 정복하여 죄에서 자유 자로 살고, 하나님 사랑과 이웃 사랑의 전도자로 살기 바랍니다.

살아계신 아버지 하나님!

하나님 은혜를 감사합니다.

인간들이 하나님을 마음에 모시기를 싫어하고 하나님을 떠나서 인간의 추한 죄악의 모습이 나타나게 되었습니다. 인간의 전적 부패에 대한 말씀을 오늘 21가지 죄악으로 사도 바울이 열거하고 있습니다. 그것은 인격중심에 뿌리내린 내주성 죄악으로서 우리 인간이 죽지 않으면 이 죄악은 없어지지 않는 인격에 뿌리를 내린 죄악들이라고 믿습니다.

오직 예수 그리스도의 대속의 죽음으로 우리 죄악을 대신 속죄한 다음에 그 속죄의 공로로 성령님이 임하실 때 성령의 능력으로 죄악을 정복할 수 있음을 오늘 우리에게 계시해 주심을 감사하옵나이다.

생명의 성령 능력이 우리 안에 권능으로 예수 그리스도로 말미암아 임함으로 인하여 죄악을 정복하고, 거룩한 삶을 살고, 하나님 사랑과 이웃 사랑의 증인으로 살아가는 하루가 되게 하여 주옵소서.

예수님의 이름으로 기도하옵나이다. 아멘.

59

롬 1:32

- 악을 행하고 악을 권한다.
  개인적인 죄를 보편화된 사회의 기준으로 삼으려 한다.
- 짐승만도 못한 사람들.
  오직 그리스도 십자가 대속의 피 흘리심만이 치료약

32 그들이 이같은 일을 행하는 자는 사형에 해당한다고 하나님께서 정하심을 알고도 자기들만 행할 뿐 아니라 또한 그런 일을 행하는 자들을 옳다 하느니라

예수님은 그리스도시오. 살아계신 하나님의 아들입니다. 예수님이 하나님의 아들 그리스도라는 증거로 십자가에서 우리 죄를 대신해서 피 흘려 죽으시고, 죽은 자들 가운데서 부활하셨습니다.

이 예수님이 하나님의 아들, 예수님이 그리스도, 예수님이 우리 죄를 대신해서 십자가에서 피 흘려 죽으시고 부활하셨다는 복음으로 우리 인생 모든 문제가 처리되고 해답을 얻습니다. 이 복음은 모든 믿는 자에게 구원을 주시는 하나님의 능력이 됩니다. 이 하나님의 아들 예수 그리스도의 복음, 그리스도 십자가 대속의 피의 복음으로 깊이 뿌리내리기를 기원합니다.

예수님의 신성의 하나님 되심과 십자가 대속의 피의 복음을 마음 중심에 믿고 구원받은 그리스도인은 인간의 죄의 깊이와 죄의 엄청난 무

게를 깨달아야 합니다. 끝없이 타락하고 부패한 인간의 죄의 깊이와 무게를 알 때 그리스도 십자가 대속의 피 흘리심의 치료약의 가치를 알게 됩니다.

20세기 미국의 유명한 복음주의 설교자 제임스 몽고메리 보이스는 "미국 사회의 죄악의 깊이의 바닥이 있는가"라고 탄식했습니다. 그는 타락한 인간들은 "짐승만도 못한 사람들"이라고 비판했습니다.

짐승들은 거의 강간을 저지르지 않는다고 합니다. 자기 새끼들을 죽이지 않고 사랑한다고 합니다. 그러나 미국의 경우 매년 낙태로 150만 명이 넘는 아기들을 죽인다고 합니다. 우리가 알다시피 미국은 동성혼이 합법화되었고 차별금지법이 제정되었습니다.

오늘의 사회에서는 이런 죄악들이 은밀히 행하는 것이 아니고, 자신들의 죄악스러운 행동을 다른 사람들이 따라오도록 하는 기준으로 삼으려고 합니다. 오늘 본문에 보면 사도 바울이 정죄하고 있는 개인적인 죄를 보편화된 사회의 기준으로 삼으려 하고 있습니다. 우리가 보는 동성애자들의 '퀴어 행사'가 바로 이런 것입니다.

죄인이며 불순종하는 세상 사람들은 은혜로 착각한 자유에 심취하고 있는 것입니다. 그러나 바울은 그것이 오히려 하나님의 진노를 나타내는 무서운 죄의 형벌이라고 말하고 있습니다.

본문 로마서 1장 32절을 보면 "그들이 이 같은 일을 행하는 자는 사형에 해당한다고 하나님께서 정하심을 알고도 자기들만 행할 뿐 아니라 또한 그런 일을 행하는 자들을 옳다 하느니라"라고 하였습니다.

바울은 먼저 "그들이 이 같은 일을 행하는 자는 사형에 해당한다고 하나님께서 정하심을 알고도"라고 말합니다. 바울은 이방인들이 본성적으로 가지고 있는 지식으로부터 시작합니다. 그러나 그들이 알고 있는 것은 하나님의 진리가 아니라 "하나님의 정하심", 즉 "이 같은 일을 행하는 자는 사형에 해당한다"는 것입니다.

바울이 후에 쓴 로마서 6장 23절에서 "죄의 삯은 사망"이라는 것을 안다는 것입니다. 이방인들의 양심이 그들을 정죄하기 때문입니다.

다음에 바울은 "자기들만 행할 뿐 아니라 또한 그런 일을 행하는 자들을 옳다 하느니라"라고 하였습니다. 이방인들은 하나님이 그들에게 주신 양심을 통해 지금까지 열거한 성적 타락과 21가지 죄악들을 행하면 영원한 죽음에 이른다는 것을 알고 있었습니다. 그것은 이방인의 종교, 또는 철인들의 교훈에서 분명합니다.

그들은 그렇게 알면서도 스스로 그 죄를 범하고 다른 범죄자들을 만날 때 옳게 보고 기뻐합니다. 본인이 당하는 시험에 못 이겨 더러운 죄악을 범하는 것은 어쩔 수 없다 할 수 있지만, 남들이 행하는 죄를 보고 옳다 하고 기뻐하는 것은 죄악 그 자체를 위한 죄악의 사랑이라고 볼 수밖에 없습니다.

이것은 바로 사탄의 나라와 그 이익을 위해 연합전선을 펴는 처사입니다. 곧 자신들이 죄를 범할 뿐 아니라 그것을 변호하고 정당화하며 남들도 똑같은 일을 저지르게 북돋아 주는 것입니다.

바울이 지금까지 설명한 죄의 깊이와 무게는 오늘날 우리 사회가 직면하고 있는 문제들과 얼마나 유사한지 놀라게 됩니다. 그리하여 우리에게 죄와 십자가 대속의 보혈의 은혜가 무엇인지 분명히 밝힐 기회를 주고 있습니다.

어떤 사람들은 왜 악이 충만한 세상을 하나님이 방관하시느냐고 시비하지만, 그것은 그들의 악을 내버려 두시는 하나님의 진노 표시입니다. 그러므로 하나님의 징계가 나타난다는 것은 하나님의 은혜인 것입니다.

오늘의 시대 코로나19 바이러스 창궐은 하나님의 징계 손길이 분명하며, 우리 자신이 하나님과 그 아들 예수 그리스도의 주권 아래 들어오라는 하나님의 신호입니다. 아무리 악한 죄악일지라도 그리스도 십자가 대속의 피는 완전한 치료약입니다.

오직 그리스도, 오직 믿음, 오직 예수 보혈 신앙으로 살고, 예수님의 피를 힘입고 은혜의 보좌 앞에 나가 신선한 죄 사함을 받고, 하나님의 은혜의 빛을 받아 세상 속에서 건강하며 건전한 정신으로 하나님 사랑과 이웃 사랑의 전도자로 살기 바랍니다.

살아계신 아버지 하나님!
하나님 은혜를 감사합니다.
이 시대에 악이 창궐해서 악을 행할 뿐만 아니라 악을 권하는 시대가 되었습니다. 그러므로 이 죄의 깊이와 죄의 엄청난 무게를 우리가 깨달아 가면서 그에 대한 치료책은 오직 십자가 대속의 피의 치료약 외에는 없다는 것을 우리가 알게 됨을 감사하옵나이다.
개인적인 죄를 그것으로 끝내지 않고 보편화된 사회의 기조로 삼으려고 하는 이 시대, 특별히 동성애를 자기들만 하는 것이 아니라 온 세상이 이것을 인정하고 보편화된 것으로 만들고자 하는데 그것이 그대로 이루어진 사회가 되어 가고 있습니다.

오늘날 코로나19 바이러스 창궐은 바로 하나님의 징계 손길이며, 오히려 이것은 하나님의 은총으로서 그의 아들 예수 그리스도 십자가의 피의 언약 속에 들어오라는 하나님의 신호라고 믿습니다.

오늘도 예수 그리스도로 말미암아 성령의 충만을 받아서 하나님 사랑과 이웃 사랑의 전도자로 살아가며, 죄악을 이기고 승리하는 하루가 되게 하여 주옵소서.

예수님의 이름으로 기도하옵나이다. 아멘.

2. 유대인의 죄
(2:1-3:8)

60

롬 2:1-3:8

- 유대인의 죄(2:17-29).
  심판의 보편성(2:1-16).
  유대인의 우월감을 문답식으로 봉쇄함(3:1-8).
- 유대인들은 현대 그리스도인들의 죄의 모습.
  오직 그리스도 십자가 대속의 피의 복음을 믿음으로 구원 얻는다.

> [1] 그러므로 남을 판단하는 사람아, 누구를 막론하고 네가 핑계하지 못할 것은 남을 판단하는 것으로 네가 너를 정죄함이니 판단하는 네가 같은 일을 행함이니라

예수님은 그리스도시오. 살아계신 하나님의 아들입니다. 예수님이 하나님의 아들 그리스도라는 증거로 십자가에서 우리 죄를 대신해서 피 흘려 죽으시고, 죽은 자들 가운데서 부활하셨습니다.

이 예수님이 하나님의 아들, 예수님이 그리스도, 예수님이 우리 죄를 대신해서 십자가에서 피 흘려 죽으시고 부활하셨다는 복음으로 우리 인생 모든 문제가 처리되고 해답을 얻습니다. 이 복음은 모든 믿는 자에게 구원을 주시는 하나님의 능력이 됩니다. 이 하나님의 아들 예수 그리스도의 복음, 그리스도 십자가 대속의 피의 복음으로 깊이 뿌리내리기를 기원합니다.

예수님의 신성의 하나님 되심과 십자가 대속의 피의 복음을 마음 중심에 믿고 구원받은 그리스도인은 외식적 탈을 벗고 신앙의 위선에서 벗어나 진정한 구원의 삶을 살 수 있습니다. 오늘날 그리스도 교회 안에 다수의 외식적 신자들이 많이 존재합니다.

우리 주위에는 예수님을 구주 그리스도로 영접하기를 원하면서도 예수 그리스도께 복종하지 않는 자들이 있습니다. 이들은 그리스도의 평안을 좋아하나, 그리스도의 멍에는 매기를 싫어합니다. 또 그들은 하나님과 그리스도의 약속은 사모하면서 구하고, 찾고, 두드리지만 왕 되신 그리스도께는 복종하지 않고 그리스도의 명령에는 마음을 두지 않습니다. 또한, 이들은 육신적 그리스도는 추구하나, 영혼의 부패와 회개를 요구하는 주권자 그리스도께는 관심이 없습니다.

아마도 이러한 외식의 그리스도인들이 바울 시대 당시 유대교를 믿는 유대인들의 모습과 유사했다고 봅니다. 지금까지 이방인의 죄를 논할 때 유대인들은 자기들도 동일한 하나님의 진노하에 있다고는 꿈에도 생각하지 않고 있었습니다.

유대인은 그들이 하나님 보시기에 특별한 위치를 차지하고 있다고 생각했습니다. 하나님은 이방인의 심판자로는 될망정 유대인에게는 특별한 보호자라고 생각했습니다.

그러나 바울 사도는 이방인의 죄를 지적 후 이제는 유대인의 죄를 논하기 시작합니다. 대체로 보아서 유대인의 죄는 심리적입니다. 즉, 이방인의 죄가 육적이요. 외형적임과 비교하면 유대인의 것은 심적이며 내적입니다. 전자가 적나라한 죄인의 모습이라면 후자는 종교적 탈을 쓴 외식적 인간의 것입니다.

바울은 유대인의 죄를 논함에 있어서 먼저 로마서 2장 1-16절에서 하나님 심판의 보편성을 논하고, 로마서 2장 17-29절에서 유대인의 구체적 죄를 지적한 후, 로마서 3장 1-8절에서 유대인의 우월성을 문답식으로 봉쇄하고 있습니다.

이런 분류에는 약간의 이견을 갖는 주석가도 있습니다. 로마서 2장 1-16절을 비판적인 도덕론자들에 관한 논증이라고 합니다. 그것은 유대인에게 구체적으로 지적하지 않고 17절에서야 유대인을 언급하기 때문입니다. 그러나 대부분의 주석가들은 로마서 2장 1-16절에서도 유대인에 대해 공격을 하고 있다고 바르게 생각합니다.

오늘 본문은 로마서 2장 1절만 읽고 개요로 마칩니다.

로마서 2장 1절을 보면 "그러므로 남을 판단하는 사람아, 누구를 막론하고 네가 핑계하지 못할 것은 남을 판단하는 것으로 네가 너를 정죄함이니 판단하는 네가 같은 일을 행함이니라"라고 하였습니다. 바울은 유대인이 이방인을 호되게 질책했던 그 동일한 악들을 행하고 있었기 때문에 유대인들도 역시 하나님 앞에서 핑계하지 못한다고 말함으로써 시작합니다(롬 2:1-5).

그리고 유대인이 하나님과 맺은 언약적 관계는 만일 유대인들이 회개하지 않는다면 심판에서 그들을 아끼지 아니하실 것입니다. 공평한 심판자로서 하나님은 그가 행한 대로 각 사람에게 보응하실 것입니다 (6-11절).

선을 행하는 자에게만 영생이 주어질 것입니다. 그러나 악을 행하는 자는 하나님의 진노를 경험하게 될 것입니다. 하나님은 공정하시므로 단순히 율법을 가지고 있다고 해서 구원을 이루는 것이 아닙니다.

율법을 가지고 있으면서 죄를 짓는 유대인은 그 기준에 따라 판단을 받고 정죄를 받을 것이며 반면 율법이 없는 이방인은 그들의 마음속에 기록된 율법에 따라 평가를 받을 것입니다(12-16절).

따라서 율법을 소유하는 것이 구원을 얻는 데 유익이 있을 것으로 간주하여서는 안 됩니다(17-24절). 또 할례만이 언약적인 유익을 구성하는 것은 아닙니다(25-29절). 마음의 할례가 중요합니다. 중요한 것은 영적인 할례이며 진정한 유대인이 되는 것입니다.

끝으로 이상과 같은 유대인에 대한 정죄는 유대인으로부터 몇 가지 질의를 일으킵니다. 이런 예견되는 질의에 대답하는 것으로 바울은 유대인의 죄에 대한 논지를 마칩니다(3:1-9).

로마서는 이 대별하여 교리 편(1-11장)과 실천 편(12-16장)으로 나눌 수 있습니다. 로마서의 교리란 "믿음으로 구원받는다"는 것입니다. 그래서 바울은 구원의 필요성으로서 죄악론으로부터 시작하였습니다. 바울에 의하면, 물론 성령님의 감동으로, 이방인도, 유대인도, 그리하여 전 인류가 죄인입니다.

오직 예수님의 신성의 하나님의 아들 되심과 십자가 대속의 피의 복음을 믿는 자만이 죄로부터 구원을 받습니다. 예수 그리스도와 그리스도 십자가 대속의 보혈 외에 다른 구원의 길이 없습니다.

오직 그리스도, 오직 믿음, 오직 예수 보혈 신앙으로 살고, 성령 충만 받아 죄의 소욕을 죽이고 거룩한 삶을 살고, 하나님 사랑과 이웃 사랑의 전도자로 살기 바랍니다.

살아계신 아버지 하나님!

하나님 은혜를 감사합니다.

이방인들의 죄를 논한 사도 바울은 이제 유대인의 죄를 논하기 시작합니다. 유대인들은 대체적으로 이방인들과 달리 심적으로, 내적으로 외식적 죄를 범하는 경우가 많았습니다. 이러한 죄도 십자가의 대속의 피의 복음을 믿고 죄 사함을 받아 새사람으로 변화될 때에만 죄로부터 자유함을 얻는다는 사실을 우리는 믿습니다.

유대인이나 이방인이나 모두 신성의 하나님의 아들 예수 그리스도, 십자가에 못 박히신 그리스도를 통해서만 구원을 얻는다는 이 위대한 구원의 복음을 확실하게 믿고, 오늘도 예수 그리스도로 말미암아 성령의 충만함을 받아서 우리 안에 있는 모든 거짓, 외식을 벗어버리고 진실하고, 거룩하고, 깨끗한 의인의 삶을 살아가도록 축복하시고, 하나님 사랑과 이웃 사랑의 전도자로 살아가는 하루가 되도록 우리를 붙들어 주옵소서.

예수님의 이름으로 기도하옵나이다. 아멘.

61

롬 2:1-16

- 하나님의 공정한 심판.
  유대인의 심판(1-5절).
  행위에 따른 심판(6-11절).
  공정한 기준(율법)에 의한 심판(12-16절).
- 우리는 율법에 순종할 때 진정한 인간이 된다.
  오직 십자가 대속의 피의 복음의 신앙으로 율법에 순종하라.

¹ 그러므로 남을 판단하는 사람아, 누구를 막론하고 네가 핑계하지 못할 것은 남을 판단하는 것으로 네가 너를 정죄함이니 판단하는 네가 같은 일을 행함이니라 ² 이런 일을 행하는 자에게 하나님의 심판이 진리대로 되는 줄 우리가 아노라 ³ 이런 일을 행하는 자를 판단하고도 같은 일을 행하는 사람아, 네가 하나님의 심판을 피할 줄로 생각하느냐 ⁴ 혹 네가 하나님의 인자하심이 너를 인도하여 회개하게 하심을 알지 못하여 그의 인자하심과 용납하심과 길이 참으심이 풍성함을 멸시하느냐 ⁵ 다만 네 고집과 회개하지 아니한 마음을 따라 진노의 날 곧 하나님의 의로우신 심판이 나타나는 그 날에 임할 진노를 네게 쌓는도다 ⁶ 하나님께서 각 사람에게 그 행한 대로 보응하시되 ⁷ 참고 선을 행하여 영광과 존귀와 썩지 아니함을 구하는 자에게는 영생으로 하시고 ⁸ 오직 당을 지어 진리를 따르지 아니하고 불의를 따르는 자에게는 진노와 분노로 하시리라 ⁹ 악을 행하는 각 사람의 영에는 환난과 곤고가 있으리니 먼저는 유대인에게요 그리고 헬라인에게며 ¹⁰ 선을 행하는 각 사

> 람에게는 영광과 존귀와 평강이 있으리니 먼저는 유대인에게요 그리고 헬라인에게라 ¹¹ 이는 하나님께서 외모로 사람을 취하지 아니하심이라 ¹² 무릇 율법 없이 범죄한 자는 또한 율법 없이 망하고 무릇 율법이 있고 범죄한 자는 율법으로 말미암아 심판을 받으리라 ¹³ 하나님 앞에서는 율법을 듣는 자가 의인이 아니요 오직 율법을 행하는 자라야 의롭다 하심을 얻으리니 ¹⁴ (율법 없는 이방인이 본성으로 율법의 일을 행할 때에는 이 사람은 율법이 없어도 자기가 자기에게 율법이 되나니 ¹⁵ 이런 이들은 그 양심이 증거가 되어 그 생각들이 서로 혹은 고발하며 혹은 변명하여 그 마음에 새긴 율법의 행위를 나타내느니라) ¹⁶ 곧 나의 복음에 이른 바와 같이 하나님이 예수 그리스도로 말미암아 사람들의 은밀한 것을 심판하시는 그 날이라

예수님은 그리스도시오. 살아계신 하나님의 아들입니다. 예수님이 하나님의 아들 그리스도라는 증거로 십자가에서 우리 죄를 대신해서 피 흘려 죽으시고, 죽은 자들 가운데서 부활하셨습니다.

이 예수님이 하나님의 아들, 예수님이 그리스도, 예수님이 우리 죄를 대신해서 십자가에서 피 흘려 죽으시고 부활하셨다는 복음으로 우리 인생 모든 문제가 처리되고 해답을 얻습니다. 이 복음은 모든 믿는 자에게 구원을 주시는 하나님의 능력이 됩니다. 이 하나님의 아들 예수 그리스도의 복음, 그리스도 십자가 대속의 피의 복음으로 깊이 뿌리내리기를 기원합니다.

우리는 왜 십자가 대속의 피의 복음으로 항상 뿌리를 내려야 합니까?
우리가 항상 듣는 이야기지만 그것은 인간이 율법을 어기고 범죄하였기 때문입니다. 인간은 하나님의 율법, 곧 "선악을 알게 하는 나무의

열매는 먹지 말라"(창 2:17)라는 성문화되지 않은 율법을 범하였기 때문에 죄와 사망의 법에 매이게 된 것입니다.

그 결과 예수 그리스도 안에 있는 생명의 성령의 법이 죄와 사망의 법에서 인간을 해방하는 것이 필요하게 되었습니다. 이 생명의 성령의 법은 십자가 대속의 피의 언약으로 우리에게 주어집니다.

로마서 8장 3, 4절입니다.

> ³ 율법이 육신으로 말미암아 연약하여 할 수 없는 그것을 하나님은 하시나니 곧 죄로 말미암아 자기 아들을 죄 있는 육신의 모양으로 보내어 육신에 죄를 정하사 ⁴ 육신을 따르지 않고 그 영을 따라 행하는 우리에게 율법의 요구가 이루어지게 하려 하심이니라(롬 8:3-4).

하나님은 그리스도 안에 있는 자들이 하나님의 완전한 율법의 요구를 이행하도록 그의 아들 예수 그리스도의 십자가 대속의 죽음으로 죄를 처리하셨습니다. 이러한 진리를 깨닫는 그리스도인들은 육신을 따라 행하지 않고 성령을 따라 행합니다.

이 예수 그리스도 십자가 대속의 피의 복음으로 인하여 임한 성령님은 우리로 하여금 율법을 성취할 마음을 주셔서 강제나 두려움으로가 아니라 기꺼이 하나님의 율법, 곧 하나님 사랑과 이웃 사랑의 법을 순종할 수 있게 하는 것입니다.

그러므로 그리스도 십자가 대속의 피의 복음은 이방인뿐만 아니라 유대인에게도 반드시 필요한 것입니다. 유대인은 율법을 소유하고 있다는 하나님의 은총을 받은 민족이었으나, 그 소유한 율법을 지키지 않으면 그들도 하나님의 공정한 심판 앞에 서야 합니다.

오늘 본문은 유대인의 죄에 대한 바울 사도의 기소로서 하나님의 공정한 심판에 관한 논증의 개요 말씀입니다. 범위는 로마서 2장 1-16절까지입니다. 이 논증은 세 가지 방향으로 나아갑니다.

첫째, 유대인의 심판입니다(롬 2:1-5).

로마서 2장 1절을 보면 "그러므로 남을 판단하는 사람아, 누구를 막론하고 네가 핑계하지 못할 것은 남을 판단하는 것으로 네가 너를 정죄함이니 판단하는 네가 같은 일을 행함이니라"라고 하였습니다.

유대인은 하나님과 언약을 맺었음에도 하나님의 호의에 호소한다고 해서 하나님의 진노로부터 피할 수 없습니다. 하나님의 심판은 보편적이기 때문에 유대인들도 이를 면치 못합니다.

둘째, 행위에 따른 심판입니다(롬 2:6-11).

로마서 2장 6절을 보면 "하나님께서 각 사람에게 그 행한 대로 보응하시되"라고 합니다. 하나님은 각 사람에게 그 행한 대로 심판하십니다. 하나님은 공정한 근거에 따라 심판하시며, 따라서 선을 행하는 자는 유대인이든 이방인이든 영생으로 보답을 받을 것이며 악을 행하는 자는 하나님의 종말론적 진노에 직면할 것입니다.

셋째, 공정한 기준에 의한 심판입니다(롬 2:12-16).

로마서 2장 12절을 보면 "무릇 율법 없이 범죄한 자는 또한 율법 없이 망하고 무릇 율법이 있고 범죄한 자는 율법으로 말미암아 심판을 받으리라"라고 하였습니다. 유대인이나 이방인이나 차별 없이 심판하시는데 그 심판의 기준은 유대인에게는 율법이요 이방인에게는 본성으로 율법을 행하는 양심입니다.

　유대인들은 단순히 율법을 소유하는 것으로 구원을 호소할 수 없고, 율법을 지키는 데서 심판을 면할 수 있습니다. 그러므로 유대인도 이방인도 다 율법에 의해 그들의 행위를 심판받는 것입니다.

　바울이 보여 주는 오늘 본문(12-16절)에 보면 사람들이 율법에 대하여 보편적으로 알고 있다는 사실을 알 수 있습니다. 그러므로 율법은 신적 심판의 기초입니다. 우리는 하나님의 율법에 부합하는 삶을 살 때 정상적인 인간이 됩니다.

　하나님은 하나님 사랑과 이웃 사랑의 법인 율법을 어긴 인간들에게 율법을 성취할 길을 은혜로 주셨습니다. 곧 그리스도 십자가 대속의 피의 언약입니다. 누구든지 그리스도 십자가 대속의 피의 언약 속에 들어와 생명과 성령의 법 속에 살아야 영생을 얻습니다.

　오직 그리스도, 오직 믿음, 오직 예수 보혈 신앙으로 성령 충만 받아 하나님 사랑과 이웃 사랑의 전도자로 살기 바랍니다.

　살아계신 아버지 하나님!
　하나님 은혜를 감사합니다.
　하나님께서 율법을 가진 유대인에게도 그 율법을 지키지 않으면 심판을 받는다는 말씀을 우리에게 주심으로, 어느 사람이든지 율법에 순종할 때 진정한 인간이 된다는 귀중한 진리를 오늘도 우리에게 계시해 주심을 감사하옵나이다.

율법을 불순종하여 인간이 타락했던 즉 율법을 순종하기 위하여 하나님의 아들 예수 그리스도의 피의 복음을 받고 피의 복음을 통해서 임하는 성령의 권능으로 율법을 지켜 참된 인간으로 삶을 살아가고, 오늘도 하나님 사랑과 이웃 사랑의 법이 우리로 인하여 성취되어 영광을 아버지께 돌리는 하루가 되게 하여 주옵소서.

예수님의 이름으로 기도하옵나이다. 아멘.

62

롬 2:1

- 유대인의 종교적 우월성 비판.
  유대인의 자랑(율법과 할례), 죄의 교활성.
- 죄 문제는 먼저 자신에게 적용하라.
  오직 그리스도, 오직 믿음, 오직 예수 보혈 신앙으로 살라.

> ¹ 그러므로 남을 판단하는 사람아, 누구를 막론하고 네가 핑계하지 못할 것은 남을 판단하는 것으로 네가 너를 정죄함이니 판단하는 네가 같은 일을 행함이니라

예수님은 그리스도시오. 살아계신 하나님의 아들입니다. 예수님이 하나님의 아들 그리스도라는 증거로 십자가에서 우리 죄를 대신해서 피 흘려 죽으시고, 죽은 자들 가운데서 부활하셨습니다.

이 예수님이 하나님의 아들, 예수님이 그리스도, 예수님이 우리 죄를 대신해서 십자가에서 피 흘려 죽으시고 부활하셨다는 복음으로 우리 인생 모든 문제가 처리되고 해답을 얻습니다. 이 복음은 모든 믿는 자에게 구원을 주시는 하나님의 능력이 됩니다. 이 하나님의 아들 예수 그리스도의 복음, 그리스도 십자가 대속의 피의 복음으로 깊이 뿌리내리기를 기원합니다.

예수님의 신성의 하나님 되심과 십자가 대속의 피의 복음을 마음 중심에 믿고 죄 사함을 받은 그리스도인은 자신의 억만 죄악을 사해 주

신 십자가 대속의 사랑에 대한 감사로 삽니다. 이때 이 그리스도 십자가 대속의 피의 사랑을 받은 그리스도인은 자신의 죄성에 대한 깊은 인식과 더불어 타인의 죄에 대한 동정과 이해를 갖는 자가 됩니다.

예수 그리스도를 믿고 중생한 그리스도인은 과거의 죄성으로 가득 찬 자기와 결별하는 자인 것입니다. 중생하기 전에 우리는 다른 사람들의 죄를 판단하는 데 매우 가혹합니다. 우리는 자신에 대해서는 한없이 관대하지만 다른 사람의 수치스러운 행동에 대해서는 흥분해서 분노를 발합니다.

우리는 과거 중생하기 전의 우리 모습을 예수 그리스도를 거부하는 유대인의 모습에서 발견합니다. 유대인은 그들의 종교적 우월감에서 그들의 지위를 자랑하고 이방인들의 죄에 대한 하나님의 진노를 당연시했습니다. 그리고 자신들은 하나님의 선민이므로 하나님의 진노와 관계가 없다고 생각했습니다.

이에 대하여 사도 바울은 이방인의 죄를 논증한 다음 유대인의 죄를 논하기 시작합니다. 먼저 유대인의 종교적 우월성을 비판합니다.

본문 로마서 2장 1절을 보면 "그러므로 남을 판단하는 사람아, 누구를 막론하고 네가 핑계하지 못할 것은 남을 판단하는 것으로 네가 너를 정죄함이니 판단하는 네가 같은 일을 행함이니라"라고 하였습니다. 본문은 "그러므로"로 시작합니다. 이는 사도가 앞서서 이제까지 말해왔던 것을 계속 말하고 있다고 봅니다. 즉, 앞서 바울이 이방인의 죄를 지적한 부분 전체를 받아서 유대인의 죄를 공격한 것으로 봅니다.

바울은 이어서 "남을 판단하는 사람아"라고 말합니다. 여기서 "남을 판단하는 사람"이 누구인지에 관해서 주석가들의 의견이 갈립니다. 우리는 '유대인'으로 보고 있으나, 유력한 견해는 비판적인 도덕론자들에 관한 논증이라고 합니다. 우리는 다수의 견해처럼 유대인으로 보는 것이 정당하다고 봅니다.

유대인처럼 종교적 우월감에서 남을 판단한 민족은 없었습니다. 유대인들은 이방인은 그들의 죄 때문에 하나님이 말살시키리라는 것을 믿고 있었습니다. 그러나 유대인들은 자기들도 동일한 저주 아래 있다고 하는 것을 꿈에도 생각하지 못하고 있었습니다. 그들은 율법을 가진 자랑스러운 민족이요 할례를 받은 자였습니다.

유대인들은 그들이 하나님 보시기에 특별한 지위를 차지하고 있다고 생각했습니다. 하나님은 이방인의 심판자로 될 망정 유대인에게는 특별한 보호자라고 생각했습니다. 유대인들을 하나님의 진노로부터 보호해 주시는 것은 무슨 특별한 선행이 아니라 단지 유대인이라는 사실뿐이었습니다.

이에 대하여 바울은 이를 공격합니다. "남을 판단하는 사람아, 누구를 막론하고 네가 핑계하지 못할 것은 남을 판단하는 것으로 네가 너를 정죄함이니 판단하는 네가 같은 일을 행함이니라"라고 하였습니다. 여기서 바울은 죄의 가공할 성격을 우리 앞에 제시합니다. "남을 판단하는 것으로 네가 너를 정죄함이니 판단하는 네가 같은 일을 행함이니라"라고 하였습니다.

유대인들은 바울이 이방인들에 대하여 말하는 것을 전적으로 진리라고 말했습니다. 그러나 그들의 판단과 정죄로 자기들은 정죄함이 되었습니다. 이것이 죄의 교활성입니다. 그들은 선민이 틀림없었으나 하나님께서 그리스도로 보내신 예수님을 십자가에 못 박아 죽였습니다.

그리고 힘을 다해 이방인들이 구원받지 못하도록 애를 썼습니다.

이 얼마나 무서운 죄의 교활성입니까?

우리도 우리 자신 안의 죄악에 대하여는 눈이 머는 경향이 있습니다. 우리가 자신이 죄인이라고 느낀 적이 없다면 우리는 예수 그리스도를 믿음으로 말미암아 의롭다 함을 받지 못한 사람입니다.

성경은 적용되어야 합니다. 다른 사람이 아니라 나 자신에게 적용해야 합니다. 오직 그리스도, 오직 믿음, 오직 예수 보혈 신앙으로 성령 충만 받아 날마다 신선한 죄 사함을 받고, 성령 충만 받아 하나님 사랑과 이웃 사랑의 전도자로 살기 바랍니다.

살아계신 아버지 하나님!

하나님 은혜를 감사합니다.

오늘 유대인의 종교적 우월성에 관한 말씀을 들으면서 유대인이 그들이 가진 율법과 할례 때문에 자만하는 자였으나, 그들도 동일하게 율법을 지키지 않으면 죄인이라는 사실을 그들은 인식하지 못하고 자기들은 절대 정죄받지 않는다고 믿고 이방인들을 판단했습니다.

오늘날 그리스인들도 이와 같아서 자기는 예수를 믿으니까 구원을 얻어서 천국 가지만 안 믿는 무리는 전부 형벌을 받게 된다고 남을 정죄하기가 쉽습니다.

우리가 자기 자신의 죄에 대해서는 관대하나 남을 판단하는 죄는 가혹하기 그지없음을 회개합니다. 먼저 자기 자신의 눈의 들보를 보도록 하나님이 은혜를 베푸시고, 억만 죄악을 사해 주신 하나님을 찬양하면서 그 사랑을 받아 이웃을 사랑하는 자들이 되게 하여 주옵소서.
예수님의 이름으로 기도하옵나이다. 아멘.

63

롬 2:1-3

- 유대인들도 핑계할 수 없는 증거.
  하나님의 심판이 진리대로 되기 때문.
- 남을 판단하는 것으로 자기가 정죄받음.
  하나님 앞에 진리 따라 살 수 없다.
  오직 그리스도 십자가 보혈만 의지해야 한다.

> ¹ 그러므로 남을 판단하는 사람아, 누구를 막론하고 네가 핑계하지 못할 것은 남을 판단하는 것으로 네가 너를 정죄함이니 판단하는 네가 같은 일을 행함이니라 ² 이런 일을 행하는 자에게 하나님의 심판이 진리대로 되는 줄 우리가 아노라 ³ 이런 일을 행하는 자를 판단하고도 같은 일을 행하는 사람아, 네가 하나님의 심판을 피할 줄로 생각하느냐

예수님은 그리스도시오. 살아계신 하나님의 아들입니다. 예수님이 하나님의 아들 그리스도라는 증거로 십자가에서 우리 죄를 대신해서 피 흘려 죽으시고, 죽은 자들 가운데서 부활하셨습니다.

이 예수님이 하나님의 아들, 예수님이 그리스도, 예수님이 우리 죄를 대신해서 십자가에서 피 흘려 죽으시고 부활하셨다는 복음으로 우리 인생 모든 문제가 처리되고 해답을 얻습니다. 이 복음은 모든 믿는 자에게 구원을 주시는 하나님의 능력이 됩니다. 이 하나님의 아들 예수 그리스도의 복음, 그리스도 십자가 대속의 피의 복음으로 깊이 뿌리내리기를 기원합니다.

예수님의 신성의 하나님 되심과 십자가 대속의 피의 복음을 참되게 마음 중심에 믿고 예수 그리스도를 영접한 자는 예수 그리스도의 거룩한 빛 속에서 자신의 추한 죄성을 즉시 발견하게 됩니다. 그러므로 함부로 남을 판단하지 않습니다. 남을 판단하는 것으로 자기가 자기를 정죄함이 되기 때문입니다.

　우리가 그리스도 십자가 대속의 피의 복음을 믿고 구원받았을 때 옛사람은 죽었다고 선언되었으나 우리는 여전히 타락한 죄성을 갖고 삽니다. 그리고 그 죄성은 우리에게 죄를 짓도록 도전합니다. 그래서 우리는 날마다 신선한 죄 사함을 받기 위해 은혜의 보좌 앞에 나아가는 것입니다.

　십자가 대속의 피의 복음 받은 그리스도인은 그리스도인의 시작이나 과정에 있어서 언제나 십자가 대속의 보혈을 믿는 믿음으로 살아갑니다. 기독교는 자초지종 예수 보혈입니다. 오직 예수 보혈의 의로 날마다 의롭다 함을 받고 하나님의 진노에서 벗어날 수 있습니다.

　그리스도인 가운데 제법 의롭게 살고 도덕적인 삶을 산다는 경우에 자신들의 선행 삶으로 하나님의 심판에서 피할 수 있으리라는 생각을 꿈에라도 가지면 안 됩니다. 하나님의 심판은 진리대로 되기 때문에 하나님께서 어느 사람의 삶도 호의적으로 봐줄 수 없습니다.

　바울 사도 당시의 유대인들은 이런 진리를 이해하지 못하였습니다. 그들은 율법을 갖고 할례받은 하나님의 백성이기 때문에 하나님의 진노가 자기들에게 임한다는 선언을 인정하지 않았습니다.

　그러나 하나님의 심판은 언제나 진리대로 되니 유대인의 기대대로 될 수 없었습니다. 유대인들도 그들이 가진 율법대로 살지 못하면 하나님의 심판을 피할 수 없었습니다.

본문 로마서 2장 1절을 보면 "그러므로 남을 판단하는 사람아, 누구를 막론하고 네가 핑계하지 못할 것은 남을 판단하는 것으로 네가 너를 정죄함이니 판단하는 네가 같은 일을 행함이니라"라고 하였습니다.

유대인들은 이방인들의 불의를 판단하고 정죄하였습니다. 그러나 바울은 유대인들도 똑같은 불의를 행하는 자로 정죄받는다는 사실을 지적했습니다. 하나님께서는 그 사람이 유대인처럼 율법 아래 살았던지, 이방인처럼 그것을 떠나 살았던지, 공정하게 진리대로 판단하시는 분입니다.

2절을 보면 "이런 일을 행하는 자에게 하나님의 심판이 진리대로 되는 줄 우리가 아노라"라고 하였습니다. 하나님의 심판은 언제든지 진리대로 되니 그것을 얼버무릴 수가 없는 것입니다. 하나님은 어떤 다양한 기준들을 갖고 계시지 않습니다.

하나님의 기준에는 변화하거나 달라지는 것이 없습니다. 하나님은 "변함도 없으시고 회전하는 그림자도 없으신"(약 1:17) 분이십니다. 하나님은 그의 의로우신 속성을 따라 잘못도 없고 부분적이 아닌 참 판단을 하십니다.

그러므로 하나님의 심판은 그들이 실제로 어떻게 살았느냐는 사실에 따라 임합니다. 그래서 3절을 보면 "이런 일을 행하는 자를 판단하고도 같은 일을 행하는 사람아, 네가 하나님의 심판을 피할 줄로 생각하느냐"라고 하였습니다.

심판자로서 하나님은 결단코 매수를 당할 수 없습니다. 하나님의 심판은 언제나 진리대로 됩니다. 하나님은 외모로 사람을 보지 않으십니다. 하나님의 눈앞에 "만물이 벌거벗은 것같이 드러납니다"(히 4:13).

그러므로 우리는 오직 의로우신 하나님의 아들 예수 그리스도의 의, 십자가 대속의 보혈의 의만 믿고 의지하고 하나님 앞에 서야 합니다. 오늘도 우리 모두 "예수의 피를 힘입어 성소에 들어갈 담력을 얻었나니 그 길은 우리를 위하여 휘장 가운데로 열어 놓으신 새로운 살길"(히 10:19-20)을 따라 은혜의 보좌 앞에 담대히 나아가도록 하겠습니다.

오직 그리스도, 오직 믿음, 오직 예수 보혈 신앙을 따라 살고, 성령 충만 받아 하나님 사랑과 이웃 사랑의 열매를 맺도록 기도하겠습니다.

살아계신 아버지 하나님!

하나님 은혜를 감사합니다.

복음의 빛을 받고 보니 우리가 죄인인 것을 알고, 죄 사함을 얻기 위하여 십자가에 못 박히신 그리스도의 보혈을 힘입어 은혜의 보좌 앞에 나아가 기도하며 하나님과 교제하며 살게 하심을 감사하옵나이다. 유대인들은 이런 진리를 알지 못하고 자기들이 율법과 할례를 받은 백성이기 때문에 그들은 하나님의 진노와 관계없는 자로 생각을 했습니다. 그러나 율법대로 살지 못하는 그들의 죄도 정죄 된다고 믿습니다.

오늘도 이 사실을 굳게 믿고 하나님의 아들 예수 그리스도의 피를 힘입고 성소에 들어갈 담력을 얻은 우리가 그 길 가운데로 열어 놓으신 새롭고 산길, 예수 그리스도의 십자가의 그 길을 따라서 하나님의 앞에 나아갑니다.

우리 모두 하나님과 교제하며 그리스도와 교제하는 은총의 하루가 되고, 그 교제의 능력으로 하나님 사랑과 이웃 사랑의 삶을 살아가게 하여 주옵소서.

예수님의 이름으로 기도하옵나이다. 아멘.

64

롬 2:2-3

- 하나님의 심판과 속죄의 본질.
  하나님은 죄를 심판하심.
- 하나님의 아들의 대속의 죽음 필요.
  회개하고 십자가 보혈을 믿고 죄 사함 받으라.

> ² 이런 일을 행하는 자에게 하나님의 심판이 진리대로 되는 줄 우리가 아노라 ³ 이런 일을 행하는 자를 판단하고도 같은 일을 행하는 사람아, 네가 하나님의 심판을 피할 줄로 생각하느냐

예수님은 그리스도시오. 살아계신 하나님의 아들입니다. 예수님이 하나님의 아들 그리스도라는 증거로 십자가에서 우리 죄를 대신해서 피 흘려 죽으시고, 죽은 자들 가운데서 부활하셨습니다.

이 예수님이 하나님의 아들, 예수님이 그리스도, 예수님이 우리 죄를 대신해서 십자가에서 피 흘려 죽으시고 부활하셨다는 복음으로 우리 인생 모든 문제가 처리되고 해답을 얻습니다. 이 복음은 모든 믿는 자에게 구원을 주시는 하나님의 능력이 됩니다. 이 하나님의 아들 예수 그리스도의 복음, 그리스도 십자가 대속의 피의 복음으로 깊이 뿌리내리기를 기원합니다.

예수님의 신성의 하나님 되심과 십자가 대속의 피의 복음을 마음 중심에 믿고 십자가에 못 박히신 그리스도를 모시고 사는 그리스도인은

자신의 악한 죄성을 깊이 자각하는 자가 됩니다. 빛 되신 예수 그리스도께서 우리 안에 들어오셨으니 우리 안에 타락한 죄의 본성이 낱낱이 드러나는 것입니다.

저는 제 안에 있는 악한 죄성을 누구보다 깊이 인식하고 사는 사람입니다. 제가 예수 그리스도의 십자가 대속의 보혈을 믿는 신앙이 커 가면 커 갈수록, 그리고 진리 되신 예수 그리스도를 더 알아가면 갈수록 저의 죄성은 더 뚜렷이 나타납니다. 오직 그리스도, 오직 믿음, 오직 예수 보혈 없이는 거룩하신 하나님 앞에 감히 얼굴을 내밀 수 없는 것입니다.

그러므로 저는 날마다 회개합니다. 이 회개란 특정한 죄를 지었기 때문이라기보다는 제 마음이 '마음을 다하여 하나님을 사랑하지 못하고, 내 이웃을 내 몸처럼 사랑하지 못하는' 죄성의 회개인 것입니다. '나' 중심에서 '예수 그리스도' 중심으로 돌이킴인 것입니다. 그래서 오직 그리스도, 오직 그리스도 십자가, 오직 예수 보혈만 의지하는 것입니다.

개혁주의 교회에서 이 '속죄의 교리'인 '그리스도 십자가 대속의 죽음'이라는 교리보다 중요한 것이 없습니다. 한 목회자나 한 그리스도인의 복음 진리에 관한 그리스도 대속의 죽음이라는 속죄교리를 알아볼 때 그 사람의 신앙의 전모를 바르게 알 수 있습니다.

하나님의 진노에 대한 예수 그리스도의 형벌대속설의 중요성을 인식하지 못하면 그 사람의 복음 신앙은 건전하지 못합니다. 죄송한 말이지만 춘천의 모 교회 목사님이 '예수 부활'을 매우 강조한 사실에 관해 한마디 해야겠습니다.

그리스도의 부활은 그야말로 십자가 피의 복음의 중요한 한 축입니다. 그리스도 부활이 없으면 그리스도 십자가 대속은 무의미하기 때문입니다. 그런데 그 목사님이 그리스도 부활을 강조한 나머지 그리스도 십자가 대속의 보혈을 과소평가하고 있습니다.

그분은 언젠가 신문 지상의 인터뷰에서 한국 교회는 십자가 보혈이라는 장송곡만 부르고 있다고 십자가 보혈을 폄하하였습니다. 이것은 '신성모독의 발언'입니다. 그리스도 부활로 죄 문제가 해결된 것이 아니라 십자가 대속의 피로 죄가 사해졌기 때문입니다. 이 사실을 이야기하면 한이 없어 그만두겠습니다. 다만 그 목사님이 십자가 대속의 피의 복음 진리를 바로 깨닫기 바랍니다.

오늘 우리는 사도 바울이 로마 교인들에 선언한 하나님의 심판과 속죄의 본질에 관한 말씀을 듣고 회개하여 십자가 대속의 보혈만 믿고 의지하며 사는 자들이 되어야겠습니다.

사도 바울은 오늘 본문에서 유대인들에게 말합니다. 바울은 유대인들이 이방인과 똑같이 하나님의 진노 아래 있음과 이방인에게 똑같이 그들에게도 예수 그리스도의 의, 주 예수 그리스도 안에서 하나님께서 주신 의, 십자가 대속의 피를 믿음으로 말미암아 주어진 의에 있음을 명심시키고 있습니다.

본문 1절을 보면 "그러므로 남을 판단하는 사람아, 누구를 막론하고 네가 핑계하지 못할 것은 남을 판단하는 것으로 네가 너를 정죄함이니 판단하는 네가 같은 일을 행함이니라"라고 하였습니다.

바울은 그들이 자신들을 정죄하고 있으며 다른 사람들이 잘못했다고 판단하는 바로 그 일을 저지르고 있음을 그들에게 입증시키고 있습니다. 그리고 이어서 하나님의 판단은 "이런 일을 행하는 자에게 하나님의 심판이 진리대로 되는 줄 우리가 아노라"라고 하였습니다. 바울은 진리대로 되는 하나님의 심판을 말합니다. 하나님은 죄를 심판하시겠다고 말씀하셨으니 그 진리 말씀대로 심판하시는 것입니다.

바울은 3절에서 유대인들에게 "이런 일을 행하는 자를 판단하고도 같은 일을 행하는 사람아, 네가 하나님의 심판을 피할 줄로 생각하느냐"라고 경고했습니다.

하나님께서 범죄한 인간을 심판하시는데 여기서 누가 피할 자가 있겠습니까?

인류는 모두 하나님의 심판과 진노 아래 있습니다. 그러므로 하나님께서 친히 주 예수 그리스도의 십자가 대속의 죽음을 통해서 제공해 주신 길을 떠나서는 결코 피할 길이 없는 것입니다.

오직 그리스도, 오직 믿음, 오직 예수 보혈 신앙으로 살고, 성령 충만 받아 거룩한 삶을 살고, 하나님 사랑과 이웃 사랑의 전도자로 살기 바랍니다.

살아계신 아버지 하나님!

하나님 은혜를 감사합니다.

오늘도 유대인이나 헬라인이나 모두가 죄 아래 있음을 알고, 어느 사람이든지 자기 자신의 행위로 구원 얻을 자가 없고 다 하나님의 심판 아래 있으므로 그리스도의 대속의 죽음만이 우리를 속죄의 길로 인도한다는 것을 확실하게 믿고, 형벌대속설에 관한 확실한 이해를 해서 오늘도 오직 예수 보혈을 힘입고 은혜의 보좌 앞에 담대히 나아갑니다.

예수 그리스도로 말미암아 성령의 충만을 부어 주옵소서. 그리하여 우리가 모두 하나님을 사랑하고 이웃을 사랑하는 전도자의 삶을 살아가게 하여 주옵소서.

예수님의 이름으로 기도하옵나이다. 아멘.

65

롬 2:3-4

- 피할 수 없는 하나님의 심판과 하나님의 인자하심과 용납하심과 길이 참으심이 풍성함.
  이것을 멸시하지 말라.
- 이것을 생각하고 즉시 회개하고 범사에 감사하며 하나님께 영광을 돌리라.

> ³ 이런 일을 행하는 자를 판단하고도 같은 일을 행하는 사람아, 네가 하나님의 심판을 피할 줄로 생각하느냐 ⁴ 혹 네가 하나님의 인자하심이 너를 인도하여 회개하게 하심을 알지 못하여 그의 인자하심과 용납하심과 길이 참으심이 풍성함을 멸시하느냐

예수님은 그리스도시오. 살아계신 하나님의 아들입니다. 예수님이 하나님의 아들 그리스도라는 증거로 십자가에서 우리 죄를 대신해서 피 흘려 죽으시고, 죽은 자들 가운데서 부활하셨습니다.

이 예수님이 하나님의 아들, 예수님이 그리스도, 예수님이 우리 죄를 대신해서 십자가에서 피 흘려 죽으시고 부활하셨다는 복음으로 우리 인생 모든 문제가 처리되고 해답을 얻습니다. 이 복음은 모든 믿는 자에게 구원을 주시는 하나님의 능력이 됩니다. 이 하나님의 아들 예수 그리스도의 복음, 그리스도 십자가 대속의 피의 복음으로 깊이 뿌리내리기를 기원합니다.

예수님의 신성의 하나님 되심과 십자가 대속의 피의 복음을 받고 영생을 얻은 그리스도인은 하나님의 인자하심과 용납하심과 길이 참으심이 얼마나 풍성한가를 깊이 자각해야 합니다. 제가 아는 장로님 한 분이 나이가 들어 미국 유학 가서 한인교회 나가다가 중생을 체험하고 이런 기도를 하나님께 드렸다고 간증한 것을 들었습니다.

"하나님 아버지, 이제까지 참고 기다려주셨다가 이제 구원해 주시니 감사합니다."

매우 의미 있고 확실한 중생한 자로서의 신앙고백이요 감사라고 생각합니다. 우리는 모두 피할 수 없는 하나님의 심판에 직면하고 사는 자입니다.

만일 우리가 하나님의 인자하심과 용납하심과 길이 참으심을 기억하지도 않고 마땅히 권리가 있어서 용서를 받은 것처럼 생각한다면 우리의 구원은 의심할 만하고 하나님으로부터 진정 죄 사함을 받았는지도 의심할 만할 것입니다.

〈나 같은 죄인 살리신 주 은혜 놀라워〉라는 찬송가 305장의 작사를 쓴 존 뉴턴과 같은 마음을 가진 것이 정상적인 그리스도인의 간증입니다. 우리는 우리의 생명의 선물과 건강의 선물, 가족과 사랑하는 자의 선물, 가정과 음식과 옷과 집과 직장과 각종 은사를 하나님으로부터 모두 받았습니다.

그러나 우리 안에는 타락한 죄성이 있습니다. 하나님은 이런 우리를 즉시 심판받지 않고 오랫동안 우리의 회개를 기다려 주시고 길이 참으셨습니다.

우리가 이런 하나님의 인자하심과 용납하심과 길이 참으심을 멸시하면 되겠습니까?

그런데 이런 하나님의 인자하심을 유대인들은 멸시하였습니다. 유대인들은 그들이 아브라함의 언약 자손이기 때문에 하나님의 진노 교리에 해당하지 않는다고 생각했습니다. 그들은 하나님의 심판은 이방인들에게만 임하리라고 생각했습니다.

본문 3절을 보면 "이런 일을 행하는 자를 판단하고도 같은 일을 행하는 사람아, 네가 하나님의 심판을 피할 줄로 생각하느냐"라고 하였습니다.

바울 사도는 이방인과 똑같은 죄를 범하고 있는 유대인은 하나님의 심판을 피할 수 없다고 말하는 것입니다. 그러나 유대인들은 하나님의 심판을 피하는 또 다른 변명거리를 갖고 있었습니다. 그것은 자기 민족에 대한 하나님의 선하심과 인자하심에 관한 주장이었습니다.

4절을 보면 "혹 네가 하나님의 인자하심이 너를 인도하여 회개하게 하심을 알지 못하여 그의 인자하심과 용납하심과 길이 참으심이 풍성함을 멸시하느냐"라고 하였습니다.

유대인들은 그들의 긴 역사를 통하여 하나님께서 자기들을 축복하시고 사랑하셨다는 사실만큼 더 분명하고 명백한 것은 없다고 했습니다. 그러나 그들이 아브라함의 언약대로 살지 못하였을 때 그들은 바벨론의 포로가 되어 70년 동안 포로 생활을 한 것을 잊었습니다.

그들은 아브라함의 언약의 완성자로 오신 예수 그리스도를 영접하지 않고 십자가에 못 박아 죽게 하였습니다. 그 결과 그에 대한 심판으로 주후 70년 로마군에 의해 멸망받아 세계 곳곳에 흩어져 유랑생활을 하였던 것을 기억하지 못했습니다.

유대인들은 그들의 역사에 임한 이런 사실을 잊고 하나님께서 그들의 모든 죄에 대해 진리를 따라 판단하신다는 사실을 회피하려고 하였습니다. 그래서 바울 사도는 4절에서 "혹 네가 하나님의 인자하심이 너를 인도하여 회개하게 하심을 알지 못하여 그의 인자하심과 용납하심과 길이 참으심이 풍성함을 멸시하느냐"라고 한 것입니다.

먼저 하나님의 인자하심이 얼마나 풍성합니까?

> 하나님이 그 해를 악인과 선인에게 비추시며 비를 의로운 자와 불의한 자에게 내려 주십니다(마 5:45).

또한, 하나님의 용납하심은 얼마나 풍성합니까?

하나님은 우리의 죄악에 대하여 즉시 심판하지 않으시고 용납하고 계십니다. 그리고 "길이 참으십니다."

> 주의 약속은 어떤 이들이 더디다고 생각하는 것같이 더딘 것이 아니라 오직 주께서는 너희를 대하여 오래 참으사 아무도 멸망하지 아니하고 다 회개하기에 이르기를 원하시느니라(벧후 3:9).

우리는 하나님의 인자하심과 용납하심과 길이 참으심이 풍성함을 멸시하면 안 됩니다. 즉시 하나님과 그리스도께 회개하여 십자가에 못 박히신 그리스도 앞에 엎드려 세리의 기도를 드려야 합니다.

> 하나님이여 불쌍히 여기소서 나는 죄인이로소이다(눅 18:13).

지금이 은혜받을 만할 때요. 지금이 구원의 날입니다. 코로나19 바이러스 창궐이야말로 그리스도께로 돌아오라는 하나님의 엄숙한 경고입니다. 즉시 회개하고 그리스도께 돌아와야 합니다.

오직 그리스도, 오직 믿음, 오직 예수 보혈 신앙으로 살고, 성령 충만 받아 하나님 사랑과 이웃 사랑의 전도자로 살기 바랍니다.

살아계신 아버지 하나님!

하나님 은혜를 감사합니다.

우리는 피할 수 없는 하나님의 심판 아래 있는 자들입니다. 하나님이 인자하심과 용납하심과 길이 참으심이 풍성하시므로 인내하심으로 우리를 심판하지 않고 회개하고 돌아오기를 기다린다고 믿습니다. 이것을 우리가 멸시하면 안 되겠습니다. 그러나 유대인들은 이 사실을 무시하고, 멸시하고, 아브라함의 언약 성취로 오신 예수 그리스도를 십자가에 못 박아 죽게 하고, 그 결과 그들은 AD 70년에 예루살렘의 멸망으로 민족 유랑의 삶을 살아왔습니다.

오늘도 그들은 회개하고 참되게 하나님께 돌아와야 할 것이며, 어느 사람이든지 참된 십자가 대속의 피의 복음 신앙을 갖지 않은 자는 회개하여 예수 그리스도의 피의 복음 속에 들어와야 한다고 굳게 믿습니다. 우리는 모두 참되게 십자가 대속의 보혈을 믿고 성령 충만을 받아 범사에 감사하며 하나님께 영광을 돌리며 살아가게 하여 주옵소서.

예수님의 이름으로 기도합니다. 아멘.

66

롬 2:4

- 하나님의 인자하심은 우리를 회개하게 하심이다.
  죄지을 핑곗거리 주는 것 아니다.
- 회개하지 않으면 하나님의 인자하심과 용납하심과 길이 참으심을 멸시하는 것이다.
  하나님의 인자하심이 있는 지금이 회개하고 구원을 얻을 때이다.

> ⁴ 혹 네가 하나님의 인자하심이 너를 인도하여 회개하게 하심을 알지 못하여 그의 인자하심과 용납하심과 길이 참으심이 풍성함을 멸시하느냐

예수님은 그리스도시오. 살아계신 하나님의 아들입니다. 예수님이 하나님의 아들 그리스도라는 증거로 십자가에서 우리 죄를 대신해서 피 흘려 죽으시고, 죽은 자들 가운데서 부활하셨습니다.

이 예수님이 하나님의 아들, 예수님이 그리스도, 예수님이 우리 죄를 대신해서 십자가에서 피 흘려 죽으시고 부활하셨다는 복음으로 우리 인생 모든 문제가 처리되고 해답을 얻습니다. 이 복음은 모든 믿는 자에게 구원을 주시는 하나님의 능력이 됩니다. 이 하나님의 아들 예수 그리스도의 복음, 그리스도 십자가 대속의 피의 복음으로 깊이 뿌리내리기를 기원합니다.

예수님의 신성의 하나님 되심과 십자가 대속의 피의 복음을 마음 중심에 믿고 구원받은 그리스도인은 자신의 구원에 하나님의 인자하심

이 자기를 인도하여 회개하게 하셨음을 뒤늦게 깨닫게 됩니다. 자신처럼 악한 죄인을 용납해 주시고 길이 참으시는 풍성함으로 회개하게 하여 구원을 얻게 하신 것입니다.

하나님께서 범죄한 인생들에 그의 인자하심과 용납하심과 길이 참으심이 풍성함을 베풀지 않았다면 아무도 구원받지 못했을 것입니다. 그러나 인간들은 하나님의 인자하심이 그들을 인도하여 회개하게 하심을 알지 못합니다. 사실상 하나님의 인자하심이 그 사람에게 베풀어지는 동안 회개하지 않고 죄지을 핑곗거리를 제공하는 것이 세상 인간들의 모습입니다.

그 하나님의 인자하심이 인간들에게 어떻게 나타났습니까?

물론 하나님께서 그의 아들 예수 그리스도를 이 세상에 보내셔서 십자가 대속의 죽임을 당하게 하시고 그 대속의 보혈을 믿고 구원 얻도록 하시는 데서 찬란하게 나타났습니다. 아무도 핑계 댈 수 없는 하나님의 풍성한 인자하심의 증거를 주셨습니다.

> **30** 알지 못하던 시대에는 하나님이 간과하셨거니와 이제는 어디든지 사람에게 다 명하사 회개하라 하셨으니 **31** 이는 정하신 사람으로 하여금 천하를 공의로 심판할 날을 작정하시고 이에 그를 죽은 자 가운데서 다시 살리신 것으로 모든 사람에게 믿을 만한 증거를 주셨음이니라 하니라 (행 17:30-31).

그러므로 사도 바울은 오늘 본문에서 하나님의 인자하심과 용납하심과 길이 참으심을 멸시하지 말라고 합니다. 로마서 2장 4절을 보면 "혹 네가 하나님의 인자하심이 너를 인도하여 회개하게 하심을 알지 못하여 그의 인자하심과 용납하심과 길이 참으심이 풍성함을 멸시하느냐"라고 하였습니다.

오늘날 사람들은 하나님의 인자하심을 하나의 방종과 하나의 자유와 자기들의 죄에 대한 하나의 구실이나 핑계로 사용하고 있습니다. 오늘날 자유주의 신학자들은 하나님의 심판을 피하려는 노력의 일환으로 하나님의 인자하심을 나쁜 용도로 사용합니다.

그들은 하나님의 성품, 특히 '하나님의 인자하심과 용납하심과 길이 참으심의 풍성함'에 호소합니다. 그들은 하나님이 누구에게 벌 주시기에는 너무나 인자하시고 오래 참으시며, 그러므로 우리가 죄를 지어도 아무런 벌을 받지 않을 수 있다고 주장합니다. 심지어 성경까지도 우리한테 유리하게 잘못 적용하여 "여호와는 자비로우시며 은혜로우시며 노하기를 더디 하시며 인자하심이 풍성하시도다"(시 103:8)와 같은 말씀을 인용합니다.

그러나 이런 식의 교묘한 신학은 하나님을 영광스럽게 하는 것이 아니라 '멸시하는' 것입니다. 그것은 믿음이 아니라 억측입니다. 왜냐하면 '하나님의 인자하심은 우리를 인도하여 회개하게 하기' 때문입니다.

이것이 하나님의 인자하심 목표이며, 이는 우리에게 죄지을 핑곗거리를 주려는 것이 아니라 회개할 여지를 주려는 것입니다. 그런데 유감스럽게도 자유주의의 참된 뿌리는 죄의식의 상실입니다.

황량한 세상에서 인생 모든 문제의 기본은 항상 죄에 있습니다. 그리고 인간의 죄는 오직 그리스도의 대속으로만 가능합니다. 하나님은 첫 사람 아담이 범죄한 이후 수천 년 동안 오직 그리스도의 대속으로만 속죄할 수 있다는 사실을 그의 인자하심과 용납하심과 길이 참으심의 풍성함으로 우리에게 계시하셨습니다.

　하나님은 구약 시대에는 그리스도 십자가 대속의 모형으로 생축을 통한 피의 희생 제사로 이 사실을 계시하셨습니다. 때가 차매 하나님은 그의 아들을 이 세상에 보내사 대속의 제물로 십자가에서 죽게 하심으로 "하나님의 의", "하나님께로서 온 의"를 완성하여 이 "하나님의 의", "그리스도의 십자가 보혈의 의"를 믿도록 인도하여 회개하여 구원을 얻게 하셨습니다.

　죄를 회개하지 않고 그리스도 안에 들어온 자는 절도요 강도입니다. 그리스도의 십자가 앞에 부복할 것입니다. 하나님의 심판이 지금 자기에게 오지 않는다고 회개하지 않고 방종하면 하나님의 성품을 멸시하는 것입니다.

　오직 그리스도, 오직 믿음, 오직 예수 보혈 신앙으로 살고, 날마다 회개하고 성령 충만 받아 거룩하게 살며, 하나님 사랑과 이웃 사랑의 전도자로 살기 바랍니다.

살아계신 아버지 하나님!
하나님 은혜를 감사합니다.
하나님의 놀라우신 인자하심과 오래 참으심과 용납하심으로 인하여 우리가 오늘날 구원을 얻고 십자가의 피의 복음으로 하나님의 자녀가 됨을 감사하옵나이다.
그러나 오늘날 사람들은 하나님의 인자하심을 방종과 자유와 자기들의 죄에 대한 구실로, 핑계로 사용하고 있습니다. 하나님의 심판이 빨리 이루어지지 않는다고 하나님이 인자하심을 무시하고, 그 인자하심을 통해서 회개하기를 원하시고 소원하시는 하나님의 성품을 멸시하는 자들이 이 세상 사람들의 모습입니다.

지금은 하나님의 인자하심이 온 세상에 증거되는 때인즉 오늘이야말로 구원 얻을 때요. 은혜받을 때라고 믿습니다. 우리가 모두 회개하여 참되게 십자가에 못 박히신 그리스도를 바라보고, 구원을 얻고, 그의 이름으로 기도하여 성령의 충만을 받고 하나님 사랑과 이웃 사랑의 전도자로 살아가기를 간절히 소원합니다. 오늘도 이 위대한 말씀이 우리를 인도하여 하나님의 인자하심이 우리를 회개하도록 이끌어 주옵소서.

예수님의 이름으로 기도하옵나이다. 아멘.

67

롬 2:5

- 회개하지 아니한 마음.
  회개(다시 생각하고, 마음을 바꾸고, 행동한다. 그리스도께로 간다).
- 마음(인격의 중심, 죄의 좌소).
  하나님의 은혜(성령의 역사)를 구하라.
  최후의 날 심판의 날이 있다.
  마음 중심으로 회개하고 하나님과 그리스도께 나오라.

> ⁵ 다만 네 고집과 회개하지 아니한 마음을 따라 진노의 날 곧 하나님의 의로우신 심판이 나타나는 그 날에 임할 진노를 네게 쌓는도다

예수님은 그리스도시오. 살아계신 하나님의 아들입니다. 예수님이 하나님의 아들 그리스도라는 증거로 십자가에서 우리 죄를 대신해서 피 흘려 죽으시고, 죽은 자들 가운데서 부활하셨습니다.

이 예수님이 하나님의 아들, 예수님이 그리스도, 예수님이 우리 죄를 대신해서 십자가에서 피 흘려 죽으시고 부활하셨다는 복음으로 우리 인생 모든 문제가 처리되고 해답을 얻습니다. 이 복음은 모든 믿는 자에게 구원을 주시는 하나님의 능력이 됩니다. 이 하나님의 아들 예수 그리스도의 복음, 그리스도 십자가 대속의 피의 복음으로 깊이 뿌리내리기를 기원합니다.

예수님의 신성의 하나님 되심과 십자가 대속의 피의 복음을 마음 중심에 믿고 회개하여 예수 그리스도를 영접한 그리스도인은 자기 자신을 진정으로 아는 자가 됩니다. 빛 되신 예수 그리스도 앞에 서는 순간 자신의 철저한 죄성을 발견하는 것입니다.

그리하여 '나는 정말 비열하기 짝이 없는 자구나. 죄로 가득 차서 부끄럽고 추한 자로구나. 나는 죄악 덩어리구나'라고 생각합니다.

과연 그렇습니다!

저는 예수 그리스도를 모르고 살 때는 육사 출신으로 깨끗하고 의롭게 살았다고 속으로 과시하며 살았었습니다.

그러나 하나님과 예수 그리스도를 바로 알고 그 앞에 섰을 때, 저는 죽었습니다. 너무나 추한 자인 것을 깨달았습니다. 신앙이 성장할수록 죄성은 깊어져 저는 자신이 비열한 자요, 부끄럽기 그지없는 자인 것을 더욱 깊이 자각하고 삽니다. 오직 그리스도 십자가 보혈의 의로 옷 입지 않으면 한시도 살 수 없는 자인 것을 자각하고 살아갑니다.

그래서 저는 종교개혁 원리, 다섯 가지 솔라(sola), "오직 성경, 오직 그리스도, 오직 믿음, 오직 은혜, 오직 하나님께 영광"이라는 핵심 진리를 날마다 믿고 의지하며 살고, 날마다 회개하고 살아갑니다. 모두 하나님의 은혜 결과로 된 것입니다. 그러나 우리는 과거에 회개하지 아니한 마음을 따라 하나님의 진노를 쌓고 살아가는 자였습니다.

바울 사도의 말을 듣겠습니다. 로마서 2장 5절을 보면 "다만 네 고집과 회개하지 아니한 마음을 따라 진노의 날 곧 하나님의 의로우신 심판이 나타나는 그 날에 임할 진노를 네게 쌓는도다"라고 하였습니다.

인간은 첫 사람 아담의 범죄로 인한 죄의 전가로 태어나면서부터 고집과 회개하지 아니한 마음을 갖고 태어납니다. 인간의 마음은 그 인격의 중심으로서 인격의 보좌를 대표합니다. 그런데 이 마음이 죄의 좌소입니다. 죄의 진수는 마음에서 발견되는 것이지 다른 데서 발견되지 않습니다.

구약 시대 예레미야 선지자는 "만물보다 거짓되고 심히 부패한 것은 마음이라 누가 능히 이를 알리요"(렘 17:9)라고 말했습니다. 우리 예수님께서도 마태복음 15장 19절에서 "마음에서 나오는 것은 악한 생각과 살인과 간음과 음란과 도둑질과 거짓증언과 비방이니"라고 말씀하셨습니다.

그래서 바울은 오늘 본문에서 "네 고집과 회개하지 아니한 마음을 떠나" 하나님의 진노를 쌓는다고 하였습니다. 인간이 여기서 구원을 받으려면 "회개"를 해야 합니다.

오늘 본문에 중요한 주제가 죄의 좌소인 마음에서 회개입니다. 이 회개는 단순히 죄를 뉘우치는 데 그치는 것이 아닙니다. 진정한 회개를 한 사람은 자신의 죄를 깨닫고 탄식하며 우는 자입니다. 회개란 사실은 인위적으로 되는 것이 아니라 성령님의 역사로 되는 것입니다.

진정한 회개란 먼저 옛사람의 생각을 버리고 다시 생각하는 것입니다. 그런 다음에 '마음을 바꾸는 것'입니다. 다시 생각할 뿐만 아니라, 생각을 바꾸고 다른 결심을 하는 것입니다. 그리고 회개는 행동을 수반합니다.

회개는 다시 생각하고, 마음을 바꾸고, 행동으로 옮기는 것입니다. 그때 행동을 옮기는 주체가 바로 하나님과 우리 주 예수 그리스도십니다. 예수님을 전에는 자신과 관계없는 자로 생각했으나, 이제는 예수님을 신성의 구주 그리스도로 믿고 예수 그리스도께 돌아올 때 회개가 완성됩니다. 즉, 예수님은 신성을 가진 하나님이시오. 십자가에 못 박히신 그리스도임을 깨닫고 믿는 것입니다.

과연 그렇습니다. 예수님은 신성의 하나님이시오. 우리 죄를 대신해서 십자가에서 죽으시고 부활하신 그리스도십니다. 회개는 철저한 인생의 방향전환입니다. 억만 죄악을 용서받은 자의 새로운 삶입니다. 인생들은 즉시 회개하여 마음을 바꾸고 예수 그리스도께로 돌아와야 합니다. 회개하지 아니한 마음 따라 살면 진노의 날, 최후의 날에 임할 하나님의 진노를 쌓고 있는 것입니다.

오직 그리스도, 오직 믿음, 오직 예수 보혈 신앙으로 살고, 성령 충만 받아 거룩한 삶을 살고, 하나님 사랑과 이웃 사랑의 전도자로 살기 바랍니다.

살아계신 아버지 하나님!

하나님 은혜를 감사합니다.

오늘 진리 말씀을 들으면서 우리 자신이 부패한 마음을 가진 죄인인 것을 오늘도 자각합니다. 이 마음에서 돌이켜, 돌이키는 주체가 그리스도께로 확실하게 회심해서 돌아올 때 회개는 완성된다고 믿습니다. 그러므로 과거에는 예수님이 나와 관계없는 자였으나, 이제는 예수님을 왕 되신 그리스도로 굳게 믿고 그분께 절대 복종하고 순종하면서 그분의 뜻을 따라서 그분의 영의 인도를 따라 살아가는 것이 회개하는 자의 삶이라고 믿습니다. 그렇지 않으면 진노의 날에 임할 하나님의 진노를 쌓고 살아가는 자인 것입니다.

오늘도 참된 회개로 예수의 피를 힘입고 은혜의 보좌 앞에 담대히 나아가 성령의 충만을 받고 하나님 사랑과 이웃 사랑의 전도자로 살아가게 하여 주옵소서.

예수님의 이름으로 기도하옵나이다. 아멘.

68

롬 2:6-11

- 보편적이나 개인적인 심판.
  차별 없는 심판.
  두 갈래 다른 길: 의로운 자들의 길과 죄인들의 길.
- 그리스도 십자가 대속의 피의 의를 믿는 길로 들어서라.

> ⁶ 하나님께서 각 사람에게 그 행한 대로 보응하시되 ⁷ 참고 선을 행하여 영광과 존귀와 썩지 아니함을 구하는 자에게는 영생으로 하시고 ⁸ 오직 당을 지어 진리를 따르지 아니하고 불의를 따르는 자에게는 진노와 분노로 하시리라 ⁹ 악을 행하는 각 사람의 영에는 환난과 곤고가 있으리니 먼저는 유대인에게요 그리고 헬라인에게며 ¹⁰ 선을 행하는 각 사람에게는 영광과 존귀와 평강이 있으리니 먼저는 유대인에게요 그리고 헬라인에게라 ¹¹ 이는 하나님께서 외모로 사람을 취하지 아니하심이라

예수님은 그리스도시오. 살아계신 하나님의 아들입니다. 예수님이 하나님의 아들 그리스도라는 증거로 십자가에서 우리 죄를 대신해서 피 흘려 죽으시고, 죽은 자들 가운데서 부활하셨습니다.

이 예수님이 하나님의 아들, 예수님이 그리스도, 예수님이 우리 죄를 대신해서 십자가에서 피 흘려 죽으시고 부활하셨다는 복음으로 우리 인생 모든 문제가 처리되고 해답을 얻습니다. 이 복음은 모든 믿는 자에게 구원을 주시는 하나님의 능력이 됩니다. 이 하나님의 아들 예수 그리스도의 복음, 그리

스도 십자가 대속의 피의 복음으로 깊이 뿌리내리기를 기원합니다.

　예수님의 신성의 하나님 되심과 십자가 대속의 피의 복음은 모든 믿는 자에게 구원을 주시는 하나님의 능력이 됩니다. 여기서 모든 믿는 자란 믿는 자 한 사람 한 사람의 개인을 말합니다. 십자가에 못 박히신 그리스도께서는 민족적인 심판을 대신하신 속죄가 아니라 타락한 인류 개개인의 죄에 대한 심판을 속죄로 대신 담당하신 것입니다.

　그것은 인간이 하나님께 범죄하여 타락했을 때 모든 사람이 죄를 범하여 하나님의 영광에 이르지 못하였기 때문입니다. 그리하여 하나님의 심판은 전 인류에게 보편적인 심판으로 임하나 그것은 인류 각인의 행위에 따른 개별적인 심판이 되었습니다.

　유대인이나 이방인이나 차별 없는 심판입니다. 그래서 예수 그리스도의 십자가 대속의 피를 믿는 자의 길과 예수 그리스도의 십자가 보혈의 피를 멸시하는 자의 길로 인류의 운명은 갈라지게 되어 있습니다.

　오늘날 유대인들처럼 자기들은 기독교 가정에서 태어났기 때문에 예수 그리스도의 십자가 대속의 피를 믿지 않고도 구원 얻으리라고 생각한 그리스도인들은 오늘의 말씀을 듣고 회개하여 참된 십자가 대속의 피의 복음을 믿고 십자가 피의 은혜 언약 속에 들어와야 합니다.

　오늘 본문에서 사도 바울은 유대인들에게 대한 심판의 논증을 계속하고 있습니다. 바울이 말한 논증의 첫째 요점은 그 심판은 "모든" 사람에게 떨어지리라는 것입니다. 바울은 이를 위해 "각 사람"이라는 말을 본문에서 세 번이나 언급합니다.

먼저 6절을 보면 "하나님께서 각 사람에게 그 행한 대로 보응하시되"라고 하였습니다. 9절에서도 "악을 행하는 각 사람의 영에는"이라고 하며, 10절에서도 "선을 행하는 각 사람에게는"이라고 하였습니다.

앞으로 다가올 그 위대한 심판은 개인적인 심판이 될 것입니다. 세상에 살았던 개인마다 이 심판대 앞에 드러나게 될 것입니다. 이 심판은 보편적인 것이고, 개인적인 것이고, 개별적인 것입니다.

다른 말로 하면 이것은 나라들이나 민족적인 구별 속에서 심판을 받든지 가족 단위로 심판을 받든지 하지 않을 것입니다. 모든 사람이 개별적으로 심판을 받는다는 것입니다. 그러나 유대인들은 그들이 유대인이기 때문에 구원을 얻을 것이라고 믿었습니다. 바울은 아니라고 합니다. 하나님은 각 사람을 개별적으로 심판하실 것입니다.

9절, "악을 행하는 각 사람의 영에는 환난과 곤고가 있으리니 먼저는 유대인에게요 그리고 헬라인에게며"라고 말했습니다. 그리고 10절에서는 "선을 행하는 각 사람에게는 영광과 존귀와 평강이 있으리니 먼저는 유대인에게요 그리고 헬라인에게"라고 하였습니다.

심판의 문제에 있어서 유대인과 헬라인에게 그 차이는 전혀 존재하지 않는다는 것입니다. 오늘날 기독 교회 안에 있는 많은 신자는 자기들이 교회 안에 속해 있고 기독교인 부모를 통해 태어났으니 당연히 하나님의 심판을 면하리라고 생각할 수 있습니다.

그러나 아닙니다. 6절에서 보듯이 "하나님께서 각 사람에게 그 행한 대로 보응하신다"라고 말씀하신 것입니다. 여기서 "각 사람에게 그 행한 대로 보응하신다"라는 말은 행위 구원이 아닙니다. 두 갈래의 다른 길이 있는데 어느 길로 행한 대로 보응받는다는 말입니다.

즉, 의로운 자들의 길이 있습니다. "참고 선을 행하여 영광과 존귀와 썩지 아니함을 구하는 자"의 길이 있습니다(7절).

또 다른 죄인들의 길이 있습니다. "오직 당을 지어 진리를 따르지 아니하고 불의를 따르는 자"의 길이 있습니다(8절).

이 두 길 가운데 의의 길로 들어서야 합니다. 신자는 이 세상에서 삶을 통해서 행한 것이 우리의 영원한 운명을 결정합니다. 환란과 곤고의 지옥이 있고(9절), 영광과 존귀와 평강의 천국이 있습니다(10절).

우리는 모두 개인적인 종말의 날에 모두 심판대 앞에 설 것입니다. 하나님의 진노 심판을 피하는 길은 예수 그리스도의 십자가 대속의 피의 은혜 언약뿐입니다. 우리는 이 길을 애써서 찾을 필요가 없습니다. 입술보다 가까이 있기 때문입니다. 우리는 십자가에 못 박히신 예수 그리스도를 마음으로 믿어 의에 이르고 입으로 시인하여 구원에 이릅니다.

즉시 하나님의 진노 심판하에 있는 죄인임을 시인할 것입니다. 그리고 "하나님이여 불쌍히 여기소서 나는 죄인이로소이다"(눅 18:13)라고 하나님 앞에 엎드려 기도할 것입니다.

오직 그리스도, 오직 믿음, 오직 예수 보혈 신앙으로 살고, 성령 충만 받아 영생을 맛보며 살고, 하나님 사랑과 이웃 사랑의 전도자로 살기 바랍니다.

살아계신 아버지 하나님!

하나님 은혜를 감사합니다.

모든 사람이 하나님 앞에 죄를 범했기 때문에 구원도 각 사람이 행한 길로 구원을 얻게 된다는 말씀이 진리인 것을 믿습니다. 그리고 우리 앞에 두 개의 길이 있음을 믿습니다. 그 두 개의 길은 그리스도의 십자가의 대속의 피를 믿는 자의 길과 십자가의 대속의 피를 멸시하는 자의 길로 인류 운명은 나누어지게 되었음을 또한 믿습니다.

오늘도 예수 그리스도의 십자가의 피의 은혜를 굳게 믿고, 그 안에서 죄 사함을 받고 의롭다 함을 받아서 영광의 그리스도 앞에 나아가 구원을 얻는 자가 되기를 기도합니다.

참되게 예수 그리스도를 마음 중심에 믿고 입으로 시인하여 구원에 이르는 쉽고도 가까운, 입술보다 가까이 계신 그리스도를 마음 중심에 믿고, 이 예수 그리스도로 말미암아 임하는 성령의 충만을 힘입어서 착함과 의로움과 진실함의 열매를 맺고 복음 전도자의 열매를 맺는 하루가 되도록 우리를 붙들어 주옵소서.

예수님의 이름으로 기도하옵나이다. 아멘.

69

롬 2:12-15

- 하나님의 심판 표준. 율법(모세의 율법과 양심의 율법).
- 율법의 심판과 양심의 율법 심판을 받는다.
  율법을 성취한 예수 그리스도 십자가 대속의 피의 복음을 믿는 믿음이 심판을 피하는 길.
  성령 충만 받고 율법을 지키며 살라.

> **12** 무릇 율법 없이 범죄한 자는 또한 율법 없이 망하고 무릇 율법이 있고 범죄한 자는 율법으로 말미암아 심판을 받으리라 **13** 하나님 앞에서는 율법을 듣는 자가 의인이 아니요 오직 율법을 행하는 자라야 의롭다 하심을 얻으리니 **14** 율법 없는 이방인이 본성으로 율법의 일을 행할 때에는 이 사람은 율법이 없어도 자기가 자기에게 율법이 되나니 **15** 이런 이들은 그 양심이 증거가 되어 그 생각들이 서로 혹은 고발하며 혹은 변명하여 그 마음에 새긴 율법의 행위를 나타내느니라

예수님은 그리스도시오. 살아계신 하나님의 아들입니다. 예수님이 하나님의 아들 그리스도라는 증거로 십자가에서 우리 죄를 대신해서 피 흘려 죽으시고, 죽은 자들 가운데서 부활하셨습니다.

이 예수님이 하나님의 아들, 예수님이 그리스도, 예수님이 우리 죄를 대신해서 십자가에서 피 흘려 죽으시고 부활하셨다는 복음으로 우리 인생 모든 문제가 처리되고 해답을 얻습니다. 이 복음은 모든 믿는 자에게 구원을 주시는 하나님의 능력이 됩니다. 이 하나님의 아들 예수 그리스도의 복음, 그리

스도 십자가 대속의 피의 복음으로 깊이 뿌리내리기를 기원합니다.

　예수님의 신성의 하나님 되심과 십자가 대속의 피의 복음을 마음 중심에 참되게 믿는 사람은 예수 그리스도의 공로로 성령이 임합니다. 그리고 성령은 율법이 요구하는 것처럼 마음을 즐겁고 자유롭게 합니다.
　성령님은 이렇게 인간을 율법에 맞도록 하십니다. 그리하여 인간은 그의 마음 가운데 율법에 대한 욕망을 가지게 되며, 따라서 두려움과 강제에 못 이겨 행하지 않고 기꺼운 마음으로 행하게 됩니다.
　이처럼 율법은 이러한 영적인 마음으로 애호 받고 성취된 신령한 것이며, 또한 그러한 정신을 필요로 합니다. 비록 율법 자체는 선하고, 바르고, 거룩하다 할지라도 마음 가운데 이런 정신이 없으면 거기에는 죄가 남아 있고, 또 율법에 대한 불만과 적의가 남아 있게 됩니다.
　그러므로 예수님의 신성의 하나님 되심과 십자가 대속의 피의 복음 진리를 믿는 그리스도인은 예수 그리스도로 말미암아 임하는 성령을 충만히 받고 하나님 사랑과 이웃 사랑의 율법을 날마다 기꺼이 지키며 살아야 합니다. 율법은 하나님의 심판 기준이기 때문에 모든 인간은 유대인이든지 이방인이든지 율법을 행하지 않는 자는 반드시 심판을 받게 되어 있습니다.
　오늘 우리는 하나님의 심판의 기준인 율법에 관한 말씀을 들으면서 앞서 말씀드린 진리를 기억하고, 확신하고, 율법을 지켜서 의롭다 하심을 받고 살아야 합니다. 사도 바울은 오늘 본문에서 유대인이든지 이방인이든지 모두 율법에 따라 심판을 받는다는 하나님의 심판 표준을 말하고 있습니다.

본문 12절을 보면 "무릇 율법 없이 죄를 범한 자는 또한 율법 없이 망하고 무릇 율법이 있고 죄를 범한 자는 율법으로 말미암아 심판을 받으리라"라고 하였습니다.

여기서 "율법 없이 죄를 범한 자"는 이방인을 말합니다. 그리고 "율법이 있고 범죄한 자"는 유대인을 말합니다. 유대인에게는 성문화된 모세의 율법이 있었습니다. 그러나 이방인에게는 이런 성문화된 율법이 없었습니다. 후에 보면(14, 15절) 이방인에게는 양심의 율법이 있었습니다.

그러므로 유대인이든지 이방인이든지 율법을 범한 자는 다 하나님의 심판을 받게 되어 있습니다. 율법을 가진 유대인들도 그들이 율법을 소유했다는 것만으로 하나님의 심판을 면할 수 없고 율법을 행하여야 심판을 면할 수 있었습니다.

그래서 13절을 보면 "하나님 앞에서는 율법을 듣는 자가 의인이 아니요 오직 율법을 행하는 자라야 의롭다 하심을 얻으리니"라고 하였습니다.

유대인들은 회당에서 율법을 들으며 배웠으나 그대로 행하지 않았습니다. 더욱이 율법은 신령한 것이기 때문에 율법은 우리의 깊은 속마음을 요구합니다. 그리고 하나님은 속마음에 따라서 심판하십니다.

유대인들이 율법을 소유한 특권의 민족이었지만 그들은 그 율법을 행위로 지킬 수 없었습니다. 율법은 영적인 것이기 때문에 하나님의 성령으로만 지킬 수 있는 것입니다.

그러면 이제 이방인은 율법을 지킬 수 있습니까?

본문 14, 15절을 보면 "¹⁴ 율법 없는 이방인이 본성으로 율법의 일을 행할 때는 이 사람은 율법이 없어도 자기가 자기에게 율법이 되나니 ¹⁵ 이런 이들은 그 양심이 증거가 되어 그 생각들이 서로 혹은 고발하며 혹은 변명하여 그 마음에 새긴 율법의 행위를 나타내느니라"라고 하였습니다.

이방인은 모세의 율법처럼 성문 율법은 없으나 그들은 선악을 판별하는 기능은 가지고 있습니다. 그것이 본성 또는 양심입니다. 이방인들의 율법인 이 본성은 그들의 도덕 생활을 지배하는 율법이 되는 것입니다. 물론 그것은 불문법입니다.

이처럼 이방인에게 내심에 있는 양심의 율법이 하나님 심판의 증거가 되었습니다. 또 이 양심의 율법의 둘째 증거로 "그 생각들이 서로 혹은 고발하며 혹은 변명하여 그 마음에 새긴 율법의 행위를 나타내느니라"라고 하였습니다.

이 말씀은 이방인 간에 도덕적인 문제에서 혹은 고발하며 혹은 변명하는 사실은 그들이 마음에 새긴 율법이 있다는 증거라는 것입니다.

그러므로 유대인이나 이방인이나 율법이 하나님의 심판 기준입니다. 율법을 지켜야 하나님의 심판을 면하고 의롭다 하심을 얻을 수 있습니다. 그러나 인간은 타락한 죄성으로 율법을 지킬 수 없기에 하나님은 그 아들 예수 그리스도를 이 세상에 보내어 십자가 대속의 죽음으로 율법을 다 이루게 하셨습니다.

오직 그리스도, 오직 믿음, 오직 예수 보혈 신앙으로 살고, 성령 충만 받아 기꺼이 하나님 사랑과 이웃 사랑의 율법을 지키는 의로운 삶을 살고, 하나님께 영광을 돌리며 살기 바랍니다.

살아계신 아버지 하나님!

하나님 은혜를 감사합니다.

인간은 하나님의 법인 율법을 지켜야 하나님 앞에 의롭다 하심을 얻고 살 수가 있음을 오늘 본문을 통해 알게 하시니 감사하옵나이다. 유대인들은 하나님의 은총으로 율법을 이미 받았고 이방인은 받지 않았으나 마음속에 있는 양심이 율법이 되어서 이 기준을 따라서 그들이 지킨다는 사실을 오늘 우리에게 계시해 주시고, 유대인이든지 이방인이든지 다 하나님의 심판 기준은 율법인 것을 우리에게 계시해 주심을 감사하옵나이다.

그러나 이 율법은 인간이 스스로 지킬 수 있는 능력이 없고 이 신령한 율법은 오직 하나님의 아들 예수 그리스도의 은혜와 능력으로만 지킬 수 있으므로 오늘도 우리가 예수 그리스도, 십자가에 못 박히신 주를 참되게 마음 중심에 믿고 그리스도를 통해서 임하는 성령의 능력으로 하나님 사랑과 이웃 사랑의 율법을 지키며 하나님의 뜻을 이루고 영광을 하나님께 돌리는 하루가 되게 하여 주옵소서.

예수님의 이름으로 기도하옵나이다. 아멘.

70

롬 2:16

- "나의 복음"과 하나님의 심판.
  심판은 복음의 일부분이다.
- 사람의 은밀한 것을 심판하는 날이 있다.
  그리스도의 의의 옷, 십자가 대속의 피의 복음만이 하나님의 진노로부터 구원받는다.
  오직 그리스도, 오직 믿음, 오직 그리스도 십자가 보혈

> **16** 곧 나의 복음에 이른 바와 같이 하나님이 예수 그리스도로 말미암아 사람들의 은밀한 것을 심판하시는 그 날이라

예수님은 그리스도시오. 살아계신 하나님의 아들입니다. 예수님이 하나님의 아들 그리스도라는 증거로 십자가에서 우리 죄를 대신해서 피 흘려 죽으시고, 죽은 자들 가운데서 부활하셨습니다.

이 예수님이 하나님의 아들, 예수님이 그리스도, 예수님이 우리 죄를 대신해서 십자가에서 피 흘려 죽으시고 부활하셨다는 복음으로 우리 인생 모든 문제가 처리되고 해답을 얻습니다. 이 복음은 모든 믿는 자에게 구원을 주시는 하나님의 능력이 됩니다. 이 하나님의 아들 예수 그리스도의 복음, 그리스도 십자가 대속의 피의 복음으로 깊이 뿌리내리기를 기원합니다.

십자가 대속의 피의 복음은 문자 그대로 기쁜 소식입니다. 십자가 대속의 피의 복음이 우리에게 기쁜 소식이 되는 것은 무엇보다도 우리가 가진 억만 죄악으로 영원한 지옥 형벌을 받을 하나님의 심판으로부터 구원을 얻었다는 것입니다. 하나님의 진노 심판을 예수 그리스도께서 십자가에서 우리 대신 받았다는 것이 복음입니다.

그러므로 복음에는 심판까지도 포함된 것입니다. 다시 말하면 하나님의 심판은 복음의 일부입니다. 하나님의 심판에 관한 말을 하는 것이 복음입니다.

우리는 로마서 서론을 시작하면서 바울 사도가 로마서 1장 16절과 17절에서 복음의 주제를 공표하는 순간, 그는 그 후 즉시 "하나님의 진노가 하늘로부터 나타나니"(롬 1:18)라고 말한 것을 들었습니다.

하나님의 진노와 심판 날에 대하여 설교하지 않는 한 우리는 온전한 복음을 설교하고 있는 것이 아닙니다. 인간의 타락한 죄에 대한 하나님의 진노 심판을 말하지 않고 현대인들에게 비위를 맞추는 행복의 복음만 말하는 것은 복음이 아닙니다.

그래서 예수님은 요한복음 3장 16절의 대(大)복음 선포 시에 이렇게 말씀하셨습니다.

> 하나님이 세상을 이처럼 사랑하사 독생자를 주셨으니 이는 그를 믿는 자마다 멸망하지 않고 영생을 얻게 하려 하심이라(요 3:16).

이 요한복음 3장 16절의 복음의 배경에는 "멸망한다"는 하나님의 심판이 전제된 것입니다. 인간이 하나님의 아들 예수 그리스도를 믿어야 하는 가장 중요한 이유는 "하나님의 심판으로 멸망하지 않기 위함"인 것입니다.

먼저 "멸망하지 않는 것"이 중요합니다. 그리고 그 후에 "영생을 얻는 것"입니다. 우리의 억만 죄악에 대한 하나님의 심판이 없어서 멸망할 일이 없다면 십자가 대속의 피의 복음이 그렇게 절실한 것이 아니게 되는 것입니다.

죄와 죽음과 사탄의 저주 세력에 대한 심판은 실로 중요한 복음의 한 부분입니다. 오늘날 자유주의자들은 이러한 하나님의 심판이 복음의 일부인 것을 기를 쓰고 반대하고 있습니다. 그들에게는 창세기 3장에서 타락한 인간의 원죄에 대한 의식이 전혀 상실되어 있습니다.

> ¹⁴ 여호와 하나님이 뱀에게 이르시되 네가 이렇게 하였으니 네가 모든 가축과 들의 모든 짐승보다 더욱 저주를 받아 배로 다니고 살아 있는 동안 흙을 먹을지니라 ¹⁵ 내가 너로 여자와 원수가 되게 하고 네 후손도 여자의 후손과 원수가 되게 하리니 여자의 후손은 네 머리를 상하게 할 것이요 너는 그의 발꿈치를 상하게 할 것이니라(창 3:14-15).

이 말씀은 아담과 하와를 유혹하여 하나님께 범죄하게 한 유혹자 사탄에 대한 하나님의 심판입니다. 이 하나님의 심판이 인간에게 구원의 복음이 되었습니다.

오늘 본문에서 사도 바울도 하나님의 심판을 복음의 한 부분으로 말하고 있습니다. 본문 로마서 2장 16절을 보면 "곧 나의 복음에 이른 바와 같이 하나님이 예수 그리스도로 말미암아 사람들의 은밀한 것을 심판하시는 그 날이라"라고 하였습니다.

바울이 여기서 "나의 복음"이라고 한 것은 자신에게 맡겨진 복음이라는 뜻입니다. 물론 이 복음은 다른 사도들 모두가 전했던 복음과 같은 복음입니다. 바울은 특별히 이 복음을 우리 주님으로부터 받았고 체험하였습니다. 그래서 그는 "나의 복음"이라고 말하는 것입니다.

이 바울의 복음은 심판 날, 곧 하나님의 진노 날에 하나님이 예수 그리스도로 말미암아 사람들의 은밀한 것을 심판하실 때 그리스도 십자가 대속의 보혈의 의를 믿는 자들을 구원하는 복음입니다. 사람들의 은밀한 것이 다 드러나는 하나님의 심판하시는 그날에 구원 얻는 길은 오직 그리스도 십자가 대속의 보혈을 믿는 믿음뿐입니다.

오직 그리스도, 오직 믿음, 오직 예수 보혈 신앙으로 살고, 성령으로 충만 받아 심판 날에 하나님의 심판에서 구원받는 감격을 기억하며 살고, 바울과 사도들의 복음을 우리의 복음, 나의 복음으로 생각할 수 있는 은혜를 우리도 구해야겠습니다.

그리하여 그 위대한 복음을 체험하고, 그 복음의 능력으로 하나님 사랑과 이웃 사랑을 실천하며 살도록 기도하겠습니다.

살아계신 아버지 하나님!

하나님 은혜를 감사합니다.

사도 바울은 그리스도께로부터 그가 받은 복음을 "나의 복음"이라고 말했습니다. 그리고 이 복음 속에 심판이 들어 있음을 말하여 심판의 복음이 복음에 있어서 한 중요한 요소인 것을 말씀한 것을 우리가 깨닫게 됩니다.

우리가 다른 사람들의 비위를 맞추기 위해서 행복의 복음, 번영 복음만 말할 것이 아니라 인간은 하나님이 진노하에 있고 심판하에 있다는 것을 확실하게 말하고 전제하면서 이로부터 구원 얻을 십자가의 대속의 피의 복음을 함께 증거하는 참된 전도자로 살아가게 하여 주옵소서.

예수님의 이름으로 기도하옵나이다. 아멘.

71

롬 2:17-20

- 유대인의 자의식과 자기 과신.
  여덟 가지 특권과 확신.
- 오늘의 근본주의 그리스도인, 종교적 그리스도인.
  예수 그리스도 안에 있는 하나님의 의만이 구원

> [17] 유대인이라 불리는 네가 율법을 의지하며 하나님을 자랑하며 [18] 율법의 교훈을 받아 하나님의 뜻을 알고 지극히 선한 것을 분간하며 [19] 맹인의 길을 인도하는 자요 어둠에 있는 자의 빛이요 [20] 율법에 있는 지식과 진리의 모본을 가진 자로서 어리석은 자의 교사요 어린 아이의 선생이라고 스스로 믿으니

예수님은 그리스도시오. 살아계신 하나님의 아들입니다. 예수님이 하나님의 아들 그리스도라는 증거로 십자가에서 우리 죄를 대신해서 피 흘려 죽으시고, 죽은 자들 가운데서 부활하셨습니다.

이 예수님이 하나님의 아들, 예수님이 그리스도, 예수님이 우리 죄를 대신해서 십자가에서 피 흘려 죽으시고 부활하셨다는 복음으로 우리 인생 모든 문제가 처리되고 해답을 얻습니다. 이 복음은 모든 믿는 자에게 구원을 주시는 하나님의 능력이 됩니다. 이 하나님의 아들 예수 그리스도의 복음, 그리스도 십자가 대속의 피의 복음으로 깊이 뿌리내리기를 기원합니다.

예수님의 신성의 하나님 되심과 십자가 대속의 피의 복음을 마음 중심에 믿고 구원 얻은 그리스도인이 된다는 것은 오랫동안의 교회 생활이나 부모님 밑에서 수동적인 신앙생활을 오랫동안 해 왔다는 것만으로는 되지 않습니다. 자기 자신이 하나님의 진노 앞에서 회개하고 예수 그리스도 안에 들어와 하나님의 의를 받지 않고서는 구원받을 수가 없습니다.

좋은 신앙을 가진 부모나 신앙생활의 좋은 환경에서 성장한다는 것은 분명한 특권이기는 하지만 그런 외적 특권만으로 하나님의 의를 얻을 수는 없는 것입니다. 모든 사람은 범죄하여 하나님의 진노 아래 있으므로 예수 그리스도 안에 있는 하나님의 의가 아니고서는 구원받을 수가 없습니다.

이것이 바울 사도가 선언한 진리였습니다. 그러나 바울은 자신이 과거 철저한 바리새인의 유대인이었으므로 바울 자신이 지금까지 쓴 로마서 서론에 대해 유대인들이 반발하리라고 예상하였습니다. 그들은 이렇게 반박했을 것입니다.

"바울이여, 당신은 우리 유대인들을 이방인들과 차이가 없는 존재로 취급할 수는 없습니다.

우리가 하나님의 율법과 할례와 언약을 받았다는 사실을 잊었습니까?

당신은 우리를 이방인과 구별해 주고, 하나님의 심판으로부터 보호해 주는 우리의 특별한 축복들을 무시할 수 없습니다."

그래서 바울은 이러한 유대인들의 자의식과 자기 과신의 여덟 가지 측면들을 묘사하였습니다. 본문 17절을 보면 "유대인이라 불리는 네가 율법을 의지하며 하나님을 자랑하며"로 시작합니다.

첫째, "유대인이라 불리는 네가"라고 합니다. 이는 유대인들이 택함 받은 백성이라는 명예로운 이름에 자부심을 지니고 있다는 뜻입니다.

둘째, "율법을 의지하며"라고 합니다. 이는 시내산에서 받은 율법을 의지하며, 곧 그들이 율법을 가지고 있다는 사실이 하나님의 심판을 막아 주리라는 신뢰입니다.

셋째, "하나님을 자랑하며"라고 합니다. 유대인들은 자신들의 유일신론에 대해 갖는 자만심과 하나님을 독점하고 있다는 자만심을 표현한 것입니다.

또 본문 18절에서도 유대인의 자기 과신은 계속됩니다. 본문 18절을 보면 "율법의 교훈을 받아 하나님의 뜻을 알고 지극히 선한 것을 분간하며"라고 하였습니다.

넷째, "하나님의 뜻을 알고"라고 합니다. 유대인들은 이방인들이 알 수 없는 하나님의 뜻을 알고 있는 것으로 자부하였습니다.

다섯째, "지극히 선한 것을 분간하여"라고 합니다. 유대인들은 율법 공부를 통해 하나님의 뜻과 하나님의 뜻이 아닌 것을 분별하고 있다고 믿었습니다.

여섯째, "율법의 교훈을 받아"라고 합니다. 그들은 도덕적인 분별력을 가지고 있다고 생각했습니다. 그것은 그들이 율법의 교훈을 받았기 때문이었습니다.

본문 19절에서도 유대인은 자기 과신을 하였습니다.

일곱째, 유대인들은 그들이 율법의 교훈을 받고 분별력을 갖게 됨으로 다른 사람들(맹인의 길을 인도하는 자)을 가르칠 자격이 있다고 '스스로 믿은' 것입니다.

끝으로 20절에서도 유대인의 자기 과신을 여덟째로 말하였습니다.

여덟째, "율법에 있는 지식과 진리의 모본을 가진 자"이기 때문입니다.

이처럼 여덟 가지 진술에서 바울은 율법에 대한 유대인의 종교적 이점과 특권들을 설명하였습니다. 이것은 절대적으로 사실이었습니다. 그러나 그런 특권들이 후에 보면 그들의 외식으로 나타났기 때문에 최후의 날에 하나님의 진노 심판을 피할 수 없습니다.

유대인들은 오늘날 그리스도인들의 모형입니다. 십자가 피의 언약 속에 들어오지 않는 열정적인 그리스도인이나 수십 년 교회 생활을 해 온 그리스도인이나 좋은 신앙 가문의 그리스도인 자녀들의 모형입니다. 이들도 각각 십자가에 못 박히신 그리스도를 개별적으로 믿고 십자가 대속의 피의 언약 속에 들어와야 합니다.

누구든지 예수 그리스도를 인격적으로 만나야 합니다. 오직 그리스도, 오직 믿음, 오직 예수 보혈 신앙으로 살고, 성령 충만 받아 신앙의 열매인 하나님 사랑과 이웃 사랑의 전도자로 살기 바랍니다.

살아계신 아버지 하나님!

하나님 은혜를 감사합니다.

오늘 본문에서 유대인의 여덟 가지 자의식과 자기 과신에 대한 말씀을 들었습니다. 그러나 그들은 그러한 자기 과신으로 외식에 빠졌기 때문에 그들이 분명 특권과 확신이 있는 것은 바른 것이었으나, 그들은 종교성으로 일관함으로 인하여서 그리스도 예수 안에 있는 하나님의 의만이 구원받는다는 사실을 알아야 했습니다. 모든 사람이 죄인입니다. 유대인이나 이방인이나 차별이 없습니다. 오늘날 유대인들은 그리스도인들의 모형이라고 믿습니다.

그러므로 오늘날 그리스도인들도 좋은 가정에 태어났다든지 열정적으로 교회 생활을 하는 것으로 구원 얻는 것이 아니라 참되게 십자가에 못 박히신 그리스도를 믿고 예수 보혈을 의지할 때 구원 얻는다는 사실을 확실하게 알고, 예수님의 신성의 하나님 되심과 십자가의 피의 언약을 굳게 믿고 복음 안에서 그리스도를 인격적으로 만나게 하여 주옵소서.

예수님의 이름으로 기도하옵나이다. 아멘.

롬 2:21-24

- 유대인의 위선.
  다섯 가지 언행 불일치 지적.
- 오늘날 그리스도인들에게도 적용된다.
  십자가 대속의 피의 복음에 뿌리내려 오직 믿음으로 살라.

> ²¹ 그러면 다른 사람을 가르치는 네가 네 자신은 가르치지 아니하느냐 도둑질하지 말라 선포하는 네가 도둑질하느냐 ²² 간음하지 말라 말하는 네가 간음하느냐 우상을 가증히 여기는 네가 신전 물건을 도둑질하느냐 ²³ 율법을 자랑하는 네가 율법을 범함으로 하나님을 욕되게 하느냐 ²⁴ 기록된 바와 같이 하나님의 이름이 너희 때문에 이방인 중에서 모독을 받는도다

예수님은 그리스도시오. 살아계신 하나님의 아들입니다. 예수님이 하나님의 아들 그리스도라는 증거로 십자가에서 우리 죄를 대신해서 피 흘려 죽으시고, 죽은 자들 가운데서 부활하셨습니다.

이 예수님이 하나님의 아들, 예수님이 그리스도, 예수님이 우리 죄를 대신해서 십자가에서 피 흘려 죽으시고 부활하셨다는 복음으로 우리 인생 모든 문제가 처리되고 해답을 얻습니다. 이 복음은 모든 믿는 자에게 구원을 주시는 하나님의 능력이 됩니다. 이 하나님의 아들 예수 그리스도의 복음, 그리스도 십자가 대속의 피의 복음으로 깊이 뿌리내리기를 기원합니다.

예수님의 신성의 하나님 되심과 십자가 대속의 피의 복음을 마음 중심에 믿고 예수 그리스도를 모시고 사는 자는 날마다 자기를 부인하고 자기 십자가를 지고 예수 그리스도를 따르는 삶을 살아야 합니다. 우리 개인의 능력으로는 불가능하지만, 그리스도께서 부여해 주신 성령님의 능력과 도우심으로 십자가에 못 박히신 그리스도를 바라보고 따라갈 수 있습니다.

만일 우리가 예수님의 신성의 하나님 되심과 십자가 대속의 피의 복음 진리를 참되게 믿는 신앙이 없으면 우리 그리스도인의 삶은 언행 불일치의 위선적인 삶을 살 수밖에 없습니다. 설교자가 강단에서는 설교를 훌륭하게 하나 강단에서 내려와서는 자신이 설교한 대로 살지 못하는 형편없는 삶을 산다면 위선자가 될 수밖에 없습니다.

저 자신도 말씀을 가르치고 선포하는 자로서 이런 위선자가 되지 않도록 날마다 믿음을 굳게 하여, 이 믿음 위에 나 자신을 건축하며 성령으로 기도하며 하나님의 사랑 안에서 자신을 지키며 그리스도의 긍휼 속에서 살아갑니다(유 1:20, 21). 지상에서 그리스도인의 삶은 안식보다는 투쟁이 많습니다.

현실에 안주하는 순간 역경이 몰려옵니다. 우리는 끊임없이 우리 주 그리스도께 부르짖으면서 구원을 얻고 살아야 합니다. 그러나 낙심하지 말 것입니다. 우리의 경건은 금생과 내생에 약속이 있기 때문입니다.

오늘 우리는 유대인들의 위선을 정죄하는 바울 사도의 말씀을 들으면서 이 말씀이 동시에 우리에게 하신 말씀으로 들어야겠습니다.

본문 21-23절에서 유대인의 다섯 가지의 언행 불일치를 지적합니다. 본문 21절을 보면 "그러면 다른 사람을 가르치는 네가 네 자신은 가르치지 아니하느냐 도둑질하지 말라 선포하는 네가 도둑질하느냐"라고 하였습니다.

첫 번째 질문은 일반적인 것입니다.

"그러면 다른 사람을 가르치는 네가 네 자신은 가르치지 아니하느냐"라고 질문하는 것입니다. 말만 하고 행하지 않는 것은 위선입니다. 설교자가 강단의 설교와 다른 삶을 살면 위선의 설교자입니다.

두 번째 질문은 도둑질입니다.

"도둑질하지 말라 선포하는 네가 도둑질하느냐"는 것입니다. 유대인들은 상업무역이나 개인적 거래에 있어서 부당한 수입을 취하였습니다. 오늘날 우리 그리스도인들이 정직한 거래를 하지 않고, 또 세금을 포탈하면 결국 여기 도둑질에 해당될 것입니다.

세 번째, 네 번째 질문은 22절에서 언급됩니다. 22절을 보면 "간음하지 말라 말하는 네가 간음하느냐 우상을 가증히 여기는 네가 신전 물건을 도둑질하느냐"라고 하였습니다.

세 번째 질문은 간음입니다.

"간음하지 말라 말하는 네가 간음하느냐." 시편 50편 18절도 보면 "간음하는 자들과 동료가 되며"라고 하였습니다. 특별히 율법학자 중에 이러한 죄로 유명한 자들이 많았던 것으로 전해지고 있습니다.

우리 그리스도인들은 행위뿐만 아니라 마음으로도 간음하지 않도록 자신의 마음과 생각을 지켜야 합니다.

가능합니까?

가능합니다. 성령의 능력으로 가능합니다. 특히 설교자는 성령의 능력으로 거룩하게 살아야 합니다.

네 번째 질문은 신전 물건 도둑질입니다.

"우상을 가증이 여기는 네가 신전 물건을 도둑질하느냐"라고 질문하였습니다. 구약 시대 말기현상으로 나타난 것이 하나님의 십일조와 헌물을 도둑질하는 것이었습니다(말 3:8, 9). 오늘날 그리스도인들 가운데에서도 십일조 헌물을 드리지 않거나 그리스도 교회에 내지 않고 자기가 원하는 특정인이나 사회사업에 쓰고 있는 경우도 바르지 못한 행위입니다.

다섯 번째 질문은 다시 좀 더 일반적입니다.

23절을 보면 "율법을 자랑하는 네가 율법을 범함으로 하나님을 욕되게 하느냐"라고 하였습니다. 이 질문은 앞선 네 가지 질문의 요약이기도 합니다.

누가 율법을 지킬 수 있습니까?

오직 성령의 능력으로만 가능합니다.

그리하여 바울은 24절에서 "기록된 바와 같이 하나님의 이름이 너희 때문에 이방인 중에서 모독을 받는도다"라고 하였습니다. 우리 그리스도인들 경우에도 우리가 하나님 사랑과 이웃 사랑의 율법을 못 지키고 살면 우리로 인하여 하나님과 예수 그리스도 이름이 모독을 받습니다.

그러므로 십자가 피의 복음으로 답을 얻어서, 오직 그리스도, 오직 믿음, 오직 예수 보혈 신앙으로 살고, 성령 충만 받아 하나님 사랑과 이웃 사랑의 전도자로 살기 바랍니다.

살아계신 아버지 하나님!

하나님 은혜를 감사합니다.

오늘 사도 바울로부터 유대인의 위선에 관한 말을 듣습니다. 다섯 가지 언행 불일치를 봤는데 유대인들은 오늘날 그리스도인들과 동일한 무리라고 우리는 믿습니다. 유대인들의 위선이 오늘날 우리 그리스도인에게 그대로 나타나고 있다고 믿습니다. 우리는 우리 자신의 힘으로 마음속에 있는 위선을 극복하기가 어렵기 때문에 우리 주 예수 그리스도의 십자가 보혈을 믿고 그리스도와 함께 십자가에 못 박힌 자가 되어야 한다고 믿습니다.

그리하여 이제는 내가 사는 것이 아니요 오직 내 안에 그리스도께서 사시는 삶을 살아서 오늘도 그리스도처럼 거룩한 삶을 살고 언행이 일치되는 삶을 살도록 성령이여 우리를 주관하시고 다스려 주옵소서.

우리 모두 예수 그리스도로 말미암아 성령의 충만을 받고 참된 하나님 사랑과 이웃 사랑의 전도자 열매를 맺는 삶을 살아가도록 은혜를 베풀어 주옵소서.

예수님의 이름으로 기도하옵나이다. 아멘.

73

롬 2:25-29

- 참된 유대인이란? 마음에 할례 받은 자.
  참된 그리스도인이란? 내적인 그리스도인으로 성령님이 마음에 행한 세례 받은 자.
- 성령으로 중생한 그리스도인이 되라.

> ²⁵ 네가 율법을 행하면 할례가 유익하나 만일 율법을 범하면 네 할례는 무할례가 되느니라 ²⁶ 그런즉 무할례자가 율법의 규례를 지키면 그 무할례를 할례와 같이 여길 것이 아니냐 ²⁷ 또한 본래 무할례자가 율법을 온전히 지키면 율법 조문과 할례를 가지고 율법을 범하는 너를 정죄하지 아니하겠느냐 ²⁸ 무릇 표면적 유대인이 유대인이 아니요 표면적 육신의 할례가 할례가 아니니라 ²⁹ 오직 이면적 유대인이 유대인이며 할례는 마음에 할지니 영에 있고 율법 조문에 있지 아니한 것이라 그 칭찬이 사람에게서가 아니요 다만 하나님에게서니라

예수님은 그리스도시오. 살아계신 하나님의 아들입니다. 예수님이 하나님의 아들 그리스도라는 증거로 십자가에서 우리 죄를 대신해서 피 흘려 죽으시고, 죽은 자들 가운데서 부활하셨습니다.

이 예수님이 하나님의 아들, 예수님이 그리스도, 예수님이 우리 죄를 대신해서 십자가에서 피 흘려 죽으시고 부활하셨다는 복음으로 우리 인생 모든 문제가 처리되고 해답을 얻습니다. 이 복음은 모든 믿는 자에게 구원을 주시는 하나님의 능력이 됩니다. 이 하나님의 아들 예수 그리스도의 복음, 그리

스도 십자가 대속의 피의 복음으로 깊이 뿌리내리기를 기원합니다.

예수님의 신성의 하나님 되심과 십자가 대속의 피의 복음을 마음 중심에 믿을 때 거듭난 그리스도인이 됩니다. 참된 그리스도인이 됩니다. 자연인이 그리스도 십자가 대속의 피의 복음을 믿는다는 것은 성령님의 역사로 됩니다.

예수님은 말씀하셨습니다.

> **5** 사람이 물과 성령으로 나지 아니하면 하나님의 나라에 들어갈 수 없느니라 **6**육으로 난 것은 육이요 영으로 난 것은 영이니 **7** 내가 네게 거듭나야 하겠다 하는 말을 놀랍게 여기지 말라 8 바람이 임의로 불매 네가 그 소리는 들어도 어디서 와서 어디로 가는지 알지 못하나니 성령으로 난 사람도 다 그러하니라 (요 3:5-8).

참된 그리스도인이란 성령으로 태어난 사람이라는 말씀입니다. 다시 말하면 우리가 예수님을 신성의 하나님의 아들, 십자가에 못 박히신 그리스도로 믿는다는 것은 성령님이 믿도록 도우시기 때문에 가능한 것입니다.

사도 바울은 오늘 본문 로마서 2장 25-29절에서 예수님의 사도답게 이런 진리를 전개하고 있습니다. 참된 유대인이란 마음에 할례받은 자요. 마음에 할례는 성령에 의하여 된다고 하고 있습니다. 표면적 유대인이 유대인이 아니요. 이면적 유대인이 유대인이라는 것입니다.

그러나 유대인들은 그렇게 생각하지 않았습니다. 그들은 할례란 하나님이 주신바 그들과 언약을 맺으셨다는 표시이며 보증이기 때문에 육신의 할례만 받아도 구원의 능력을 지니고 있다고 믿었습니다.

바울이 이런 그릇된 확신을 먼저 공격합니다. 25절을 보면 "네가 율법을 행하면 할례가 유익하나 만일 율법을 범하면 네 할례는 무할례가 되느니라"라고 하였습니다.

유대인이 하나님의 백성이요 율법을 가진 백성인 증거는 그들 몸에 받는 할례였습니다. 그러므로 할례는 율법을 준행할 때 뜻이 있는 것이지 율법을 범하면 할례는 무의미한 것입니다. 그래서 바울 사도는 "율법을 범하면 네 할례는 무할례가 되느니라"라고 하였습니다.

이런 경우는 할례 없이 율법을 지키는 이방인보다 못할 것이며, 도리어 율법을 온전히 지킨 이방인이 율법을 범한 유대인을 정죄할 것이라고 말하였습니다(26, 27절).

그리하여 유대인, 곧 하나님의 언약백성의 진정한 일원이 된다는 것이 의미하는 바를 재정의하면서 네 가지를 대비시킵니다.

첫째, 참된 유대인이 되는 것의 본질은 외적이고 눈에 보이는 어떤 것이 아니라 내적이고 눈에 보이지 않는 어떤 것이라고 하였습니다. 본문 28절에서 "무릇 표면적 유대인이 유대인이 아니요. 표면적 육신의 할례가 할례가 아니니라"라고 한 것입니다.

둘째, 참된 할례는 육체에 행하는 할례가 아니라 마음에 행하는 할례라고 합니다. 본문 29절 전단에 보면 "오직 이면적 유대인이 유대인이며 할례는 마음에 할지니"라고 하였습니다.

셋째, 마음에 할례는 율법이 아니라 성령에 의해 나타난다고 하였습니다. 본문 29절 중반을 보면 "할례는 마음에 할지니 영에 있고 율법 조문에 있지 아니한 것이라"라고 하였습니다.

넷째, 이것은 인간의 인정이 아니라 하나님의 인정을 받는다는 것입니다. 본문 29절 후단을 보면 "그 칭찬이 사람에게서가 아니요. 다만 하나님에게서니라"라고 하였습니다. 하나님께 중요한 것은 우리 마음속에서 일어나는 내적이고 은밀한 성령님의 사역인 것입니다.

이렇게 참된 유대인에 대한 논리는 참된 그리스도인에게도 동일하게 적용됩니다. 진정한 그리스도인이란 진정한 유대인과 마찬가지로 내적으로 그리스도인인 사람입니다. 그리고 그리스도인의 참된 세례는 참된 할례와 마찬가지로 성령님이 마음에 행한 세례입니다. 하나님의 성령 세례란 그리스도의 몸에 편입된 것을 말합니다(고전 12:13).

그러므로 그리스도인이 하나님의 백성으로 거듭난다는 것은 성령님의 역사로 될 것을 예언한 것입니다. 다시 말하면 "하나님께로부터 난 자들"인 것입니다. 이것은 오직 하나님의 은혜로 됩니다. 그러므로 중생의 확신이 없는 자는 하나님의 은혜를 구하고 강퍅한 마음의 죄를 하나님 앞에 고백할 것입니다. 세리의 기도를 올릴 것입니다.

"하나님이여 불쌍히 여기소서. 나는 죄인이로소이다."

무엇보다도 성령으로 거듭나야 합니다. 성령의 은혜로 참되게 십자가 대속의 피의 복음을 믿어야 합니다. 오직 그리스도, 오직 믿음, 오직 예수 보혈 신앙으로 성령의 충만을 받고, 하나님 사랑과 이웃 사랑의 열매를 맺는 자들이 되기를 기원합니다.

살아계신 아버지 하나님!

하나님 은혜를 감사합니다.

사도 바울은 유대인들이 육적인 할례만 받으면 하나님의 백성으로서의 의미가 확실하다고 믿는 것을 비판하면서 마음의 할례를 받아야 참된 할례 받은 하나님의 백성이 됨을 오늘 계시해 주시니 감사하옵나이다.

마찬가지로 참된 유대인에 대한 논리는 참된 그리스도인에게도 동일하게 적용되어 우리가 형식적 물세례를 받음으로 그리스도인이 된 것이 아니라 성령님에 의하여 마음의 세례를 받고 할례를 받아야 참된 그리스도인, 중생한 그리스도인이 된다는 진리를 굳게 믿게 하여 주옵소서.

오늘도 하나님의 은혜가 우리에게 임하여서 참되게 신성의 하나님의 아들과 십자가의 대속의 피의 복음을 성령의 능력으로 마음 중심에 믿고 중생하여 새사람이 되게 하여 주옵소서.

그리하여 우리가 모두 하나님의 언약 백성답게 세상 속에서 살아가도록 하나님이 은총을 베푸시고, 하나님 사랑과 이웃 사랑의 열매를 맺는 하루가 되도록 우리를 굳게 붙들어 주옵소서.

예수님의 이름으로 기도하옵나이다. 아멘.

74

롬 3:1-2

- 유대인의 나음이 무엇이냐?
  하나님의 말씀(구약성경)을 맡았음.
  유대인 최고의 특권(흑암 속에서 참하나님의 계시, 메시아 소망, 죄인 됨과 하나님의 진노하에 있음을 알게 함).
- 신약 시대 그리스도인은 구약뿐 아니라 신약성경도 갖게 되는 특권을 가졌으니 그 하나님의 말씀을 마음 중심으로 믿고, 체험하고, 순종하며 살라.

> ¹ 그런즉 유대인의 나음이 무엇이며 할례의 유익이 무엇이냐 ² 범사에 많으니 우선은 그들이 하나님의 말씀을 맡았음이니라

예수님은 그리스도시오. 살아계신 하나님의 아들입니다. 예수님이 하나님의 아들 그리스도라는 증거로 십자가에서 우리 죄를 대신해서 피 흘려 죽으시고, 죽은 자들 가운데서 부활하셨습니다.

이 예수님이 하나님의 아들, 예수님이 그리스도, 예수님이 우리 죄를 대신해서 십자가에서 피 흘려 죽으시고 부활하셨다는 복음으로 우리 인생 모든 문제가 처리되고 해답을 얻습니다. 이 복음은 모든 믿는 자에게 구원을 주시는 하나님의 능력이 됩니다. 이 하나님의 아들 예수 그리스도의 복음, 그리스도 십자가 대속의 피의 복음으로 깊이 뿌리내리기를 기원합니다.

예수님의 신성의 하나님 되심과 십자가 대속의 피의 복음을 마음 중심에 믿고 구원받은 그리스도인은 하나님의 말씀을 귀중한 보배로 알고 날마다 하나님의 말씀을 듣고, 읽고, 묵상하고, 때로는 중요 구원의 말씀과 전도의 말씀을 암송하고 살아야 합니다.

그리스도인에게 하나님의 말씀은 영혼의 생명 양식이요 보호자이기 때문에 하나님의 말씀을 사모하지 않고 멀리하면 치명적인 실패를 체험하게 됩니다.

무엇보다도 그리스도인이라 하면서 하나님의 말씀 진리에 대한 지적 갈망이 없으면 그리스도인이라고 말하기 어렵습니다. 누구에게나 싫증 나지 않는 밥이 있는 것처럼 그리스도인에게도 특별히 예수님의 신성의 하나님의 아들 되심과 십자가 대속의 피의 복음 진리는 항상 듣고, 묵상하고, 그 은혜 속에 살아야 합니다. 십자가 대속의 피의 복음진리를 듣는데 싫증을 내는 그리스도인은 회개하고 다시 복음을 받아야 합니다.

인간이 하나님의 말씀을 듣지 않고 사탄의 말을 듣고 하나님을 떠난 이후 죄와 사탄의 흑암 속에서 살게 되었을 때 하나님의 말씀을 유대인에게 맡기셨습니다. 하나님의 말씀인 구약성경은 유대인들에게 주어진 특권이었습니다.

이런 유대인들에게 바울은 유대인과 이방인이 하나님 앞에 모두 죄인이요 동일한 입장에 있다는 것을 로마서 2장에서 주장하였습니다. 그렇다면 유대인의 특권을 인식하고 있는 유대인들은 당연히 "그런즉 유대인의 나음이 무엇이냐"는 질문을 하게 되어 있습니다. 이러한 질문을 예상한 바울은 그 질문에 대한 대답을 간단히 말하고 있습니다.

본문 로마서 3장 1-2절을 보면 "¹ 그런즉 유대인의 나음이 무엇이며 할례의 유익이 무엇이냐 ² 범사에 많으니 우선은 그들이 하나님의 말씀을 맡았음이니라"라고 하였습니다.

사실 바울은 앞서 유대인이라는 사실 자체, 그리고 유대인이 할례를 받았다는 사실 자체가 유대인을 구원하지 못하며 자동으로 하나님의 진노 아래서 벗어나게 하여 구원받았다고 선언하지는 못한다고 하였습니다.

바울은 "네가 율법을 행하면 할례가 유익하니"(롬 2:25)라고 말했습니다. 다만 할례 자체만으로는 아무런 유익이 없다는 것이었습니다.

그러나 바울은 유대인과 이방인 사이에 전혀 차이가 없다고 말한 적은 없습니다. 유대인이든 이방인이든 온 세상이 다 하나님 앞에 죄 있음을 바울은 역설하였습니다. 그래서 오늘 본문에서 바울은 말했습니다.

로마서 3장 1-2절, "¹ 그런즉 유대인의 나음이 무엇이며 할례의 유익이 무엇이냐 ² 범사에 많으니 우선은 그들이 하나님의 말씀을 맡았음이니라"라고 하였습니다.

유대인의 나음은 많습니다. 유대인은 하나님의 선민으로서 강한 우월감에 사는 민족입니다. 할례는 그 유일성의 표지였습니다. 바울은 한마디로 유대인의 나음이 범사에 많다고 하였습니다.

로마서 9장 4-5절에서는 "⁴ 그들에게는 양자 됨과 영광과 언약들과 율법을 세우신 것과 예배와 약속들이 있고 ⁵ 조상들도 그들의 것이요 육신으로 하면 그리스도가 그들에게서 나셨으니"라고 하였습니다.

바울은 오늘 본문에서는 유대인의 특권을 "그들이 하나님의 말씀을 맡았음이니라"라고 하였습니다. 여기서 하나님의 말씀은 구약성경 전체로 봅니다. 유대인들은 흑암 속에 있는 이방인과는 달리 참하나님의 계시가 있었고, 또 메시아(그리스도) 소망의 약속 말씀이 있었으며, 죄인 됨과 하나님의 진노하에 있는 인간의 실존을 계시하는 말씀을 지니고 있었습니다.

하나님의 특별계시를 맡은 보관자가 된다는 것은 엄청나게 특권적인 책임이 있는 것이었습니다. 그것은 어느 나라와 민족에게도 주어진 적이 없었습니다. 인간이 하나님께로부터 직접 말씀을 듣는 것보다 인간에게 있어서 더 큰 특권이 없는 것입니다. 이것은 생명을 주는 것이고 삶의 의미와 목적 및 삶의 방식을 모두 부여하는 것입니다. 하나님의 말씀 기갈은 하나님의 백성에게 최고의 심판입니다.

오늘날 우리는 구약성경뿐 아니라 신약성경도 갖고 있으니 우리가 얼마나 큰 특권을 가진 것인지 모릅니다. 그러나 우리가 하나님의 말씀을 외적으로 소유하고 있다는 것만으로는 구원을 얻지 못합니다. 그 하나님의 말씀을 주관적으로 체험해야 합니다. 모든 하나님의 계시 함축이요 중심인 그리스도의 복음, 십자가 피의 복음을 체험하고 그 복음 진리가 우리를 지배하고 다스려야 합니다.

그러므로 오직 그리스도, 오직 믿음, 오직 예수 보혈 신앙으로 살고, 성령 충만 받아 하나님 사랑과 이웃 사랑의 전도자로 살기 바랍니다.

살아계신 아버지 하나님!

하나님 은혜를 감사합니다.

오늘 유대인이 이방인보다 특권이 있다는 말씀을 들었습니다. 그들은 구약성경의 말씀을 맡은 자들로서 그래서 이방인이 어둠 속에 살아갈 때 그들은 참 하나님의 계시와 메시아 소망과 죄인 됨과 하나님의 진노하에 있음을 그들은 바로 깨닫고 사는 축복의 선민이 되었습니다. 그러나 그들이 말씀을 믿고 있다는 것으로만이 아니라 그 말씀을 지킬 때 그들에게 축복이 되었습니다.

오늘날 신약 시대 우리는 구약뿐만 아니라 신약성경도 갖는 자가 되었은즉 신구약 성경의 중심 진리인 예수 그리스도의 신성의 하나님 되심과 십자가 대속의 피의 복음 진리를 체험하고 확신해서 그 진리 말씀이 우리를 지배하고 다스리며, 그 진리 말씀의 향기 속에 사는 자들이 되기를 간절히 기도합니다.

그리하여 우리가 모두 이 진리 말씀을 세상 속에 증거하는 전도자로 살아가도록 성령으로 충만을 부어 주셔서 하나님의 백성답게 살아가도록 우리를 굳게 붙들어 주옵소서.

예수님의 이름으로 기도하옵나이다. 아멘.

75

롬 3:2

- 하나님의 말씀을 맡았음.
  이것은 우리로 이 말씀을 지키고, 보호하고, 방어하기 위함이다.
- 성경은 정확 무오한 하나님의 말씀.
  이를 파괴하는 세력과 싸워야 한다.
  하나님의 모든 계시의 함축이요 중심인 십자가 대속의 피의 복음을 지켜야 한다.
  이 십자가 대속의 피의 복음을 체험하고, 지키고, 증거하라.

² 범사에 많으니 우선은 그들이 하나님의 말씀을 맡았음이니라

예수님은 그리스도시오. 살아계신 하나님의 아들입니다. 예수님이 하나님의 아들 그리스도라는 증거로 십자가에서 우리 죄를 대신해서 피 흘려 죽으시고, 죽은 자들 가운데서 부활하셨습니다.

이 예수님이 하나님의 아들, 예수님이 그리스도, 예수님이 우리 죄를 대신해서 십자가에서 피 흘려 죽으시고 부활하셨다는 복음으로 우리 인생 모든 문제가 처리되고 해답을 얻습니다. 이 복음은 모든 믿는 자에게 구원을 주시는 하나님의 능력이 됩니다. 이 하나님의 아들 예수 그리스도의 복음, 그리스도 십자가 대속의 피의 복음으로 깊이 뿌리내리기를 기원합니다.

예수님의 신성의 하나님 되심과 십자가 대속의 피의 복음을 마음 중심에 믿고 구원받은 그리스도인은 성경이 정확무오한 하나님의 말씀인 것을 믿습니다. 그는 자신이 하나님의 모든 계시의 함축이요 중심인 그리스도 십자가 대속의 피의 복음을 체험하고 확신하기 때문입니다.

그러나 성경을 정확무오한 하나님의 말씀으로 믿지 못하는 자는 성경을 비평하고 파괴하는 일을 해 왔습니다. 특히, 지난 19세기의 성경 고등비평운동이 가공스러울 정도로 나타나 성경을 인간의 말로 저하하려고 하였습니다.

오늘날도 내러티브 신학이 교계를 뒤흔들고 있습니다. 근래에 들어서 성경을 내러티브로 보라고, 특히 성경을 하나의 이야기로 읽으라고 말하는 시대가 되었습니다. 신앙은 진리인 교리가 아니라 스토리라는 것입니다.

그러나 이것은 성경을 파괴하는 무서운 음모가 들어 있습니다. 성경은 구원의 책입니다. 우리를 구원하는 것은 스토리가 아니라 살아 있는 진리 말씀 자체입니다. 신성의 하나님의 아들과 십자가 대속의 피의 복음 진리가 우리를 구원하는 것입니다.

제가 내러티브 신학자 톰 라이트를 비판하는 이유가 여기에 있습니다. 우리는 하나님의 말씀을 보존하고, 방어하고, 지킬 의무가 있습니다. 하나님께서 우리에게 '하나님의 말씀을 맡겨 주셨기' 때문입니다.

유대인의 최고 특권도 그들이 하나님의 말씀을 맡았음이었습니다. 본문 로마서 3장 2절을 보면 "범사에 많으니 우선은 그들이 하나님의 말씀을 맡았음이니라"라고 하였습니다. 이방인들이 하나님 떠난 죄와 흑암 속에 있을 때 유대인에게 하나님은 말씀하시고 구약성경을 맡기셨습니다. 이보다 더 큰 특권이 없습니다. 하나님의 말씀은 영혼이 죽어있는 인생에 영적 생명을 주고 죄와 죽음과 사탄의 세력으로부터 구원을 얻게 하는 유일한 구원의 길이었습니다.

유대인만이 어둔 세상에 빛을 가지고 있었습니다. 그러나 그 구원의 빛은 그들만을 위한 것이 아니라 온 인류를 위한 빛의 전조이기에 그들은 그 말씀의 빛을 잘 보존하고, 지키고, 유지해야 했습니다. 이방인들이 아직도 캄캄한 우상 숭배하에 있을 때 하나님은 유대 민족을 택하사 하나님을 계시하시며 그들에게 전 인류를 향하신 하나님의 말씀을 맡기신 것입니다.

여기에 유대 민족의 역사적 사명이 있었습니다. 그러나 유대인들은 이 사명을 잊어버리고 종교적 우월감에 잠겨 이방인을 멸시하고, 그 하나님의 말씀의 약속의 메시아가 오셨을 때 그를 배역하고 십자가에 못 박아 죽였습니다.

그러나 우리는 십자가에 못 박힌 그리스도가 하나님의 능력이요 하나님의 지혜인 것을 믿고 구원을 얻는 시대에 살고 있습니다. 그러므로 모든 그리스도인은 성육신하시고 대속의 죽음을 당하시고 죽은 자들 가운데서 부활하시고 승천하시어 하나님 보좌 우편에 앉아 계신 예수 그리스도와 그의 말씀을 굳게 지키며 보존하고, 구원을 얻으며, 후손에게 이 진리 말씀을 바르게 전승해야 하는 사명을 맡고 있습니다.

성경은 사역자들에게만 맡겨 주신 것이 아닙니다. 모든 그리스도인에게 맡겨 주셨습니다. 유다는 유다서에서 이렇게 말하고 있습니다.

성도에게 단번에 주신 믿음의 도를 위하여 힘써 싸우라는 편지로 너희를 권하여야 할 필요를 느꼈노니(유 1:3).

오늘날 그리스도 교회에는 진리를 보존하기 위해 싸우는 것을 좋아하지 않는 시대가 되었습니다. "우리는 서로 협력해야 한다"라고 합니다. 성경에 대하여 우리와 완전히 일치하지 않는다 할지라도 그것이 무슨 문제냐고 합니다. 또 그리스도의 대속의 죽음에 대하여 일치하지 않는다 할지라도 그것이 무슨 문제냐고 합니다. 이런 식으로 강단에서 예수 그리스도를 설교하고 있습니다.

요즘은 유식한 복음주의자로 자처한 사람들이 우리의 십자가 대속의 피의 복음을 피라는 단어보다는 하나님 나라라는 단어로 대신하려는 시험에 처해 있습니다. 십자가 보혈을 폄훼하고 부활만 강조하는 교묘한 진리 왜곡도 있습니다. 우리의 의를 이루는 것은 그리스도의 부활이 아니라 그리스도의 죽음으로 이루신 것인데도 말입니다(롬 5:9, 5:19).

우리는 특별하게 명령을 받았습니다.

"성도에게 단번에 주신 믿음의 도를 위하여 힘써 싸우라."

그리스도인들이여, 여러분은 그리스도 교회의 지체로서 하나님의 말씀인 이 십자가 대속의 피의 복음 진리를 방어하고 그것을 위해서 싸워야 합니다.

우리에게 이 예수님의 신성의 하나님의 아들 되심과 십자가 대속의 피의 복음 진리 말씀을 맡겨 주신 것은 그것을 지키고 보호할 뿐 아니라 다른 사람에게 가르치기 위함입니다.

"본질적인 것(십자가 대속의 피의 복음)에는 일치"가 필요합니다. 물론 비본질적인 것에는 자유를, 모든 것에는 사랑을 할 것입니다.

그러므로 오직 그리스도, 오직 믿음, 오직 예수 보혈 신앙을 굳게 지키고, 성령으로 충만 받아 십자가 피의 복음을 전하고, 하나님 사랑과 이웃 사랑의 전도자로 살기 바랍니다.

살아계신 아버지 하나님!
하나님 은혜를 감사합니다.
유대인들은 그들만이 구약 시대에 구약성경인 하나님의 말씀을 받았습니다. 잘 보존하고 지키고, 또한 그것으로 인하여 이방인의 빛으로까지 나타나야 하는데, 그들은 자기들이 받은 법을 고귀하게 생각하고 이방인들을 멸시하는 죄를 범했습니다. 그리고 그들은 성경이 계시하고 있는 그리스도가 오셨을 때 십자가에 못 박아 죽였습니다.

오늘날 우리는 유대인과 달리 구약성경과 신약성경이 다 완성된 말씀을 갖는 시대에 살고 있습니다. 신구약 성경의 중심인 예수님의 신성과 십자가 대속의 피의 복음 진리를 받은 우리는 이 십자가의 피의 복음을 굳게 지키고, 또한 누리며, 증거하며, 후손에게 잘 가르쳐 보존시켜야 할 사명이 주어졌다고 굳게 믿습니다.

또 이 십자가의 피의 복음을 파괴하고자 하는 내러티브 신학이라든지 각종 피의 복음을 약화하고자 하는 운동들을 경계하고 이 십자가 피의 복음 진리의 보존을 위해 투쟁하고 싸워야 한다고 믿습니다.

그리하여 우리가 모두 이 복음을 전하고, 가르치고, 잘 보존하는 사명을 감당하도록 붙들어 주옵소서.

예수님의 이름으로 기도하옵나이다. 아멘.

롬 3:3-4

- 바울의 가르침은 하나님의 미쁘심을 폐하겠느냐?
  유대인의 메시아 불신앙에 대한 문제.
- 하나님의 미쁘심과 진리와 공의는 결코 의심할 수 없다.
  하나님은 언제나 옳다.
  하나님의 의도는 반드시 성취된다.
  오직 그리스도, 오직 믿음, 오직 그리스도의 영광을 위하여 살라.

> ³ 어떤 자들이 믿지 아니하였으면 어찌하리요 그 믿지 아니함이 하나님의 미쁘심을 폐하겠느냐 ⁴ 그럴 수 없느니라 사람은 다 거짓되되 오직 하나님은 참되시다 할지어다 기록된바 주께서 주의 말씀에 의롭다 함을 얻으시고 판단 받으실 때에 이기려 하심이라 함과 같으니라

예수님은 그리스도시오. 살아계신 하나님의 아들입니다. 예수님이 하나님의 아들 그리스도라는 증거로 십자가에서 우리 죄를 대신해서 피 흘려 죽으시고, 죽은 자들 가운데서 부활하셨습니다.

이 예수님이 하나님의 아들, 예수님이 그리스도, 예수님이 우리 죄를 대신해서 십자가에서 피 흘려 죽으시고 부활하셨다는 복음으로 우리 인생 모든 문제가 처리되고 해답을 얻습니다. 이 복음은 모든 믿는 자에게 구원을 주시는 하나님의 능력이 됩니다. 이 하나님의 아들 예수 그리스도의 복음, 그리스도 십자가 대속의 피의 복음으로 깊이 뿌리내리기를 기원합니다.

예수님의 신성의 하나님 되심과 십자가 대속의 피의 복음을 마음 중심에 믿고 복음 전도자로 사는 우리에게 가끔 유식한 자로 자처하는 자들의 특이한 반론이 있습니다. 그것은 예수님은 유대인인데 왜 같은 유대 민족인 이스라엘에서는 예수님을 믿지 않느냐는 것입니다.

이것은 과연 큰 문제가 될 만합니다. 그래서 2000년 전 사도 바울도 이미 이 문제를 다루고 있습니다. 바울 사도는 앞서 이방인과 달리 유대인은 엄청난 이익이 있다고 유대인들에게 말했습니다. 이 유대인들은 하나님의 말씀을 맡았고, 그리스도가 오신다는 위대한 약속을 맡고 있었기 때문이었습니다.

그러나 어떤 사람들은 이에 대해 반문합니다. 보편적으로 말해서 유대인들은 한 족속으로서 하나님의 말씀에 대하여 불신실함을 드러냈고 하나님의 약속을 이해하지 못했습니다. 특별히 메시아(그리스도)에 대하여 그러했습니다. 그리스도께서 실제로 오셨을 때 유대인의 대부분이 그 그리스도를 배척하였고 싫어했습니다.

물론 바울은 이 점을 잘 알고 있었습니다. 그래서 그는 후에 로마서 9, 10, 11장에서 그 문제를 다룹니다. 그때 가서 보겠지만 하나님의 경륜에 따라 하나님은 이방인 구원을 위해서 기득권을 가진 교만한 유대인들의 마음을 강퍅하게 하였습니다. 물론 이방인의 충만한 수가 들어오기까지 유대인은 우둔하게 된 것입니다. 그 후 그들도 이방인인 우리와 똑같이 예수님을 그리스도로 믿고 구원을 얻게 될 것입니다(롬 11:25-26).

그러나 오늘 본문에서는 유대인의 메시아 불신앙에 관한 문제를 일반적인 방법으로 대답합니다. 하나님의 말씀을 맡았다고 하는 유대인들이 그 하나님의 말씀의 최고의 성취인 예수 그리스도를 믿지 않는다는 것은 그들이 믿지 않았기 때문에 그들에게 아무런 유익이 없지 않냐고 반문한 것입니다.

그렇다면 유대인들의 믿음 없음으로 말미암아 하나님의 약속의 모든 가치가 분명히 무시당하였고 부인당했다는 것입니다. 오늘 본문 3절에서 바울은 이 진술을 하고 있는 것입니다.

본문 3절을 보면 "어떤 자들이 믿지 아니하였으면 어찌하리요. 그 믿지 아니함이 하나님의 미쁘심을 폐하겠느냐"라고 하였습니다. 이 말씀을 다시 쉽게 표현하겠습니다.

"하나님의 약속을 맡은 어떤 사람이 믿음으로 그것에 반응하지 않았다면 그들의 믿음 없음이 하나님의 미쁘심(믿을 만함)을 무효로 만들겠느냐?"

하나님의 백성들이 신실하지 않다고 해서 그것이 꼭 그분이 신실하지 않음을 의미하는 것이냐는 말입니다.

바울은 즉시 이에 대해 대답합니다. 4절을 보면 "그럴 수 없느니라 사람은 다 거짓되되 오직 하나님은 참되시다 할지어다 기록된바 주께서 주의 말씀에 의롭다 함을 얻으시고 판단 받으실 때에 이기려 하심이라"라고 하였습니다.

바울은 즉시 "그럴 수 없느니라"라고 하였습니다. "절대 그럴 리가 없다. 상상조차 할 수 없다"라고 하였습니다. 사람은 다 거짓되되 하나님은 참되신 분이라고 하였습니다.

하나님의 무조건적인 약속은 인간의 신실성에 의존하지 않습니다. 만일 그러하면 우리의 구원은 전혀 있을 수가 없었을 것입니다. 하나님은 위대한 의도를 가지고 그 놀라운 언약을 이루어 가십니다. 그러므로 신자인 우리나 그리스도 교회는 절대 망하지 않는 것입니다. 우리나 그리스도 교회나 모두 하나님의 의도 속에 들어 있기 때문입니다.

바울은 강조합니다. "사람은 다 거짓되되 오직 하나님은 참되시다 할지어다"라고 하였습니다. 모든 사람이 실패한다 할지라도 하나님의 신실성과 하나님의 진리, 하나님의 의와 목적과 의도는 계속 존재하는 것입니다.

하나님의 위대한 약속이 무산될 것이 아닌가라는 식의 질문은 던지지 말아야 합니다. 온 세상이 그릇되어 있어도 하나님은 언제나 옳고 참되십니다. 그러므로 사실은 유대인들의 실패가 하나님의 목적을 무산시키기는커녕 그들의 실패에도 불구하고 하나님의 목적은 계속 이루어져 나가는 것입니다.

오직 그리스도, 오직 믿음, 오직 예수 보혈, 오직 하나님의 영광을 위하여 살고, 성령 충만 받아 하나님 사랑과 이웃 사랑의 전도자로 살기 바랍니다.

살아계신 아버지 하나님!

하나님 은혜를 감사합니다.

사도 바울은 미리 예상하여 유대인들이 메시아를 거부했으니 하나님의 약속은 신실하지 않지 않느냐는 질문에 그럴 수 없다고 선언했습니다. 하나님의 미쁘심과 진리와 공의는 결코 의심할 수가 없는 것입니다. 하나님은 언제나 옳으며, 하나님의 의도는 반드시 성취된다고 우리는 굳게 믿습니다.

그러므로 오늘날 코로나 바이러스의 창궐 위기 속에서도 예수 그리스도를 참되게 믿고 구원 얻은 우리와 십자가 피의 복음을 가진 그리스도의 교회는 절대 망할 수가 없다고 믿습니다. 그것은 하나님의 의도 속에 있기 때문입니다.

그러므로 우리가 담대하여 하나님의 아들 예수 그리스도의 피를 힘입고 은혜의 보좌 앞에 나아가 세상 속에서 하나님의 백성답게, 힘 있게 살아가도록 기도하고 기도합니다.

주여, 우리를 구원하여 주옵소서.

예수님의 이름으로 기도하옵나이다. 아멘.

77

롬 3:5-6

- 우리의 불의가 하나님의 의를 드러나게 하면 무슨 말 하리요?
  진노하시는 하나님은 불공정하지 않는가?
  하나님의 은혜가 놀랍다면 왜 하나님은 벌하시는가?
- 하나님은 무한히 정당하고 의로우시기 때문이다.
  그렇지 않으면 하나님께서 어찌 세상을 심판하시겠는가?
  절대주권자의 행동에 왈가왈부하지 말라.
  하나님의 최고 법정 선고에 피하지 못한다.
  오직 그리스도, 오직 믿음, 오직 예수 보혈 신앙으로 살고, 성령 충만 받아 하나님 사랑과 이웃 사랑의 전도자로 살라.

> ⁵ 그러나 우리 불의가 하나님의 의를 드러나게 하면 무슨 말 하리요 내가 사람의 말하는 대로 말하노니 진노를 내리시는 하나님이 불의하시냐 ⁶ 결코 그렇지 아니하니라 만일 그러하면 하나님께서 어찌 세상을 심판하시리요

예수님은 그리스도시오. 살아계신 하나님의 아들입니다. 예수님이 하나님의 아들 그리스도라는 증거로 십자가에서 우리 죄를 대신해서 피 흘려 죽으시고, 죽은 자들 가운데서 부활하셨습니다.

이 예수님이 하나님의 아들, 예수님이 그리스도, 예수님이 우리 죄를 대신해서 십자가에서 피 흘려 죽으시고 부활하셨다는 복음으로 우리 인생 모든 문제가 처리되고 해답을 얻습니다. 이 복음은 모든 믿는 자에게 구원을 주시

는 하나님의 능력이 됩니다. 이 하나님의 아들 예수 그리스도의 복음, 그리스도 십자가 대속의 피의 복음으로 깊이 뿌리내리기를 기원합니다.

예수님의 신성의 하나님 되심과 십자가 대속의 피의 복음을 마음 중심에 믿고 구원받은 그리스도인은 절대주권자의 심판대 앞에 설 것을 항상 기억하며 범죄 하지 말고 하나님 사랑과 이웃 사랑의 율법을 지키며 살아야 합니다. 그러나 교만한 그리스도인들 가운데는 자기의 죄가 더 많을수록 십자가 대속의 피의 복음은 더 영광스럽게 보인다고 하면서 무율법주의자로 살아가는 자도 있습니다.

이런 교만한 그리스도인들과 같이 교만한 유대인들도 "우리의 불의가 하나님의 의를 드러나게 한다"는 일반적 주장을 하고 있습니다. 그들의 불의가 하나님에게 이익이 되는 셈이라는 것입니다.

바울 사도는 인류의 보편적 죄책과 타락이 예수 그리스도 안에 있는 하나님의 의를 드러내는 기회가 된다고 말한 적이 있습니다. 유대인들은 이 말을 기초로 반론을 제기하고자 하였습니다.

만약에 우리의 모든 죄를 다 합친다고 해도 하나님의 영광을 전혀 훼손하지 못하고 아무런 해를 받지 않고 하나님의 목적이 유지된다면 하나님이 우리의 죄와 불신앙을 그토록 엄격하게 처벌하는 것은 옳지 않는다는 질문입니다. 구체적으로 다시 말하면 이렇습니다.

만일 유대인의 불의가 이방인을 부르고 따라서 하나님의 영광이 더 크게 드러나는 기회가 되었다면 왜 유대인이 그토록 혹독하게 비난을 받아야 할 것입니까?

우리의 불의가 하나님의 의를 드러나게 하여 하나님에게 이익이 되게 하는데, 진노를 나타내시는 하나님의 불의한 것 아니냐는 반론인 것입니다. 본문 5절을 보면 "그러나 우리의 불의가 하나님의 의를 드러나게 하면 무슨 말하리요 [내가 사람의 말하는 대로 말하노니] 진노를 내리시는 하나님이 불의하시냐고" 하였습니다.

믿음 없는 마음은 어떻게든 하나님의 행동 공평성을 문제 삼아 가장 의로우신 하나님을 정죄하려고 합니다. 그래서 바울 사도는 "내가 사람의 말해는 대로 말하노니"라고 말하였습니다. 즉, 나는 이것을 육에 속한 심령의 말로 알고 거부한다는 뜻입니다.

그래서 바울은 즉시 유대인들에게 답변합니다. 6절을 보면 "결코 그렇지 아니하니라 만일 그러하면 하나님께서 어찌 세상을 심판하시리요"라고 말했습니다.

"결코, 그렇지 아니하니라."

우리는 이런 일을 상상할 수도 없습니다. 하나님과 그분의 공의 및 거룩함에 훼손을 가하는 주장들은 타협의 대상이 아니라 경계의 대상입니다.

바울은 즉시 "만일 그러하면 하나님께서 어찌 세상을 심판하시리요"라고 말했습니다. 이 주장은 아브라함의 주장과 같습니다.

> 세상을 심판하시는 이가 정의를 행하실 것이 아니니이까 (창 18:25).

당연히 하나님은 그렇게 하실 것입니다. 만일 무한히 정당하고 의로우시지 않다면 하나님이 온 땅의 심판자가 되는 것은 부당한 일입니다.

비록 하나님께서 죄로 말미암아 더 큰 영광을 받으신다고 해도 그 죄악성과 죄과는 결코 감소되지 않습니다. 죄가 하나님의 영광을 돋보이게 하는 것은 단지 우연일 뿐입니다.

하나님께서 세상을 심판하시기로 고려하신다면 우리는 영원히 그분의 공의와 공평에 대해서는 의심과 판단을 거두어야 합니다. 우리는 이러한 절대주권자의 행동에 대해 왈가왈부할 자격이 없습니다. 더 이상 상소할 수 없는 최고 법정의 선고는 의심에 부쳐질 수 없습니다.

그러므로 오직 그리스도, 오직 믿음, 오직 예수 보혈 신앙으로 중생하여 성령 충만 받고 하나님 사랑과 이웃 사랑의 전도자로 살기 바랍니다.

살아계신 아버지 하나님!

하나님 은혜를 감사합니다.

사람들은 어떻게 해서든지 하나님께 시비를 걸어서 자신의 죄를 감추려고 하지만, "우리 불의가 하나님의 의를 드러나게 하면 무슨 말 하리요"라는 말로써 유대인들이 하나님께 시비를 걸고자 할 때에 그것은 바르지 못한 것을 선언했습니다. 그들은 불의가 하나님에게 이익이 된다는 식으로 얘기해서 자신들에게 당한 죄책을 면해 보려고 노력하나, 하나님은 영원히 의로우신 분이고 정당하신 분이기 때문에 죄와 상응할 수 없는 것을 우리는 굳게 믿습니다.

그러므로 반드시 모든 인간은 하나님의 법, 율법을 굳게 지키면서 그것을 따라 심판하시는 하나님께 엎드려 기도할 것입니다. 그리고 그것을 지키는 방법이 곧 십자가의 피의 복음을 받는 길인즉 십자가의 피의 복음으로 참된 신앙을 회복하고, 그 신앙을 통해서 임하는 성령의 능력으로 하나님 사랑과 이웃 사랑의 법을 지키면서 하나님의 절대 의를 증거하는 삶을 살아가도록 우리를 붙들어 주옵소서.
예수님의 이름으로 기도하옵나이다. 아멘.

78

롬 3:7-8

- 나의 거짓말로 하나님의 참되심이 더 풍성하여 그의 영광이 되었다면 왜 내가 죄인처럼 심판받겠는가?
  바울은 질문에 대답하지 않고 정죄한다.
- 두 가지 관련 문제다.
  ① 자기 의를 내세운 유대교와 유대 민족의 다가올 멸망을 가리킨다.
  ② 복음적인 설교의 시금석이다.
  오직 그리스도, 오직 믿음, 오직 은혜, 오직 예수 보혈 신앙으로 살고, 성령 충만 받아 하나님 사랑과 이웃 사랑의 율법을 즐거운 마음으로 순종하며 살라.

> **7** 그러나 나의 거짓말로 하나님의 참되심이 더 풍성하여 그의 영광이 되었다면 어찌 내가 죄인처럼 심판을 받으리요 **8** 또는 그러면 선을 이루기 위하여 악을 행하자 하지 않겠느냐 어떤 이들이 이렇게 비방하여 우리가 이런 말을 한다고 하니 그들은 정죄받는 것이 마땅하니라

예수님은 그리스도시오. 살아계신 하나님의 아들입니다. 예수님이 하나님의 아들 그리스도라는 증거로 십자가에서 우리 죄를 대신해서 피 흘려 죽으시고, 죽은 자들 가운데서 부활하셨습니다.

이 예수님이 하나님의 아들, 예수님이 그리스도, 예수님이 우리 죄를 대신해서 십자가에서 피 흘려 죽으시고 부활하셨다는 복음으로 우리 인생 모든 문제가 처리되고 해답을 얻습니다. 이 복음은 모든 믿는 자에게 구원을 주시

는 하나님의 능력이 됩니다. 이 하나님의 아들 예수 그리스도의 복음, 그리스도 십자가 대속의 피의 복음으로 깊이 뿌리내리기를 기원합니다.

　예수님의 신성의 하나님 되심과 십자가 대속의 피의 복음을 마음 중심에 믿는 그리스도인은 그 마음에 예수 그리스도를 믿는 믿음의 공로로 성령이 임하게 됩니다. 성령님이 임한 그리스도인은 성령의 충만을 받고 하나님 사랑과 이웃 사랑의 율법을 지키는 열매 있는 신앙생활을 해야 합니다.
　메시아 시대, 그리스도 시대, 그리스도 왕국의 본질은 성령이 강림하신다는 것입니다. 구약 시대, 아직 약속된 그리스도가 오시지 않는 시대에는 모든 여호와를 믿는 신자에게 성령이 임하지 않았습니다. 특정의 선지자나 왕 같은 사람에게 성령이 임하였으며 때로는 불순종의 경우에는 성령이 떠나시기도 하였습니다.
　그러나 신약 시대, 예수 그리스도가 오신 시대에는 모든 예수 그리스도를 믿는 신자에게 오순절 성령이 임하게 되었습니다. 그리하여 그리스도의 축복, 메시아 축복을 성령 충만으로 누리게 되어 있고, 성령의 내주 인도, 역사 속에서 사는 예수 그리스도와 성령의 시대가 된 것입니다.
　다만 성령님은 십자가 대속의 피의 복음으로 말미암아 그리스도인에게 임하기 때문에 성령님의 역사를 이루고자 한다면 그 사람은 복음을 들어야 하고 복음을 믿어야 합니다. 그리고 이 성령의 능력, 그것은 곧 복음의 능력이요 하나님의 능력이었습니다. 이 하나님의 능력으로 기꺼이 두려워하지 않고 자원해서 하나님 사랑과 이웃 사랑의 십계명 율법을 지킬 수 있는 것입니다.

그러나 그리스도인이라 하면서도 그리스도 십자가 피의 복음을 믿지 않거나 거부하거나 참된 뿌리를 내리지 못하면 이런 성령님의 역사로 오는 하나님의 능력을 받지 못하므로 율법은 구약 백성들처럼 돌비에 새긴 율법이 되고 하나님의 영으로 쓴 육의 심비에 새긴 율법이 아닌 것입니다. 그러면 십계명 율법은 마음으로 지킬 수가 없습니다.

이런 무리는 하나님의 영광을 거짓된 방식으로 증진하고자 합니다. 그 대표적인 무리가 유대인들입니다. 유대인들은 예수님을 그리스도로 받아들이지 않았으므로 그들 속에 성령님이 임할 수 없었습니다. 그러므로 그들은 하나님의 영광을 그릇된 방식으로 증진하고자 하였습니다.

오늘 본문 네 번째 반론으로 유대인들이 볼 때 바울의 가르침은 하나님의 영광을 그릇된 방식으로 증진한다는 반론입니다. 본문 7절을 보면 "그러나 나의 거짓말로 하나님의 참되심이 더 풍성하여 그의 영광이 되었다면 어찌 내가 죄인처럼 심판을 받으리요"라고 하였습니다.

바울은 유대인 궤변론자들이 자기들의 반론을 이렇게 말한다고 한 것입니다.

"만일 나의 거짓말이 곧 나의 죄가 하나님의 진리의 신실하심을 영광스럽게 하는 기회가 된다면 왜 내가 죄인으로서 심판받고 정죄를 당해야 합니까?

아니 오히려 그렇기 때문에 은혜를 넘치게 하기 위하여 죄를 범할 마음을 가져야 하지 않겠습니까?"

이런 추론은 너무 뻔뻔스러운 주장입니다.

또 대담한 죄인들은 하나님의 인자하심이 항상 있다는 이유로 스스로 죄악을 자랑합니다. 8절을 보면 "또는 그러면 선을 이루기 위하여 악을 행하자 하지 않겠느냐 어떤 이들이 이렇게 비방하여 우리가 이런 말을 한다고 하니 그들은 정죄받는 것이 마땅하니라"라고 하였습니다.

바울 사도는 더 이상 논박의 형식을 취하지 않고 그들이 뭐라고 주장하든 그들에 대한 정죄가 정당하다고 말합니다.

"그들은 정죄받는 것이 마땅하니라."

이것은 하나님께 영광이 된다는 구실로 대담하게 죄를 범하는 사람들에게 적용되어야 합니다. 우리는 이런 정죄가 완고함과 자기 의로 불신앙을 자초한 유대교와 유대 민족에게 다가올 멸망을 가리키고 있다고 생각합니다. 또한, 복음적인 설교의 시금석으로도 봅니다.

복음을 표현하는데 무율법주의 입장에서 설교하고 있다는 식의 오해나 중상모략을 받을 만큼 행위로 구원이 아니라 오직 믿음으로만 구원 얻는다고 선언해야 합니다.

오직 그리스도, 오직 믿음, 오직 예수 보혈 신앙으로 살고 성령의 충만을 받고 하나님 사랑과 이웃 사랑의 율법을 즐거운 마음으로 순종하며 살기 바랍니다.

살아계신 아버지 하나님!

하나님 은혜를 감사합니다.

오늘날 예수 그리스도를 이 땅에 보내셔서 그리스도를 믿는 자에게 임하는 성령님을 통해서 성령의 충만을 받고 하나님 사랑과 이웃 사랑의 이중계명의 율법을 지킬 수 있게 하심을 감사하옵나이다.

이런 은혜를 받지 못한 유대인들, 그들은 예수님을 그리스도로 믿는 것을 거부했기 때문에 참되게 하나님의 영광을 위하여 율법을 지킬 수가 없었습니다.

그러므로 그들은 정죄받아 마땅한 것입니다. 그러므로 우리가 모두 우리 주 예수 그리스도로 말미암아 성령을 충만히 받아서 성령의 권능과 능력으로, 복음의 능력으로 하나님 사랑과 이웃 사랑의 열매 맺는 자들이 되어야 한다고 믿습니다.

오늘도 우리에게 십자가 대속의 피의 복음을 믿는 신앙을 더하여 주시고 성령으로 충만하게 해 주옵소서. 성령의 열매를 맺게 해 주옵소서. 예수님의 이름으로 기도하옵나이다. 아멘.

3. 전체 인류의 죄
(3:9-20)

79

롬 3:9-20

- 전체 인류. 다 죄 아래 있다.
  구약 인용하여 죄성 규명(9-18절).
  율법으로 말미암아 죄인 선고(19-20절).
- 그러므로 오직 십자가 대속의 피의 복음만이 구원의 길

> ⁹ 그러면 어떠하냐 우리는 나으냐 결코 아니라 유대인이나 헬라인이나 다 죄 아래에 있다고 우리가 이미 선언하였느니라 ¹⁰ 기록된 바 의인은 없나니 하나도 없으며 ¹¹ 깨닫는 자도 없고 하나님을 찾는 자도 없고 ¹² 다 치우쳐 함께 무익하게 되고 선을 행하는 자는 없나니 하나도 없도다 ¹³ 그들의 목구멍은 열린 무덤이요 그 혀로는 속임을 일삼으며 그 입술에는 독사의 독이 있고 ¹⁴ 그 입에는 저주와 악독이 가득하고 ¹⁵ 그 발은 피 흘리는 데 빠른지라 ¹⁶ 파멸과 고생이 그 길에 있어 ¹⁷ 평강의 길을 알지 못하였고 ¹⁸ 그들의 눈 앞에 하나님을 두려워함이 없느니라 함과 같으니라 ¹⁹ 우리가 알거니와 무릇 율법이 말하는 바는 율법 아래에 있는 자들에게 말하는 것이니 이는 모든 입을 막고 온 세상으로 하나님의 심판 아래에 있게 하려 함이라 ²⁰ 그러므로 율법의 행위로 그의 앞에 의롭다 하심을 얻을 육체가 없나니 율법으로는 죄를 깨달음이니라

예수님은 그리스도시오. 살아계신 하나님의 아들입니다. 예수님이 하나님의 아들 그리스도라는 증거로 십자가에서 우리 죄를 대신해서 피 흘려 죽으

시고, 죽은 자들 가운데서 부활하셨습니다.

이 예수님이 하나님의 아들, 예수님이 그리스도, 예수님이 우리 죄를 대신해서 십자가에서 피 흘려 죽으시고 부활하셨다는 복음으로 우리 인생 모든 문제가 처리되고 해답을 얻습니다. 이 복음은 모든 믿는 자에게 구원을 주시는 하나님의 능력이 됩니다. 이 하나님의 아들 예수 그리스도의 복음, 그리스도 십자가 대속의 피의 복음으로 깊이 뿌리내리기를 기원합니다.

예수님의 신성의 하나님 되심과 십자가 대속의 피의 복음을 마음 중심에 믿고 구원받은 그리스도인은 자신의 죄성에 대한 깊은 인식을 느끼는 자입니다. 억만 죄악을 가진 자기가 십자가 대속의 보혈 공로로 죄 사함을 받고 하나님과 화해되었다는 사실을 아는 것입니다.

첫 사람 아담이 하나님께 범죄하여 하나님을 떠난 이래로 아담의 생육방법으로 태어난 모든 인류는 아담의 죄를 전가 받고 사는 자가 되었습니다. 곧 아담의 원죄를 유산으로 받고 그 원죄 가운데 세상에 태어나는 것입니다.

그리하여 인류 전체는 모두 다 죄 아래 있게 되었습니다. 이런 사실을 오늘 본문에서 사도 바울은 논증하고 있습니다. 그는 먼저 구약성경을 인용하여 인간의 죄성을 규명하고(9-18절), 율법으로 말미암아 전 인류는 죄인이 되었다고 선고하고 있습니다(19-20절).

본문 9절을 보면 "그러면 어떠하냐 우리는 나으냐 결코 아니라 유대인이나 헬라인이나 다 죄 아래에 있다고 우리가 이미 선언하였느니라"라고 하였습니다.

여기서 "우리"는 유대인입니다. 바울은 지금까지 이방인들의 불의함(1:18-32)과 유대인의 죄(2:1-3:8)를 논하고 나서 "우리는 나으냐"라고 묻고 있습니다. 바울은 죄를 인류를 죄책과 심판 아래 가두어 놓고 있는 잔인한 폭군으로 의인화하고 있습니다. "결코, 아니라 유대인이나 헬라인이나 다 죄 아래에 있다고 우리가 이미 선언하였느니라"라고 하였습니다.

바울은 모든 사람이 죄와 죄책에 속박되어 있다는 이 사실을 구약성경을 인용하여 입증합니다. 유대인들은 구약을 믿었기 때문입니다. 그는 연속해서 일곱 개의 구약 인용문을 제시합니다. 시편과 이사야서의 70인역에서 취한 것으로 모두가 인간의 불의함을 서로 다른 방식으로 증거합니다.

본문 로마서 3장 10-18절 이하 말씀을 읽도록 하겠습니다.

> [10] 기록된 바 의인은 없나니 하나도 없으며 [11] 깨닫는 자도 없고 하나님을 찾는 자도 없고 [12] 다 치우쳐 함께 무익하게 되고 선을 행하는 자는 없나니 하나도 없도다 [13] 그들의 목구멍은 열린 무덤이요 그 혀로는 속임을 일삼으며 그 입술에는 독사의 독이 있고 [14] 그 입에는 저주와 악독이 가득하고 [15] 그 발은 피 흘리는 데 빠른지라 [16] 파멸과 고생이 그 길에 있어 [17] 평강의 길을 알지 못하였고 [18] 그들의 눈 앞에 하나님을 두려워함이 없느니라 함과 같으니라
> (롬 3:10-18).

이런 죄악의 묘사에는 세 가지 특징이 나타납니다(존 스토트, 『로마서 강해』 참고).

첫째, 그것은 죄의 불경함을 선포합니다. 죄의 본질은 경건치 않음입니다.

둘째, 그것은 죄의 편만함에 대해 가르쳐 줍니다. 죄는 우리의 지성과 감정과 성적 활동과 양심과 의지를 포함한 인간 본질의 모든 부분, 모든 기능과 작용에 영향을 미칩니다.

셋째, 그것은 죄의 보편성입니다.

그리고 바울은 20절에서 "그러므로 율법의 행위로 그의 앞에 의롭다 하심을 얻을 육체가 없나니 율법으로는 죄를 깨달음이니라"라고 결론을 내립니다.

우리는 바울의 이러한 결론을 참된 것으로 받아들여 우리의 죄에 대한 하나님의 진노 심판은 오직 우리를 위해 십자가에서 죽으신 예수 그리스도께로 피하는 길 이외에는 없음을 확신해야 합니다.

그러므로 오직 그리스도, 오직 믿음, 오직 예수 보혈 신앙으로 날마다 죄 사함을 받고 살며, 성령 충만 받아 하나님 사랑과 이웃 사랑의 율법을 기꺼이 지키며 순종하는 자들이 되기 바랍니다.

살아계신 아버지 하나님!

하나님 은혜를 감사합니다.

오늘도 제법 의로운 척 했으나 하나님의 말씀 앞에 섰고, 그 말씀을 들으니 우리가 완전 죄인인 것을 알고, 인간은 태어나면서부터 죄 아래 태어난 사실을 우리에게 바로 깨닫게 하시니 감사하옵나이다. 의인은 없고 하나도 없으며, 깨닫는 자도 없고 하나님을 찾는 자도 없고, 우리 목구멍은 열린 무덤이요 그 혀로는 속임을 일삼고 그 입술에는 독사의 독이 있습니다.

이런 악한 죄성으로 우리가 하나님 앞에 의롭다 함을 얻을 수가 결코 없기 때문에 우리 주 예수 그리스도께서 이 땅에 오셔서 우리의 모든 죄악을 대신 십자가에서 담당해 주시고 형벌을 받아 죽으심으로 인하여 그 죽음을 통해서 우리가 의롭다 하심을 받는 대속의 의를 우리에게 주심을 감사하옵나이다.

오늘도 예수의 피를 힘입고 거룩함을 입어서 은혜의 보좌 앞에 담대히 나아가 기도하오니 예수 그리스도의 보혈을 통해서 성령의 충만을 부어 주시어 거룩하신 하나님의 율법을 기꺼이 지키고 순종하도록 우리를 붙들어 주옵소서.

예수님의 이름으로 기도하옵나이다. 아멘.

80

롬 3:10

- "의인은 없나니 하나도 없으며"
  인간의 전적 부패.
  죄의 보편성.
- 예수 그리스도 십자가 대속의 보혈만이 구원의 길

¹⁰ 기록된 바 의인은 없나니 하나도 없으며

예수님은 그리스도시오. 살아계신 하나님의 아들입니다. 예수님이 하나님의 아들 그리스도라는 증거로 십자가에서 우리 죄를 대신해서 피 흘려 죽으시고, 죽은 자들 가운데서 부활하셨습니다.

이 예수님이 하나님의 아들, 예수님이 그리스도, 예수님이 우리 죄를 대신해서 십자가에서 피 흘려 죽으시고 부활하셨다는 복음으로 우리 인생 모든 문제가 처리되고 해답을 얻습니다. 이 복음은 모든 믿는 자에게 구원을 주시는 하나님의 능력이 됩니다. 이 하나님의 아들 예수 그리스도의 복음, 그리스도 십자가 대속의 피의 복음으로 깊이 뿌리내리기를 기원합니다.

예수님의 신성의 하나님 되심과 십자가 대속의 피의 복음을 마음 중심에 믿고 구원받은 신자는 자신의 악한 죄성에 대한 깊은 이해와 인류의 죄에 대한 보편성을 알아야 합니다. 그래야 십자가 대속의 피의 복음의 귀중성을 더 깊이 자각하여 예수 보혈 신앙으로 살고, 또 세상을 향하여 오직 예수 그리스도와 십자가에 못 박히신 그리스도만을 믿고 구원을 받으라고 전하는 자가 될 수 있습니다.

오늘날 큰소리치는 그리스도 교회 안팎의 자유주의 신자들의 가장 큰 문제점이 바로 죄의식의 상실입니다. 그들은 자신의 전적 부패와 타락을 믿지 않습니다. 그러므로 하나님의 의로우신 심판에 죄 사함을 받지 못합니다. 이들은 천국에 들어갈 수 없는 자들입니다.

이 황량한 세상에서 모든 문제의 기본은 항상 죄에 있습니다. 그리고 이 죄는 그리스도 십자가 대속의 피로써만 구원을 얻습니다. 다른 길은 없습니다. 이것이 우리가 날마다 주장하는 신성의 하나님의 아들의 대속의 십자가 죽음의 피의 복음인 것입니다.

오늘 본문에서 사도 바울은 이 사실에 대해 매우 고전적인 원리를 선언합니다. 곧 전 인류에 대한 죄의 보편성을 선언합니다.

로마서 3장 10절을 보면 "기록된 바 의인은 없나니 하나도 없으며"라고 하였습니다. 이 바울의 선언은 죄의 보편성을 입증하는 가장 좋은 말씀입니다. 세상에는 '훌륭한' 또 '선한' 사람이 있는 것 같지만 성경은 "의인은 하나도 없다"라고 합니다.

죄는 한 사람의 예외도 없이 보편적입니다. 첫 사람 아담의 타락 이후 아담에서 나오는 모든 인류는 아담의 원죄에서 벗어나는 사람은 한 사람도 없는 것입니다. 이것을 입증하는 고전적인 증거가 오늘 본문입니다.

"의인은 없나니 하나도 없다"는 10절 말씀은 12절까지 서론적으로 전 인류의 범죄 상태를 논하는 것입니다.

"이는 인생에 대한 완전한 고소장입니다."

이 10절의 말씀은 구약성경 시편 14편 1절에서 3절, 이사야서 53장

1절에서 3절에서 취한 말씀입니다.

바울 사도가 우리에게 말하는 요점은 "의인은 없나니 하나도 없다"는 것이었습니다. 여기서 인간이 의롭게 된다는 것은 하나님과 이웃에 대하여 흠이나 책망받을 것이 전혀 없다는 것을 뜻하는 것입니다.

다시 말하면 "의"란 하나님의 율법을 완벽하게 지키는 삶을 영위하는 것, 하나님께서 사람에게 바라시는 대로 삶을 영위하는 것입니다. 그러므로 때로 사람들이 그 사람은 매우 의롭다고 말하는 것은 "여기서 말하는 의"가 아닙니다.

"의"란 하나님과 하나님의 율법에 대한 인간의 관계 차원에서 규명해야 합니다. 의롭게 된다는 것은 하나님의 율법을 절대적으로 준행하는 것을 의미하는 것입니다.

바울은 인간이 타락한 이후 이런 의인은 단 한 사람도 없었다고 말하고 있습니다. 인간은 언제나 하나님과의 관계에서, 이웃과의 관계에서 실패하였습니다. 그래서 그리스도 십자가 대속의 피의 복음이 필요한 것입니다.

오직 신성의 하나님의 아들 예수 그리스도께서 지상에서 적극적으로 율법을 다 지키시고, 또 소극적으로 인간들이 지키지 못한 율법의 죄의 형벌을 십자가 대속의 죽음으로 담당하셨습니다. 그리고 "다 이루었다"라고 십자가 위에서 선언하시고 운명하셨습니다.

그러므로 오직 그리스도, 오직 믿음, 오직 예수 보혈의 의만 믿고 죄사함을 받으며 그리스도의 의로 의인이 되고(칭의), 성령 충만 받아 하나님 사랑과 이웃 사랑의 율법을 지키며 사는 자가 그리스도인이 되는 것입니다.

살아계신 아버지 하나님!

하나님 은혜를 감사합니다.

의인은 없나니 하나도 없다는 바울의 선언 말씀을 듣고 이 진리 말씀 앞에서 우리가 십자가에 못 박힌 그리스도 앞에 부복합니다. 과거에는 우리가 제법 의롭다 하는 생각을 가졌으나, 십자가 대속의 피의 복음을 마음 중심에 받고 빛 되신 그리스도께서 우리 안에 들어오심으로 인하여 우리 안에 더럽고 억만 죄악인 자기 자신을 발견하고 죄악 세상을 알게 되고 깨닫게 된 것을 우리가 믿습니다.

오늘도 우리 자신이 예수 그리스도와 함께 십자가에 못 박힌 자가 되어서 오직 그리스도를 믿는 믿음으로 살아 죄를 정복하고, 하나님 사랑과 이웃 사랑의 전도자 삶을 살 것이며, 죄악 세상에서 죄로 인하여 멸망당한 인류들에게, 이웃들에게 예수 그리스도의 하나님의 아들 되심과 십자가 대속의 피의 복음을 증거하며 전하는 전도자의 삶으로 살아가게 하여 주옵소서.

예수님의 이름으로 기도하옵나이다. 아멘.

81

롬 3:11

- "깨닫는 자도 없고"
  영적 진리를 이해하지 못한다는 뜻.
- 영적 존재의 개념이 없다.
  죄에 대한 이해, 하나님의 진노와 구원 방식, 영적인 감각, 영원한 운명 개념이 없다.
  예수 그리스도와 십자가 대속의 보혈을 믿고 중생하라.

> **11** 깨닫는 자도 없고 하나님을 찾는 자도 없고

예수님은 그리스도시오. 살아계신 하나님의 아들입니다. 예수님이 하나님의 아들 그리스도라는 증거로 십자가에서 우리 죄를 대신해서 피 흘려 죽으시고, 죽은 자들 가운데서 부활하셨습니다.

이 예수님이 하나님의 아들, 예수님이 그리스도, 예수님이 우리 죄를 대신해서 십자가에서 피 흘려 죽으시고 부활하셨다는 복음으로 우리 인생 모든 문제가 처리되고 해답을 얻습니다. 이 복음은 모든 믿는 자에게 구원을 주시는 하나님의 능력이 됩니다. 이 하나님의 아들 예수 그리스도의 복음, 그리스도 십자가 대속의 피의 복음으로 깊이 뿌리내리기를 기원합니다.

예수님의 신성의 하나님 되심과 십자가 대속의 피의 복음을 마음 중심에 믿고 구원받은 그리스도인은 그가 구원받기 전에 느끼고 자각하

던 것과는 그 본질과 종류가 전혀 다른 새로운 내적인 감각과 지각으로 살아간다고 말할 수 있습니다.

하나님의 구원하시는 역사를 받은 신자들은 인간 본성과 이성과 의지로는 도저히 만들어 낼 수 없는 전혀 새로운 차원의 지각을 갖게 됩니다. 이것은 정신에서 새롭게 일어나는 신령한 감각이고, 마치 미각이 다른 감각과 전혀 다른 것처럼 이전에 정신으로 느끼던 것들과는 본질에서 전혀 다른 새로운 종류의 지각과 신령한 감각입니다.

이러한 새로운 내적인 감각과 지각은 오직 성령님의 주권적이고 초자연적 역사로만 누릴 수 있습니다. 그래서 기독교는 자력 구원이 아닌 은혜의 종교인 것입니다. 이때 인간이 성령의 조명을 떠나서는 기독교나 성경의 교훈을 이성적으로 이해할 수 없다는 뜻은 아닙니다. 학문적으로는 이해할 수 있습니다.

미국의 유명한 20세기 강해 설교가 몽고메리 보이스가 이런 이야기를 했습니다. 그가 미국 하버드대학교에 있을 때 어떤 교수들은 그리스도인이 아니면서도 기독교 교리들을 얼마나 탁월하게 가르치고 그리스도인들조차 강의를 듣고는 감화를 받았고 믿지 않는 학생들은 심지어 기립 박스까지 칠 정도였습니다. 그러나 그 교수들은 자기들이 가르치는 내용을 믿지 않았습니다.

만약 그들이 강의한 내용을 개인적으로는 어떻게 생각하느냐고 질문을 받았다면 터무니없는 내용이라고 대답했을 것입니다. '영적'이지 못한 그들이 기독교를 이해할 수 없다는 것은 바로 이런 뜻에서였습니다.

오늘 본문에서 사도 바울은 이런 '영적' 진리에 대한 것을 한마디로 "깨닫는 자도 없고"라고 말하고 있습니다. 본문 로마서 3장 11절 전단을 보면 "깨닫는 자도 없고"라고 하였습니다. 여기서 바울이 "깨닫는 자도 없고"라고 말할 때 영적 진리를 이해하지 못한다는 뜻이요 하나님께 속한 일들을 이해하지 못한다는 뜻입니다.

물론 앞서 본 예화처럼 세상적이고, 세속적이며, 육적인 이해는 갖고 있습니다. 그러나 죄의 결과로 영적인 감관들이 죽었기 때문에 그들은 "영적인 깨달음"을 갖지 못한 것입니다. 지성이 타락했고, 부패하고, 왜곡되었습니다.

이런 모습은 오늘날 기독교를 부정하는 사람들에 대한 완벽한 묘사입니다. 이 사람들은 하나님에 관한 진리를 아는 총명이 없습니다. 그들의 생각에 전혀 하나님이 계시지 않습니다.

또 이런 사람들은 자신에 대한 이해도 부족합니다. 자신의 본성과 자신의 영적 특성에 대해서도 잘 깨닫지를 못합니다. 이 사람들은 영혼이라는 성경의 진술을 좋아하지 않습니다. 그들은 자기가 동물로부터 진화했다고 말하고 동물에게 속해 있다고 합니다.

또 이 사람들은 죄에 대한 이해도 전혀 갖고 있지 못합니다. 자기 자신의 타락한 죄의 본성을 이해하지 못합니다. 또한, 하나님의 진노와 하나님의 구원 방식에 대한 이해도 전혀 없습니다. 그리고 인간들이 추구하는 진정한 행복에 대한 이해도 전혀 갖고 있지 않습니다. 자기는 행복에 대해 전문가라고 생각하나 참된 행복이 무엇인가에 대한 개념이 없습니다.

그러므로 당연히 하늘에 속한 기쁨, 신령한 기쁨을 소유하는 구원에 대해서도 전혀 알지 못합니다. 무엇보다도 그들은 자기의 영원한 운명에 대한 개념도 갖고 있지 않습니다. 그것에 대해 생각하기를 좋아하지 않고 싫어하고, 죽으면 모든 것이 끝날 것이라고 믿고, 또 믿고 싶어 합니다.

성경은 이런 모습을 "깨닫는 자도 없고"라고 하는 것입니다. 불신자들은 사실은 영적으로 죽어 있는 자들입니다. 하나님께서 보내신 독생자 예수 그리스도를 믿을 때 그 안에 영적 생명이 생기고 영적 감관들은 살아납니다. 이것은 성령님의 역사로만 가능합니다.

성령의 역사로 예수 그리스도를 믿고 영접하여 중생한 그리스도인은 성부·성자·성령 삼위 하나님께 감사하며 영광을 돌리기 바랍니다. 모두 하나님의 은혜이기 때문입니다. 성령의 충만을 받고 예수님이 하나님의 아들, 예수님이 십자가에 못 박히신 그리스도이심을 증거하는 전도자로 살기 바랍니다.

살아계신 아버지 하나님!
하나님 은혜를 감사합니다.
오늘 주신 말씀대로 "깨닫는 자도 없고"라고 말합니다. 세상에는 영적 진리, 하나님과 살아계신 하나님의 아들에 대한 지식이 전혀 없고 이해하지 못합니다. 그들은 영적인 감각이 죽어 있고 육신적인 감각만 살아 있기 때문에 동물적인 생각 속에서 살아갑니다.

그러므로 그들은 자기 자신이 누구인지도 모르고, 어디서부터 와서 어디로 가는지 알지 못하고, 자기 자신의 운명에 대해서도 이해하지 못하고, 그러나 그것을 두려워하면서도 해결할 방법도 없고, 우상 숭배 속에서 살아갑니다. 그런 모습을 성경은 "깨닫는 자도 없고"라고 합니다. 이것은 그들의 영적 감각이 죽어 있어 죄의 질병에 걸려 있기 때문이라고 믿습니다.

그러므로 신성의 하나님의 아들 예수 그리스도의 십자가 대속의 피를 통해서만 구원을 얻는다는 십자가 보혈의 영혼 치료약을 그들이 받도록 은혜를 베풀어 주옵소서. 먼저 이 복음을 받은 우리에게 권능을 주셔서 이 십자가 대속의 피의 복음을 때를 얻든지 못 얻든지 전하게 하여 주옵소서.

예수님의 이름으로 기도하옵나이다. 아멘.

82

롬 3:11

- "하나님을 찾는 자도 없고"
  하나님에 관한 관심, 하나님에 대한 욕구가 전혀 없다는 뜻이다.
- 육에 속한 심령은 하나님을 찾지 않고 하나님에 관해 적대적이다.
  인간은 하나님으로부터 도피한다.
  그러나 하나님은 먼저 인간을 찾으셨다.
  하나님의 의, 예수 그리스도의 의, 십자가 대속의 보혈의 의를 주신다.

> **11** 깨닫는 자도 없고 하나님을 찾는 자도 없고

예수님은 그리스도시오. 살아계신 하나님의 아들입니다. 예수님이 하나님의 아들 그리스도라는 증거로 십자가에서 우리 죄를 대신해서 피 흘려 죽으시고, 죽은 자들 가운데서 부활하셨습니다.

이 예수님이 하나님의 아들, 예수님이 그리스도, 예수님이 우리 죄를 대신해서 십자가에서 피 흘려 죽으시고 부활하셨다는 복음으로 우리 인생 모든 문제가 처리되고 해답을 얻습니다. 이 복음은 모든 믿는 자에게 구원을 주시는 하나님의 능력이 됩니다. 이 하나님의 아들 예수 그리스도의 복음, 그리스도 십자가 대속의 피의 복음으로 깊이 뿌리내리기를 기원합니다.

예수님의 신성의 하나님 되심과 십자가 대속의 피의 복음을 마음 중심에 믿고 구원 얻은 그리스도인은 자신의 구원에 대한 하나님의 전적

은혜에 무한 감사하며 사는 자입니다.

첫째, 자신과 같은 억만 죄악을 가진 죄인을 구원하시다니 놀랍다는 구원의 감사입니다.

둘째, 자신의 구원은 하나님께서 먼저 자신을 찾아오신 결과라는 것입니다.

돌이켜 볼 때 자신이 질병이나 극한 고통과 역경의 환경에 처해 나갈 길이 없었을 때 하나님은 구원을 위해서 하나님을 찾고 하나님을 바라보도록 자신을 이끌고 계셨다는 것입니다.

특히, 이 두 번째 사실에 대해 우리는 하나님과 그리스도께 만강의 감사를 드립니다. 우리는 하나님에 관한 관심도 없었고, 하나님을 찾지도 않았으며, 때로 하나님께 적대적 감정을 가졌으나, 하나님은 먼저 우리를 찾으셨습니다.

우리는 하나님을 무시했지만, 하나님은 쉬지 않고 우리를 찾으셨습니다. 하나님께서 우리를 찾지 않으셨다면 우리는 영원히 잃어버린 자가 되었을 것입니다. 우리는 영원히 길 잃은 자였습니다. 우리 스스로 하나님과 그리스도께로 절대 돌아가는 일이 없었을 것입니다.

사도 바울은 인간의 범죄 결과로 인간의 보편적 상태에 관해 세 번째 관점을 말합니다. 그것은 "하나님을 찾는 자도 없다"는 것이었습니다.

본문 로마서 3장 11절 후단을 보면 "하나님을 찾는 자도 없고"라고 하였습니다. 이 말씀은 하나님에 관한 관심, 하나님에 대한 욕구가 도

무지 없다는 것입니다.

사도 바울이 "하나님을 찾는다"라고 말했을 때 하나님을 소원하는 것, 하나님을 알고 싶어 하는 소원, 하나님을 즐기고 싶어 하는 소원을 뜻하는 것입니다. 하나님을 경배하고 기도함으로 하나님을 찾는 소원을 뜻하고 있습니다.

그런데 오늘 본문에서 "하나님을 찾는 자도 없고"라고 말하였습니다. 바울 사도의 말이었습니다. 인간은 타락의 결과로 죄 아래 있으므로 그처럼 하나님을 찾지 않는다고 말하였습니다. 로마서 8장에서도 "육신의 생각은 하나님과 원수가 되나니 이는 하나님의 법에 굴복하지 아니할 뿐 아니라 할 수도 없음이라"(롬 8:7)라고 하였습니다.

육신의 생각은 하나님과 원수가 됩니다. 그러므로 육신의 생각은 하나님을 구하지 않습니다. 있는 힘을 다해서 하나님을 피하려 하고 하나님으로부터 도망치려 합니다. 그러나 이때 어떤 사람들은 어려울 때 하나님께 기도합니다.

그것이 하나님을 찾는 것이 아닙니까?

그에 대해 바울의 답변은 "아니다"입니다. 하나님을 찾는 것은 기계적으로 기도를 드리는 것을 뜻하지 않습니다. 하나님을 찾는다는 것은 어떤 것을 사실상 고대하고 있는 것을 뜻합니다. 하나님을 만나려고 애쓰며, 하나님의 면전으로 들어가서 하나님의 임재를 원하는 것입니다.

바울은 이런 방식으로 하나님을 찾는 자가 하나도 없다고 말한 것입니다. 하나님을 찾는다는 것은 하나님을 소원하다는 것입니다. 하나님을 알고, 사랑하고, 하나님의 영광을 위해 사는 것을 삶의 최고 목적으로 삼는 것을 뜻합니다.

과연 이런 의미에서 타락하여 죄 아래 있는 인간은 "하나님을 찾는 자가 없었습니다." 그런데 여러분 가운데 우리는 그리스도인들로서 하나님을 찾고 있다고 주장할 것입니다. 그러나 그것은 하나님께서 먼저 우리를 찾으셨기 때문에 가능한 것입니다.

우리 혼자 내버려 두면 하나님을 결코 찾지 않습니다. 하나님은 그 아들 예수 그리스도를 보내셔서 우리를 찾으셨습니다. 십자가 대속의 죽음을 통한 그리스도 보혈의 의를 우리에게 주셨습니다. 이것은 하나님의 의로서 예수 그리스도의 의이며 우리 구원의 토대입니다.

> 하나님이 세상을 이처럼 사랑하사 독생자를 주셨으니 이는 그를 믿는 자마다 멸망하지 않고 영생을 얻게 하려 하심이라(요 3:16).

하나님이 먼저 우리를 사랑했고, 우리를 찾아 이 세상에 오셨습니다. 우리는 결코 하나님을 찾지 않았으나 하나님이 우리를 찾아오셨습니다.

> 미쁘다 모든 사람이 받을 만한 이 말이여 그리스도 예수께서 죄인을 구원하시려고 세상에 임하셨다 하였도다(딤전 1:15).

그러므로 오직 그리스도, 오직 믿음, 오직 예수 보혈 신앙으로 하나님께 나아가고, 성령 충만 받아 하나님 사랑과 이웃 사랑의 전도자로 살기 바랍니다. 하나님 추구는 그리스도인의 본분입니다.

살아계신 아버지 하나님!

하나님 은혜를 감사합니다.

사도 바울은 하나님을 찾는 자가 없다고 합니다. 과연 모든 인간은 타락해서 하나님을 떠났습니다. 하나님에 관한 관심도 없고, 욕구도 없고, 도리어 하나님에 대한 적대감을 갖고 사는 것이 인간들의 모습입니다.

그러나 하나님은 우리를 사랑하셔서 우리를 찾아오셨은즉 하나님께서 그의 아들 예수 그리스도를 보내셔서 우리를 찾고, 성령님을 통해서 십자가에 못 박힌 그리스도를 믿도록 우리에게 감동을 주심으로 우리가 하나님을 만나 알고 하나님을 소원하는 자가 되었음을 무한 감사하옵나이다. 모든 것이 하나님께로부터 나서 하나님을 위하고 하나님께로 돌아갑니다.

오늘도 이 주신 은총을 감사하면서 마음과 뜻과 정성을 다하여 하나님을 사랑하는 자들이 되도록 믿음을 더하여 주시고 은혜를 더하여 주옵소서. 그리고 하나님을 사랑하는 증거로 이웃 사랑을 실천하는 자들이 되게 하여 주옵소서.

예수님의 이름으로 기도하옵나이다. 아멘.

83

롬 3:12

- "다 치우쳐 함께 무익하게 되고"
  그릇된 길로 갔다.
  무익하다·선을 행하는 자 없다·죄가 주장한다.
  죄의 보편성.
- 거듭나야(重生) 한다.
  오직 그리스도, 오직 믿음, 오직 예수 보혈, 오직 성령, 오직 하나님의 영광을 위하여 살라.

12 다 치우쳐 함께 무익하게 되고 선을 행하는 자는 없나니 하나도 없도다

예수님은 그리스도시오. 살아계신 하나님의 아들입니다. 예수님이 하나님의 아들 그리스도라는 증거로 십자가에서 우리 죄를 대신해서 피 흘려 죽으시고, 죽은 자들 가운데서 부활하셨습니다.

이 예수님이 하나님의 아들, 예수님이 그리스도, 예수님이 우리 죄를 대신해서 십자가에서 피 흘려 죽으시고 부활하셨다는 복음으로 우리 인생 모든 문제가 처리되고 해답을 얻습니다. 이 복음은 모든 믿는 자에게 구원을 주시는 하나님의 능력이 됩니다. 이 하나님의 아들 예수 그리스도의 복음, 그리스도 십자가 대속의 피의 복음으로 깊이 뿌리내리기를 기원합니다.

예수님의 신성의 하나님 되심과 십자가 대속의 피의 복음으로 깊이 뿌리를 내린다는 것은 하나님의 은혜로 되는 일입니다. 곧 성령님의 역사로 됩니다. 예수님은 "사람이 물과 성령으로 나지 아니하면 하나님의 나라에 들어갈 수 없느니라"(요 3:5)고 말씀하셨습니다.

물론 거듭나지 못한 사람은 자신의 전적으로 부패된 죄성을 인정하고, 죄에서 돌이켜 십자가에 못 박히신 그리스도께로 향하여 은혜를 구해야 합니다. 세리처럼 "하나님이여 불쌍히 여기소서 나는 죄인이로소이다"(눅 18:13)라고 엎드려 기도해야 합니다.

이처럼 자신의 타락한 죄성을 인정하고 세리처럼 엎드려 기도한다면 반드시 구원을 얻을 것입니다. 예수님은 세리가 "의롭다 하심을 받고 그의 집으로 내려갔느니라"(눅 18:14)고 하셨기 때문입니다.

인간이 타락한 죄성을 자각한 것부터가 하나님의 은혜입니다. 그리고 세리처럼 엎드려 자신이 억만죄인인 것을 자각한 것은 더욱 큰 하나님의 은혜입니다. 이런 하나님의 은혜가 우리 모두에게 임하기를 소원합니다.

중생한 자나 중생하지 못한 자나 모두 회개해야 합니다. 중생하지 못한 자는 실로 인생에 한 번 있을 회심의 은혜가 임해야 하고, 이미 중생한 자는 날마다 하나님의 율법대로 살지 못한 죄를 하나님 앞에 자백해야 합니다. 성경은 중생 자의 회개를 주로 "자백"으로 표현합니다(요일 1:9). 그러나 때로는 회개라는 말로 쓰는 때도 있습니다.

그리스도인에게 있어서 회개보다 중요한 것은 없습니다. 회개가 없으면 하나님과 관계가 막히고 깨어지기 때문입니다. 회개는 하나님의 최고의 은혜입니다. 우리는 날마다 회개해야 합니다. 회개는 계속적인 과정입니다. 지체하지 말고 회개하기 바랍니다.

우리는 오늘 본문에서 아담 이후 인간의 보편적인 죄의 모습을 보면서 비록 우리가 중생했다 하더라도 우리의 타락한 행실을 바르게 인식해야겠습니다.

본문 로마서 5장 12절을 보면 "다 치우쳐 함께 무익하게 되고 선을 행하는 자는 없나니 하나도 없도다"라고 하였습니다.

사도 바울은 인간이 본질상 어떠한 존재인가를 보편적으로 묘사하고 있습니다. "다 치우쳐"라고 합니다. 진리의 길, 하나님께서 인간에게 지정해 놓으신 길에서 벗어났다는 말입니다. 그릇된 길로 갔습니다. 그리하여 "함께 무익하게 되고"라고 하였습니다. 하나님의 길에서 떠난 자들은 곧 무용지물로서 땅에서 백해무익한 자가 되었습니다. 가치가 없다는 말입니다.

혹자는 그리스도인이 아니면서 선을 많이 행하는 사람을 언급할 수 있습니다. 그러나 구원의 입장에서 우리 각 개인은 모두 다 주 예수 그리스도 안에 있는 하나님의 은혜가 아니고서는 전적으로 선함도 없고, 전적으로 무익하다는 것입니다. "우리의 의는 다 더러운 옷 같으며"(사 64:6)라고 합니다.

또 "선을 행하는 자는 없나니 하나도 없도다"라고 하였습니다.

여기서 "선"은 무엇입니까?

선이란 하나님의 영광을 위해서 어떤 것을 행하는 것을 의미합니다. 본성적으로 선한 사람은 하나님의 영광을 위해 일을 하지 않습니다. 자기의 영광과 만족을 위해서 일합니다. 그 점 때문에 쓸모가 없는 것입니다.

인간은 전적으로 부패되었습니다. 예수님은 스스로 구원 얻을 능력이 없음을 말씀하셨습니다. "육으로 난 것은 육이요 영으로 난 것은 영이니"(요 3:6)라고 하셨습니다. 그리하여 놀라운 말씀을 하셨습니다.

내가 네게 거듭나야 하겠다 하는 말을 놀랍게 여기지 말라(요 3:7).

타락한 인간, 전적 부패의 인간은 성령의 능력으로 거듭나야 합니다. 예수님을 그리스도로 믿고 그리스도 안에 들어와 그리스도와 연합해야 합니다. 성령께서 하시는 일입니다. 하나님의 인류 구원 방식은 그리스도 안에서 새로운 인류의 창조입니다. 예수님을 하나님 아들 그리스도로 믿고 죄 사함 받아 그리스도와 연합하는 것입니다.

오직 그리스도, 오직 믿음, 오직 예수 보혈 신앙으로 살고, 성령 충만 받아 하나님의 영광을 위하여 하나님 사랑과 이웃 사랑의 전도자로 살기 바랍니다.

살아계신 아버지 하나님!

하나님 은혜를 감사합니다.

우리가 예수님을 하나님의 아들로 믿고 변화되어 새사람이 되지 않는 한 하나님의 영광을 위하여 살 수 없는 자인 것을 오늘 말씀을 통해서 확신하게 되었습니다.

우리는 하나님의 말씀 앞에 설 때에야 비로소 자기 자신이 어떠한 모습인가를 바로 알게 되는데, 우리 타락한 인간들은 다 치우쳐 함께 무익하게 되고 그릇된 길로 가서 선을 행하는 자가 없다고 성경은 말합니다. 선인은 하나님의 영광을 위하여 하나님의 일을 하는데, 타락한 인간은 자기 영광과 자기만족을 위하여 일하기 때문에 쓸모없는 자가 됩니다.

오늘도 회개하여 참되게 하나님의 아들 예수 그리스도를 마음 중심에 모시고, 그 믿음을 통해서 하나님의 영광을 위하여 살도록 성령님이여, 우리를 주장하시고 다스려 주시옵소서.

예수님의 이름으로 기도하옵나이다. 아멘.

롬 3:13-14

- 말로 짓는 죄, 목구멍은 열린 무덤·혀로는 속임을 일삼음·입술에 독사의 독이 있고·입에 저주와 악독함이 가득하다.
  죄 아래 있는 사람의 말.
- 예수님을 하나님의 아들로 믿어 죄 사함을 받고 그리스도와 연합하라.
  성령 충만, 그리스도 충만, 사랑 충만, 거룩 충만 받고 서로 사랑하라.

> ^{13} 그들의 목구멍은 열린 무덤이요 그 혀로는 속임을 일삼으며 그 입술에는 독사의 독이 있고 ^{14} 그 입에는 저주와 악독이 가득하고

예수님은 그리스도시오. 살아계신 하나님의 아들입니다. 예수님이 하나님의 아들 그리스도라는 증거로 십자가에서 우리 죄를 대신해서 피 흘려 죽으시고, 죽은 자들 가운데서 부활하셨습니다.

이 예수님이 하나님의 아들, 예수님이 그리스도, 예수님이 우리 죄를 대신해서 십자가에서 피 흘려 죽으시고 부활하셨다는 복음으로 우리 인생 모든 문제가 처리되고 해답을 얻습니다. 이 복음은 모든 믿는 자에게 구원을 주시는 하나님의 능력이 됩니다. 이 하나님의 아들 예수 그리스도의 복음, 그리스도 십자가 대속의 피의 복음으로 깊이 뿌리내리기를 기원합니다.

예수님의 신성의 하나님 되심과 십자가 대속의 피의 복음을 마음 중심에 믿고 예수 그리스도와 연합하여 새사람이 된 그리스도인은 언어

와 삶의 방식에 있어서 당장 옛사람과 다른 사람이 됩니다. 언어가 거룩해지고 모든 착함과 의로움과 진실함의 열매를 맺는 빛의 자녀로 성장해 갑니다.

저도 여전히 제 안에 죄가 잔존해 있는 자로서 날마다 생각과 입술을 지키는 치열한 영적 전쟁을 수행하고 있는 사람입니다. 불완전한 존재이나 복음의 능력, 하나님의 능력으로 진실하게 살고자 하고, 또 사람을 미워하지 않고 사랑하고자 날마다 이름을 거론하며 사랑하도록 기도하고 있습니다.

기도하지 않으면 언제든지 시험에 드는 경우가 다반사입니다. 그래서 예수님의 가르치시는 주기도문대로 시험에 들지 않게 항상 기도하고 있습니다. 그러나 우리에게 시험은 항상 찾아옵니다. 그리스도인에게 시험은 체질에 타고 난 것 같습니다. 마귀가 우리를 시험하지 않으면 죄의 저항력을 상실하고 말기 때문입니다. 끊임없이 우리는 죄와 사탄의 세력과 소천하는 순간까지 싸워야 하는 존재입니다.

바울 사도는 오늘 본문에서 중생하기 전의 죄 아래 있는 인간의 "말로 짓는 죄"를 언급함으로써 우리를 경성시킵니다. 바울은 "말로 짓는 죄"에 대하여 그 타락성을 적나라하게 열거합니다.

오늘 본문 로마서 3장 13-14절을 보면 "[13] 그들의 목구멍은 열린 무덤이요 그 혀로는 속임을 일삼으며 그 입술에는 독사의 독이 있고 [14]그 입에는 저주와 악독이 가득하고"라고 합니다. 우리의 삶을 들여다 볼 때 먼저 나타나는 타락성은 말로 드러나는 죄입니다. 바울은 이렇게 출발합니다.

"그들의 목구멍은 열린 무덤이요"라고 합니다. 구약의 말씀을 인용하는 것입니다. 만일 몇 주 전에 묻혀 있는 무덤을 열면 썩은 냄새가 구역질 나도록 날 것입니다. 이것이 바로 죄 아래 있는 사람의 목구멍의 조건이라는 것입니다.

> 이는 마음에 가득한 것을 입으로 말함이라 (마 12:34).

마음이 그러하니 그러한 류의 냄새가 나는 것입니다.

또 바울은 "그 혀로는 속임을 일삼으며"라고 합니다. 거짓을 말하고, 아첨하며, 진실하지 못하면서도 진실한 척하며, 만나기 싫어하면서도 마치 만나고 싶었던 것처럼 기뻐하며, 그들을 존경하는 체하나 언제나 그들을 비판한다는 것입니다.

또 바울은 "그 입술에는 독사의 독이 있고"라고 합니다. 입술에는 꿀을 떨어뜨리지만 그 아래에는 독이 있습니다. 혀는 죽이는 독이 가득합니다. 이 독은 그들이 비난할 때 그들의 이웃의 선한 평판을 단숨에 날려 버리고 거짓 증거를 통해 그 삶을 박살내 버릴 정도로 극히 악랄하고 치명적인 독입니다.

끝으로 바울은 "그 입에는 저주와 악독이 가득하고"라고 합니다. 죄 가운데 있는 모든 인류는 다 하나님을 저주하는 죄를 짓고 있습니다. 또 악독으로 다른 사람을 저주하고, 맹세하고, 불의하고, 복수하려 하고, 다른 사람을 헐뜯는 말을 하고 있습니다. 이 모든 것이 우리에게 해당된다고 성경은 말합니다. 죄와 타락의 결과 때문입니다.

야고보 사도도 한 장 전체를 "혀"에 대하여, 혀를 사용하는 문제에 관해 썼습니다. 야고보서 3장에는 혀에 대한 무서운 일들이 기록되어 있습니다.

> 혀는 곧 불이요 불의의 세계라 혀는 우리 지체 중에서 온몸을 더럽히고 삶의 수레바퀴를 불사르나니 그 사르는 것이 지옥 불에서 나느니라(약 3:6).

그리스도인은 날마다 싸워야 할 영적 전쟁터가 생각, 마음, 입술인 것을 기억해야 합니다. 모든 지킬 만한 것 중에 마음을 지키고, 또 마음에서 나오는 입술을 지켜야 합니다. 죄 아래 있는 인간은 말로서 수많은 죄를 범하고 있습니다.

말로 짓는 죄는 마음에서 나오는 것이기 때문에 타락한 인간의 마음이 예수 그리스도의 보혈로 씻김을 받을 때 거룩한 입술이 될 수 있습니다. 예수님을 하나님의 아들로 믿고 죄 사함을 받아 그리스도와 연합하는 자만이 지옥 불을 끌 수 있는 은혜를 얻을 수 있습니다.

그러므로 오직 그리스도, 오직 믿음, 오직 예수 보혈 신앙으로 살고, 성령 충만 받아 거룩한 삶을 살고 하나님 사랑과 이웃 사랑의 전도자로 살기 바랍니다.

살아계신 아버지 하나님!

하나님 은혜를 감사합니다.

오늘 말로 짓는 죄에 대한 말씀을 들으면서 과연 우리는 타락한 마음을 갖는 자로서 우리 안에 악한 죄성들이 가득 참으로 인하여 우리가 입을 벌렸다 하면 독사의 독이 있는 말들이 나오고, 혀로는 속임을 일삼고, 우리 입에는 저주와 악독이 가득한 존재인 것을 하나님의 말씀을 통해서 알게 하시니 감사합니다.

오늘도 이런 악한 죄성의 마음이 예수 그리스도와 함께 십자가에 못 박아 죽은 자가 되지 않으면 우리 안에 있는 것들이 그대로 나타나오니, 십자가에 못 박히신 그리스도를 마음 중심에 믿고 그리스도와 연합해서 내가 사는 것이 아니라 오직 내 안에 그리스도께서 사심으로 인하여 그리스도로 말미암아 선한 말이 나오고, 진정으로 사랑하고, 또 봉사하고 섬기는 귀한 은총의 말과 입술과 행동이 되도록 우리의 삶을 주관하시고 성령으로 충만케 하여 주옵소서.

예수님의 이름으로 기도하옵나이다. 아멘.

85

롬 3:15-17

- 행동의 죄.
  그의 발은 피 흘리는 데 빠름.
  파멸과 고생의 길·평강의 길에 대한 무지.
- 다 죄 아래 있기 때문이다.
  그리스도 십자가 대속의 보혈의 길이 있다.

> ¹⁵ 그 발은 피 흘리는 데 빠른지라 ¹⁶ 파멸과 고생이 그 길에 있어 ¹⁷ 평강의 길을 알지 못하였고

예수님은 그리스도시오. 살아계신 하나님의 아들입니다. 예수님이 하나님의 아들 그리스도라는 증거로 십자가에서 우리 죄를 대신해서 피 흘려 죽으시고, 죽은 자들 가운데서 부활하셨습니다.

이 예수님이 하나님의 아들, 예수님이 그리스도, 예수님이 우리 죄를 대신해서 십자가에서 피 흘려 죽으시고 부활하셨다는 복음으로 우리 인생 모든 문제가 처리되고 해답을 얻습니다. 이 복음은 모든 믿는 자에게 구원을 주시는 하나님의 능력이 됩니다. 이 하나님의 아들 예수 그리스도의 복음, 그리스도 십자가 대속의 피의 복음으로 깊이 뿌리내리기를 기원합니다.

예수님의 신성의 하나님 되심과 십자가 대속의 피의 복음을 마음 중심에 믿을 때 인간은 죄 사함 받고 하나님과 화해가 이루어집니다. 하

나님과 화해가 이루어진 인간은 예수님의 십자가 대속의 피를 힘입어 하나님 면전에 나가 하나님께 예배하는 자가 됩니다.

하나님은 예배하는 자기 백성에게 힘을 주시고 평강의 복을 주십니다.

> 여호와께서 자기 백성에게 힘을 주심이여 여호와께서 자기 백성에게 평강의 복을 주시리로다(시편 29:11).

하나님께서 예배하는 자기 백성에게 힘을 주십니다. 모든 악한 일에 대적할 수 있도록 그들을 강하게 하시고, 또한 선한 일을 위하여 힘을 공급해 주십니다. 그리고 자기 백성에게 평강의 복을 주십니다. 평강은 측정할 수 없는 귀한 축복으로서 의인의 목적은 평강입니다. 성도들은 예배 가운데 이런 축복을 받고 죄악 세상에 나가 하나님과 그리스도의 증인으로 사는 것입니다.

죄악 세상은 사악한 음모가 있는 곳이며, 파멸과 고생이 어디를 가든 항상 함께 있고, 평강의 길을 알지 못하는 곳입니다. 이런 죄악 세상에서 악을 대적하고 선한 일을 행한다는 것은 하나님께서 주시는 은혜와 능력으로만 가능합니다.

그러므로 모든 그리스도인은 주의 날에 성부·성자·성령 삼위 하나님께 영과 진리로 예배를 드리고 힘을 얻어 평강의 축복을 받아 한 주를 승리자로 살아야 합니다. 절대 죄인의 길에 서지 않고 선을 행할 기회를 찾으며 화평하게 하는 자로 살아야 합니다. 하나님 사랑과 이웃 사랑의 증인으로 살아야 합니다.

우리는 사도 바울이 말하는 죄악 세상의 현실을 바로 듣고 죄악 세상과 타협하지 말고 하나님께서 그의 아들 예수 그리스도를 통해서 주신 십자가 대속의 보혈의 길을 따라 걸어가야겠습니다.

바울 사도는 죄악 세상의 "행동의 죄"를 논합니다.

본문 15-17절을 보면 "[15] 그 발은 피 흘리는 데 빠른지라 [16] 파멸과 고생이 그 길에 있어 [17] 평강의 길을 알지 못하였고"라고 하였습니다.

바울은 먼저 죄 아래 있는 세상은 "그 발은 피 흘리는 데 빠른지라"라고 하였습니다. 악인들은 어떤 사악한 음모를 꾸미는데 너무 부지런해서 기회만 있으면 그것을 잡을 준비를 하고 있습니다.

인생은 지뢰 지대를 걸어가는 것과 같습니다. 이런 위험 가운데서 우리는 우리 자신을 의지할 수가 없습니다. 오직 그리스도 안에서, 그리스도 십자가 대속의 보혈 길을 따라 걷는 것만이 안전한 것입니다.

또 바울은 "파멸과 고생이 그 길에 있어"라고 하였습니다. 세상은 어디를 가든 파멸과 고생이 그 길에 있습니다. 그 둘이 항상 함께 다닙니다. 누구든지 예수 그리스도 밖에서 죄의 종으로 사는 자는 파멸과 고생에서 벗어날 수가 없습니다.

오늘날 코로나19 바이러스 창궐의 세상을 볼 때, "파멸과 고생이 그 길에 있어"라는 말보다 더 완벽한 묘사는 없습니다. 이것은 사실은 인류 역사를 요약한 것입니다. 인류 역사는 "파멸과 고생이 모든 길에 있다"는 몇 마디로 진정으로 요약되는 것입니다.

끝으로 바울은 "평강의 길을 알지 못하였고"라고 하였습니다. 세상은 다른 사람들과 평화를 유지하는 법이나 자기들 스스로를 위해 평강을 얻는 법에 무지합니다. 세상은 평화에 대해 말하기는 하나 진정한 평화에 대해서는 철저하게 무지합니다. 그것은 평강의 근원이 하나님께 있기 때문입니다.

오직 하나님께서 그의 아들 예수 그리스도를 이 세상에 보내시어 십자가 대속의 죽으심으로 인한 하나님과 화목제물로 삼은 곳에만 참된 평화가 있습니다. 그리스도 십자가 밖에는 참된 평화가 없는 것입니다.

그러므로 모든 그리스도인은 예수님을 하나님의 아들 그리스도로 믿고 그리스도 보혈로 죄 사함 받아 하나님과 화목하고, 하나님의 은혜의 빛, 능력의 빛을 받아 십자가의 길을 걸으며 죄악 세력을 정복하고 선을 행할 기회를 찾는 세계 복음화의 증인으로 살기를 바랍니다.

오직 그리스도, 오직 믿음, 오직 예수 보혈 신앙으로 성령 충만 받고, 하나님 사랑과 이웃 사랑의 전도자로 살기 바랍니다.

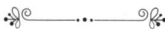

살아계신 아버지 하나님!

하나님 은혜를 감사합니다.

오늘도 우리 눈에 보기에 세상은 평화로운 것 같으나, 이 세상은 사악한 음모가 있는 곳이며, 파멸과 고생이 어디를 가든지 항상 따라다니고, 평강의 길을 알지 못하는 곳입니다. 그러므로 그리스도 안에서만 진정한 평안이 있고 십자가의 보혈을 따라 걸어갈 때 모든 죄악의 세력, 음모의 세력, 사탄의 올무로부터 자유함을 얻고 평탄의 길, 은혜의 길을 걸을 수 있다고 믿습니다.

오늘도 예수 그리스도로 말미암아 성령의 충만을 받고 오직 그리스도,

오직 믿음, 오직 예수 보혈 신앙으로 살아가기를 소원하오며, 하나님을 사랑하고 이웃을 사랑하며, 선한 일을 찾아 게으르지 않고 발 빠른 은혜의 삶을 살아가도록 인도하여 주옵소서.

예수님의 이름으로 기도하옵나이다. 아멘.

86

롬 3:18

- "하나님을 두려워함이 없느니라"(1)
  모든 죄악의 근본.
  죄 가운데 있는 인간에 대한 성경의 표현이다.
  시편 36편 1절.
- 인간은 하나님보다 못한 존재들을 두려워한다.
  오늘의 현대인들의 두려움(미래, 적대적인 이웃, 전염병, 기술과학의 붕괴 등).
  예수의 피를 힘입고 하나님 앞에 나아가라.

> ¹⁸ 그들의 눈 앞에 하나님을 두려워함이 없느니라 함과 같으니라

예수님은 그리스도시오. 살아계신 하나님의 아들입니다. 예수님이 하나님의 아들 그리스도라는 증거로 십자가에서 우리 죄를 대신해서 피 흘려 죽으시고, 죽은 자들 가운데서 부활하셨습니다.

이 예수님이 하나님의 아들, 예수님이 그리스도, 예수님이 우리 죄를 대신해서 십자가에서 피 흘려 죽으시고 부활하셨다는 복음으로 우리 인생 모든 문제가 처리되고 해답을 얻습니다. 이 복음은 모든 믿는 자에게 구원을 주시는 하나님의 능력이 됩니다. 이 하나님의 아들 예수 그리스도의 복음, 그리스도 십자가 대속의 피의 복음으로 깊이 뿌리내리기를 기원합니다.

예수님의 신성의 하나님 되심과 십자가 대속의 피의 복음을 마음 중심에 믿고 구원받은 그리스도인은 비로소 하나님의 존재에 관한 바른 이해를 하는 사람이 됩니다. 십자가 대속의 피의 복음 진리를 믿는 그리스도인은 하나님이 얼마나 거룩하시고, 위대하시며, 존귀하고, 영광스러운 분인지 알게 됩니다. 다른 표현으로 말하면 하나님이 얼마나 두려운 분이신가를 알게 됩니다.

인간은 하나님께 반역하여 타락한 죄인으로서 하나님의 두려운 진노하에 있는 존재인 것을 아는 것입니다. 그리고 억만 죄악의 반역죄인인 인간은 오직 희생제물 되시고 제사장 되신 예수 그리스도 안에서만 하나님께 나갈 수 있는 존재입니다.

그러므로 하나님이 얼마나 두려운 분이십니까?

타락한 인간은 하나님의 진노가 그들 위에 걸려 있으며 두려운 죄와 죽음의 심판의 형벌이 기다리고 있음을 분명하게 알고 하나님을 경외하며 살아야 합니다. 그 길이 예수 그리스도를 믿는 것입니다.

그러나 타락한 인간은 죄 가운데 있으면서도 유일하시고, 거룩하시며, 죄악을 심판하시는 하나님을 두려워하지 않습니다. 오히려 하나님보다 못한 존재들을 두려워합니다.

바울 당시의 이교도들은 바벨론, 헬라, 로마의 무수한 신들과 그 밖의 신들을 두려워했습니다. 밀림에 사는 이교도들은 강들이나 바다, 나무나 하늘, 천둥, 밤의 영들을 두려워합니다.

소위 문명화된 이교도, 즉 "현대인"들은 그들의 미래나 적대적인 이웃들, 각종 질병과 전염병, 기술과학의 붕괴, 그리고 그 밖의 많은 위험을 두려워합니다.

오늘의 이 시대에는 팬데믹 코로나19 바이러스를 온 인류가 두려워하고 있습니다. 현대인들은 코로나19 바이러스의 창궐을 두려워하나, 정작 그 코로나19 바이러스를 없앨 수도 있고 보내시는 하나님은 두려워하지 않습니다. 첫 사람 아담의 원죄 속에 태어난 인간은 하나님을 떠난 이래로 하나님을 알지 못하고, 또한 하나님을 두려워하지도 않습니다. 그들의 미래와 운명이 하나님과 그의 아들 예수 그리스도의 수중에 있다는 것을 알지 못합니다.

사도 바울은 모든 죄악의 근본이 하나님을 두려워하지 않는데서 기인한 것을 오늘 본문에서 지금까지의 결론으로 확인하고 있습니다.

본문 로마서 3장 18절을 보면 "그들의 눈 앞에 하나님을 두려워함이 없느니라 함과 같으니라"라고 하였습니다.

사도 바울은 로마서 1장 18절 이후 유대인과 이방인이 똑같이 하나님의 진노하에 있음을 확증하고 입증하였습니다. 이제 바울은 성경에서 증거를 제시함으로써 이 문제를 마무리 짓고자 합니다.

바울의 결론적 진술로 "그들의 눈앞에 하나님을 두려워함이 없느니라"라고 하였습니다. 이 말은 시편 36편 1절의 인용입니다. 시편 36편 1절을 보면 "악인의 죄가 그의 마음속으로 이르기를 그의 눈에는 하나님을 두려워하는 빛이 없다 하니"라고 하였습니다.

이 시는 다윗의 시로서 다윗은 "나는 그 악인들을 보고 그들의 부패를 안다. 그들의 삶의 방식 자체, 그 부패성은 나에게 말해 준다. 그들의 눈 앞에 하나님을 두려워함이 전혀 없다고 말해 준다"라고 말한 것입니다.

사도 바울은 이 말씀을 인용하여 사람이 죄 가운데 빠져 있는 모습에 대한 설명을 결론적으로 말하고 있는 것입니다. 마틴 루터도 다음과 같이 말했습니다.

> 하나님을 두려워함이 없는 곳의 사람은 교만하고 거만하게 되고, 하나님을 두려워하는 곳의 사람은 겸손하고 경건하게 된다.

인간에게 있어서 진정한 고통은 그 앞에 하나님을 두려워함이 전혀 없다는 것입니다. 이 점은 죄에 대해서, 또는 죄 가운데 있는 사람에 대해서 성경이 어느 곳에서나 말하는 큰 진술입니다.

십자가 대속의 피의 복음을 마음 중심에 믿고 사는 그리스도인은 하나님이 얼마나 거룩하신 분이고, 또한 하나님이 얼마나 두려운 분이심을 알고, 오직 예수 보혈만을 믿고 날마다 신선한 죄 사함을 받고 두려운 하나님이시나, 그 하나님 앞에 담대히 나아가는 것입니다.

오직 그리스도, 오직 믿음, 오직 예수 보혈 신앙으로 거룩하신 하나님, 두려우신 하나님 앞에 담대히 나아갑시다. 사람을 두려워하지 말 것입니다. 오직 하나님과 그리스도만 두려워하고 오직 예수 보혈 신앙으로 살기 바랍니다.

살아계신 아버지 하나님!

하나님 은혜를 감사합니다.

인간의 죄악들은 결국 하나님을 두려워하지 않는데서 나타난 결과라고 오늘 본문은 말씀합니다. 모든 죄악의 근본이 하나님을 경외함이 없고 악을 자행하며 사는 데 있습니다. 오늘의 현대인들도 정작 두려워해야 할 하나님을 두려워하지 않고, 미래라든가 전염병이라든가 기술 문명의 붕괴 등에 대한 두려움을 갖고 산다고 믿습니다.

특별히 코로나19 바이러스의 창궐을 두려워하며 사는 오늘의 시대를 바라보면서 바이러스를 없앨 수도 있고 보내시는 하나님은 두려워하지 않습니다.

오늘도 우리가 하나님을 경외해야 한다는 사실을 바로 알고, 하나님을 경외하는 구체적인 방식이 예수 그리스도를 믿는 것이기 때문에 오늘도 십자가에 못 박히신 그리스도, 다시 살아나신 그리스도를 굳게 믿고 예수의 피를 힘입어 은혜의 보좌 앞에 담대히 나아갑니다.

우리 모두 예수님을 하나님의 아들로 믿어 하나님을 우리 아버지로 모시고 하나님과 교제 속에서, 그분이 주신 큰 은총 속에서 세상을 두려워하지 않고 담대히 오직 그리스도, 오직 믿음으로 살아가게 하여 주옵소서.

예수님의 이름으로 기도하옵나이다. 아멘.

룜 3:18

- "하나님을 두려워함이 없느니라"(2)
  하나님을 두려워 한다는 것은 모든 참된 신앙의 본질.
- 하나님을 두려워한다는 것의 의미는 하나님 경외, 경배, 심판주 하나님을 인정하는 것이다.
  하나님을 두려워함의 구체적인 방식은 예수 그리스도를 믿는 것, 그리고 그 목적은 하나님의 영광 추구이다.

> **18** 그들의 눈앞에 하나님을 두려워함이 없느니라 함과 같으니라

예수님은 그리스도시오. 살아계신 하나님의 아들입니다. 예수님이 하나님의 아들 그리스도라는 증거로 십자가에서 우리 죄를 대신해서 피 흘려 죽으시고, 죽은 자들 가운데서 부활하셨습니다.

이 예수님이 하나님의 아들, 예수님이 그리스도, 예수님이 우리 죄를 대신해서 십자가에서 피 흘려 죽으시고 부활하셨다는 복음으로 우리 인생 모든 문제가 처리되고 해답을 얻습니다. 이 복음은 모든 믿는 자에게 구원을 주시는 하나님의 능력이 됩니다. 이 하나님의 아들 예수 그리스도의 복음, 그리스도 십자가 대속의 피의 복음으로 깊이 뿌리내리기를 기원합니다.

예수님의 신성의 하나님 되심과 십자가 대속의 피의 복음을 마음 중심에 믿고 구원받은 그리스도인은 하나님이 어떤 분이신지를 비로소

바르게 알게 됩니다. 하나님은 거룩하신 분이시고 두려운 분으로 바로 알고, 오직 그에게만 죽지 아니함이 있고 가까이 가지 못할 빛에 거하시고 어떤 사람도 보지 못하였고 또 볼 수 없는 분이심을(딤전 6:16) 아는 것입니다.

그러나 이 두렵고 보이지 아니하시는 하나님께서 그의 아들 예수 그리스도 안에서 자신을 보여 주시고 우리를 불러 그의 아들 예수 그리스도 우리 주와 더불어 교제하게 하셨습니다(고전 1:9). 그러므로 하나님을 두려워하는 것, 곧 하나님 경외의 구체적인 방식은 예수 그리스도를 믿는 것입니다.

우리는 "하나님을 두려워한다"는 것이 모든 참된 신앙의 본질인 것을 알아야 합니다. 이것은 신구약 성경에 동일한 원리입니다. 구약에서 하나님을 경외한다는 것은 하나님을 안다는 것과 동일시하였습니다.

> 여호와를 경외하는 것이 지식의 근본이거늘 (잠언 1:7).

신약 시대에도 마찬가지였습니다.

> 살아 계신 하나님의 손에 빠져들어 가는 것이 무서울 진저 (히 10:31).

> ²⁸ 그러므로 우리가 흔들리지 않는 나라를 받았은즉 은혜를 받자 이로 말미암아 경건함과 두려움으로 하나님을 기쁘시게 섬길지니 ²⁹ 우리 하나님은 소멸하는 불이심이라 (히 12:28-29).

오늘 본문에서도 사도 바울은 하나님을 두려워하는 것이 참된 신앙의 본질인 것을 말합니다. 그러나 바울은 모든 죄악의 근본이 하나님을 두려워하지 않는 데서 기인한 것을 말하여 역설적으로 하나님을 두려워하는 것이 신앙의 본질인 것을 말합니다.

본문 로마서 3장 18절을 보면 "그들의 눈앞에 하나님을 두려워함이 없느니라 함과 같으니라"라고 하였습니다.

여기서 "하나님을 두려워함"이 어떤 의미인 것부터 알아야 합니다. "두려워하다"는 우리가 일상적으로 알고 있는 '무서워하다' 또는 '겁에 질리다'라는 뜻입니다. 그러나 성경에서 "두려워하다"라는 단어가 하나님께 쓰일 때는 하나님 앞에서 갖는 바르고 존경하는 자세를 가리킵니다. 즉, 하나님을 경외하고, 하나님을 경배하며, 심판주 하나님을 인정하는 것입니다.

바울은 여기서 "그들의 눈 앞에 하나님을 두려워함이 없느니라 함과 같으니라"라고 말하는데, 눈은 보는 감각 기관이므로 하나님을 두려워하는 구체적 자세를 말한 것입니다. 눈앞에 하나님을 두려워함이 있다는 것은 하나님을 항상 생각하고 우리와 관련된 모든 것의 중심자리에 하나님을 모신다는 것입니다.

구체적으로는 하나님의 대리자인 하나님의 말씀을 우리 앞에 걸어놓고 있는 것입니다. 하나님은 항상 그의 말씀과 함께 우리에게 임하시기 때문에 하나님의 말씀과 예수 그리스도를 마음속에 새기고, 생각하고, 그 말씀의 지배 속에 사는 것이 우리의 눈 앞에 하나님을 두려워함이 있다는 의미입니다.

그러나 가장 신약적인 표현은 하나님을 경외하는 구체적인 방식은 예수 그리스도를 믿는 것입니다. 그래서 우리는 하나님을 두려워하는 것이 참된 신앙의 본질로 봅니다.

> **1** 옛적에 선지자들을 통하여 여러 부분과 여러 모양으로 우리 조상들에게 말씀하신 하나님이 **2** 이 모든 날 마지막에는 아들을 통하여 우리에게 말씀하셨으니 (히 1:1-2).

그래서 하나님은 마태복음 17장의 변화 산에서 예수님의 제자들을 향하여 "이르시되 이는 내 사랑하는 아들이요 내 기뻐하는 자니 너희는 그의 말을 들으라"(마 17:5)고 하셨습니다.

하나님의 사랑하는 아들 예수 그리스도를 믿고, 순종하고, 그의 말씀을 듣는 것이 하나님을 두려워하는 구체적인 방식입니다. 그러므로 예수님의 신성의 하나님 되심과 십자가 대속의 피의 복음 진리를 참되게 믿고, 예수 그리스도와 그의 복음을 우리의 삶의 법칙으로 살고, 삶의 목적은 하나님의 영광을 위해 사는 것입니다. 이것이 참된 신앙의 본질로서 "하나님을 두려워한다"는 의미입니다.

오직 그리스도, 오직 믿음, 오직 예수 보혈, 오직 하나님의 영광을 위해 살 것입니다. 예수 그리스도로 말미암아 성령의 충만을 받고 하나님 사랑과 이웃 사랑의 전도자로 살아 하나님께 영광을 돌리기 바랍니다.

살아계신 아버지 하나님!

하나님 은혜를 감사합니다.

오늘도 세상 사람들의 눈앞에는 하나님을 두려워함이 없다는 엄숙한 선언을 들으면서 우리 그리스도인들은 신앙의 본질이 하나님을 두려워한다는 데 있음을 바로 알고, 하나님을 경외하고 하나님을 경배하면서 앞으로 심판주로 오실 하나님과 그리스도를 우리가 인정하며 사는 것이 바르게 하나님을 두려워함으로 알고 사는 것의 의미라고 믿습니다.

그러나 하나님을 경외하는 구체적인 방식은 예수 그리스도를 믿는 것이기 때문에 오늘도 예수 그리스도를 참되게 신성의 하나님의 아들로 믿고 십자가에 못 박힌 그리스도로 믿으며, 그 말씀을 따라서 순종하며 살고, 그의 영광, 하나님의 영광을 위하여 사는 삶을 살아가는 것이 참된 하나님의 경외 방법이라고 굳게 믿습니다.

오늘도 예수 그리스도로 말미암아 성령의 충만함을 받아서 하나님을 경외하며, 사랑하며, 증거하며, 거룩한 삶을 살아가는 하루가 되도록 은혜를 베풀어 주옵소서.

예수님의 이름으로 기도하옵나이다. 아멘.

롬 3:19

- "모든 입을 막고 온 세상으로 하나님의 심판 아래 있게 하려 함이라"
  율법의 행위로 칭의 얻지 못함.
  하나님 앞에 죄책 해결 못함.
- 오직 그리스도 십자가 대속의 피의 공로를 믿음으로 죄책 해결.
  오직 그리스도, 오직 믿음, 오직 예수 보혈 신앙뿐.

> **19** 우리가 알거니와 무릇 율법이 말하는 바는 율법 아래에 있는 자들에게 말하는 것이니 이는 모든 입을 막고 온 세상으로 하나님의 심판 아래에 있게 하려 함이라

예수님은 그리스도시오. 살아계신 하나님의 아들입니다. 예수님이 하나님의 아들 그리스도라는 증거로 십자가에서 우리 죄를 대신해서 피 흘려 죽으시고, 죽은 자들 가운데서 부활하셨습니다.

이 예수님이 하나님의 아들, 예수님이 그리스도, 예수님이 우리 죄를 대신해서 십자가에서 피 흘려 죽으시고 부활하셨다는 복음으로 우리 인생 모든 문제가 처리되고 해답을 얻습니다. 이 복음은 모든 믿는 자에게 구원을 주시는 하나님의 능력이 됩니다. 이 하나님의 아들 예수 그리스도의 복음, 그리스도 십자가 대속의 피의 복음으로 깊이 뿌리내리기를 기원합니다.

예수님의 신성의 하나님 되심과 십자가 대속의 피의 복음을 참되게 믿고 구원받은 그리스도인은 억만 죄악을 가진 자신의 죄성과 그 죄에 대한 책임(곧 죄책)을 바로 알고 오직 그리스도 십자가 대속의 보혈의 공로만 믿는 것으로 일관합니다. 자신의 의는 더러운 옷 같음을 알고, 선행을 의지하지 않으며, 종교적 행위로도, 도덕으로도 구원받지 못한다는 사실을 분명하게 인식하고 삽니다.

오직 예수님을 하나님의 아들 그리스도로 믿는 믿음, 그리스도 십자가 대속의 보혈을 믿는 믿음으로 칭의를 얻고 하나님 앞에 나아가 하나님을 뵈옵고 교제하며 은혜를 얻고 삽니다. 그리스도인의 생활 시작이나 과정에 있어서 믿음이 전부입니다. 오직 의인은 믿음으로 말미암아 사는 것입니다.

사도 바울은 율법의 행위로 칭의를 얻는 것이 얼마나 어리석은지를 보여 주기 위해 인간의 죄책으로부터 논증을 시작합니다. 그 논증은 간단합니다. 우리는 우리가 깨뜨린 율법에 의해 의롭게 되고 구원받을 수 없다는 것입니다.

본문 로마서 3장 19절을 보면 "우리가 알거니와 무릇 율법이 말하는 바는 율법 아래에 있는 자들에게 말하는 것이니 이는 모든 입을 막고 온 세상으로 하나님의 심판 아래에 있게 하려 함이라"라고 하였습니다.

여기서 율법은 구약성경 전체를 가리킨다고 봅니다. 모든 율법은 일차적으로 유대인들을 향한 것이었습니다. 그들은 율법을 자랑하며 그것에 의해 의롭게 되리라고 생각하는 사람들이었기 때문입니다.

그래서 사도 바울은 지금까지 유대인들의 죄를 보여 주기 위해서 구약성경으로부터 다양한 구절을 인용했습니다. 즉, 유대인들이 자랑했던 바로 하나님의 말씀 자체가 유대인들이 정죄 아래 있으며 이방인들과 똑같이 하나님의 진노 아래 있음을 입증한다는 것이었습니다.

이때 사도 바울은 두 가지 목적을 가지고 유대인들도 이방인들과 똑같이 진노 아래 있음을 입증했습니다.

본문 19절을 다시 보면 "우리가 알거니와 무릇 율법이 말하는 바는 율법 아래에 있는 자들에게 말하는 것이니 이는 모든 입을 막고 온 세상으로 하나님의 심판 아래에 있게 하려 함이라"라고 하였습니다. 첫째 목적은 "모든 입을 막는 것"이었고, 둘째 목적은 "온 세상으로 하나님의 심판 아래 있게 하려는 것"이었습니다.

첫째 목적은 모든 입을 막는 것이었습니다. 예컨대 구약 시대 욥은 자기의 의를 하나님과 변론하고자 했으나 하나님의 면전에 서게 되자 욥은 자기 손으로 입을 가렸습니다. 욥은 자기가 어리석고 분별없이 말해 온 것을 알고 자기 손으로 입을 가렸습니다.

모든 인류는 하나님의 표준인 십계명 율법을 지켜야 합니다. "네 마음을 다하며 목숨을 다하며 힘을 다하며 뜻을 다하여 주 너의 하나님을 사랑하고 또한 네 이웃을 네 자신 같이 사랑하라 하였나이다"(눅 10:27)라는 하나님이 요구하시는 수준을 지켜야 합니다. 이 십계명 율법 앞에 모든 인간은 할 말이 없습니다. 모든 입이 닫힙니다.

"의인은 없나니 하나도 없고, 깨닫는 자도 없고, 하나님을 찾는 자도 없고, 다 치우쳤습니다."

하나님의 면전에서 우리는 침묵할 수밖에 없습니다. 자신을 의롭다고 주장한 것을 포기해야 합니다.

둘째 목적은 "온 세상으로 하나님의 심판 아래에 있게 하려는 것"입니다. 아담과 하와가 타락한 이후 이 세상에 태어난 모든 각 사람은 다 하나님의 심판 아래 있습니다. 다시 말하면 온 세상이 하나님 앞에 죄책을 가지고 있습니다.

인간에게 있어서 가장 우선적인 고통 거리는 인간이 하나님 앞에서 죄책을 가지고 있다는 것입니다. 이에 대해서 인간은 아무것도 할 수 없습니다. 그리하여 "이는 모든 입을 막고 온 세상으로 하나님의 심판 아래에 있게 하려 함이라"는 말씀으로 이 하나님의 심판과 정죄를 피할 길이 없게 되었습니다.

그러나 하나님께서 그의 아들 예수 그리스도를 보내셔서 십자가 대속의 죽음으로 하나님의 심판인 죄책을 모두 담당하게 하셨습니다. 십자가 피의 복음이 하는 첫째 사항은 우리에게 죄 사함 받아 하나님의 진노를 피하게 하는 것입니다. 죄 사함 없이는 아무것도 할 수 없습니다. 오직 그리스도 십자가 대속의 보혈만이 죄 사함의 유일한 길입니다.

오직 그리스도, 오직 믿음, 오직 예수 보혈 신앙으로 살고, 성령 충만 받아 하나님 사랑과 이웃 사랑의 율법을 기꺼이 지키는 전도자의 삶을 살도록 기도하겠습니다.

살아계신 아버지 하나님!

하나님 은혜를 감사합니다.

오늘도 율법의 말씀을 우리 앞에 내놓고 그 말씀을 들으니 우리가 억만 죄악을 가진 죄인인 것을 믿습니다. 우리는 이방인뿐만 아니라 유대인들도 그들이 가진 율법 앞에서 완전 죄인인 것을 시인하지 않을 수 없다는 사실을 믿습니다.

"모든 입을 막고 온 세상으로 하나님의 심판 아래에 있게 하려 함이라"는 오늘의 말씀 앞에서 우리는 율법을 지킬 수 없는 죄인인 것을 고백합니다.

오직 하나님께서 그의 아들 예수 그리스도를 이 세상에 보내 주셔서 율법을 어긴 억만 죄악의 인생들을 대신해서 십자가 대속의 죽음을 당하게 하심으로 우리가 죄 사함 받게 하고 의롭다 함을 얻어서 하나님 앞에 나아가 하나님의 자녀로 살게 하심을 감사하옵나이다.

오늘도 십자가 대속의 피의 복음, 예수의 피를 힘입고 은혜의 보좌 앞에 담대히 나아가서 하나님의 성령 충만함을 받고 이 성령의 능력으로 하나님 사랑과 이웃 사랑의 열매를 맺는 은총의 하루가 되게 하여 주옵소서.

예수님의 이름으로 기도하옵나이다. 아멘.

89

롬 3:20

- "율법의 행위로 의롭다 하심을 얻을 육체가 없나니"
  율법으로는 죄를 깨달음.
  율법의 세 가지 용도: 교육적·사회적·도덕적 용도.
- 율법은 하나님의 백성을 위한 삶의 규범.
  십자가 보혈을 믿는 신앙으로 인한 성령의 역사로 그리스도의 법 성취.
  오직 그리스도, 오직 믿음, 오직 예수 보혈, 오직 성령으로.

> ²⁰ 그러므로 율법의 행위로 그의 앞에 의롭다 하심을 얻을 육체가 없나니 율법으로는 죄를 깨달음이니라

예수님은 그리스도시오. 살아계신 하나님의 아들입니다. 예수님이 하나님의 아들 그리스도라는 증거로 십자가에서 우리 죄를 대신해서 피 흘려 죽으시고, 죽은 자들 가운데서 부활하셨습니다.

이 예수님이 하나님의 아들, 예수님이 그리스도, 예수님이 우리 죄를 대신해서 십자가에서 피 흘려 죽으시고 부활하셨다는 복음으로 우리 인생 모든 문제가 처리되고 해답을 얻습니다. 이 복음은 모든 믿는 자에게 구원을 주시는 하나님의 능력이 됩니다. 이 하나님의 아들 예수 그리스도의 복음, 그리스도 십자가 대속의 피의 복음으로 깊이 뿌리내리기를 기원합니다.

예수님의 신성의 하나님 되심과 십자가 대속의 피의 복음을 마음 중심에 믿고 구원받은 그리스도인은 자신의 구원이 율법을 지킴으로 구원받은 것이 아니라 오직 십자가 대속의 보혈을 믿는 믿음으로 구원받는다는 사실을 깊이 인식해야 합니다. 모든 그리스도인은 자력으로 구원 얻을 수 없음을 바르게 인식해야 합니다.

그것은 하나님의 요구하는 법인 율법을 행위로 지켜 의롭다 하심을 얻을 수 없기 때문입니다. 다만 율법으로는 죄를 깨달을 뿐입니다. 루터는 이런 율법의 교육적(혹은 신학적) 용도를 잘 깨닫고 바르게 주장하였습니다(마틴 루터의 『갈라디아서 강해』, 존 스토트의 『로마서 강해』에서 재인용).

> 율법의 주된 요점은 인간을 더 낫게 만드는 것이 아니라 더 나쁘게 만드는 것이다. 즉, 그것은 인간에게 그들의 죄를 보여 준다. 그 지식으로 해서 그들이 겸손해지고 두려워하며 마음이 상하여 깨어지게 하려고, 그리고 그것에 의해 그들이 은혜를 구하고 그 복된 씨(곧 예수 그리스도)로 나오게 하기 위해서이다.

오늘날 21세기에 사는 우리는 누구나 다 죄를 짓고 죄책을 지니고 있다는 바울의 통렬한 폭로를 읽었고, 마지막으로 율법의 행위로 하나님 앞에 의롭다 하심을 얻을 육체가 없다는 결론적 메시지를 듣고 있습니다.

본문 로마서 3장 20절을 보면 "그러므로 율법의 행위로 그의 앞에 의롭다 하심을 얻을 육체가 없나니 율법으로는 죄를 깨달음이니라"라고 하였습니다.

바울 사도는 율법을 통해 칭의를 기대하는 길에서 우리를 철저히 차단하기 위해 죄를 깨닫게 하는 율법의 기능에 대해 말하고 있습니다.

"율법으로는 죄를 깨달음이니라."

우리를 죄책으로 이끌고 정죄하는 율법으로 우리는 절대로 의롭게 될 수 없습니다. 율법은 옳은 것과 그른 것을 재는 '자'와 같습니다.

우리의 상처를 드러내는 것이 율법의 적절한 용도이자 목적입니다. 따라서 율법은 치유책이 될 수 없습니다. 들추어내는 것으로는 치료가 되지 않습니다. 죄를 깨닫고자 하는 사람들은 율법의 엄격성, 그 범위, 그리고 그 영적 본질 등에 관한 지식을 갖고 있어야 합니다.

우리 자신의 마음과 삶을 율법의 규정에 비추어 본다면 우리가 얼마나 뒤틀린 존재인지를 발견하게 됩니다. 바울은 율법을 이용하여 이것을 깨달았습니다(롬 7:9).

그러므로 "율법의 행위로 그의 앞에 의롭다 하심을 얻을 육체가 없나니"라고 말했습니다.

이 말씀은 어떤 인간도, 곧 타락한 인간은 그 누구도 의롭다 하심을 얻을 육체가 없다는 것입니다. 그 이유는 그 역시 육체로서(창 6:3) 죄인이요, 타락한 자이기 때문입니다.

그러므로 우리는 육체인 한 의롭게 되지 못합니다. 우리의 본성 속에 자리 잡은 타락은 영원히 우리 자신의 행위로 말미암아 의롭게 되는 것을 철저하게 방해할 것입니다. 그것은 육체에서 나오는 것으로 깨끗한 것을 더러운 것 속에서 낼 수 없기 때문입니다.

또 이 말씀은 누구도 하나님의 눈에 의롭게 보이는 자는 없다는 것입니다. 그렇다면 바울의 고발에 대해 우리가 보일 수 있는 첫 번째 반응은 우리 자신이 인간의 상태에 대한 이러한 신적 판단을 참된 것으로 받아들이는 것입니다. 그리고 우리 죄에 대한 하나님의 정당한 심판을 피해서 유일한 피난처, 곧 우리를 위해 죽으신 예수 그리스도께로 피해야 한다는 것입니다.

오직 예수님의 신성의 하나님 되심과 십자가 대속의 피의 복음 진리를 믿는 믿음만이 율법의 정죄를 피하고, 더 나아가 율법을 지킬 수 있는 능력을 얻게 합니다. 신앙은 성령을 임하게 하기 때문입니다.

이 성령의 능력으로 율법을 지킬 수 있게 됩니다. 이것이 소위 칼빈이 말한 "율법의 제3용도"인 "도덕적 용도"입니다. 율법으로 구원 얻는 것이 아니지만 십자가 대속의 피의 복음을 받은 그리스도인은 율법을 지켜야 합니다. 율법은 하나님의 언약 백성의 삶의 규범이기 때문입니다.

오직 그리스도, 오직 믿음, 오직 예수 보혈 신앙으로 성령 충만 받아 하나님 사랑과 이웃 사랑의 율법을 지키는 전도자로 살기 바랍니다.

살아계신 아버지 하나님!
하나님 은혜를 감사합니다.
오늘도 우리를 율법 앞에 세우게 하심을 감사하옵나이다. 율법을 통해서 우리 자신의 죄성을 발견하고 우리 안에 있는 타락을 발견합니다. 그러므로 우리 자신의 행위로 하나님 앞에 결코, 의롭다 함을 얻을 자가 못 되기 때문에 오늘도 율법의 정죄 속에서 내 자신을 하나님 앞에 죄인으로 엄숙하게 고백하고, 죄인을 구원하기 위하여 이 땅에 오신 우리 주 예수 그리스도의 십자가의 대속의 피를 힘입고 죄 사함을 받고, 예수 그리스도의 피를 힘입고 은혜의 보좌 앞에 담대히 나아갑니다.

우리 모두 하나님의 성령으로 충만함을 받고, 이 성령의 능력으로 하나님 사랑과 이웃 사랑의 율법을 지키면서 거룩한 열매를 맺는 하루가 되게 하여 주옵소서.

예수님의 이름으로 기도하옵나이다. 아멘.

제2장

구원론
(3:21-8:39)

90

롬 3:21-8:39

- 구원론(하나님의 은혜)의 개요.
  이신칭의의 교리(3:21-5:21), 성결의 교리(6:1-8:17),
  영화의 교리(8:18-39).
- 기독교 신앙의 주요 내용은 개인 구원(곧 영생)이다.
  예수 그리스도를 믿고 반드시 구원(영생)을 받아야 한다.

> **21** 이제는 율법 외에 하나님의 한 의가 나타났으니 율법과 선지자들에게 증거를 받은 것이라

예수님은 그리스도시오. 살아계신 하나님의 아들입니다. 예수님이 하나님의 아들 그리스도라는 증거로 십자가에서 우리 죄를 대신해서 피 흘려 죽으시고, 죽은 자들 가운데서 부활하셨습니다.

이 예수님이 하나님의 아들, 예수님이 그리스도, 예수님이 우리 죄를 대신해서 십자가에서 피 흘려 죽으시고 부활하셨다는 복음으로 우리 인생 모든 문제가 처리되고 해답을 얻습니다. 이 복음은 모든 믿는 자에게 구원을 주시는 하나님의 능력이 됩니다. 이 하나님의 아들 예수 그리스도의 복음, 그리스도 십자가 대속의 피의 복음으로 깊이 뿌리내리기를 기원합니다.

예수님의 신성의 하나님 되심과 십자가 대속의 피의 복음을 마음 중심에 믿어야 할 첫째 이유는 타락한 인간은 그들의 죄로 인하여 하나

님의 진노하에 있다는 것입니다. 인간은 자신의 공로나 어떤 핑계도 댈 수 없으며, 정죄받아 하나님 앞에 서 있습니다.

하나님의 진노에서 피하여 정죄를 면할 수 있는 "하나님의 의"를 얻는 유일한 길은 십자가에 못 박히신 예수 그리스도를 믿는 길뿐입니다. 그래서 십자가 대속의 보혈의 의, 곧 하나님의 의를 믿고 영혼의 구원을 얻어야 합니다. 이보다 더 큰 급선무는 없습니다.

기독교 신앙의 핵심은 예수 그리스도를 믿고 개인의 구원을 얻는 것입니다. 곧 '영생'을 얻는 것입니다. 그리하여 사도 바울은 로마서 1장 16절에서 "이 복음은 모든 믿는 자에게 구원을 주시는 하나님의 능력이 됨이라"라고 하였습니다.

신성의 하나님의 아들 복음, 그리스도 십자가 대속의 피의 복음 목적이 '구원'에 있음을 바울은 로마서 서두에서 밝히고, 이 구원을 얻기 위한 '이신칭의' 교리의 필요성을 설명하기 위해 먼저 인간의 죄에 대한 하나님의 진노를(롬 1:18-3:20) 설명하였습니다. 그리고 오늘 본문부터는 구원론의 구체적 내용을 전개하기 시작합니다.

오늘 본문에서는 로마서 3장 21절에서 8장 39절에 걸친 바울의 '구원론' 혹은 '하나님의 은혜'에 대한 개요를 살펴보고자 합니다. 이 부분은 바울의 구원론, 즉 믿음으로 의롭게 된다는 대진리를 설명한 곳으로 로마서의 중심부입니다. 여기서는 "하나님의 의"란 말과 "믿음"이란 말이 부단히 나타나고 있습니다.

이 부분을 간략하게 구분해 보면, 먼저 믿음으로 말미암아 순간적으로 되는 의인(義認)의 교리를 밝히고(롬 3:21-5:21), 의인(義認)을 받은 자가 계속 힘쓸 성결의 생활을 강조합니다(롬 6:1-8:17). 그리고 성도가 미래에 받을 영화에 대해 언급합니다(롬 8:18-39).

이런 바울의 논술은 일종의 구원 서정을 말하고 있는 것입니다. 우리가 아는 대로 구원의 서정은 소명, 중생, 회심, 신앙, 칭의, 양자, 성화, 견인 및 영화로 구분할 수 있습니다.

여기서 구원은 개인 구원을 가리킵니다. "모든 사람이 죄를 범하였으매 하나님의 영광에 이르지 못하였기"(롬 3:23) 때문입니다. 그러므로 모든 사람은 개인적으로 구원을 얻어야 합니다. "그리스도의 십자가에 나타난 하나님의 의"(롬 3:21-26)를 믿어야 합니다.

지금까지 한국 교회는 십자가 대속의 피의 복음 진리를 잘 보존하고 선포해서 개인의 영혼 구원에 우선적 관심을 기울여 왔습니다. 그런데 세계 교회는 복음의 변질이 뚜렷이 나타나기 시작하였습니다.

1967년 미국연합장로교가 신앙고백서를 제정하면서 '구원'의 핵심 교리를 제치고 '화해' 교리로 대체하였습니다. 이것은 개인 구원을 버리고 '사회에서의 화해'에 관심을 두고 주장한 것입니다. 즉, 인종차별 문제, 국제평화 문제, 경제적 빈곤 문제, 성 문제 등을 염두에 두고 화해교리를 주장한 것입니다.

이런 기독교의 기본교리 대체는 오늘날 서구 사회에서 동성애 및 동성혼 등의 소수 인권 확대로 나타나 기독교의 본질이 완전히 왜곡되게 되었습니다. 서구 사회에서는 개인 구원을 위한 복음 전도가 사실상 막히고 기독교는 사회문화의 한 요소로 전락되었습니다.

저는 코로나19 바이러스를 이런 전 세계적인 십자가 피의 복음 진리에 대한 배교에 따른 하나님의 징벌이라고 보고 있습니다. 모든 사람은 다 회개하여 하나님과 그리스도께 돌아와야 합니다. 그리스도 십자가 대속의 보혈을 믿고 죄 사함을 받아 영혼의 구원을 받아야 합니다.

그리스도 교회는 개인의 영혼 구원의 장소입니다. 영혼 구원을 받은 자들의 연합체가 모여 하나님께 예배드리는 곳입니다. 영혼 구원이 없다면 그리스도 십자가 대속의 죽음은 의미가 없어집니다. 우리는 앞으로 시작되는 바울의 구원론 설교에 경청해야겠습니다.

오직 그리스도, 오직 믿음, 오직 예수 보혈을 믿어 영혼의 구원을 얻고, 하나님께 영광을 돌리며, 세상에 나가서는 영혼 구령의 전도자로 살아야겠습니다.

살아계신 아버지 하나님!
하나님 은혜를 감사합니다.
오늘 우리에게 절대적으로 필요한 것이 무엇입니까?
하나님께서 우리 영혼의 구원에 관한 말씀을 우리에게 주심을 감사합니다. 인간은 하나님께 범죄 하여서 하나님의 진노하에 있으므로 어느 사람이든지 이 하나님의 진노에서 벗어나고 구원을 얻는 유일한 길은 영혼이 십자가에 못 박히신 그리스도를 믿고 구원을 얻어서 영혼 구원을 얻는 것입니다.

개인 구원이 기독교 교회에서 핵심적인 진리입니다. 개인 구원이 없으면 사회 구원도 없고 모든 것이 의미가 없어지는 것입니다. 우리가 참되게 십자가의 피의 복음, 신성의 하나님의 아들 복음을 믿고 영혼의 구원을 얻어서 이 영혼 구원을 받은 그리스도인들이 세상 속에 나아가 하나님 사랑, 이웃 사랑을 실천하면서 사회를 섬기고, 봉사하고, 구원의 역사, 믿음의 역사, 사랑의 역사를 실현하는 자들이 되도록 하나님의 은혜를 베풀어 주옵소서.

우리 교회가 날마다 모든 설교의 중심에 신성의 하나님의 아들의 복음, 그리스도 십자가 대속의 피 복음을 선포하여 성경이 증거하고 16세기 종교개혁이 증거하는 구원론의 진리의 복음을 끊임없이 강조하고 있습니다. 우리는 이것이 진정한 개혁이라고 믿습니다.

이로 인하여 그리스도 교회가 견고히 세워지도록 이 진리운동을 하는 모든 교회와 그리스도인들을 붙들어 주시고 인도하여 주옵소서.

예수님의 이름으로 기도하옵나이다. 아멘.

1. 칭의의 교리

(3:21-5:21)

91

롬 3:21-26

- 그리스도 십자가에 나타난 하나님의 의.
  칭의의 복음의 기초.
- 칭의의 본질(의롭다 선언하시는 하나님의 법적 행위),
  칭의의 근거(예수 그리스도와 그분의 십자가), 칭의의 수단(믿음).
  칭의는 복음의 핵심(타 종교는 기쁜 소식이 없다).
  오직 그리스도, 오직 믿음, 오직 예수 보혈 신앙으로!

> ²¹ 이제는 율법 외에 하나님의 한 의가 나타났으니 율법과 선지자들에게 증거를 받은 것이라 ²² 곧 예수 그리스도를 믿음으로 말미암아 모든 믿는 자에게 미치는 하나님의 의니 차별이 없느니라 ²³ 모든 사람이 죄를 범하였으매 하나님의 영광에 이르지 못하더니 ²⁴ 그리스도 예수 안에 있는 속량으로 말미암아 하나님의 은혜로 값 없이 의롭다 하심을 얻은 자 되었느니라 ²⁵ 이 예수를 하나님이 그의 피로써 믿음으로 말미암는 화목제물로 세우셨으니 이는 하나님께서 길이 참으시는 중에 전에 지은 죄를 간과하심으로 자기의 의로우심을 나타내려 하심이니 ²⁶ 곧 이 때에 자기의 의로우심을 나타내사 자기도 의로우시며 또한 예수 믿는 자를 의롭다 하려 하심이라

예수님은 그리스도시오. 살아계신 하나님의 아들입니다. 예수님이 하나님의 아들 그리스도라는 증거로 십자가에서 우리 죄를 대신해서 피 흘려 죽으시고, 죽은 자들 가운데서 부활하셨습니다.

이 예수님이 하나님의 아들, 예수님이 그리스도, 예수님이 우리 죄를 대신해서 십자가에서 피 흘려 죽으시고 부활하셨다는 복음으로 우리 인생 모든 문제가 처리되고 해답을 얻습니다. 이 복음은 모든 믿는 자에게 구원을 주시는 하나님의 능력이 됩니다. 이 하나님의 아들 예수 그리스도의 복음, 그리스도 십자가 대속의 피의 복음으로 깊이 뿌리내리기를 기원합니다.

예수님의 신성의 하나님 되심과 십자가 대속의 피의 복음 진리를 마음 중심에 믿을 때 죄 사함 받고 하나님과 화해가 이루어지고 그리스도와 연합됩니다. 이 그리스도와 연합 시에 칭의와 성화가 동시에 이루어집니다. 이때 성화는 전생애 걸쳐서 계속되지만, 칭의는 단번에 일어납니다. 즉시로 영원히 완성됩니다.

이것이 기독교 칭의론의 핵심입니다. 칭의는 복음의 핵심입니다. 이 칭의는 기독교에만 유일하게 있는 것입니다. 다른 어떤 체제나 이데올로기나 종교도 죄 사함과 새 생명을 받기에 합당한 일이란 전혀 행하지 않고 심판받아 마땅한 일만 많이 한 사람들에게 그것들을 값없이 주겠노라고 선포하지 않습니다.

그와 반대로 다른 모든 체계는 종교의 자선이라는 선행을 통한 모종의 자력 구원을 가르칩니다. 이와 대조적으로 기독교는 본질상 전혀 종교가 아닙니다. 그것은 복음, 그의 복음, 복된 소식입니다.

하나님의 은혜가 그분의 진노를 내몰았으며, 하나님의 아들이 우리의 죽음과 우리를 향한 심판을 당하셨고, 하나님이 받을 가치 없는 자들에게 자비를 베푸셨고, 우리가 행하거나 심지어 기여할 것은 아무것도 남아 있지 않다고 하는 소식입니다. 믿음의 유일한 기능은 은혜가 제공하는 것을 받아들이는 것입니다.

비기독교적 체계들은 인간 자신의 하나님 추구를 생각합니다. 그러나 그 어떤 체계도, 또 어떤 신비주의도, 도덕주의도, 또 어떤 철학도 거룩하신 하나님과 죄 된 인간 사이에 벌어져 있는 간격을 보거나 느끼지 못합니다.

죄 된 인간이 거룩하신 하나님께 나아갈 수 없다는 절망의 순간이 우리가 십자가 대속의 복음 신앙을 필요로 하게 합니다. 사도 바울은 먼저 하나님의 아들 예수 그리스도의 십자가에 나타난 하나님의 의를 묘사함으로써 '칭의'의 믿음에 기초를 놓고 있습니다.

오늘 본문 로마서 3장 21-26절에서 바울 사도는 그리스도 십자가에 나타난 하나님의 의를 설명합니다. 다수의 학자는 이 부분이 로마서의 중심에 해당한다고 믿습니다.

로마서 1장 18절부터 3장 20절까지 바울은 모든 사람이 하나님의 진노와 심판 받기에 마땅하다는 것을 주장했습니다. 언약 백성조차도 예외가 아닌데, 이는 그들이 모세율법을 지키지 못했기 때문입니다. 모세율법은 인간이 순종할 수 있는 능력을 제공하지 못하기 때문에 율법은 유대인과 이방인 모두가 위반했다는 것을 보여 줄 뿐이었습니다.

이제 로마서 오늘 본문 3장 21에서 26절은 하나님의 구원 의를 율법을 통해서는 얻을 수 없지만, 예수 그리스도와 그리스도의 십자가 대속의 죽음 안에 나타났다고 합니다.

본문 로마서 3장 21절을 보면 "이제는 율법 외에 하나님의 한 의가 나타났으니"라고 합니다. 바울은 이 "하나님의 의"는 예수 그리스도를 믿음으로 말미암아 모든 믿는 자에게 미치게 된다고 말합니다(22절).

그리고 이 "하나님의 의"가 의롭다 함을 받는 것과 동일시된다고 합니다. 본문 24절을 보면 "하나님의 은혜로 값없이 의롭다 하심을 얻은 자 되었느니라"라고 한 것입니다. "값없이 의롭다 하심을 얻는다"는 말은 칭의를 가리킵니다. 즉, 칭의란 하나님께서 예수 그리스도의 완전한 의를 근거로 하여 죄인을 의롭다고 선언하시는 하나님의 법적인 행위입니다. 이것이 칭의의 본질입니다.

또 바울은 칭의의 근거는 예수 그리스도와 그분의 십자가임을 밝히고(24, 25절), 칭의의 수단으로는 오직 "믿음"으로 칭의를 받는다고 말합니다(22, 25, 26절).

우리 모두는 바울의 선언대로 우리 자신이 억만 죄악을 가진 죄인임을 고백하고, 예수 그리스도와 그리스도의 십자가 대속의 보혈만을 믿고 하나님 앞에 담대히 나아가도록 하겠습니다.

오직 그리스도, 오직 믿음, 오직 예수 보혈 신앙으로 살고, 성령 충만 받아 하나님 사랑과 이웃 사랑의 전도자로 살기를 기원합니다.

살아계신 아버지 하나님!

하나님 은혜를 감사합니다.

우리는 율법 앞에서 억만 죄악의 죄인인 것을 고백하지 않을 수가 없습니다. 이 죄에 대한 해결은 우리의 행함과 우리의 노력과 공로로 이룰 수 없는 것임을 우리가 확실하게 깨닫고, 이 절망의 순간에 우리는 십자가 대속의 피의 복음 신앙을 갈망하고 또 필요하다는 것을 알게 되면서 하나님의 아들 예수 그리스도와 십자가에 못 박히신 그리스도만을 바라보고 영광의 아버지 앞에 나아가 의롭다 함을 얻을 수 있게 하심을 감사하옵나이다.

오늘도 값없이 의롭다 하심을 얻는 이 칭의를 우리에게 주신 우리 하나님께 감사하면서 오직 이 칭의를 믿는 믿음으로만 구원 얻는다는 사실을 알고, 오늘도 이 십자가의 보혈을 의지하여 은혜의 보좌 앞에 담대히 나아가서 때를 따라 돕는 은혜를 얻고, 이 은혜로 하나님 사랑과 이웃 사랑의 열매를 맺는 하루가 되게 하여 주옵소서.

예수님의 이름으로 기도하옵나이다. 아멘.

92

롬 3:21

- "이제는 율법 외에 하나님의 한 의가 나타났으니"
  여기서 "이제는"은 위대한 전환점이다.
- 하나님의 의(하나님께서 제공하신 의, 십자가 대속의 피를 통한 의).
  십자가 대속의 피의 복음을 통한 칭의의 길이 열렸다.

> ²¹ 이제는 율법 외에 하나님의 한 의가 나타났으니 율법과 선지자들에게 증거를 받은 것이라

예수님은 그리스도시오. 살아계신 하나님의 아들입니다. 예수님이 하나님의 아들 그리스도라는 증거로 십자가에서 우리 죄를 대신해서 피 흘려 죽으시고, 죽은 자들 가운데서 부활하셨습니다.

이 예수님이 하나님의 아들, 예수님이 그리스도, 예수님이 우리 죄를 대신해서 십자가에서 피 흘려 죽으시고 부활하셨다는 복음으로 우리 인생 모든 문제가 처리되고 해답을 얻습니다. 이 복음은 모든 믿는 자에게 구원을 주시는 하나님의 능력이 됩니다. 이 하나님의 아들 예수 그리스도의 복음, 그리스도 십자가 대속의 피의 복음으로 깊이 뿌리내리기를 기원합니다.

예수님의 신성의 하나님 되심과 십자가 대속의 피의 복음을 마음 중심에 믿고 구원받은 그리스도인은 하나님과 우리 주 예수 그리스도의 십자가 대속의 사랑에 대한 무한한 감사 속에서 살아갑니다. 또한, 무

한한 십자가 피의 사랑에 감사하며 살아야 마땅합니다. 이것을 잃으면 처음 사랑을 버린 자이며 하나님께 배은망덕한 자가 됩니다.

우리는 하나님의 법인 율법의 행위로는 의롭게 되는 것이 불가능한 것을 잘 압니다. 그렇다면 죄를 범한 인간은 영원히 하나님의 진노 아래 있어야 합니다. 세상에는 소망이 없습니다.

그러나 하나님께 감사하옵는 것은 율법 외의 다른 길을 마련해 주신 것입니다. 모세의 율법을 지키지 않고도 의롭다 함을 얻을 수 있게 된 것입니다. 이것이 바로 "하나님의 의"로서 하나님께서 예정하고, 제공하고, 인정하시는 의입니다. 그 의를 하나님이 우리에게 주십니다. 곧 그리스도의 십자가에 나타난 하나님의 의입니다.

오늘 본문에서 바울 사도는 이러한 위대한 전환점을 우리에게 제시합니다. 본문 로마서 3장 21절을 보면 "이제는 율법 외에 하나님의 한 의가 나타났으니 율법과 선지자들에게 증거를 받은 것이라"라고 하였습니다.

바울은 "이제는 율법 외에 하나님의 한 의가 나타났으니"라고 합니다. "하나님의 의"가 나타났습니다. 이 "하나님의 의"는 하나님께서 제공하신 의로서 십자가 대속의 복음을 통한 칭의의 길입니다. 이 길이 우리에게 나타났습니다.

"놋뱀이 높이 장대 위에 달려 있습니다."

"십자가에 못 박혀 피 흘려 죽으신 그리스도"께서 십자가에 높이 달려 계십니다. 우리가 그것을 어둠 속에서 더듬어 찾도록 내버려 두지 않고 우리에게 분명히 보이도록 드러냈습니다.

그리고 이 "하나님의 의"는 "율법 외에" 나타난 것입니다. 여기서 바울 사도는 그리스도와 모세를 결합할 필요가 있다고 주장하는 그리스도인의 유대주의화(化)를 미리 방지하고 있습니다. 유대인들은 이방인 회심자들에게 예수 그리스도가 메시아로 인정받으려면 유대주의 의식을 지킴으로써 율법을 충분히 보존해야 한다고 강조했습니다.

그러나 바울은 아니라고 말했습니다. 그 길은 "율법 외의 길"이라고 했습니다. 그리고 예수 그리스도께서 십자가 대속의 보혈을 통해서 완성하신 의는 온전한 의라고 하는 것입니다.

이 "하나님의 의", 곧 하나님께서 제공하신 의, 십자가 대속의 보혈을 통한 의는 "율법 외의 길"이지만 "율법과 선지자들에게 증거를 받은 것이라"라고 합니다.

즉, 구약성경에 이것을 가리키는 모형과 예언과 약속들이 있었습니다. 예수 그리스도의 복음은 인간의 타락 후 사후처리가 아닙니다. 다시 말하면 복음은 율법이 인간들을 구원하지 못하자 하나님께서 그제야 생각해 낸 것이 아니라는 말입니다.

그리스도 십자가 대속의 피의 복음은 창세전에 작정되었습니다. 그 이유인즉 하나님께서 창세전에 율법과 선지자들을 통해서 복음을 나타낼 수 있도록 작정하셨기 때문입니다.

구약성경 가운데 복음에 관한 예언들이 많이 있으며 그것은 그대로 성취되었습니다. 율법 가운데 복음이 있는 것입니다. 선지서들 가운데서도 복음이 있습니다. 그래서 바울 사도는 본문에서 "율법과 선지자들에게 증거를 받은 것이라"라고 하였습니다.

율법은 우리를 의롭게 하는 것이 아니라 우리에게 다른 칭의의 길이 있음을 가리키는 것입니다. 곧 그것은 예수 그리스도를 우리의 의로 가리키고, 그 점을 모든 선지자가 증거하고 있는 것입니다. 무엇보다도 성전에서 율법에 따라 양의 피를 제물의 요점으로 한 것은 앞으로 오실 예수 그리스도의 십자가 대속의 피를 가리킨 것입니다.

그래서 로마서 10장 4절은 "그리스도는 모든 믿는 자에게 의를 이루기 위하여 율법의 마침이 되시니라"라고 하였습니다. 그러므로 우리는 모두 오직 그리스도, 오직 믿음, 오직 예수 보혈 신앙으로 살고, 성령 충만 받아 하나님 사랑과 이웃 사랑의 율법을 기꺼이 지키며 전도자로 살아야겠습니다.

기도하겠습니다.

살아계신 아버지 하나님!
하나님 은혜를 감사합니다.
하나님을 마음과 뜻과 목숨을 다하여 사랑하고 이웃을 내 몸처럼 사랑하는 율법의 계명을 우리가 결코 지킬 수가 없음을 고백합니다.
그렇다면 하나님의 진노 하에 우리가 멸망받을 수밖에 없는데 하나님께서 그의 아들 예수 그리스도를 이 땅에 보내셔서 그의 십자가의 대속의 피를 통해서 우리를 대신해서 율법의 의를 완성시켜 주심으로 인하여 우리가 예수의 피를 힘입고 하나님께 나아가는 길이 열리게 됨을 감사하옵나이다. 이제 율법 외에 하나님의 한 의가 나타났으니 곧 예수 그리스도의 의요 하나님의 의입니다.

오늘도 예수의 피를 힘입고 은혜의 보좌 앞에 담대히 나아가오니 성령의 충만을 부어 주옵소서. 그리하여 성령을 통해서 우리에게 부으신 위대한 십자가의 피의 사랑을 힘입고 그 피의 사랑, 하나님의 사랑으로 하나님을 사랑하고 이웃을 사랑하는 율법의 열매를 맺는 하루가 되게 하여 주옵소서.

예수님의 이름으로 기도하옵나이다. 아멘.

93

롬 3:22

- "예수 그리스도를 믿음으로 말미암아"
  여기서 "믿음"은 예수 그리스도 자신의 믿음(곧 그리스도의 신실성)이 아니라 신자의 믿음이다.
  칭의의 수단은 믿음.
- 오직 그리스도, 오직 믿음, 오직 예수 보혈.

> ²² 곧 예수 그리스도를 믿음으로 말미암아 모든 믿는 자에게 미치는 하나님의 의니 차별이 없느니라

예수님은 그리스도시오. 살아계신 하나님의 아들입니다. 예수님이 하나님의 아들 그리스도라는 증거로 십자가에서 우리 죄를 대신해서 피 흘려 죽으시고, 죽은 자들 가운데서 부활하셨습니다.

이 예수님이 하나님의 아들, 예수님이 그리스도, 예수님이 우리 죄를 대신해서 십자가에서 피 흘려 죽으시고 부활하셨다는 복음으로 우리 인생 모든 문제가 처리되고 해답을 얻습니다. 이 복음은 모든 믿는 자에게 구원을 주시는 하나님의 능력이 됩니다. 이 하나님의 아들 예수 그리스도의 복음, 그리스도 십자가 대속의 피의 복음으로 깊이 뿌리내리기를 기원합니다.

예수님의 신성의 하나님 되심과 십자가 대속의 피의 복음을 참되게 믿는 신자는 예수 그리스도의 십자가에 나타난 하나님의 의로 말미암

아 의롭다 함을 얻고 오직 그리스도, 오직 믿음, 오직 예수 보혈 신앙으로 살아갑니다. 다시 말하면 '칭의의 수단'은 예수 그리스도와 십자가에 못 박혀 죽으신 보혈을 믿는 믿음입니다. 이것이 종교개혁의 원리입니다.

그런데 1980년대에 나타난 소위 '바울새관점파'들은 우리가 전통적으로 믿는 "예수 그리스도를 믿음으로 말미암아" 구원을 얻는다는 '이신칭의' 교리를 부정합니다. 그들에 의하면 '칭의의 수단'은 우리의 믿음이 아닌 예수 그리스도 자신의 믿음, 곧 예수 그리스도가 하나님의 뜻을 따라 십자가에 죽기까지 복종하신 그의 신실함으로 봅니다.

오늘날 새관점파의 대표적 인물인 톰 라이트는 '이신칭의' 교리를 부정하고 유보적 칭의를 주장하여 종교개혁 원리를 뒤집고 있습니다. 쉽게 말하면 천주교식의 구원론입니다. 이 톰 라이트가 한국 교회의 수많은 복음주의자에게 인기를 끌고 있습니다. 수십 권의 그의 책이 번역 출판되어 있습니다.

이 톰 라이트는 예수님의 신성의 하나님 되심도 믿지 않고, 부활 승천과 재림도 우리처럼 믿지 않습니다. 그는 기독교 교회사에서 정리된 중요한 신조들도 믿지 않습니다. 그는 사실상 기독교 인도주의자입니다. 슈바이처나 김형석 교수 같은 류의 인물입니다.

칭의에 관한 바울새관점파 견해는 잘못되었고, 절대 교회가 받아들이면 안 됩니다. 루터의 말대로 이신칭의 교리는 교회가 서고 무너지는 진리입니다. 우리는 종교개혁자들의 주장처럼 칭의를 바울 복음의 필수적인 내용으로 보고 칭의를 구원의 내용으로, 칭의를 그리스도의 의의 전가를 포함하는 것으로 보아야 합니다. 칭의의 수단은 신자의 믿음입니다. 결코, 그리스도의 신실성이 아닙니다.

오늘 본문에서 사도 바울은 명백히 칭의의 수단을 믿음으로 선언하고 있습니다. 본문 로마서 3장 22절을 보면 "곧 예수 그리스도를 믿음으로 말미암아 모든 믿는 자에게 미치는 하나님의 의니 차별이 없느니라"라고 하였습니다.

먼저 "예수 그리스도를 믿음으로 말미암아 모든 믿는 자에게 미친다"라고 말합니다. "예수 그리스도를 믿음으로"라는 말은 "예수님을 그리스도로 믿는다"는 말입니다. 곧 예수님을 기름 부음 받은 자로 믿는다는 말입니다. 기름 부음 받은 자란 선지자, 제사장, 왕이라는 세 가지 직분입니다. 그러므로 바울에 의하면 "의롭게 하는 믿음"은 예수님의 세 가지 직분, 곧 선지자와 제사장과 왕의 직분에 있어서 예수 그리스도를 구주로 받아들이는 것입니다.

이 세 가지 모든 직분에 있어서 예수님을 의지하고, 예수님을 받아들이며, 예수님을 붙잡는 것입니다. 예수님을 왕으로 믿고 그에게 복종하는 것입니다. 오직 이것에 의해서만 우리는 하나님의 의를 얻을 수 있습니다. 우리는 이것에 의해서만 하나님께서 정하시고 예수 그리스도께서 가져오신 그 의와 연관을 맺게 됩니다.

우리는 톰 라이트나 가톨릭 주장처럼 예수 그리스도의 의에 우리 개인의 선행을 덧붙이면 안 됩니다. 오직 예수 그리스도를 믿음으로 말미암아 모든 믿는 자에게 미치는 하나님의 의입니다. 이것은 유대인이나 이방인이나 모두 차별이 없습니다.

"모든 믿는 자에게 미치는 하나님의 의"이기 때문에 유대인이든 이방인이든 믿기만 하면 동등한 입장에서 예수 그리스도를 통해 하나님께 받아들여질 것이라는 진리입니다. 그래서 "차별이 없느니라"라고 분문은 말합니다.

이것이 모든 자에게, 곧 일반적으로 누구에게나 제공되는 것입니다. 예수님의 신성의 하나님 되심과 십자가 대속의 피의 복음을 제외하는 자가 아니면 누구도 제외하지 않습니다. 그것은 모든 믿는 자에게 주어지는 면류관처럼, 의복처럼 주어집니다. 바울새관점파처럼 유대인은 이 피의 복음이 아닌 언약적 율법주의로 구원 얻는다고 하는데 그것은 성경에서 벗어납니다.

오직 그리스도, 오직 믿음, 오직 예수 보혈 신앙으로 살고, 성령 충만 받아 하나님 사랑과 이웃 사랑의 율법의 열매를 맺는 전도자로 살기 바랍니다. 칭의의 수단은 오직 믿음입니다!

살아계신 아버지 하나님!
하나님 은혜를 감사합니다.
오늘 본문처럼 우리는 예수 그리스도를 믿음으로 말미암아 구원을 얻습니다. 유대인이나 이방인이나 차별 없이 모든 믿는 자에게 미치는 하나님의 의, 칭의를 얻습니다. 칭의의 근거는 예수 그리스도와 그리스도의 십자가이며, 칭의의 수단은 믿음입니다.
그러므로 오늘도 십자가에 못 박히신 그리스도, 그것이 하나님의 의이고 우리의 의가 되도록 그리스도께서 우리에게 제공하신 그리스도의 의를 우리가 굳게 믿고 칭의를 얻어서 거룩한 삶을 살아가는 기초를 마련하는 자들이 되기를 기도합니다. 참된 칭의는 거룩함의 열매를 반드시 맺게 되어 있습니다.

그러므로 오직 그리스도를 믿는 믿음으로 구원을 얻는 것이지 선행이 따라야 구원을 얻는다고 해서는 절대 안 된다고 믿습니다. 오늘도 오직 믿음, 참된 믿음으로 성령의 권능이 우리 안에 임하여 성령의 충만함을 받고 하나님 사랑과 이웃 사랑의 전도자로 살아가는 하루가 되도록 우리를 인도하여 주옵소서.

예수님의 이름으로 기도하옵나이다. 아멘.

롬 3:23

- 모든 사람이 죄를 범하였으매 하나님의 영광에 이르지 못함.
  아담이 지은 죄로 아담 안에서 우리는 모두 죽었다.
  죄로 인해 하나님의 영광을 빼앗겼다.
- 예수 그리스도와 십자가 대속의 보혈로 하나님의 영광 회복됐다.
  우리 안의 새사람은 하나님의 영광을 나타낸다.

> **23** 모든 사람이 죄를 범하였으매 하나님의 영광에 이르지 못하더니

예수님은 그리스도시오. 살아계신 하나님의 아들입니다. 예수님이 하나님의 아들 그리스도라는 증거로 십자가에서 우리 죄를 대신해서 피 흘려 죽으시고, 죽은 자들 가운데서 부활하셨습니다.

이 예수님이 하나님의 아들, 예수님이 그리스도, 예수님이 우리 죄를 대신해서 십자가에서 피 흘려 죽으시고 부활하셨다는 복음으로 우리 인생 모든 문제가 처리되고 해답을 얻습니다. 이 복음은 모든 믿는 자에게 구원을 주시는 하나님의 능력이 됩니다. 이 하나님의 아들 예수 그리스도의 복음, 그리스도 십자가 대속의 피의 복음으로 깊이 뿌리내리기를 기원합니다.

예수님의 신성의 하나님 되심과 십자가 대속의 피의 복음을 마음 중심에 믿고 예수 그리스도를 영접한 자는 그 자신 안에 예수 그리스도의 생명을 가진 '새사람'이 있게 됩니다.

> 그런즉 누구든지 그리스도 안에 있으면 새로운 피조물이라 이전 것은 지나갔으니 보라 새것이 되었도다 (고후 5:17).

이 우리 안에 있는 '새사람'은 예수 생명을 가진 자이기에 그리스도의 영광을 갖고 있으며, 우리는 때로 그리스도 안에서 새로운 피조물로 변화된 형제, 자매에게서 주의 영광을 보게 되는 것입니다.

복음송 가운데 새 신자가 교회에 가입할 때 환영하는 노래로 이런 복음송이 있습니다.

> 주의 사랑으로 사랑(환영)합니다
> 주의 사랑으로 사랑(환영)합니다
> 형제(자매) 안에서 주의 영광을 보네
> 주의 사랑으로 사랑(환영)합니다

여기서 우리가 관심 두는 가사는 "형제(자매) 안에서 주의 영광을 본다"는 것입니다. 이 복음송 작사자가 대단히 의미 깊은 신학적인 메시지를 사용하였습니다.

과연 예수님의 신성과 십자가 대속의 피의 복음을 받은 그리스도인은 그 자신 안에 변화된 새사람이 있는데 그것은 영광스럽습니다. 우리 안에 있는 새사람은 계속해서 영광에서 영광으로 변화될 것입니다. 나의 육신까지도 영화롭게 되는 더욱 놀라운 날이 올 것입니다.

그러나 인간의 범죄는 우리에게서 의(義)만이 아니고 "하나님의 영광"도 박탈해 갔습니다. 우리가 예수 그리스도와 그리스도의 십자가의 대속의 피로 구원받지 못하면 우리는 죄로 인하여 하나님의 영광에 이르지 못한 자가 되고 말 것입니다.

오늘 본문에서 바울 사도는 이 진리를 말합니다.

로마서 3장 23절, "모든 사람이 죄를 범하였으매 하나님의 영광에 이르지 못하더니"라고 하였습니다. 바울은 앞서 로마서 3장 9절에서 "유대인이나 헬라인이나 다 죄 아래 있다"라고 선언하였습니다. 이제 이 사실을 오늘 본문에서 다시 반복하는 것입니다.

"모든 사람이 죄를 범하였으매 하나님의 영광에 이르지 못하더니"라고 하였습니다. 모든 사람이 죄를 범하였습니다. 죄는 인류의 대표인 아담의 타락으로 인하여 모든 인류에게 전가된 것입니다.

그러면 죄란 무엇입니까?

죄는 '표적을 잃어버리는 것'이든지, '표적을 맞히지 못한 것'을 의미합니다. 그것은 거룩한 표준을 맞추지 못하든지, 거기에 미치지 못하는 것을 의미합니다.

또 '죄'란 범법(犯法)을 의미하기도 하고, '바르지 못함'을 의미하기도 합니다. 또 죄는 '위반'을 의미합니다. 곧 '사악'을 의미합니다. 사도 요한은 요한일서 3장 4절에서 "죄는 불법"이라고 하였습니다.

웨스트민스터 소요리문답 제14문에서 "죄는 하나님의 법을 순종함에 부족한 것이나, 혹 어기는 것이다"라고 하여 요한일서 3장 4절을 기초하여 답을 제시하고 있습니다.

바울은 우리가 이러한 하나님의 법을 불순종하여 아담 안에서 전 인류가 죄를 범하였다고 하는 것입니다. 그런데 죄는 불의하게 만들 뿐만 아니라 하나님의 영광을 빼앗아갔다고 바울은 말했습니다.

"모든 사람이 죄를 범하였으매 하나님의 영광에 이르지 못하더니"라고 하였습니다. 여기서 하나님의 영광이란 하나님의 찬란한 빛과 광채를 포함합니다. 즉, 하나님이 어떤 분이신가를 외적으로 드러내는 것입니다. 위엄과 숭고함 역시 하나님의 영광 일부분입니다. 위엄이 있다는 것은 권세가 있다는 것이며, 숭고하다는 것은 뛰어나고 높은 지위를 나타냅니다.

그런데 이 하나님의 영광은 아담이 창조되었을 때 아담이 가졌으나(창 1:27), 타락했을 때 잃어버렸습니다. 그러나 하나님의 영광은 성육신하신 하나님의 아들 예수 그리스도께서 십자가 대속의 보혈을 흘리심으로 구속이 완성되었을 때 예수 그리스도를 믿고 영접하는 자에게 회복되는 것입니다.

하나님의 영광은 하나님의 영광 자체이신 하나님의 아들 예수 그리스도를 마음에 모시고 사는 그리스도인들 가운데 존재합니다. 그리스도인 안에 거하는 새사람은 영광스러운 존재입니다. 우리는 날마다 주의 성령으로 말미암아 그리스도의 형상으로 변화하여 영광에서 영광에 이릅니다(고후 3:18).

오직 그리스도, 오직 믿음, 오직 예수 보혈 신앙으로 살고, 성령 충만 받아 거룩함과 하나님의 영광을 나타내며 사는 자들이 되어야겠습니다.

━━━···━━━

살아계신 아버지 하나님!

하나님 은혜를 감사합니다.

오늘 말씀을 듣는데 모든 사람이 죄를 범하였으매 하나님의 영광에 이르지 못한다고 말합니다. 본래 우리가 하나님의 영광을 가진 자로 창조되었으나 인간이 범죄 함으로 하나님의 영광을 잃어버렸습니다.

그리하여 위대한 은총을 다시 회복해 주기 위해서 하나님의 형상을 가진 하나님의 아들이 이 땅에 오셨다고 믿습니다. 그러나 하나님의 아들이 이 땅에 오신 것으로 하나님의 형상이 회복되는 것이 아니고 우리의 죄악을 대신 십자가 대속의 죽음으로 담당해 주셔서 죄 사함을 받게 하여야 하나님의 형상이 회복된다고 믿습니다.

그러므로 우리는 예수님의 십자가 보혈을 의지하여 은혜의 보좌 앞에 나아가오니 은총의 빛, 영광의 빛을 우리의 심령에 비추어 주옵소서. 그리하여 세상에 나가 하나님의 백성으로서 하나님의 영광을 나타내며 살게 하여 주옵소서.

예수님의 이름으로 기도하옵나이다. 아멘.

95

롬 3:24

- 그리스도 예수 안에 있는 속량(구속).
  그리스도께서 그의 십자가 대속의 피(죽음)으로 우리를 사서 죄의 노예에서 해방시킴.
- '속전으로 인한 구속'의 결과 우리는 그리스도께 속하게 되었다.
  오직 그리스도, 오직 믿음, 오직 예수 보혈 신앙으로 예수 그리스도와 십자가 피의 복음을 위해 살라.

> ^{24} 그리스도 예수 안에 있는 속량으로 말미암아 하나님의 은혜로 값 없이 의롭다 하심을 얻은 자 되었느니라

예수님은 그리스도시오. 살아계신 하나님의 아들입니다. 예수님이 하나님의 아들 그리스도라는 증거로 십자가에서 우리 죄를 대신해서 피 흘려 죽으시고, 죽은 자들 가운데서 부활하셨습니다.

이 예수님이 하나님의 아들, 예수님이 그리스도, 예수님이 우리 죄를 대신해서 십자가에서 피 흘려 죽으시고 부활하셨다는 복음으로 우리 인생 모든 문제가 처리되고 해답을 얻습니다. 이 복음은 모든 믿는 자에게 구원을 주시는 하나님의 능력이 됩니다. 이 하나님의 아들 예수 그리스도의 복음, 그리스도 십자가 대속의 피의 복음으로 깊이 뿌리내리기를 기원합니다.

예수님의 신성의 하나님 되심과 십자가 대속의 피의 복음을 마음 중심에 믿고 구원받은 그리스도인은 예수 그리스도 십자가 대속의 보혈 외에는 자랑할 것이 없는 자가 되어야 합니다. 오늘날 한국과 세계의 그리스도 교회에서 십자가 대속의 보혈이 선포되지 않고 있습니다. 신자들이 자신들의 억만 죄악을 대신 그리스도의 십자가의 피를 속전으로 주고 속량해 주셨다는 진리를 바로 깨닫지 못하고 있습니다.

아브라함 카이퍼, 헤르만 바빙크와 더불어 세계 3대 칼빈주의자로 알려진 미 프린스턴신학교 B.B. 워필드가 1915년 신입생들에게 이런 강의를 했습니다.

"그리스도의 칭호들 가운데 그리스도인들의 가슴에 '구속자'라는 칭호보다 더 소중한 것은 없다"는 말로 시작했습니다. 그러면서 오늘날 이 "구속자"와 "구속"(속량)이라는 고귀한 단어가 변하고 있다고 말하였습니다. 그러면서 끝으로 이렇게 질문했습니다.

"그리스도가 여러분의 구속자이시고 그 피를 여러분의 속전으로 여러분을 위해 흘리셨다고 정말로 생각합니까?

여러분이 아무것과도 바꿀 수 없는 피, 게다가 하나님의 거룩하신 자 그리스도의 피라는 엄청난 값으로 산 것이라고 정말로 생각합니까?

아니면 한 단계 더 나가서 여러분을 위해 피를 흘리신 그리스도가 여러분의 하나님이라고 생각합니까?"

워필드 사후 얼마 안 가서 미 프린스턴신학교는 경고대로 그리스도 십자가 대속의 피를 버리고 자유주의 신학교로 전락하고 말았습니다.

그래서 이 십자가 대속의 피의 복음을 옹호하는 무리가 프린스턴에서 나와서 웨스트민스터신학교를 세웠습니다.

저도 보잘것없는 작은 교회의 목회자이지만, 예수님의 신성의 하나님 되심과 십자가 대속의 피의 복음을 한국과 세계 교회가 모든 설교의 중심에 두고 십자가 피의 복음을 날마다 선포해야 한다고 카톡 메시지 전송과 십자가 피의 복음 문서 발간운동을 하고 있습니다.

저는 저 자신의 억만 죄악을 사해 주시려 그의 아들 예수 그리스도를 이 세상에 보내신 하나님 아버지와 아버지 뜻대로 순종해서 십자가 대속의 죽음의 피를 흘리신 예수 그리스도께 만강의 감사와 찬양을 드립니다. 그리스도 십자가 외에는 자랑할 것이 없습니다.

바울 사도는 이런 우리의 신앙을 제고시키기 위해서 로마서의 중심에 해당하는 진리를 로마서 3장 21-26절에서 "그리스도 십자가에 나타난 하나님의 의"에 관해 논증하고 있습니다.

오늘은 칭의의 근거인 예수 그리스도와 십자가에 관한 로마서 3장 24절의 "예수 그리스도 안에 있는 속량(구속)"에 관한 말씀을 보겠습니다.

로마서 3장 24절을 보면 "그리스도 예수 안에 있는 속량으로 말미암아 하나님의 은혜로 값없이 의롭다 하심을 얻은 자 되었느니라"라고 하였습니다.

먼저 "속량"이라는 말이 중요합니다. 이 말은 상업용어로서 '팔렸던 종을 속전을 주고 사들여 자유롭게 하는 행위'입니다. 구약 시대 이스라엘은 처음에는 애굽에서, 그다음에는 바벨론에서 속량되어 자신들의 땅으로 돌아간 것에 대해 비유적으로 사용되었습니다.

마찬가지로 우리도 우리의 죄와 죄책에 속박되어 있으며, 전혀 우리 자신을 해방할 수 없는 죄의 종 혹은 죄의 포로들이었습니다. 그러나 예수 그리스도께서 우리를 속량하셨습니다. 즉, 속전으로 그분의 죽음의 피를 흘리심으로 하나님의 공의를 만족해 죄와 사탄의 노예 가운데 있는 우리를 사서 해방하셨습니다.

복음의 본질은 하나님의 영원한 공의와 의로우심 때문에 우리의 사죄가 가능하기에 앞서 죄에 상응한 대가가 하나님께 지급되어야 했습니다. 그것이 "예수 그리스도 안에 있는 속량"인 것입니다.

예수님께서도 말씀하셨습니다.

> 인자가 온 것은 섬김을 받으려 함이 아니라 도리어 섬기려 하고 자기 목숨을 많은 사람의 대속물로 주려 함이니라(막 10:45).

속죄의 본질은 '대속'입니다. '속량'입니다. 우리는 예수 그리스도의 십자가 대속의 죽으심의 피라는 속전으로 인한 속량으로 값없이 의롭다 하심을 얻은 자 되었은즉 우리는 이제 예수 그리스도께 속하게 되었습니다. 예수 그리스도와 그리스도의 십자가 피의 복음을 위해 살아야 할 이유가 여기에 있는 것입니다.

오직 그리스도, 오직 믿음, 오직 은혜, 오직 예수 보혈 신앙으로 살고, 성령 충만 받아 십자가 대속의 피의 복음의 증거자로 살고, 하나님 사랑과 이웃 사랑의 전도자로 살기 바랍니다.

살아계신 아버지 하나님!

하나님 은혜를 감사합니다.

우리가 하나님께 범죄함으로 하나님을 떠나 죄와 사탄의 노예로 사는 자가 되어서 우리 힘으로 그 죄와 사탄에게서 빠져나올 능력이 없는 자가 되었습니다.

그러므로 하나님께서 그의 아들을 보내셔서 죄에 상응한 대가를 하나님 자신에게 지불되도록 하심으로 인하여 그리스도 안에 있는 속량을 우리가 얻게 되어서 예수의 피를 힘입고 거룩한 자, 하나님의 자녀로 세우심을 받게 하심을 감사하옵나이다.

이제는 그리스도 예수 안에 있는 속량으로 구속되었으므로 우리가 그리스도께 속하게 되었은즉 이제 우리가 우리를 위하여 사는 것이 아니라 예수 그리스도와 그리스도의 십자가의 피의 복음을 위하여 사는 자가 되기를 기도합니다.

오늘도 예수의 피를 힘입고 은혜의 보좌 앞에 담대히 나아가 성령의 충만함을 받고 하나님 사랑과 이웃 사랑의 삶을 실천하며 그리스도의 피의 증인으로 살아가는 하루가 되도록 은혜를 베풀어 주옵소서.

예수님의 이름으로 기도하옵나이다. 아멘.

롬 3:25

- 그리스도의 피로써 믿음으로 말미암는 '화목제물'.
  화목의 필요는 하나님의 거룩한 분노 때문.
- 화목의 창시자는 하나님, 넘치는 사랑 때문.
  화목의 결과는 하나님이 그의 아들을 희생제물로 주셨다.
  오직 십자가 대속의 피 외에는 하나님의 진노 피할 길이 없다.

> ²⁵ 이 예수를 하나님이 그의 피로써 믿음으로 말미암는 화목제물로 세 우셨으니 이는 하나님께서 길이 참으시는 중에 전에 지은 죄를 간과하 심으로 자기의 의로우심을 나타내려 하심이니

예수님은 그리스도시오. 살아계신 하나님의 아들입니다. 예수님이 하나님의 아들 그리스도라는 증거로 십자가에서 우리 죄를 대신해서 피 흘려 죽으시고, 죽은 자들 가운데서 부활하셨습니다.

이 예수님이 하나님의 아들, 예수님이 그리스도, 예수님이 우리 죄를 대신해서 십자가에서 피 흘려 죽으시고 부활하셨다는 복음으로 우리 인생 모든 문제가 처리되고 해답을 얻습니다. 이 복음은 모든 믿는 자에게 구원을 주시는 하나님의 능력이 됩니다. 이 하나님의 아들 예수 그리스도의 복음, 그리스도 십자가 대속의 피의 복음으로 깊이 뿌리내리기를 기원합니다.

예수님의 신성의 하나님 되심과 십자가 대속의 피의 복음을 마음 중심에 믿고 구원받은 그리스도인은 인간의 악한 죄성과 이에 대한 하나님의 거룩한 분노에 대한 참된 이해가 필요합니다. 오늘날 우리 시대는 인간의 전적 타락과 전적 부패에 대한 죄성의 인식이 없으며, 또한 인간의 범죄에 대한 하나님의 거룩한 진노에 대한 인식도 사라지고 있습니다.

하나님은 사랑이시고 그 사랑 때문에 인간의 죄에 대해 속죄해 주기 위해 그의 아들을 속죄제물로 보내셔서 우리를 구원하셨다고 믿고자 합니다. 구약 시대의 하나님은 진노의 하나님이셨으나 신약 시대 하나님은 모든 것을 용서하시는 하나님이라는 것입니다. 이런 생각은 하나님의 죄에 대한 거룩한 진노를 부인하는 것입니다.

그들은 진노하시는 하나님과 화목해야 한다는 것은 이교도의 이론이라고 합니다. 이교도들은 변덕이 심한 그들의 신을 달래기 위해 속죄제물을 드립니다. 반면에 성경의 하나님은 이교도의 신과 달리 사랑의 하나님이라고 보는 것입니다.

그러나 성경은 분명히 "그리스도의 피로서 믿음으로 말미암는 '화목제물'"이라고 말합니다. 본문 로마서 3장 25절은 성경 전체 가운데서 가장 중요한 구절 중 하나입니다. 로마서 3장 25절을 보면 "이 예수를 하나님이 그의 피로써 믿음으로 말미암는 화목제물로 세우셨으니 이는 하나님께서 길이 참으시는 중에 전에 지은 죄를 간과하심으로 자기의 의로우심을 나타내려 하심이니"라고 하였습니다.

이 본문에서 핵심적인 말이 "화목제물"입니다. 이 "화목제물"은 하나님의 진노를 진정시키고, 달래고, 유화시키는 것을 뜻합니다. 그런데 이런 의미에 대해서 많은 신자나 신학자가 당황하고 충격을 받습니다.

어떤 사람과 화목한다는 것은 그 사람의 화를 달래는 것을 의미하는데, 하나님이 진노하시고 그것을 달래어 가라앉혀야 한다고 생각하는 것은 하나님에게 합당하지 않게 보이기 때문입니다. 오히려 이교도들이 하는 방식으로 보기 때문입니다.

그래서 "화목제물" 대신 "속죄소"로 번역하기도 하고 "속죄제물"로 번역하기도 하였습니다. 하나님을 달래는 것이 아니라 죄를 속하는 것을 의미한다고 하였습니다.

그러나 오늘 본문의 전체 문맥은 인간이 처한 곤경에 대한 하나님의 해결책입니다. 즉, 타락한 인간의 치유할 수 없는 죄와 그 죄에 대해 내리는 하나님의 진노인 것입니다(롬 1:18, 2:5, 3:5). 하나님의 진노가 있다면 그것을 피할 필요가 있습니다.

우리는 십자가와 관련해서 "화목"이라는 말을 배제해서는 안 되고 하나님의 진노를 무시해서도 안 됩니다. 오히려 "화목제물"이라는 기독교 교리는 이교도의 미신적 개념과는 전혀 다릅니다.

첫째, 왜 화목이 필요합니까?

이교도의 대답은 신들이 일시적 기분에 사로잡히고 변덕이 심하기 때문이라고 합니다. 그러나 그리스도인의 대답은 죄악에 대해 하나님의 거룩한 분노가 임하기 때문이라는 것입니다.

둘째, 누가 화목하는 일에 착수합니까?

이교도의 대답은 그들이 스스로가 하여 신들을 달랜다고 합니다. 그러나 성경은 인간은 하나님의 의로운 진노를 진정시킬 수 없다고 합니다. 오직 하나님 자신이 그분의 넘치는 사랑으로 우리를 위해 "그의 아들 예수 그리스도를 화목제물"로 세우셨습니다.

셋째, 이 화목은 무엇을 이루었습니까?

이교도는 화목 제사로 그들의 신들을 매수한다고 합니다. 성경은 하나님이 스스로 속량을 위해 그의 백성들에게 희생제물을 주셨다고 합니다. 하나님은 우리를 위해 죽도록 그의 아들을 주셨으며 결국 자신을 주셨습니다(롬 5:8, 8:52).

이것이 바로 의로우신 하나님이 그분의 의를 손상하지 않고서도 불의한 자를 의롭게 하실 수 있는 정당한 근거입니다. 그러므로 하나님의 진노 교리를 무시하지 말 것입니다. 화목제물을 속죄제물로 바꾸지 말 것입니다. "예수의 피로서 믿음으로 말미암는 화목제물"의 복음은 성경의 가장 중요한 내용의 하나입니다. "화목제물"은 성전의 그림을 배경으로 하나님의 진노에 초점이 맞추어 있습니다.

하나님께서 예수님을 자기 피로써 믿음으로 말미암은 화목제물로 세우셨으니 우리 모두 예수님의 피를 힘입고 하나님 앞에 담대히 나아가 때를 따라 돕는 은혜를 구하도록 하겠습니다.

오직 그리스도, 오직 믿음, 오직 예수 보혈 신앙으로 살고, 성령 충만 받아 하나님 사랑과 이웃 사랑의 전도자로 살기 바랍니다.

살아계신 아버지 하나님!

하나님 은혜를 감사합니다.

오늘 우리는 복음의 내용 중에서 중요한 개념인 "화목제물"이라는 말씀을 듣게 되었습니다. 하나님은 진노하시는 분이기 때문에 인간은 반드시 하나님과 화목해야 한다는 이 메시지가 이교도들이 갖는 잘못된 화목의 개념 때문에 신자들 가운데 이에 대한 의혹이 있는 사람들이 있습니다.

그러나 우리는 하나님의 진노는 마땅히 그 진노를 진정시키고, 달래고, 유화시킨다는 의미에서의 화목제물이 필요하다는 것을 오늘 본문 말씀을 통해서 믿게 하시니 감사하옵나이다.

그러므로 우리는 화목제물 되신 예수님의 피를 힘입고 하나님 앞에 나아갑니다. 은혜의 빛, 복음의 빛을 우리 심령에 비추어 주시고, 오늘 살아가는데 필요한 은혜를 우리에게 베풀어 주옵소서.

예수님의 이름으로 기도하옵나이다. 아멘.

97

롬 3:25

- 예수 그리스도의 피(1)
  왜 그리스도의 죽음 대신에 그리스도의 피인가?
- 그것은 신·구약의 구속사적 연속성을 위함이다.
  예수님의 교훈을 나타내기 위한 것이다.
  예수의 피를 힘입고 성소에 들어가자.

> ²⁵ 이 예수를 하나님이 그의 피로써 믿음으로 말미암는 화목제물로 세우셨으니 이는 하나님께서 길이 참으시는 중에 전에 지은 죄를 간과하심으로 자기의 의로우심을 나타내려 하심이니

예수님은 그리스도시오. 살아계신 하나님의 아들입니다. 예수님이 하나님의 아들 그리스도라는 증거로 십자가에서 우리 죄를 대신해서 피 흘려 죽으시고, 죽은 자들 가운데서 부활하셨습니다.

이 예수님이 하나님의 아들, 예수님이 그리스도, 예수님이 우리 죄를 대신해서 십자가에서 피 흘려 죽으시고 부활하셨다는 복음으로 우리 인생 모든 문제가 처리되고 해답을 얻습니다. 이 복음은 모든 믿는 자에게 구원을 주시는 하나님의 능력이 됩니다. 이 하나님의 아들 예수 그리스도의 복음, 그리스도 십자가 대속의 피의 복음으로 깊이 뿌리내리기를 기원합니다.

예수님의 신성의 하나님 되심과 십자가 대속의 피의 복음을 마음 중심에 믿어 죄 사함을 받고 하나님과 화해가 이루어지면 그리스도와 연합된 자가 됩니다. 이 그리스도와 연합 시에 칭의와 성화가 동시적으로 이루어집니다. 물론 의롭다 하는 칭의는 단번에 이루어지지만 성화는 전 생애에 걸쳐 계속됩니다.

이 칭의와 성화가 이루어지는 근거는 예수 그리스도와 그리스도 십자가 대속의 피입니다. 칭의의 역사는 일평생 지속하여야 하므로 신자는 날마다 그리스도 십자가 대속의 피를 믿는 믿음으로 살아야 합니다. 그리고 성화도 우리 안에 내주하시는 성령님의 역사로 이루어지지만, 성령님은 그리스도 십자가의 피를 통해서 임하시기 때문에 우리는 날마다 오직 예수님의 피를 믿는 믿음으로 의롭다 함을 얻고 거룩하게 돼가는 삶을 사는 것입니다.

오늘 본문에서 사도 바울은 칭의의 근거로 예수님의 피를 말하고 있습니다.

본문 로마서 3장 25절을 보면 "이 예수를 하나님이 그의 피로써 믿음으로 말미암는 화목제물로 세우셨으니 이는 하나님께서 길이 참으시는 중에 전에 지은 죄를 간과하심으로 자기의 의로우심을 나타내려 하심이니"라고 하였습니다.

본문은 예수님이 우리의 화목제물이 되신다고 합니다.

어떻게 하여 예수님이 우리의 화목제물이 되셨습니까?

그것은 "그의 피로"라고 합니다. 그리스도의 십자가 대속의 피로 말미암아 예수님이 하나님과 우리 사이의 화목제물이 되었다고 하는 것입니다.

그런데 "왜 그리스도의 죽음 대신에 그리스도의 피라고 합니까?"

"그리스도의 피", "예수의 피"라는 말은 신약성경에서 "십자가"보다는 세 배나 더 많이, 그리고 "죽음"보다는 다섯 배나 더 많이 사용하고 있습니다.

이렇게 "죽음"이나 "십자가"보다 "피"라는 말을 많이 사용한 것은 신구약 성경의 구속사적 연속성을 나타내기 위함입니다. 동시에 우리 예수님에 관한 교훈을 나타내기 위한 것입니다.

신약과 구약의 가르침은 서로 상충하지 않으며, 둘은 서로 완벽하게 짝이 맞아 있고, 서로서로 포함하고 있습니다. 신약에 있는 모든 것은 구약에서 이미 예언되었던 것입니다. 신약은 구약의 성취입니다.

그러므로 바울은 본문에서 "피"라는 말을 사용함으로써 그것이 구약의 가르침과 일치한다는 것을 깨우쳐 줍니다. 하나님도 같고, 또한 구원도 같다는 것입니다.

구약과 신약은 형식에서는 다릅니다. 그리고 시대도 다릅니다. 그러나 구원은 항상 한 가지입니다. 주 예수 그리스도에 대한 신약 교리는 언제고 구약적인 희생을 나타내는 언어로 쓰였고 표현되어 있다는 것을 발견합니다.

신약은 언제고 이 교리를 구약의 피의 희생 제사의 교훈의 차원에서 표현합니다. 세례 요한은 이것을 맨 처음으로 시도했습니다. 그는 자기 제자들과 함께 서서 예수님을 가리키며 "보라 세상 죄를 지고 가는 하나님의 어린양이로다"(요 1:29)라고 말했습니다.

우리 예수님께서도 친히 똑같은 일을 말씀하셨습니다.

> 나는 율법과 선지자들을 폐하러 온 것이 아니요 완전하게 하려 함이라 (마 5:17).

또한, 예수님은 구약 레위기의 가르침 가운데서 예시되고, 암시되고, 예표된 모든 것을 완벽하게 이루셨습니다. 예수님은 모든 것을 다 완성하셨습니다. 모든 것을 성취하셨습니다.

예수님은 구약의 모든 모형이 바라고, 또한 예표하고 있었던 위대한 원형(anti-type)입니다. 그래서 우리는 구약에서 예수님을 봅니다. 우리는 예수님의 진술 속에서 이것을 많이 확인합니다.

> 인자가 온 것은 섬김을 받으려 함이 아니라 도리어 섬기려 하고 자기 목숨을 많은 사람의 대속물로 주려 함이니라 (마 20:28).

> 또 이르시되 내가 너희와 함께 있을 때 너희에게 말한바 곧 모세의 율법과 선지자의 글과 시편에 나를 가리켜 기록된 모든 것이 이루어져야 하리라 한 말이 이것이라 (눅 24:44).

예수님은 고난받고 죽은 자 가운데서 3일 만에 다시 살아나야 할 것이 구약에 기록되어 있었고, 그래서 예수님은 마땅히 고난을 받아야 했고 3일 만에 부활하셔야 했습니다. 그러므로 신구약의 구속사적 연속성에 비추어 볼 때 구약 율법에서 성전의 제사 요점은 제물의 피였고, 그 제물의 원형 되신 예수님의 피를 죽음보다 강조한 것은 자연스러운 것입니다.

오직 그리스도, 오직 믿음, 오직 예수 보혈 신앙으로 살고, 성령 충만 받아 하나님 사랑과 이웃 사랑의 전도자로 살기 바랍니다.

살아계신 아버지 하나님!
하나님 은혜를 감사합니다.
우리 충성교회는 십자가의 피의 복음을 강조하고, 세상의 모든 그리스도의 교회가 피의 복음을 참되게 믿고 피의 복음을 선포해야 한다고 주장합니다.
왜 십자가의 복음이나 대속의 죽음의 복음이라는 말 대신에 피라는 말을 우리가 사용합니까?
신약성경에서 십자가보다는 피를 세 배나 더 강조하고, 죽음보다는 다섯 배나 더 많이 강조하고 있습니다. 그것은 특별히 구약과 신약의 구속사적 연속성을 나타내기 위함이며, 예수님의 교훈을 나타내기 위한 것임을 우리는 굳게 믿습니다. 구약에서 성전 제사의 요점은 제물의 피였고, 그 제물의 원형 되신 예수님의 피를 죽음보다 강조한 것은 자연스러운 일이라고 믿습니다. 그러므로 오늘도 예수의 피를 힘입고 은혜의 보좌 앞에 담대히 나아가, 우리 하나님 앞에 경배하고 예배하며 때를 따라 돕는 은혜를 구하오니 긍휼과 은혜를 베풀어 주옵소서. 그리고 우리 모두 성령의 충만을 받아서 하나님을 사랑하고 이웃을 사랑하는 권세 있는 피의 복음의 증인으로 살아가게 하여 주옵소서.
예수님의 이름으로 기도하옵나이다. 아멘.

98

롬 3:25

- 예수 그리스도의 피(2).
  그리스도의 피를 무시하려는 자들.
  기독교 신앙을 뒤엎는 이단들의 특징은 "그리스도의 피"를 거절한다.
- 몇 가지 예(유대주의 부족신 사상으로 폄훼함, 피를 "죽음" 대신 "생명"의 상징으로 바꿈, "피"라는 단어보다 "하나님 나라"라는 단어로 대신하려 함, 대속적 죽음이 아니라 참회의 사랑이다).
  대속적 피의 복음을 보수하라.

> ²⁵ 이 예수를 하나님이 그의 피로써 믿음으로 말미암는 화목제물로 세우셨으니 이는 하나님께서 길이 참으시는 중에 전에 지은 죄를 간과하심으로 자기의 의로우심을 나타내려 하심이니

예수님은 그리스도시오. 살아계신 하나님의 아들입니다. 예수님이 하나님의 아들 그리스도라는 증거로 십자가에서 우리 죄를 대신해서 피 흘려 죽으시고, 죽은 자들 가운데서 부활하셨습니다.

이 예수님이 하나님의 아들, 예수님이 그리스도, 예수님이 우리 죄를 대신해서 십자가에서 피 흘려 죽으시고 부활하셨다는 복음으로 우리 인생 모든 문제가 처리되고 해답을 얻습니다. 이 복음은 모든 믿는 자에게 구원을 주시는 하나님의 능력이 됩니다. 이 하나님의 아들 예수 그리스도의 복음, 그리스도 십자가 대속의 피의 복음으로 깊이 뿌리내리기를 기원합니다.

예수님의 신성의 하나님 되심과 십자가 대속의 피의 복음을 마음 중심에 믿고 구원받은 그리스도인은 자신의 타락한 억만 죄악의 현상과 그러한 죄에 대한 하나님의 진노의 심판의 공의성을 바르게 인식해야 합니다. 그럴 때 우리의 죄에 대한 하나님의 진노 심판을 대신 담당하신 그리스도의 대속의 피(죽음)에 대한 그 의미를 바로 알고, 십자가 피의 복음만을 믿고, 의지하고, 감사하면서 살 수 있습니다.

그리스도 십자가 대속의 피의 복음은 기독교 복음의 핵심으로 기독교의 중심에 서 있는 진리로서 어떤 경우에도 타협해서는 안 되며, 천국에 가서까지라도 보수해야 할 최고, 최대 진리의 기초입니다. 기독교 신학에서 그리스도의 피(죽음)은 역사의 중심점입니다. 과거의 모든 길은 거기로 수렴합니다. 그리고 미래의 모든 길이 거기서부터 발산합니다.

우리는 오늘 본문 로마서 3장 25절 말씀을 또다시 상고하면서 십자가 대속의 피의 복음을 변질시키려는 세력들과 투쟁해야 합니다. 본문 25절을 보면 "이 예수를 하나님이 그의 피로써 믿음으로 말미암는 화목제물로 세우셨으니 이는 하나님께서 길이 참으시는 중에 전에 지은 죄를 간과하심으로 자기의 의로우심을 나타내려 하심이니"라고 하였습니다.

하나님은 인간의 범죄에 대한 진노를 그의 아들의 대속의 죽음으로 흘리신 피로써 대신 담당하게 하는 화목제물로 삼으심으로 그 아들의 피를 믿는 자에게 그의 진노를 누그러뜨리고 하나님과 화해의 길을 마련하셨습니다. 이것이 십자가 피의 복음의 핵심이요 타협할 수 없는 진리입니다.

그런데 오늘에 와서 이 십자가 대속의 피의 복음은 많은 이단과 이설의 주장으로 도전을 받고 있습니다.

첫째, 모든 피의 신학을 혐오하고 경멸하는 무리가 있습니다. 이 피의 복음은 유대주의에 불과하며 이교 사상과 밀접히 관련된 부족신(部族神)을 말하는 구약적이라는 것입니다.

둘째, 피는 죽음을 상징하는 것이 아니라 '생명'을 상징한다는 것입니다. 구약 시대에는 죽음을 바친 것이 아니고 생명을 바쳤다는 것입니다. 이것은 주로 기독교 인도주의자들이 주장하는 것입니다. 이들의 목적은 하나님의 진노 교리를 회피하기 위해서 피로 인한 대속을 거부합니다.

셋째, 십자가 피의 복음은 '대속적'이 아니며 참회의 사랑이라는 것입니다. 그리스도 십자가 피의 복음을 객관적 사실로 이해하지 않고 주관적 감정으로 이해하는 데 초점이 맞추어져 있습니다.

오늘날 다수의 그리스도인이 십자가 대속의 죽음을 역사적 사건으로 이해하기보다는 주관적 사랑으로 받아들여 십자가 대속의 죽음의 사랑에 대한 주관적 감정을 신앙으로 변장하고 있습니다.

넷째, 현재 우리는 소위 복음주의자라는 사람들이 우리의 복음을 '피'라는 단어보다는 '하나님 나라'라는 단어로 대신하려는 시험에 처해 있습니다.

다섯째, 어떤 사람은 '그리스도 부활'을 강조한 나머지 그리스도 십자가 보혈을 멸시하고 있습니다. 한국 교회는 십자가 보혈을 찬양하는 장송곡만 부른다고 신성모독의 발언을 하고 있습니다. 예수 그리스도께서 그의 부활로 말미암아 '우리의 의'를 이루신 것이 아니고, 그의 죽음으로, 그의 피로써 우리의 의를 이루셨다는 사실(롬 5:9, 19)을 모르는 것입니다.

바울은 오늘 본문 로마서 3장 25절에서 분명히 밝히고 있습니다. "이 예수를 하나님이 그의 피로써 믿음으로 말미암는 화목제물로 세우셨으니"라고 하였습니다. 바울은 칭의의 근거로 "그리스도의 피"를 말하고 있습니다.

죄의 삯은 사망입니다. 하나님의 선고는 죽음입니다. 결코, 죽음을 떠나서는 죄가 처리될 수 없습니다. 피 흘림이 없으면 사함이 없습니다. 예수님은 "나의 하나님, 나의 하나님, 어찌하여 나를 버리셨나이까"라고 부르짖었습니다. 예수님은 십자가에서 하나님의 진노를 맛보셨고, 하나님 아버지와 분리됨을 받은 것입니다. 물론 이것은 우리가 받을 죄의 삯이었습니다.

그러므로 오직 그리스도, 오직 믿음, 오직 예수 보혈 외에 "하나님의 의"를 얻을 길이 없습니다. 그리스도 십자가 피가 여러분의 의의 옷이 되어야 합니다. 오직 십자가 외에 자랑할 것이 없어야 합니다. 십자가 대속의 보혈 신앙으로 성령 충만 받고, 하나님 사랑과 이웃 사랑으로 살고, 이 십자가 피의 복음을 끝까지 보수하기 바랍니다.

살아계신 아버지 하나님!

하나님 은혜를 감사합니다.

십자가 대속의 죽음, 십자가 대속의 피를 무시하는 자들이 오늘날 많이 있습니다. 그들은 기독교 신앙을 뒤엎어서 복음을 파괴하고자 하는 무리로서 특별히 기독교 인도주의자들은 죽음을 상징하는 것이 아니라 생명을 상징한다고 보아서 하나님이 진노 교리를 회피하기 위하여 피로 인한 대속을 거부한다거나, 또는 대속적, 역사적 사실로서의 피의 복음을 믿지 않고 주관적으로, 감정적으로 예수님의 죽음에 대한 사랑을 갖고 주관적 감정을 신앙으로 변경시키는 무리도 있으며, 하나님 나라라는 단어로 피를 대신하려는 복음주의자들의 악한 음모도 있고, 또 그리스도 죽음보다 부활을 강조해서 부활이 기독교의 중심이라고 하는 무리도 있어, 여러 가지로 그리스도의 피의 복음이 훼방을 받고 있습니다.

우리는 철저하게 하나님의 진노 앞에 서 있는 자로서 피 흘림이 없으면 죄 사함이 없다는 사실을 굳게 믿습니다. 그러므로 우리는 모두 십자가 대속의 피의 복음을 끝까지 보수하는 자들이 되기를 기도합니다. 오늘도 예수의 피를 힘입고 은혜의 보좌 앞에 담대히 나아가 성령의 충만을 받고 하나님 사랑과 이웃 사랑의 전도자로 살아가게 하시고, 피의 복음을 보수하는 자로 살아가게 하여 주옵소서.

예수님의 이름으로 기도하옵나이다. 아멘.

99

롬 3:25-26

- 자기의 의로우심을 나타내려 하심.
  하나님의 자기변호.
  십자가는 하나님의 계시.
  갈보리 십자가 위에서 하나님 자신의 의와 거룩의 성품 변증.
- 십자가는 하나님의 사랑과 하나님의 의와 공의, 거룩, 기타 모든 영광스러운 하나님의 속성을 보여 줌.
  칭의의 근거는 그리스도 십자가뿐이다.

> ²⁵ 이 예수를 하나님이 그의 피로써 믿음으로 말미암는 화목제물로 세우셨으니 이는 하나님께서 길이 참으시는 중에 전에 지은 죄를 간과하심으로 자기의 의로우심을 나타내려 하심이니 ²⁶ 곧 이 때에 자기의 의로우심을 나타내사 자기도 의로우시며 또한 예수 믿는 자를 의롭다 하려 하심이라

예수님은 그리스도시오. 살아계신 하나님의 아들입니다. 예수님이 하나님의 아들 그리스도라는 증거로 십자가에서 우리 죄를 대신해서 피 흘려 죽으시고, 죽은 자들 가운데서 부활하셨습니다.

이 예수님이 하나님의 아들, 예수님이 그리스도, 예수님이 우리 죄를 대신해서 십자가에서 피 흘려 죽으시고 부활하셨다는 복음으로 우리 인생 모든 문제가 처리되고 해답을 얻습니다. 이 복음은 모든 믿는 자에게 구원을 주시는 하나님의 능력이 됩니다. 이 하나님의 아들 예수 그리스도의 복음, 그리

스도 십자가 대속의 피의 복음으로 깊이 뿌리내리기를 기원합니다.

예수님의 신성의 하나님 되심과 십자가 대속의 피의 복음을 마음 중심에 믿고 구원받은 그리스도인은 그리스도 십자가 대속의 죽으심에 대한 바른 이해를 반드시 확신 있게 가지고 십자가 중심의 신앙생활을 해야 합니다. 신앙과 불신앙이 가장 크게 갈리는 곳이 십자가에 대한 각각의 태도입니다.

기독교 역사신학에 있어서 그리스도 십자가 대속의 죽음은 역사의 중심점입니다. 과거의 모든 길은 거기로 수렴합니다. 그리고 미래의 모든 길이 거기서부터 발산합니다. 그러므로 그리스도 십자가는 하나님의 계획에 있어서 중심이고, 하나님께서 십자가를 세우셨습니다. 여러분 가운데 만일 십자가를 바라볼 때 주 예수 그리스도께 대한 죄스러운 마음을 불러일으킨다면 그것은 바로 우리가 결코 십자가를 참되게 알지 않았다는 것을 의미합니다.

그리스도 십자가는 우연한 사건이 아니라 하나님의 의도된 일이었습니다. 베드로는 오순절 날 설교에서 "그가 하나님께서 정하신 뜻과 미리 아신 대로 내준 바 되었거늘"(행 2:23)이라고 하였습니다. 하나님께서 그리스도를 십자가에 세우신 것입니다. "세우셨다"는 말은 십자가 사건의 공개적 성격을 의미합니다. 하나님은 세계사의 무대에 공개적으로 그 일을 행하셨습니다.

그래서 오늘 본문 로마서 3장 25절을 보면 "이 예수를 하나님이 그의 피로써 믿음으로 말미암는 화목제물로 세우셨으니"라고 하였습니다.

그러면 하나님은 왜 이 일을 행하셨습니까?

로마서 3장 25절 후반이 설명합니다. "이는 하나님께서 길이 참으시는 중에 전에 지은 죄를 간과하심으로 자기의 의로우심을 나타내려 하심이니"라고 하였습니다. 하나님은 "자기의 의로우심을 나타내려 하심"이라고 하셨습니다. 십자가는 언약의 성취일 뿐만 아니라 "나타냄", 혹은 하나님의 공개적인 계시입니다.

십자가는 하나님의 화목과 죄인들의 구속(속량)을 이룬데 그치지 않고 하나님의 공의가 옳다는 사실을 입증합니다. 그래서 25절은 "자기의 의로우심을 나타내려 하심이니"라고 하고, 26절에서도 "곧 이 때에 자기의 의로우심을 나타내사"라고 하였습니다.

하나님은 십자가에서 자신의 의로운 성품, 자신의 고유한 의와 공평을 나타내시고 있는 것입니다.

어떻게 나타내셨습니까?

"이는 하나님께서 길이 참으시는 중에 전에 지은 죄를 간과하심으로 자기의 의로우심을 나타내려 하심"이라고 하였습니다. 하나님이 타락한 인류의 죄를 즉시 심판하시지 않고 오래 참으시고, 또 전에 지은 죄를 간과하신 것은 때가 차면 그 아들 예수 그리스도의 죽음을 통해 이러한 죄들을 벌하려는 불변의 의도를 지니셨기 때문이었습니다.

이것이야말로 그분 자신이 실로 "자기의 의로우심을 나타내사 자기도 의로우시며 또한 예수 믿는 자를 의롭다 하려 하심이라"(26절)는 것이었습니다. 하나님의 신적 속성인 '공의'와 신적 행위인 '칭의'는 둘 다 십자가에서 가장 완전하게 계시가 되었습니다.

하나님은 신약 시대 갈보리 언덕의 그리스도 십자가 대속의 죽음을 바라보시면서 구약 시대의 사람들의 죄를 간과하시고, 눈감아 주시고,

지나치셨던 것입니다. 구약 백성들이 용서받은 것은 그들이 드린 희생 제사 때문이 아니라 그들이 용서받은 것은 십자가에 못 박히신 그리스도를 바라보았기 때문입니다.

물론 그들이 이 진리를 명백하게 알지는 못했습니다. 그러나 그들은 앞으로 오실 그리스도를 대망하는 믿음으로 구원을 얻은 것입니다.

다시 정리하면, 하나님은 전 세계의 무대와 극장에서 갈보리 그리스도를 통해 공개적으로 자신의 의로우심을 나타내셨습니다. 하나님은 이 십자가 때문에 수십 세기 동안 그의 진노를 억제하신 것입니다. 이 십자가로 자기도 의로우시고, 또한 예수 믿는 자도 의롭다 하심인 것입니다.

그리스도 십자가는 하나님을 변호하는 것입니다. 그리스도 십자가는 다른 무엇보다도 더 영광스럽게 하나님의 사랑을 보여 줄 뿐 아니라 하나님의 의(義), 공의(公儀), 거룩, 하나님의 지혜, 기타 모든 영광스러운 하나님의 속성을 보여 줍니다. 그것들은 모두 그리스도 십자가에서 함께 비쳐 나오는 것입니다.

오직 그리스도, 오직 믿음, 오직 그리스도 십자가, 오직 예수 보혈 신앙으로 살고, 성령 충만 받아 하나님 사랑과 이웃 사랑의 전도자로 살기 바랍니다. 그리스도 십자가 외에 자랑할 것이 없기 바랍니다.

살아계신 아버지 하나님!

하나님 은혜를 감사합니다.

하나님께서 자기의 의로움을 나타내려 하시는 십자가를 우리에게 계시해 주심을 감사하옵나이다. 십자가는 하나님의 자기변호요 하나님의 자기 계시인 것을 우리가 확실히 믿습니다.

또한, 우리는 갈보리 십자가 위에서 하나님께서 자신의 의로움을 증거하시고, 거룩한 성품을 변증하셨을 뿐만 아니라 위대한 사랑을 우리에게 계시해 주심으로 인해서 우리의 의로움의 근거는 오직 예수 그리스도의 십자가뿐인 것을 굳게 믿습니다.

그러므로 오늘도 이 그리스도의 의, 예수 그리스도의 십자가를 바라보고, 또 십자가의 보혈을 의지하여 영광의 보좌 앞에 나아가온즉슨 하나님과 그리스도의 피를 통해서 교제하며 영광스럽게 은혜를 받으면서 세상 속에 나아가 하나님을 사랑하고 이웃을 사랑하는 십자가의 증인으로 살아가게 하여 주옵소서.

예수님의 이름으로 기도하옵나이다. 아멘.

100

롬 3:27-28

- 그런즉 자랑할 데가 어디냐?(1)
  칭의는 모든 자랑을 배제시킨다.
- 자기의 의(義)는 흔적도 없어야 한다.
  오직 믿음으로. 예수 그리스도의 십자가만 자랑하라.

> ²⁷ 그런즉 자랑할 데가 어디냐 있을 수가 없느니라 무슨 법으로냐 행위로냐 아니라 오직 믿음의 법으로니라 ²⁸ 그러므로 사람이 의롭다 하심을 얻는 것은 율법의 행위에 있지 않고 믿음으로 되는 줄 우리가 인정하노라

예수님은 그리스도시오. 살아계신 하나님의 아들입니다. 예수님이 하나님의 아들 그리스도라는 증거로 십자가에서 우리 죄를 대신해서 피 흘려 죽으시고, 죽은 자들 가운데서 부활하셨습니다.

이 예수님이 하나님의 아들, 예수님이 그리스도, 예수님이 우리 죄를 대신해서 십자가에서 피 흘려 죽으시고 부활하셨다는 복음으로 우리 인생 모든 문제가 처리되고 해답을 얻습니다. 이 복음은 모든 믿는 자에게 구원을 주시는 하나님의 능력이 됩니다. 이 하나님의 아들 예수 그리스도의 복음, 그리스도 십자가 대속의 피의 복음으로 깊이 뿌리내리기를 기원합니다.

예수님의 신성의 하나님 되심의 인격과 십자가 대속의 보혈의 사역을 참되게 믿고 구원받은 그리스도인은 "그리스도의 십자가에 나타난 하나님의 의" 곧 "칭의"의 복음을 믿는 믿음으로 살아갑니다. 이 칭의의 복음의 근원은 하나님과 그분의 은혜이고, 칭의의 근거는 예수 그리스도와 그리스도 십자가 대속의 피며, 칭의의 수단은 행위와는 전혀 별개인 오직 믿음입니다(롬 3:24-26).

그런데 이 칭의의 복음은 특히 유대인들의 비판을 받습니다. 그래서 사도 바울은 유대인 비판자들에 대항해서 이 칭의의 복음을 변호하였습니다. 바울은 세 가지 질문으로 칭의의 복음을 변호하고 있습니다.

첫째 질문, "그런즉 자랑할 데가 어디냐"(27-28절)
둘째 질문, "하나님은 다만 유대인의 하나님이시냐 또한 이방인의 하나님도 되시느니라"(29-30절)
셋째 질문, "그런즉 우리가 믿음으로 말미암아 율법을 파기하느냐"(31절)

오늘 본문은 첫째 질문에 대한 변호입니다.

본문 27-28절을 보면, "²⁷ 그런즉 자랑할 데가 어디냐 있을 수가 없느니라 무슨 법으로냐 행위로냐 아니라 오직 믿음의 법으로니라 ²⁸ 그러므로 사람이 의롭다 하심을 얻는 것은 율법의 행위에 있지 않고 믿음으로 되는 줄 우리가 인정하노라"라고 합니다.

이 질문의 요지는 칭의는 모든 자랑을 배제 시킨다는 것입니다. 다시 말하면 그리스도의 피로 말미암은 하나님의 구원 방법은 자랑할 여지를 전혀 주지 않는다는 것입니다.

유대인은 하나님의 백성으로서 자랑하였습니다. 그들은 율법을 자랑하고 이방인을 멸시하였습니다. 이방인을 들개로 취급하였습니다. 예수 그리스도를 만나기 전의 바울이 그런 사람이었습니다.

예수님도 누가복음 18장에서 바리새인과 세리의 비유 가운데 그것에 대한 완벽한 그림을 그리셨습니다. 바리새인은 "하나님이여 나는 다른 사람들 곧 토색, 불의, 간음을 하는 자들과 같지 아니하고 이 세리와도 같지 아니함을 감사하나이다"(눅 18:11)라고 말했습니다.

이런 유대인들의 교만과 자랑 때문에 본문에서 바울은 "그런즉 자랑할 데가 어디냐"라고 질문한 것입니다. 자기 의(義)의 어떤 흔적이라도 남아 있으면 안 되는 것입니다.

그러나 자랑하는 행위는 유대인에게 국한된 것이 아니었습니다. 이방인 역시 "능욕하는 자요 교만한 자요 자랑하는 자요"(롬1:30)라고 하였습니다. 사실상 모든 인간은 상습적으로 자랑하는 자들입니다.

자랑이란 우리의 타락한 자기 중심성을 나타내는 말입니다. 그러나 "믿음으로 의롭다 함을 받은 사람"에게는 자랑이란 있을 수 없습니다. 그것은 우리에게 자랑할 근거들을 제공해 줄 수도 있는 "행위로"가 아니라 "오직 믿음의 법으로" 되는 것이기 때문입니다(27절).

이 사실을 28절에서 다시 확인합니다. "그러므로 사람이 의롭다 하심을 얻는 것은 율법의 행위에 있지 않고 믿음으로 되는 줄 우리가 인정하노라"라고 하였습니다.

바울이 염두에 두고 있는 "율법의 행위"가 음식이나 안식일을 지키는 의식에 대한 것이든 십계명 율법의 도덕적인 것이든 그것들은 하나님의 호의나 용서를 얻지 못합니다. 구원은 "행위에서 난 것이 아니니 이는 누구든지 자랑하지 못하게 함이라"(엡 2:9)고 하기 때문입니다.

그것은 오직 예수 그리스도와 십자가 대속의 피를 믿는 믿음으로 되는 것입니다. 그러므로 우리는 우리 자신이 아니라 예수 그리스도를 자랑해야 합니다. 예수 그리스도와 십자가 외에는 아무것도 자랑할 것이 없어야 합니다. 칭의를 받은 그리스도인들은 자랑이 아니라 찬양입니다.

오직 그리스도, 오직 믿음, 오직 그리스도 십자가 보혈 신앙으로 살고, 성령 충만 받아 하나님 사랑과 이웃 사랑으로 살고, 그리스도 십자가 외에 결코 자랑할 것이 없는 자로 살기를 간절히 기원합니다.

살아계신 아버지 하나님!
하나님 은혜를 감사합니다.
오늘도 하나님의 말씀 앞에 우리가 섰을 때에 교만하여 자랑으로 자기 자신을 내세우고자 하는 죄성이 우리 안에 가득 차 있는 것을 압니다. 그러므로 우리는 그리스도와 더불어 십자가에 못 박힌 자가 되어 이제는 내가 사는 것이 아니라 오직 내 안에 그리스도께서 사시는 믿음으로 살아야 한다고 믿습니다. 오늘도 자기 자랑을 십자가에 못 박고 오직 그리스도만을 자랑하며 성령의 충만을 받아서 하나님을 사랑하고 이웃을 사랑하는 증인이요 전도자요, 남의 말을 들어주고, 용납하고, 이해해 주고, 사랑하는 자들이 되게 하여 주옵소서.
예수님의 이름으로 기도하옵나이다. 아멘.

101

롬 3:27-28

- 그런즉 자랑할 데가 어디냐? (2)
  믿음도 자랑할 수 없다.
- 신앙은 도구요 통로에 불과하다.
  우리 믿음의 근거는 믿음이 아니라 갈보리 십자가의 그리스도의 대속의 죽음이다.
  그리스도의 의의 전가로 구원 얻는다.
  오직 그리스도, 오직 믿음, 오직 십자가 보혈 신앙뿐이다.

> ²⁷ 그런즉 자랑할 데가 어디냐 있을 수가 없느니라 무슨 법으로냐 행위로냐 아니라 오직 믿음의 법으로니라 ²⁸ 그러므로 사람이 의롭다 하심을 얻는 것은 율법의 행위에 있지 않고 믿음으로 되는 줄 우리가 인정하노라

예수님은 그리스도시오. 살아계신 하나님의 아들입니다. 예수님이 하나님의 아들 그리스도라는 증거로 십자가에서 우리 죄를 대신해서 피 흘려 죽으시고, 죽은 자들 가운데서 부활하셨습니다.

이 예수님이 하나님의 아들, 예수님이 그리스도, 예수님이 우리 죄를 대신해서 십자가에서 피 흘려 죽으시고 부활하셨다는 복음으로 우리 인생 모든 문제가 처리되고 해답을 얻습니다. 이 복음은 모든 믿는 자에게 구원을 주시는 하나님의 능력이 됩니다. 이 하나님의 아들 예수 그리스도의 복음, 그리스도 십자가 대속의 피의 복음으로 깊이 뿌리내리기를 기원합니다.

예수님의 신성의 하나님 되심과 십자가 대속의 피의 복음을 마음 중심에 믿고 구원받은 그리스도인은 '칭의 복음'의 근원은 하나님과 그분의 은혜이고, 그 근거는 예수 그리스도와 그리스도의 십자가 대속의 피며, 칭의의 수단은 오직 믿음인 것을 분명하게 인식해야 합니다.

이때 믿음으로 구원받은 그리스도인은 칭의의 수단인 믿음을 칭의의 근거로 혼동해서는 안 됩니다. 그러면 믿음과 신앙을 행위로 바꾸고 있는 것입니다. 즉, 자신은 믿기 때문에 어딘가 자랑할 수 있는 점이 있게 된다는 생각을 하게 됩니다.

"나는 믿었고 다른 사람은 믿지 않았다. 내 믿음이 나를 구원했다. 그래서 나의 믿음의 행위가 나를 구원하였다"라고 생각할 수 있습니다. 이것은 믿음을 자랑하는 것입니다.

이런 그리스도인은 바울의 오늘의 말씀을 다시 듣고 배워야 합니다.

> **27** 그런즉 자랑할 데가 어디냐 있을 수가 없느니라 무슨 법으로냐 행위로냐 아니라 오직 믿음의 법으로니라 **28** 그러므로 사람이 의롭다 하심을 얻는 것은 율법의 행위에 있지 않고 믿음으로 되는 줄 우리가 인정하노라(롬 3:27-28).

우리는 앞서 로마서 3장 22절이나 25절에서 믿음으로 의롭다 하심을 얻고 있다는 말씀을 들었습니다. 이 사실을 오늘 본문에서 다시 반복하는 것입니다. "사람이 의롭다 하심을 얻는 것은 율법의 행위에 있지 않고 믿음으로 되는 줄 우리가 인정하노라"라고 하였습니다. 본문에서 "우리가 의롭다 함을 받는 것"이 "믿음으로" 된다고 하였습니다. "믿음으로"(by faith), 혹은 "믿음을 통해서"(through faith) 된다는 것입니다.

믿음은 그리스도 안에 있는 하나님의 의가 우리의 것으로 되는 "도구" 내지 "통로"에 불과한 것입니다. 우리를 구원하는 것은 믿음이 아닙니다. 우리를 구원하는 것은 주 예수 그리스도와 그리스도 십자가 대속의 피의 공로인 것입니다.

갈보리 십자가에서의 그리스도 죽음이 우리를 구원하는 것입니다. 그리고 그리스도의 완전한 삶이 우리를 구원합니다. 우리를 대신하여 하나님의 존전에 그리스도께서 나아가심이 우리를 구원합니다. 우리가 구원받는 것은 하나님께서 그리스도의 의를 우리의 것으로 전가함으로 말미암음입니다.

이것이 구원하는 일입니다. 믿음은 그리스도의 의가 우리의 것으로 되는 통로요 수단에 불과합니다. 그 의는 완전히 예수 그리스도의 것입니다. 내 믿음은 나의 의가 아닙니다. 우리는 믿음을 의로 정의한다든지 생각해서는 안 됩니다.

믿음은 하나의 실체가 아닙니다. 믿음은 항상 그 대상에 연결되어 있습니다. 그 대상은 주 예수 그리스도와 그분이 이루신 십자가 대속의 피의 공로요 그의 완전한 의입니다. 믿음은 우리를 구원하는 예수 그리스도의 의와 우리를 연결해 주는 통로요 매개체입니다. 그러므로 믿음을 자랑해서는 안 되는 것입니다. 우리는 우리 주 예수 그리스도와 그리스도의 십자가 외에 자랑할 것이 없습니다.

오늘날 세상에는 그리스도인이 아니면서도 예수 그리스도는 하나님의 아들인 것을 믿는다고 말하는 사람들이 많이 있습니다. 그런 사람은 믿음의 근거가 되시는 예수 그리스도와 십자가 대속의 피의 복음을 참되게 믿고 억만 죄악을 사함 받은 일이 없는 사람입니다. 믿음은 입술의 고백만이 아니라 하나님의 은혜로 주어지는 것입니다.

참된 믿음은 먼저 자신의 억만 죄악에 대한 인식과 회개가 있어야 '칭의'를 선언 받을 수 있습니다. 이 믿음은 하나님의 선물로 우리에게 주어진 것이므로 우리는 어느 경우에도 우리의 믿음을 자랑해서는 안 됩니다.

오직 그리스도, 오직 믿음, 오직 그리스도 십자가 대속의 보혈, 오직 은혜로 살아야 합니다. 예수 그리스도로 말미암아 성령 충만 받고 하나님 사랑과 이웃 사랑의 열매를 맺고 살아야 합니다.

살아계신 아버지 하나님!
하나님 은혜를 감사합니다.
우리로 하여금 예수 그리스도와 십자가에 못 박힌 그리스도를 믿도록 은혜를 베푸심을 감사하옵나이다. 믿음은 선물이며, 그것이 예수 그리스도를 믿는 통로인 것을 오늘 우리가 확실하게 알면서 믿음을 자랑하는 자가 되지 않고 오직 우리는 예수 그리스도와 십자가에 못 박히신 그리스도만을 자랑하는 자가 되어야겠습니다.
오늘도 오직 믿음으로 살되, 믿음의 실천인 기도를 끊임없이 수행하면서 쉬지 말고 기도하여 성령 충만을 받아 하나님 사랑과 이웃 사랑의 열매를 맺어가며 살아가는 하루가 되게 하여 주옵소서.
예수님의 이름으로 기도하옵나이다. 아멘.

102

롬 3:29-30

- 하나님은 다만 유대인의 하나님이시냐 또한 이방인의 하나님은 아니시냐? 하나님의 구원 방법은 차별이 없다.
- 유대인과 이방인 간의 구원에 차별이 없다.
  오직 한 길, 그리스도 십자가 대속의 보혈만이 유일한 길이다.

> **29** 하나님은 다만 유대인의 하나님이시냐 또한 이방인의 하나님은 아니시냐 진실로 이방인의 하나님도 되시느니라 **30** 할례자도 믿음으로 말미암아 또한 무할례자도 믿음으로 말미암아 의롭다 하실 하나님은 한 분이시니라

예수님은 그리스도시오. 살아계신 하나님의 아들입니다. 예수님이 하나님의 아들 그리스도라는 증거로 십자가에서 우리 죄를 대신해서 피 흘려 죽으시고, 죽은 자들 가운데서 부활하셨습니다.

이 예수님이 하나님의 아들, 예수님이 그리스도, 예수님이 우리 죄를 대신해서 십자가에서 피 흘려 죽으시고 부활하셨다는 복음으로 우리 인생 모든 문제가 처리되고 해답을 얻습니다. 이 복음은 모든 믿는 자에게 구원을 주시는 하나님의 능력이 됩니다. 이 하나님의 아들 예수 그리스도의 복음, 그리스도 십자가 대속의 피의 복음으로 깊이 뿌리내리기를 기원합니다.

예수님의 신성의 하나님 되심과 십자가 대속의 피의 복음을 마음 중심에 믿고 구원받은 그리스도인은 하나님의 인류 구원의 방법은 오직 한 길, 예수 그리스도 십자가 대속의 보혈을 믿는 오직 한 길이 있음을 확신해야 합니다. 거룩하신 하나님께 나아가는 길은 오직 예수님의 피를 힘입지 않고는 불가한 것입니다.

그러나 오늘날 다원주의 사회에서는 하나님께 나아가는 오직 한 길 예수 그리스도, 그리스도의 십자가 대속의 보혈을 믿는 기독교 유일의 구원의 길을 비판하고 십자가 대속의 피를 멸시합니다. 종교 다원주의자들은 '산의 비유'를 들어 표현합니다.

"하나님께서는 산의 정상에 계신다. 세계의 종교들은 여러 방향에서 그 산 정상으로 나 있는 길과 같다. 어떤 사람들은 이쪽 면에서 올라가고 어떤 사람들은 저쪽 면에서 올라가지만 모두 결국에는 똑같은 지점에 도달한다."

그러나 이런 종교 다원주의는 인간이 타락한 죄 때문에 어느 누구도 산의 정상에 계신 하나님께 올라갈 수 없다는 사실을 간과하고 있습니다. 또 어떤 종교들은 세계 종교가 다 어느 정도 가치를 갖고 있긴 하지만 어떤 무리는 그들이 믿는 종교가 더 낫다고 생각합니다.

유명한 불교의 고 성철 종정의 어록을 보면, "불교보다 더 나은 진리가 있다면 또 찾아 나서야제"라고 하였습니다. 그러나 기독교는 하나님께로 가는 길은 오직 한 길, 예수 그리스도와 십자가 대속의 피를 믿는 길뿐이라고 분명히 말합니다.

오늘 본문 29-30절에서 사도 바울이 이 사실을 진리로 밝힙니다.

> ²⁹ 하나님은 다만 유대인의 하나님이시냐 또한 이방인의 하나님은 아니시냐 진실로 이방인의 하나님도 되시느니라 ³⁰ 할례자도 믿음으로 말미암아 또한 무할례자도 믿음으로 말미암아 의롭다 하실 하나님은 한 분이시니라 (롬 3:29-30).

사도 바울은 오직 믿음으로 받는 칭의와 관련하여 세 가지 예상된 질문을 하고, 그런 비판에 대항하여 하나님의 의, 십자가 대속의 보혈의 의를 변호했습니다.

첫째 질문이 "그런즉 자랑할 데가 어디냐?"(롬 3:27)였습니다. 우리는 오늘 본문 직전에 이에 대해 변호하였습니다. 우리는 우리 자신의 의를 자랑해서는 안 되고, 오직 예수 그리스도와 예수 그리스도의 십자가 보혈 외에 결코 자랑할 것이 없음을 들었습니다. 둘째 변호가 오늘 본문 말씀이고, 셋째 변호는 다음에 들을 것입니다.

"하나님은 다만 유대인의 하나님이시냐 또한 이방인의 하나님은 아니시냐"라고 하였습니다.

유대인은 자신들과 하나님의 특별한 언약 관계를 의식하고 있었습니다. 그러나 그들이 자랑한 아브라함의 언약은 예수 그리스도와 십자가 대속의 죽음의 언약으로 성취되었습니다. 예수님은 아브라함의 "씨"이며, 예수님을 통해 구원의 복이 이제 믿는 모든 사람에게 차별 없이 적용되게 되었습니다.

이제 하나님은 유대인의 하나님에 그치시지는 않습니다. 하나님은 "이방인의 하나님도 되십니다." 하나님은 한 분이시고, 그분은 단 한 가지 구원의 길만을 가지고 계십니다. 이 하나님은 "할례자(유대인)도 믿음으로 말미암아 또한 무할례자도 믿음으로 말미암아 의롭다 하실"

것입니다(30절).

예수 그리스도의 십자가가 유대인과 이방인 사이에 막힌 담을 무너뜨렸습니다. 둘을 하나로 만드시고 화평하게 하셨습니다. 하나님은 구원에 관해 오직 한 방법을 가지셨습니다. 우리 주 예수 그리스도만이 세상의 유일한 구세주이십니다.

하나님은 그의 아들 예수 그리스도의 보혈을 통하지 않고는 그 앞에 나올 자가 없도록 하셨습니다. 예수 그리스도의 피는 본질적인 것입니다. 그리스도의 피만이 인간의 모든 죄를 도말하게 하고 하나님께 나아가는 길을 열었습니다.

하나님의 구원 방법은 차별이 없습니다. 유대인과 이방인 간의 구원의 방법에 차이가 없습니다. 오직 그리스도 안에서, 오직 그리스도 십자가 대속의 보혈의 은혜 하에서 하나님께 나아갈 수 있습니다.

오직 그리스도, 오직 믿음, 오직 예수 보혈 신앙으로 살 것입니다. 다 같이 예수님의 피를 힘입고 성소에 계신 거룩하신 하나님께 나가도록 기도하겠습니다.

하나님의 능력, 성령의 능력을 받아 하나님 사랑과 이웃 사랑의 전도자로 살기 바랍니다.

살아계신 아버지 하나님!
하나님 은혜를 감사합니다.
오늘날 다원주의자들은 하나님께 가는 길을 여러 가지로 설명을 하지만, 오직 하나님의 아들 예수 그리스도만이 하나님께 가는 유일한 길임을 우리는 굳게 믿습니다.

오늘 본문에서 하나님은 유대인의 하나님이실 뿐만 아니라 이방인의 하나님도 된다고 말씀을 하시고, 이제 유대인과 이방인 사이에 그리스도의 십자가의 피가 담을 헐고 하나로 만들어 주심을 감사하옵나이다.

오늘 우리는 예수 그리스도와 그의 십자가에 못 박히신 그리스도를 바라보고 은혜의 보좌 앞에 나아가 때를 따라 돕는 은혜를 구합니다.

오늘도 우리가 건강하게 하시고 건전한 정신을 주셔서 세상 속에 나아가 힘 있는 그리스도의 증인으로 오직 한 분 예수 그리스도만이 하나님을 만나는 길이요 하나님에게 가는 길인 것을 증거하는 전도자의 삶을 살도록 은혜를 베풀어 주옵소서.

예수님의 이름으로 기도하옵나이다. 아멘.

롬 3:31

- 그런즉 우리가 믿음으로 말미암아 율법을 파기하느냐?
  믿음으로 율법을 굳게 세운다.
  십자가 대속의 피의 복음은 율법을 세운다.
- 그러므로 십자가 대속의 피의 복음을 믿는 그리스도인은 율법을 지킨다.
  성령의 능력으로 율법의 요구를 이룬다(롬 8:4).
  오직 그리스도, 오직 믿음, 오직 예수 보혈 신앙으로 성령의 충만을 받아 하나님 사랑과 이웃 사랑의 율법을 지키는 자가 되라.

> ³¹ 그런즉 우리가 믿음으로 말미암아 율법을 파기하느냐 그럴 수 없느니라 도리어 율법을 굳게 세우느니라

예수님은 그리스도시오. 살아계신 하나님의 아들입니다. 예수님이 하나님의 아들 그리스도라는 증거로 십자가에서 우리 죄를 대신해서 피 흘려 죽으시고, 죽은 자들 가운데서 부활하셨습니다.

이 예수님이 하나님의 아들, 예수님이 그리스도, 예수님이 우리 죄를 대신해서 십자가에서 피 흘려 죽으시고 부활하셨다는 복음으로 우리 인생 모든 문제가 처리되고 해답을 얻습니다. 이 복음은 모든 믿는 자에게 구원을 주시는 하나님의 능력이 됩니다. 이 하나님의 아들 예수 그리스도의 복음, 그리스도 십자가 대속의 피의 복음으로 깊이 뿌리내리기를 기원합니다.

예수님의 신성의 하나님 되심과 십자가 대속의 피의 복음을 마음 중심에 믿고 구원받은 그리스도인은 예수 그리스도의 십자가 대속의 피의 공로로 성령을 받는 자가 됩니다. 성령님은 십자가 대속의 피의 복음을 믿는 신앙 안에서, 신앙으로, 그리고 신앙에 의해서만 주어집니다.

그리고 이 성령님은 율법이 요구하는 것처럼 마음을 즐겁게 하고 자유롭게 합니다. 성령은 인간을 율법에 맞도록 하시는 분입니다. 그리하여 인간은 그의 마음 가운데 율법에 대한 욕망을 가지게 되며 두려움과 강제에 못 이겨 행하지 않고 기꺼운 마음으로 행하게 됩니다. 이렇게 십자가 대속의 피의 복음을 믿어 성령이 임한 그리스도인들은 성령을 따라 사는 자들로서 율법을 파기하지 않고 율법을 굳게 세우는 것입니다.

그러나 비판자들은 바울이 율법의 순종이 아니라 믿음에 의해 의롭게 된다고 선언함으로써 율법의 불순종을 적극적으로 권장하고 있다고 주장했습니다. 바울은 도덕률 폐기론이라는 이러한 비난을 로마서 6-8장에서 단호하게 논박할 것입니다. 그러나 바울은 오늘 본문에서 예수 그리스도를 믿는 믿음이 율법을 굳게 세운다고 미리 논증하고 있습니다.

본문 로마서 3장 31절을 보면 "그런즉 우리가 믿음으로 말미암아 율법을 파기하느냐 그럴 수 없느니라 도리어 율법을 굳게 세우느니라"라고 하였습니다. 율법은 유대인들이 소중히 여기는 재산이었습니다. 그들이 말하는 율법이란 보통 모세오경을 의미합니다. 하나님은 이 모세의 율법을 주시면서 "네가 이것을 지키면 구원을 얻으리라"라고 말씀하셨습니다.

바울은 이 율법 준수를 역설적으로 강조하였습니다. 진실로 십자가 대속의 피의 복음 신앙 외에 그처럼 율법을 굳게 세워 주는 것은 없다고 말하였습니다.

그러면 어떻게 십자가 대속의 피의 복음 신앙이 율법을 세웁니까?

첫째, 주 예수 그리스도는 그의 자발적인 순종 가운데 율법을 존귀하게 했습니다. 예수님은 하나님의 율법에 복종하셨고 율법을 존귀하게 하셨습니다. 예수님은 결코 죄를 지은 일이 없고 하나님을 불순종한 적이 없었습니다. 예수님은 그의 가장 거룩한 순종의 생활 속에서 하나님의 율법을 완전하고 철저하게 지키셨습니다.

둘째, 우리 주 예수 그리스도의 십자가는 율법을 굳게 세우셨습니다. 즉, 율법에서 하나님이 말씀하신 죄에 대한 하나님의 거룩하신 진노를 십자가에서 모두 담당한 것입니다. 예수 그리스도께서 십자가에서 죽으심으로 레위기의 의식법과 그것이 예표한 모든 것을 이루셨습니다.

예수님은 죄를 위한 희생제물로 자신의 목숨을 제사 드림으로 율법을 굳게 세우셨습니다. 예수님은 "세상 죄를 지고 가는 하나님의 어린 양"이었습니다. 예수님의 십자가 대속의 피는 율법을 굳게 세우는 것입니다. 그러므로 바울 사도는 오늘 본문에서 십자가 대속의 피의 복음을 믿는 믿음이 율법을 파기하지 않고 도리어 율법을 굳게 세운다고 결론을 내렸습니다.

이 결론은 예수 그리스도를 믿음으로써 율법이 성취되었다는 것이 아니라 오히려 예수 그리스도를 믿는 사람들은 율법을 지킬 것입니다.

웨스트민스터 신앙고백 19장(하나님의 율법) 7항은 이렇게 언급하였습니다.

> 율법의 용도는 복음의 은혜와 상충하지 않고 잘 조화를 이룬다. 그리스도의 영이 사람의 의지를 정복하셔서 율법에 계시된 하나님의 뜻이 요구하는 바를 자유롭고 즐겁게 행할 수 있는 능력을 허락하신다.

그러므로 그리스도 십자가 대속의 피의 복음을 믿는 그리스도인은 육신을 따르지 않고 성령을 따라 행하는 자로서 율법의 요구를 이룹니다(롬 8:4). 십자가 대속의 피를 통해서 부어지는 성령의 능력으로 특히 십계명 율법을 지키기 바랍니다.

오직 그리스도, 오직 믿음, 오직 예수 보혈 신앙으로 살고, 성령 충만 받아 하나님 사랑과 이웃 사랑의 율법을 굳게 세우는 자들이 되기 바랍니다.

살아계신 아버지 하나님!

하나님 은혜를 감사합니다.

오늘 주신 진리 말씀을 우리가 바로 깨닫고 바른 그리스도인의 삶을 살기를 소원합니다. 우리는 율법을 지킴으로 구원을 얻는 것이 아니라 예수 그리스도의 십자가의 대속의 피의 복음을 믿음으로 구원을 얻습니다. 그러나 구원받은 그리스도인은 율법을 폐기한 것이 아니라 도리어 율법을 지키면서 하나님 사랑과 이웃 사랑의 전도자로 살아가는 것이 마땅하고, 그것이 하나님께 영광을 돌리는 일이라고 믿습니다.

율법은 하나님 나라의 사상이요 예수님은 율법을 폐기하러 온 것이 아니라 완성하기로 오셨으므로 예수 그리스도를 믿는 신앙으로 오늘도 하나님 사랑과 이웃 사랑의 율법을 굳게 지키기를 기도합니다. 이를 위해서 오늘도 우리를 건강하게 지켜 주시고 하나님 사랑과 이웃 사랑의 증인으로 살아가도록 우리를 굳게 붙들어 주옵소서.

예수님의 이름으로 기도하옵나이다. 아멘.

후기

　서문은 간명하게 표현되어야 한다는 저자의 소신 때문에 서문에서도 예수님의 신성의 인격과 십자가 대속의 죽음의 사역을 믿는 믿음으로만 구원을 얻는다(이신칭의)는 핵심 진리만 선언되었습니다.
　그러나 저는 적어도 수많은 로마서 강해서가 기독교 2000년 역사에 출현된 사실과 제가 또 한 권의 강해서를 내야 하는 이유가 설명되어야 한다고 생각했습니다.

　첫째 이유는 하나님의 구원 사역에 대한 본질은 시간의 열매이지만 그 형식만은 그 시대의 것이라는 것입니다. 오늘의 시대 요구에 응하는 형식으로 옛 진리를 제시하는 책이 필요하다는 것입니다.
　예컨대 로마서 강해의 고전으로 알려진 영국의 로이드 존스의 책은 깨알같이 작은 글씨로 쓴 로마서 14장 17절까지 14권의 대작입니다. 한 강해 부분을 정독하려면 거의 50분 이상이 걸립니다. 그리고 표현 방식도 만연체로서 어떤 내용은 본문과 관계없는 진리까지 광범위하게 터치하고 있습니다. 저 같은 강해 설교자들은 하나하나 정독할 수 있겠지만 일반 독자들은 특별한 은혜가 주어지지 않는 한 접근하기 어려운 책입니다.
　둘째 이유는 오늘날은 종교개혁을 뒤집는 유보적 칭의론자나 바울 새관점파들의 등장에 대한 비판이 반드시 따라야 하는 때이기 때문입니다. 현대인들은 새로운 진리가 주장되면 옛 진리는 구태의연한 것으로 보는 불신 풍조가 있기에 우리는 옛 진리를 오늘의 시대 요구에 맞게 입혀서 제시해야 할 필요성이 생겼습니다.

저는 '이신칭의'를 비롯한 종교개혁 5대 신앙 표어(오직 그리스도, 오직 믿음, 오직 은혜, 오직 성경, 오직 하나님께 영광)에 대한 불변의 확신과 이를 옹호해야 한다는 소명으로 오늘의 시대 요구에 맞는 형식으로 옛 진리를 짧게 7분 메시지로 제시하였습니다. 그러나 형식은 간명하지만, 내용은 심오한 것이기에 깊은 묵상이 요구된다고 생각합니다. 이를 위해 보통 다른 강해서와 달리 장마다 기도문이 들어 있기 때문에 옛 진리를 자신의 삶에 적용하는 데 도움이 될 것입니다.

저는 강해 중에 옛 진리의 설명이 부족하다고 생각하면 다음 장에서 다시 논의하여 진리를 정확하게 밝히고자 하였습니다. 그리고 바쁜 강해 설교자들을 위해서 시중에 출간된 로마서 강해서들을 참고하였습니다. 이때 어떤 부분은 인용을 표기했으나 모두 표기하지는 않았습니다.

저는 철저한 개혁주의 입장에서 이 『로마서 강해』를 썼기 때문에 어떤 경우에는 로이드 존스나 칼바르트, 톰 라이트와 기독교 인도주의자들을 비판한 경우가 있음을 양해해 주기를 바랍니다. 일단 책이 출간되면 그 책은 독자의 비판대 위에 서는 것이기에 저도 기꺼이 비판을 경청할 것입니다.

바라건대 앞으로 다섯 권으로 출간될 『로마서 강해』를 통해 '이신칭의' 신앙이 재확립되기를 바라고 그리스도 교회가 이 신앙 위에 든든히 서기를 간절히 기도합니다.

"오직 하나님께 영광을!"

저 / 자 / 소 / 개

임덕규

육군사관학교 졸업
서울대학교 법대 및 동대학원 졸업 (법학 박사)

대한신학교 졸업
아세아연합신학대학원 졸업 (M.A., M.Div.)

육군사관학교 법학과 교수 역임
대한예수교장로회 (대신) 충성교회 담임목사

홈페이지: http://onlychrist.onmam.com
App: "충성교회" 혹은 "충성복음교회"로 검색

임덕규 신앙강좌 시리즈

1. 신구약을 관통하는 그리스도 (복음공과)

임덕규 지음 / 신국판 / 352면

신구약을 관통하는 그리스도를 드러내어 예수님이 하나님의 아들 그리스도이심을 믿고 인생 모든 문제의 답을 얻도록 하기 위한 교재이다.

2. 인생 모든 문제의 해답 I

임덕규 지음 / 신국판 / 360면

인생의 구체적인 문제들을 복음의 관점에서 다루며 인생 모든 문제의 해결자이신 그리스도를 만나는 길과 복음의 본질에 대하여 자세히 안내한다.

3. 인생 모든 문제의 해답 II

임덕규 지음 / 신국판 / 368면

복음과 구원의 서정과 확신에 대하여 성경적으로 교리적으로 설명하고, 전도와 선교, 그리고 교회 절기와 교회생활 등 실제적인 내용을 다룬다.

4. 인생 모든 문제의 해답 III

임덕규 지음 / 신국판 / 352면

그리스도인의 성숙한 가치관과 인격에 대하여 다루고 그리스도인이 불신 세상을 향하여 변증할 수 있도록 타 종교와 일반 학문에 대한 평가를 다룬다.

5. 복음과 성령 충만 I

임덕규 지음 / 신국판 / 298면

복음과 성령 충만의 의미와 본질에 대하여 바로 이해하고 성령 충만의 방법, 체험에 관하여 제대로 배워서 복음 전도를 잘 감당하도록 돕는다.

6. 복음과 성령 충만 II

임덕규 지음 / 신국판 / 300면

구약에서 선포된 복음에 대하여 설명하고 복음과 성령의 사역 그리고 복음과 그리스도인의 신앙의 관계를 다루며 성령 충만의 실제 모습을 보여 준다.

7. 하나님을 만나는 길

임덕규·박철동 지음 / 신국판 / 376면

성경의 핵심인 그리스도의 피의 희생 제사를 통해 인간이 하나님께 나아갈 수 있고, 하나님을 만날 수 있다는 진리를 전해 주고 있다.

8. 신구약을 관통하는 그리스도(완결편)

임덕규 지음 / 신국판 / 472면

조직신학적 관점에서 그리스도를 알고 그리스도의 복음 체질로 변화되어 삶에서 복음의 능력을 나타내는 권능 있는 증인이 되도록 돕는다.

9. 언약과 그리스도의 복음

임덕규 지음 / 신국판 양장 / 304면

성경의 3가지 언약 곧 구속 언약, 행위 언약, 은혜 언약의 관점에서 구속사의 흐름을 따라 하나님의 언약과 그리스도의 복음을 기술했다.

10. 구원 얻는 신앙이란 무엇인가?

임덕규 지음 / 신국판 양장 / 264면

개혁주의 관점에서 유사(類似) 신앙을 분별하고 구원 얻는 참된 신앙의 본질과 기능과 종류 그리고 확신에 대해 바로 알 수 있도록 저술했다.

11. 개혁교회를 무너뜨리는 톰 라이트

임덕규 지음 / 신국판 양장 / 264면

그리스도의 속죄의 보혈을 중심에 두지 않고 복음을 하나님 나라로 대치하고, 그리스도의 의의 전가를 부인하는 톰 라이트의 신학 개혁주의의 입장에서 비판한다.

12. 그리스도의 십자가 복음

임덕규 지음 / 신국판 양장 / 352면

기독교 신앙의 핵심인 그리스도의 십자가 복음과 그리스도의 피로 이루어진 부활의 생명을 넘어 십자가의 본질과 그 풍성한 의미를 설명한다.

복음이란 무엇인가 시리즈

복음이란 무엇인가? ❶

예수, 그는 누구신가?
임덕규 지음 / 사륙판 / 72면

평신도 전도용으로 쉽게 예수님이 누구신지에 대해서 저술하고 있다. 예수 그리스도는 구원의 주로서 그리스도시요, 살아 계신 하나님의 아들이다.

복음이란 무엇인가? ❷

예수, 그는 무엇을 하셨는가?
임덕규 지음 / 사륙판 / 120면

그리스도의 죽음과 부활은 구약성경에 이미 수천 년 전에 예언되어 있었고, 그 예언대로 예수님이 이 세상에 오셔서 성취하셨다. 이 진리를 확신하는 사람은 구원을 얻는다.

복음이란 무엇인가? ❸

예수는 그리스도
임덕규 지음 / 사륙판 / 88면

신·구약성경의 주제는 한마디로 "예수 그리스도"이다. 예수는 "하나님의 아들 그리스도"이시며 또한 제사장, 선지자, 왕의 세 가지 직함을 이루신 그리스도이시다.

복음이란 무엇인가? 4

세상의 빛, 그리스도

임덕규 지음 / 사륙판 / 88면

복음의 빛을 받는다는 의미를 참되게 깨달아, 마음에 그리스도의 빛을 받고 세상의 빛이 되어 어둔 세상에 그리스도의 은혜를 비추어 증거하는 증인이 되도록 도전한다.

복음이란 무엇인가? 5

청년의 때에 예수를 만나라

임덕규 지음 / 사륙판 / 88면

솔로몬 왕은 청년의 때에 너의 창조주를 기억하라고 권고했다. 즉, 본서는 젊을 때에 예수님을 창조주 하나님으로 믿고 인격적으로 예수님을 만나야 한다고 권고한다.

복음이란 무엇인가? 6

로마법과 그리스도의 십자가

임덕규 지음 / 사륙판 / 168면

그리스도의 재판 절차를 통해 당대 세계 최고인 로마법에 의해 실상 그리스도의 무죄가 입증되었음과 그리스도의 죽음이 인류의 구속을 위한 역사적 사건임을 보여 준다.

복음이란 무엇인가? 7

하나님 체험 · 말씀(그리스도) 체험

임덕규 지음 / 사륙판 / 104면

말씀을 통해 하나님을 만나고 체험한 신앙의 인물들과 성경, 교회사 속의 인물들을 보여 주며 진리의 말씀되신 그리스도를 체험하여 세상의 빛으로 살아갈 것을 촉구한다.

복음이란 무엇인가? 8

발 씻기심의 복음

임덕규 지음 / 사륙판 / 160면

예수님의 발 씻기심은 겸손과 섬김의 본을 위한 것이 아니라 죄 사함의 십자가 복음이다. 십자가 사랑과 죄 사함을 바로 깨달아 자유인이지만 종으로 섬김의 삶을 살 것을 촉구한다.

복음이란 무엇인가? 9

염려하지 말라 예수가 그리스도다

임덕규 지음 / 사륙판 / 184면

염려를 단순하고 명확한 실제이자 세력으로 정의하며, 이 세력을 상대하기 위한 해결책을 제시한다. 그것은 바로 하나님과 그의 아들 예수 그리스도를 믿는 믿음이다.

복음이란 무엇인가? 10

오직 한 길

임덕규 지음 / 사륙판 / 136면

그리스도는 하나님께 나갈 수 있는 유일한 길과 진리이며 생명이다. 그리스도에 대한 참된 믿음으로 영생을 소유할 뿐 아니라 현재 삶에서도 참된 행복을 누리기를 권면한다.

복음이란 무엇인가? ⑪

그리스도와의 연합과 그 열매들
임덕규 지음 / 사륙판 양장 / 296면

그리스도와의 연합은 성령의 역사로 이루어지며, 이를 통해 신자의 구원이 시작되고, 사랑의 열매를 맺을 수 있기에 구원의 핵심 진리라고 설명한다.

복음이란 무엇인가? ⑫

개혁주의 기독교와 천주교, 무엇이 다른가?
임덕규 지음 / 사륙판 양장 / 168면

타종교를 포섭하기 위해 위장된 모습을 보이는 천주교의 실상을 개혁주의 기독교와 비교하면서 일반 독자들도 알기 쉽게 설명하고 있다.

복음이란 무엇인가? ⑬

그리스도가 주시는 평안의 복음
임덕규 지음 / 사류판 양장 / 198면

그리스도 안에 세상이 알지 못하는 평안이 있다. 위기 시에도 하나님의 평안은 요지부동이다. 그리스도의 멍에를 멜 때에 이 평안과 안심을 얻는다.

임덕규 신앙사경회 시리즈

1. 이사야서에서 그리스도와의 만남
임덕규 지음 / 신국판 / 376면

이사야서 전체에서 예수 그리스도에 대해 어떤 말씀을 하고 있는지, 상세한 주해를 통해 강해한다.

2. 사탄과의 영적 싸움에서 승리하는 삶
임덕규 지음 / 신국판 / 392면

일상의 삶 속에서 나타나는 영적 싸움의 승리의 비결이 신구약을 관통하는 승리자 그리스도의 복음에 있음을 강해한다.

3. 예수는 하나님의 아들 그리스도
임덕규 지음 / 신국판 / 344면

요한복음 강해서로서 요한복음의 의도대로 예수가 하나님의 아들 그리스도이심을 개혁신앙에 근거하여 논증하고 예수 그리스도와 인격적 만남을 가져야 함을 말한다.

복음이란 무엇인가 시리즈-중국어판

什么是福音？系列丛书 **1**

耶稣, 他是谁？

(『예수, 그는 누구신가?』, 중국어판)

任 德 奎 / 64p / 128X188

什么是福音？系列丛书 **2**

耶稣, 他做了什么？

(『예수, 그는 무엇을 하셨는가?』, 중국어판)

任 德 奎 / 96p / 128X188

什么是福音？系列丛书 **3**

耶稣是基督

(『예수는 그리스도』, 중국어판)

任 德 奎 / 78p / 128X188

什么是福音？系列丛书 4

世上的光-基督

(『세상의 빛, 그리스도』, 중국어판)

任 德 奎 / 70p / 128X188

什么是福音？系列丛书 5

趁着年轻要见到耶稣

(『청년의 때에 예수를 만나라』, 중국어판)

任 德 奎 / 68p / 128X188

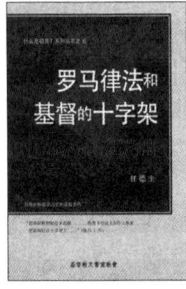

什么是福音？系列丛书 6

罗马律法和基督的十字架

(『로마법과 그리스도의 십자가』, 중국어판)

任 德 奎 / 80p / 128X188

什么是福音？系列丛书 **7**

体验神, 体验话语(基督)

(『하나님 체험・말씀[그리스도] 체험』, 중국어판)

任 德 奎 / 80p / 128X188

什么是福音？系列丛书 **8**

服侍的福音

(『발 씻기심의 복음』, 중국어판)

任 德 奎 / 128p / 128X188

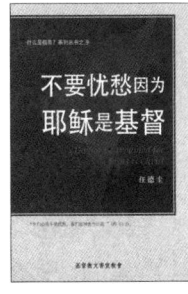

什么是福音？系列丛书 **9**

不要忧愁因为耶稣是基督

(『염려하지 말라 예수가 그리스도다』, 중국어판)

任 德 奎 / 64p / 128X188

什么是福音？系列丛书 ⑩

唯有这路(『오직 한 길』, 중국어판)

任 德 奎 / 100p / 128X188

임덕규 신앙강좌 시리즈-중국어판

任德圭信仰讲座系列 ⑧

贯通新旧约的基督(完结版)

(『신구약을 관통하는 그리스도 (완결편)』, 중국어판)

任德奎 / 408p / 153X224

圣约与基督的福音

(『언약과 그리스도의 삶』, 중국어판)

任德奎 / 192p / 153X224

복음이란 무엇인가 시리즈 - 영문판

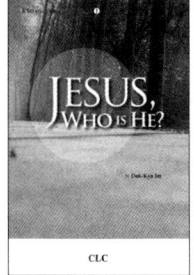

A Series of What is the Gospel ❶

Jesus, Who is he?
(『예수, 그는 누구신가?』, 영문판)
Duk-Kyu Im / 80p / 128X188

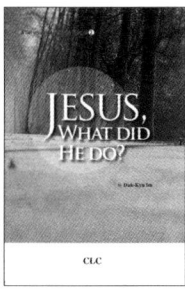

A Series of What is the Gospel ❷

Jesus, What did He do?
(『예수, 그는 무엇을 하셨는가?』, 영문판)
Duk-Kyu Im / 128X188

임덕규 신앙강좌 시리즈 - 영문판

A Series of Faith Lecture ⓫

A Critique on The Theology of Tom Wright undermining the Reformed Church
(『개혁교회를 무너뜨리는 톰 라이트』, 영문판)
Duk-Kyu Im / 264p / 153X224

구약성경 구속사적 강해 시리즈

구약성경 구속사적 강해 ❶

열왕기상 강해

임덕규 지음 / 신국판 양장 / 448면

구약성경 구속사적 강해 ❷

열왕기하 강해

임덕규 지음 / 신국판 양장 / 448면

구약성경 구속사적 강해 ❸

역대상·하 강해

임덕규 지음 / 신국판 양장 / 776면

구약성경 구속사적 강해 시리즈

구약성경 구속사적 강해 ④

욥기 강해

임덕규 지음 / 신국판 양장 / 848면

신약성경 구속사적 강해 시리즈

신약성경 구속사적 강해 ①

로마서 강해 1

임덕규 지음 / 신국판 양장 / 572면

로마서 강해 1: 복음과 인류의 죄

2022년 10월 20일 초판 발행

지 은 이 | 임덕규

편   집 | 전희정
디 자 인 | 서민정
펴 낸 곳 | (사)기독교문서선교회
등   록 | 제16-25호(1980.1.18.)
주   소 | 서울특별시 동대문구 천호대로71길 39
전   화 | 02-586-8761~3(본사) 031-942-8761(영업부)
팩   스 | 02-523-0131(본사) 031-942-8763(영업부)
이 메 일 | clckor@gmail.com
홈페이지 | www.clcbook.com
송금계좌 | 기업은행 073-000308-04-020 (사)기독교문서선교회
일련번호 | 2022-105

ISBN 978-89-341-2488-7 (04230)
ISBN 978-89-341-2070-4 (세트)

이 책의 출판권은 (사)기독교문서선교회가 소유합니다.
신저작권법에 의하여 한국 내에서 보호받는 저작물이므로 무단 전재와 무단 복제를 금합니다.